舊唐書

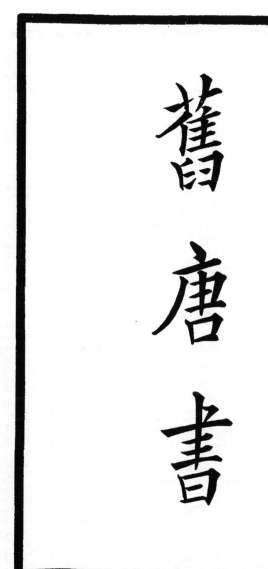

四部備要

史部

中華書局據武英殿本校刊

桐鄉陸費逵總勘
杭縣高時顯輯校
杭縣吳汝霖輯校
杭縣丁輔之監造

舊唐書卷一百三十九

後晉司空同中書門下平章事劉昫撰

列傳第八十九

陸贄

陸贄字敬輿蘇州嘉興人父侃溧陽令以贄貴贈禮部尚書贄少孤特立不羣頗勤儒學年十八登進士第以博學宏詞登科授華州鄭縣尉罷秩東歸省母路由壽州刺史張鎰有時名贄往謁之鎰初不甚知留三日再見與語遂大稱賞請結忘年之契及辭遺贄錢百萬曰願備太夫人一日之膳贄不納唯受新茶一串而已曰敢不承君厚意又以書判拔萃選授渭南縣主簿遷監察御史德宗在東宮時素知贄名乃召爲翰林學士轉祠部員外郎贄性忠藎旣居近密感人主重知思有以効報故政或有缺巨細必陳繇是顧待益厚建中四年朱泚謀逆從駕幸奉天時天下叛亂機務塡委徵發指蹤千端萬緒一日之內詔書數百贄揮翰起草思如泉注初若不經思慮旣成之後莫不曲盡事情中

於機會胥吏簡札不暇同舍皆伏其能轉考功郎中依前充職嘗啓德宗曰今盜遍天下輿駕播遷陛下宜痛自引過以感動人心昔成湯以罪己勃興楚昭以善言復國陛下誠能不悋改過以言謝天下使書詔無忌臣雖愚陋可以仰副聖情庶令反側之徒革心向化德宗然之故奉天所下書詔雖武夫悍卒無不揮涕感激多贄所爲也其年冬議欲以新歲改元而卜祝之流皆以國家數鍾百六凡事宜有變革以應時數上謂贄曰往年羣臣請上尊號聖神文武四字今緣寇難諸事並宜改更衆欲朕舊號之中更加一兩字其事何如贄奏曰尊號之興本非古制行於安泰之日已累謙沖屬乎喪亂之時尤傷事體今者鑾輿播越未復宮闈宗社震驚尙愆禋祀中區多梗大憝猶存此乃人情向背之秋天意去就之際陛下宜深自懲勵收覽羣心痛自貶損以謝靈譴不可近從末議重益美名帝曰卿所奏陳雖理體甚切然時運必須小有改變亦不可執滯卿更思量贄曰古之人君稱號或稱皇稱帝或稱王但一字而已至暴秦乃兼皇帝二字後代因之及昏僻之君乃有聖劉天元之號是知人輕重不在

自稱崇其號無補於徽猷損其名不傷其德美然而損之有謙光稽古之善崇之獲矜能納諂之譏得失不侔居然可辨況今時遭迍否事屬傾危尤宜懼思以自貶抑必也俯稽術數須有變更與其增美稱而失人心不若黜舊號以祗天戒天時人事理必相符人既好謙天亦助順陛下誠能斷自宸鑒煥發德音引咎降名深示刻責惟謙與順一舉而二美從之德宗從之但改興元年號而已初德宗倉皇出幸府藏委棄凝冽之際士衆多寒服御之外無尺縑丈帛及賊泚解圍諸藩貢奉繼至乃於奉天行在貯貢物於廊下仍題曰瓊林大盈二庫名贄諫曰瓊林大盈自古悉無其制傳諸耆舊之說皆云創自開元貴臣貪權飾巧求媚乃言郡邑貢賦所用盍各區分賦稅當委於有司以給經用貢獻宜歸於天子以奉私求玄宗悅之新是二庫蕩心侈欲萌柢於茲迨乎失邦終以餌寇記曰貨悖而入必悖而出豈其効歟陛下嗣位之初務遵理道敦行儉約斥遠貪饕雖內庫舊藏未歸太府而諸方曲獻不入禁闈清風肅然海內丕變近以寇逆亂常鑾輿外幸既屬憂危之運宜增儆勵之誠臣昨奉使軍營出

經行殿忽覩右廊之下牓列二庫之名矍然若驚不識所以何者天衢尙梗師旅方殷痛心呻吟之聲噢咻未息忠勤戰守之効賞賚未行諸道貢珍遽私別庫萬目所視孰能忍情竊揣軍情或生觖望或忿形謗讟或醜肆謳謠頗含思亂之情亦有悔忠之意是知甿俗昏鄙識昧高卑不可以尊極臨而可以誠義感頃者六師初降百物無儲外扞兇徒內防危堞晝夜不息殆將五旬凍餒交侵死傷相枕畢命同力竟夷大艱良以陛下不厚其身不私其欲絕甘以同卒伍輟食以啗功勞無猛制人而不攜懷所感也無厚賞士而不怨悉所無也今者攻圍已解衣食已豐而謗讟方興軍情稍沮豈不以勇夫常性嗜貨矜功其患難既與之同憂而好樂不與之同利苟異恬默能無怨咨此理之常故不足怪記曰財散則民聚豈其効歟陛下天資英聖見善必遷是將化蓄怨爲銜恩反過差爲至當促殄遺寇永垂鴻名大聖應機固當不俟終日上嘉納之令去其題署興元元年李懷光異志已萌欲激怒諸軍上表論諸軍衣糧薄神策衣糧厚厚薄不均難以驅戰意在撓沮進軍李晟密奏恐其有變上憂之遣贄使

懷光軍宣諭使還贄奏事曰賊泚稽誅保聚宮苑勢窮援絕引日偷生懷光總仗順之軍乘制勝之氣鼓行芟翦易若摧枯而乃寇奔不追師老不用諸帥每欲進取懷光輒沮其謀據茲事情殊不可解陛下意在全護委曲聽從觀其所爲亦未知感若不別爲規略漸相制持唯以姑息求安終恐變故難測此誠事機危迫之秋也故不可以尋常容易處之今李晟奏請移軍適遇臣銜命宣慰懷光偶論此事臣遂泛問所宜懷光乃云李晟既欲別行某亦都不要藉臣猶慮有翻覆因美其軍強盛懷光大自矜夸轉有輕晟之意臣又從容問云昨發離行在之日未知有此商量今日從此卻迴或恐聖旨顧問事之可否決定何如懷光已肆輕言不可中變遂云恩命許去事亦無妨要約再三非不詳審雖欲追悔固難爲詞伏望卽以李晟表出付中書勅下依奏別賜懷光手詔示以移軍事由其手詔大意云昨得李晟奏請移軍城東以分賊勢朕緣未知利害本欲委卿商量適會陸贄從彼宣慰迴云見卿論敘軍情語及於此仍言許去事亦無妨遂勅本軍允其所請卿宜授以謀略分路夾攻務使叶齊尅平寇孽

如此詞婉而直理當而明雖蓄異端何由起怨臣初奉使諭旨本緣糧料不均
偶屬移軍事相諧會又幸懷光詭對且無阻絕之言機宜合并若有幽贊一失
其便後何可追幸垂裁察德宗初望懷光迴意破賊故晟屢奏移軍不許及贄
縷陳懷光反狀乃可晟之奏遂移軍東渭橋而鄜坊節度李建徽神策行營陽
惠元猶在咸陽贄慮懷光併建徽等軍又奏曰懷光當管師徒足以獨制兇寇
逗留未進抑有他由所患太強不資傍助比者又遣李晟李建徽陽惠元三節
度之衆附麗其營無益成功祇憂生事何則四軍懸壘羣帥異心論勢力則懸
絕高卑據職名則不相統屬懷光輕晟等兵微位下而忿其制不從心晟等疑
懷光養寇蓄奸而怨其事多陵己端居則互防飛謗欲戰則遞恐分功齟齬不
和嫌釁遂構俾之同處必不兩全強者惡積而後亡弱者勢危而先覆覆亡之
禍翹足可期舊寇未平新患方起憂歎所切實堪疚心太上消慝於未萌其次
救失於始兆況乎事情已露禍難垂成委而不謀何以制亂李晟見機慮變先
請移軍就東建徽惠元勢轉孤弱爲其吞噬理在必然他日雖有良圖亦恐不

能自拔拯其危急唯在此時今因李晟願行便遣合軍同往託言晟兵素少慮爲賊泚所邀藉此兩軍迭爲掎角仍先諭旨密使促裝詔書至營卽日進路懷光意雖不欲然亦計無所施是謂先人有奪人之心疾雷不及掩耳者也夫制軍馭將所貴見情離合疾徐各有宜適當離者合之則召亂當合者離之則寡功當疾而徐則失機當徐而疾則漏策得其要契其時然後舉無敗謀措無危勢而今者屯兵而不肯爲用聚將而罔能叶心自爲鯨鯢變在朝夕留之不足以相制徒長厲階析之各競於擅能或成勳績事有必應斷無可疑德宗曰卿之所料極善然李晟移軍懷光心已惆悵若更遣建徽惠元就東則使得爲詞且俟旬時晟至東渭橋不旬日懷光果奪兩節度兵建徽單騎遁而獲免惠元中路被執害之報至行在人情大恐翌日移幸山南贄練達兵機率如此類二月從幸梁州轉諫議大夫依前充學士先是鳳翔衙將李楚琳乘涇師之亂殺節度使張鎰歸款朱泚及奉天解圍楚琳遣使貢奉時方艱阻不獲已命爲鳳翔節度使然德宗忿其弒逆心不能容纔至漢中欲令渾瑊代爲節度贄諫曰

楚琳之罪固不容誅但以乘輿未復大憝猶存勤王之師悉在畿內急宣速告晷刻是爭商嶺則道迂且遥駱谷復爲賊所扼僅通王命唯在褒斜此路若又阻艱南北便成隔絕以諸鎮危疑之勢居二逆誘脅之中恟恟羣情各懷向背賊勝則往我勝則來其閒事機不容差跌儻楚琳發憾公肆猖狂南塞要衝東延巨猾則我咽喉梗而心膂分矣其勢豈不病哉上釋然開悟乃善待楚琳使優詔安慰其心德宗至梁欲以谷口已北從臣賜號曰奉天定難功臣谷口已南隨扈者曰元從功臣不選朝官一例俱賜贄奏曰破賊扞難武臣之効至如宮闈近侍班列員寮但馳走從行而已忽與介冑奮命之士俱號功臣伏恐武臣憤惋乃止李晟既收京城遣中使宣付翰林院具錄先散失宮人名字令草詔賜渾瑊遣於奉天尋訪以得爲限仍量與資糧送赴行在贄不時奉詔進狀論之曰頃以理道乖錯禍亂薦鍾陛下思咎懼災裕人罪己屢降大號誓將更新天下之人垂涕相賀懲忿釋怨煦仁戴明畢力同心共平多難止土崩於絕岸收版蕩於橫流殄寇清都不失舊物實由陛下至誠動於天地深悔感於神

人故得百靈降康兆庶歸德苟不如此自古何嘗有捐棄宮闕失守宗祧繼逆於赴難之師再遷於蒙塵之日不踰半歲而復興大業者乎今渠魁始平法駕將返近自郊甸遠周寰瀛百役疲瘵之甿重戰傷殘之卒皆忍死扶病傾耳聳肩想聞德聲翹望聖澤陛下固當感上天悔禍之眷荷列祖垂裕之休念將士鋒刃之殃愍黎元塗炭之酷以致寇爲戒以居上爲危以務理爲憂以復宮爲急損之又損尙懼汰侈之易滋艱之惟艱猶患戒慎之難久謀始盡善克終已稀始而不謀終則何有夫以內人爲號蓋是中壼末流天子之尊富有宮掖如此等輩固繁有徒但恐傷多豈憂乏使翦除元惡曾未浹辰奔賀往來道途如織何必自虧君德首訪婦人又令資裝速赴行在萬目閱視衆口流傳恐非所以答慶賴之心副惟新之望也夫事有先後義有重輕重者宜先輕者宜後武王剋殷有未及下車而爲之者有下車而爲之者蓋美其不失先後之宜也自翠華播越萬姓靡依清廟震驚三時乏祀當今所務莫大於斯誠宜速遣大臣馳傳先往迎復神主修整郊壇展禋享之儀申告謝之意然後弔恤死義慰犒

有功綏輯黎蒸優問耆耋安定反側寬宥脅從宣暢鬱堙褒奬忠直官失職之士復廢業之人是皆宜先不可後也至如崇飾服器繕緝殿臺備耳目之娛選巾櫛之侍是皆宜後不可先也散失內人已經累月旣當離亂之際必爲將士所私其人若稍有知不求當自陳獻其人若甚無識求之適使憂虞自因寇亂喪亡頗有大於此者一聞搜索懷懼必多餘孽尙繁羣情未一因而善撫猶恐危疑若又懼之於何不有昔人所以掩絕纓而飲盜馬者豈必忘其情愛蓋知爲君之體然也以小妨大明者不爲天下固多褻人何必獨在於此所令撰賜渾瑊詔書未敢順旨帝遂不降詔但遣使而已德宗還京轉中書舍人學士如故初贄受張鎰知得居內職及鎰爲盧杞所排贄常憂惴及杞貶黜始敢上書言事德宗好文益深顧遇奉天解圍後德宗言及違離宗廟嗚咽流涕曰致寇之由實朕之過贄亦流涕而對曰臣思致今日之患者羣臣之罪也贄意蓋爲盧杞趙贊等也上欲掩杞之失則曰雖朕德薄致茲禍亂亦運數前定事不由人贄又極言杞等罪狀上雖貌從心頗不說吳通微兄弟俱在翰林亦承德宗

寵遇文章才器不迨贄而能交結權幸共短贄於上前故劉從一姜公輔自卑
品蒼黃之中皆登輔相而贄爲朋黨所擠同職害其能加以言事激切動失上
之歡心故久之不爲輔相其於議論應對明練理體敷陳剖判下筆如神當時
名流無不推挹貞元初李抱真入朝從容奏曰陛下幸奉天山南時赦書至山
東宣諭之時士卒無不感泣臣卽時見人情如此知賊不足平也時贄母韋氏
在江東上遣中使迎至京師搢紳榮之俄丁母憂東歸洛陽寓居嵩山豐樂寺
藩鎮賻贈及別陳餉遺一無所取與韋皐布衣時相善唯西川致遺奏而受之
贄父初葬蘇州至是欲合葬上遣中使護其柩車至洛其禮遇如此免喪權知
兵部侍郎依前充學士申謝日贄伏地而泣德宗爲之改容敘慰恩遇旣隆中
外屬意爲輔弼而宰相竇參素忌贄贄亦短參之所爲言參黷貨繇是與參不
平七年罷學士正拜兵部侍郎知貢舉時崔元翰梁肅文藝冠時贄輸心於肅
肅與元翰推薦藝實之士昇第之日雖衆望不愜然一歲選士纔十四五數年
之內居臺省清近者十餘人八年四月竇參得罪以贄爲中書侍郎門下同平

章事贄久爲邪黨所擠困而得位意在不負恩獎悉心報國以天下事爲己任上卽位之初用楊炎盧杞秉政樹立朋黨排擯良善卒致天下沸騰鑾輿奔播懲是之失貞元已後雖立輔臣至於小官除擬上必再三詳問久之方下及贄知政事請許臺省長官自薦屬官仍保任之事有曠敗兼坐舉主上許之俄又宣旨曰外議云諸司所舉多引用親黨兼通賂遺不得實才此法行之非便今後卿等宜自選擇勿用諸司延薦贄論奏曰臣實頑鄙一無所堪猥蒙任使待罪宰相雖懷竊位之懼且乏知人之明自揣庸虛終難上報唯知廣求才之路使賢者各以彙征啓至公之門令職司皆得自達旣蒙允許卽宜宣行南宮舉人纔至十數或非臺省舊吏則是使府佐僚累經薦延多歷事任論其資望旣不愧於班行考其行能又未聞于闕敗遽以騰口上煩聖聽道之難行亦可知矣陛下勤求理道務徇物情因謂舉薦非宜復委宰臣揀擇其爲崇任輔弼博採輿詞可謂聖德之盛者然於委任責成之道聽言考實之方閑邪存誠猶恐有闕陛下旣納臣言而用之旋聞橫議而止之於臣謀不責成於橫議不考實

此乃謀失者得以辭其罪議曲者得以肆其誣率是而行觸類而長固無必定之計亦無必實之言計不定則理道難成言不實則小人得志國家之病常必由之昔齊桓公問管仲害霸之事對曰得賢不能任害霸也用而不能終害霸也與賢人謀事而與小人議之害霸也爲小人者不必悉懷險詖故覆邦家蓋以其意性回邪趣向狹促以沮議爲出衆以自異爲不羣趨近利而昧遠圖効小信而傷大道況又言行難保恣其非心者乎伏以宰輔常制不過數人人之所知固有限極不能遍諳諸士備閱羣才若令悉命羣官理須展轉詢訪是則變公舉爲私薦易明敭爲暗投儻如議者之言所舉多有情故舉于君上且未絶私薦於宰臣安肯無詐失人之弊必又甚焉所以承前命官罕有不涉私謗雖則秉鈞不一或自行情亦由私訪所親轉爲所賣其弊非遠聖鑒明知今又將徇浮言專任宰臣除吏宰臣不偏諳識踵前須訪於人若訪親朋則是悔其覆車不易故轍若訪於朝列則是求其私薦不如公舉之愈也二者利害惟陛下更詳擇焉恐不如委任長官慎揀僚屬所揀既少所求亦精得賢有鑒識之

名失實當暗謬之責人之常性莫不愛身況於臺省長官皆是當朝華選孰肯
狥私妄舉以傷名取責者耶所謂臺省長官卽僕射尚書左右丞侍郎及御史
大夫中丞是也陛下比擇輔相多亦出於其中今之宰臣則往日臺省長官也
今之臺省長官乃將來之宰臣也但是職名暫異固非行業頓殊豈有爲長官
之時不能舉一二屬吏居宰臣之位則可擇千百具僚物議悠悠其惑斯甚夫
求才貴廣考課貴精求廣在於各舉所知長吏之薦擇是也貴精在於按名責
實宰臣之序進是也往者則天太后踐祚臨朝欲收人心尤務拔擢弘委任之
意開汲引之門進用不疑求訪無倦非但人得薦士亦許自舉其才所薦必行
所舉輒試其於選士之道豈不傷於容易哉而課責旣嚴進退皆速不肖者旋
黜才能者驟昇是以當代謂知人之明累朝賴多士之用此乃近於求才貴廣
考課貴精之効也陛下誕膺寶曆思致理平雖好賢之心有踰於前哲而得人
之盛未迨於往時蓋由賞鑒獨任於聖聰搜擇頗難於公舉仍啓登延之路罕
施練覈之方遂使先進者漸益凋訛後來者不相接續施一令則謗沮互起用

一人則瘡痏立成此乃失於選才太精制法不一之患也則天舉用之法傷易而得人陛下慎揀之規太精而失士陛下選任宰相必異於庶官精擇長官必愈於末品及至宰相獻規長吏薦士陛下卽但納橫議不稽始謀是乃任以重者輕其言待以輕者重其事且又不辨所毀之虛實不校所試之短長人之多言何所不至是將使人無所措其手足豈獨選任之道失其端而已乎上雖嘉其所陳長官薦士之詔竟追寢之國朝舊制吏部選人每年調集自乾元已後屬宿兵于野歲或凶荒遂三年一置選由是選人停擁其數猥多文書不接真僞難辨吏緣爲奸注授乖濫而有十年不得調者贄奏吏部分內外官員爲三分計闕集人每年置選故選司之弊十去七八天下稱之贄與賈耽盧邁趙憬同知政事百司有所申覆皆更讓不言可否舊例宰臣當旬秉筆決事每十日一易贄請準故事令秉筆者以應之又以河隴陷蕃已來西北邊常以重兵守備謂之防秋皆河南江淮諸鎮之軍也更番往來疲於戍役贄以中原之兵不習邊事及扞虜戰賊多有敗衂又苦邊將名目太多諸軍統制不一緩急無以

應敵乃上疏論其事曰臣歷觀前代書史皆謂鎭撫四夷宰相之任不揆闇劣屢敢上言誠以備邊禦戎國家之重事理兵足食備禦之大經兵不治則無可用之師食不足則無可固之地理兵在制置得所足食在斂導有方陛下幸聽愚言先務積穀人無加賦官不費財坐致邊儲數逾百萬諸鎭收糴今已向終分貯軍城用防艱急縱有寇戎之患必無乏絕之憂守此成規以爲永制常收冗費益贍邊農則更經二年可積十萬人三歲之糧矣足食之原粗立理兵之術未精敢議籌量庶備採擇伏以戎狄爲患自古有之其於制禦之方得失之論備存史籍可得而言大抵尊卽序者則曰非德無以化要荒曾莫知威不立則德不能馴也樂武威者則曰非兵無以服凶獷曾莫知德不修則兵不可恃也務和親者則曰要結可以睦鄰好曾莫知我結之而彼復解也美長城者則曰設險可以固邦國而扞寇讎曾莫知力不足兵不堪則險之不能有也尙薄伐者則曰驅遏可以禁侵暴而省征徭曾莫知兵不銳壘不完則遏之不能勝驅之不能去也議邊之要略盡於斯雖互相譏評然各有偏駁聽一家之說則

例理可徵考歷代所行則成敗異効是由執常理以御其不常之勢徇所見而昧於所遇之時夫中夏有盛衰夷狄有強弱事機有利害措置有安危故無必定之規亦無長勝之法夏后以序戎而聖化茂古公以避狄而王業興周城朔方而獫狁攘秦築臨洮而宗社覆漢武討匈奴而貽悔太宗征突厥而致安文景約和親而不能弭患於當年宣元弘撫納而足以保寧於累葉蓋以中夏之盛衰異勢夷狄之強弱異時事機之利害異情措置之安危異便知其事而不度其時則敗附其時而不失其稱則成形變不同胡可專一夫以中國強盛夷狄衰微而能屈膝稱臣歸心受制拒之則阻其嚮化威之則類於殺降安得不存而撫之卽而序之也又如中國強盛夷狄衰微而尙棄信奸盟蔑恩肆毒諭之不變責之不懲安得不取亂推亡息人固境也其有遇中國喪亡之弊當夷狄強盛之時圖之則彼釁未萌禦之則我力不足安得不卑詞降禮約好通和啗之以親紓其交禍縱不必信且無大侵雖非禦戎之善經蓋時事亦有不得已也儻或夷夏之勢強弱適同撫之不寧威之不靖力足以自保不足以出攻

得不設險以固軍訓師以待寇來則薄伐以遏其深入去則攘斥而戒於遠追雖爲安邊之令圖蓋勢力亦有不得不然也故夏之卽序周之于攘太宗之翦亂皆乘其時而善用其勢也古公之避狄文景之和親神堯之降禮皆順其時而不失其稱也秦皇之長城漢武之窮討皆知其事而不度其時者也向若遇孔熾之勢行卽序之方則見侮而不從矣乘可取之資懷畏避之志則失機而養寇矣有攘却之力用和親之謀則示弱而勞費矣當降屈之時務翦伐之略則召禍而危殆矣故曰知其事而不度其時則敗附其時而不失其稱則成是無必定之規亦無長勝之法得失著効不其然歟至於察安危之大情計成敗之大數百代之不變易者蓋有之矣其要在於失人肆慾則必蹶任人從衆則必全此乃古今所同而物理之所壹也國家自祿山搆亂河隴用兵以來肅宗中興撤邊備以靖中邦借外威以寧內難於是吐蕃乘釁吞噬無厭迴紇矜功憑陵亦甚中國不遑振旅四十餘年使傷耗遺甿竭力蠶織西輸賄幣北償馬資尚不足塞其煩言滿其驕志復乃遠徵士馬列戍疆陲猶不能遏其奔衝止

其侵侮小入則驅略黎庶深入則震驚邦畿時有議安邊策者多務於所難而
忽於所易勉於所短而略於所長遂使所易所長者行之而其要不精所難所
短者圖之而其功靡就憂患未弭職斯之由夫制敵行師必量事勢勢有難易
事有先後力大而敵脆則先其所難是謂奪人之心暫勞而永逸者也力寡而
敵堅則先其所易是謂固國之本觀釁而後動者也頃屬多故人勞未瘳而欲
廣發師徒深踐寇境復其侵地攻其堅城前有勝負未必之虞後有餽運不繼
之患儻或撓敗適所以啓戎心而挫國威以此爲安邊之謀可謂不量事勢而
務於所難矣天之授者有分事無全功地之産者有物宜無兼利是以五方之
俗長短各殊長者不可踰短者不可企勉所短而敵其所長必殆用所長而乘
其所短必安強者乃以水草爲邑居以射獵供飲茹多馬而尤便馳突輕生而
不恥敗亡此戎狄之所長也戎狄之所長乃中國之所短而欲益兵蒐乘角力
爭驅交鋒原野之間決命尋常之内以此爲禦寇之術可謂勉所短而校其所
長矣務所難勉所短勞費百倍終於無成雖果成之不挫則廢豈不以越天授

而違地產虧時勢以反物宜者哉將欲去危就安息費從省在愼守所易精用所長而已若乃擇將吏以撫寧衆庶修紀律以訓齊師徒耀德以佐威能邇以柔遠禁侵抄之暴以彰吾信抑攻取之議以安戎心彼求和則善待而勿與結盟彼爲寇則嚴備而不務報復此當今之所易也賤力而貴智惡殺而好生輕利而重人忍小以全大安其居而後動俟其時而後行是以修封疆守要害塹蹊隧壘軍營謹禁防明斥候務農以足食練卒以蓄威非萬全不謀非百克不鬭寇小至則張聲勢以遏其入寇大至則謀其人以邀其歸據險以乘之多方以悞之使其勇無所加衆無所用掠則靡獲攻則不能進有腹背受敵之虞退有首尾難救之患所謂乘其弊不戰而屈人之兵此中國之所長也我之所長乃戎狄之所短我之所易乃戎狄之所難以長制短則用力寡而見功多以易敵難則財不匱而事速就捨此不務而反爲所乘斯謂倒持戈矛以鐏授寇者也今則皆務之矣猶且守封未固寇戎未懲者其病在於謀無定用衆無適從所任不必才才者不必任所聞不必實實者不必聞所信不必誠誠者不必信

所行不必當當者未必行故令措置乖方課責虧度財匱於兵衆力分於將多
怨生於不均機失於遙制臣請爲陛下粗陳六者之失惟明主慎聽而熟察之
臣聞工欲善其事必先利其器武欲勝其敵必先練其兵練兵之中所用復異
用之於救急則權以紓難用之於暫敵則緩以應機故事有便宜而不拘常制
謀有奇詭而不徇衆情進退死生唯將所命此所謂攻討之兵也用之於屯戍
則事資可久勢異從權非物理所愜不寧非人情所欲不固夫人情者利焉則
勸習焉則安保親戚則樂生顧家業則忘死故可以理術馭不可以法制驅此
所謂鎭守之兵也夫欲備封疆禦戎狄非一朝一夕之事固當選鎭守之兵以
置焉古之善選置者必量其性習辨其土宜察其伎能知其欲惡用其力而不
違其性齊其俗而不易其宜引其善而不責其所不能禁其非而不處其所不
欲而又類其紀伍安其室家然後能使之樂其居定其志奮其氣勢結其恩情
撫之以惠則感而不驕臨之以威則肅而不怨靡督課而人自爲用弛禁防而
衆自不攜故出則足兵居則足食守則固戰則強其術無他便於人情而已矣

今者散徵士卒分戍邊陲更代往來以爲守備是則不量性習不辨土宜邀其所不能強其所不欲求廣其數而不考其用將致其力而不察其情斯可以爲羽衛之儀而無益於備禦之實也何者窮邊之地千里蕭條寒風裂膚驚沙慘目與豺狼爲鄰伍以戰鬬爲嬉遊晝則荷戈而耕夜則倚烽而覘日有剽害之慮永無休暇之娛地惡人勤於斯爲甚自非生於其域習於其風幼而覩焉長而安焉不見樂土而遷焉則罕能寧其居而狎其敵也關東之地百物阜殷從軍之徒尤被優養慣於温飽狎於歡康比諸邊隅若異天地聞絕塞荒陬之苦則辛酸動容聆強蕃勁虜之名則懾駭奪氣而乃使之去親族捨園廬甘其所辛酸抗其所懾駭將冀爲用不亦疎乎矧又有休代之期無統帥之馭資奉若驕子姑息如倩人進不邀之以成功退不處之以嚴憲其來也咸負得色其止也莫有固心屈指計歸張頤待飼徼倖者猶患還期之賒緩常念戎醜之充斥王師挫傷則將乘其亂離布路東潰情志且爾得之奚爲平居則殫耗資儲以奉浮冗之衆臨難則拔棄城鎮以搖遠近之心其弊豈惟無益哉固亦將有所

撓也復有抵犯刑禁謫徙軍城意欲增戶實邊兼令展効自贖既是無良之類
且加懷土之情思亂幸災又甚戍卒適足煩於防衞諒無望於功庸雖前代時
或行之固非良算之可遵者也復有擁旄之帥身不臨邊但分偏師俾守疆埸
大抵軍中壯銳元戎例選自隨委其疲羸乃配諸鎭節將既居內地精兵祇備
紀綱遂令守要禦衝常在寡弱之輩寇戎每至乃勢不支入壘者纔足閉關在
野者悉遭劫執恣其芟蹂盡其搜毆比及都府聞知虜已剋獲旋返且安邊之
本所切在兵理兵若斯可謂措置乖方矣夫賞以存勸罰以示懲勸以懋有庸
懲以威不恪故賞罰之於馭衆也猶繩墨之於曲直權衡之揣重輕輗軏之所
以行車銜勒之所以服馬也馭衆而不用賞罰則善惡相混而能否莫殊用之
而不當功過則姦妄寵榮而忠實擯抑夫如是若聰明可衒律度無章則用與
不用其弊一也自頃權移於下柄失於朝將之號令既鮮克行之於軍國之典
章又不能施之於將務相遵養苟度歲時欲賞一有功飜慮無功者反側欲罰
一有罪復慮同惡者憂虞罪以隱忍而不彰功以嫌疑而不賞姑息之道乃至

於斯故使忘身効節者獲誚於等夷率衆先登者取怨於士卒僨軍蹙國者不懷於愧畏緩救失期者自以爲智能褒貶既闕而不行稱毀復紛然相亂人雖欲善誰爲言之況又公忠者直己而不求於人反罹困厄敗撓者行私而苟媚於衆例獲優崇此義士所以痛心勇夫所以解體也又有遇敵而所守不固陳謀而其効靡成將帥則以資糧不足爲詞有司復以供給無闕爲解既相執證理合辨明朝廷每爲含糊未嘗窮究曲直措理者吞聲而靡訴誣善者罔上而不慙馭衆若斯可謂課責虧度矣課責虧度措置乖方將不得竭其材卒不得盡其力屯集雖衆戰陣莫前虜每越境橫行若涉無人之地遞相推倚無敢誰何虛張賊勢上聞則曰兵少不敵朝廷莫之省察惟務徵發益師無裨備禦之功重增供億之弊閭井日耗徵求日繁以編戶傾家破產之資兼有司榷鹽稅酒之利總其所入半以事邊制用若斯可謂材匱於兵衆矣今四夷之最強盛爲中國甚患者莫大於吐蕃舉國勝兵之徒纔當中國十數大郡而已其於內虞外備亦與中國不殊所能寇邊數則蓋寡且又器非犀利甲不堅完識迷韜

鈐藝之趫敏動則中國畏其衆而不敢抗靜則中國憚其強而不敢侵厥理何哉良以中國之節制多門蕃醜之統帥專一故也夫統帥專則人心不分人心不分則號令不貳號令不貳則進退可齊進退可齊則疾徐如意疾徐如意則機會靡愆機會靡愆則氣勢自壯斯乃以少爲衆以弱爲強變化翕闢在於反掌之內是猶臂之使指心之制形若所任得人則何敵之有夫節制多門則人心不一人心不一則號令不行號令不行則進退難必進退難必則疾徐失宜疾徐失宜則機會不及機會不及則氣勢自衰斯乃勇廢爲尫衆散爲弱逗撓離析兆乎戰陣之前是猶一國三公十羊九牧欲令齊肅其可得乎開元天寶之閒控禦西北兩蕃唯朔方河西隴右三節度而已猶慮權分勢散或使兼而領之中興已來未遑外討僑隸四鎮於安定權附隴右於扶風所當西北兩蕃亦朔方涇原隴右河東節度而已關東戍卒至則屬焉雖委任未盡得人而措置尚存典制自頃逆泚誘涇隴之衆叛懷光汙朔方之軍割裂誅鋤所餘無幾而又分朔方之地建牙擁節者凡三使焉其餘鎮軍數且四十皆承特詔委寄

各降中貴監臨人得抗衡莫相稟屬每俟邊書告急方令計會用兵既無軍法下臨唯以客禮相待是乃從容拯溺揖讓救焚冀無阽危固亦難矣夫兵以氣勢爲用者也氣聚則威散則消勢合則威析則弱今之邊備勢弱氣消建軍若斯可謂力分於將多矣理戎之要最在均齊故軍法無貴賤之差軍實無多少之異是將所以同其志而盡其力也如或誘其志意勉其藝能則當閱其材程其勇校其勞逸度其安危明申練覆優劣之科以爲衣食等級之制使能者企及否者息心雖有薄厚之殊而無觖望之釁蓋所謂日省月試餼稟均事如權量之無情於物萬人莫不安其分而服其平也今者窮邊之地長鎮之兵皆百戰傷夷之餘終年勤苦之劇角其所能則練習度其所處則孤危考其服役則勞察其臨敵則勇然衣糧所給唯止當身例爲妻子所分常有凍餒之色而關東戍卒歲月踐更不安危城不習戎備怯於應敵懈於服勞然衣糧所頒厚踰數等繼以茶藥之饋益以蔬醬之資豐約相形懸絕斯甚又有素非禁旅本是邊軍將校詭爲媚詞因請遙隸神策不離舊所唯改虛名其於稟賜之饒遂有

三倍之益此傳類所以忿恨忠良所以憂嗟疲人所以流亡經費所以褊匱夫事業未異而給養有殊人情之所不能甘也況乎矯佞行而稟賜厚績藝劣而衣食優苟未忘懷能無慍怒不爲戎首則已可嘉而欲使其協力同心以攘寇難雖有韓白孫吳之將臣知其必不能焉養士若斯可謂怨生於不均矣凡欲選任將帥必先考察行能然後指以所授之方語以所委之事令其自揣可否自陳規模須某色甲兵藉某人參佐要若干士馬用若干資糧某處置軍某時成績始終要領悉俾經綸於是觀其計謀校其聲實若謂材無足取言不可行則當退之於初不宜貽慮於其後也若謂志氣足任方略可施則當要之於終不宜掣肘於其間也夫如是則疑者不使使者不疑勞神於選才端拱於委任既委其事既足其求然後可以覈其否臧行其賞罰受賞者不以爲濫當罰者無得而辭付授之柄既專苟且之心自息是以古之遣將帥者君親推轂而命之曰自閫以外將軍裁之又賜鈇鉞示令專斷故軍容不入國國容不入軍將在軍君命有所不受誠謂機宜不可以遠決號令不可以兩從未有委任不專

而望其尅敵成功者也自頃邊軍去就裁斷多出宸衷選置戎臣先求易制多其部以分其力輕其任以弱其心雖有所懲亦有所失遂令分閫責成之義廢死綏任咎之志衰一則聽命二亦聽命爽於軍情亦聽命乖於事宜亦聽命若所置將帥必取於承順無違則如斯可矣若有意平兇靖難則不可夫兩境相接兩軍相持事機之來間不容息蓄謀而俟猶恐失之臨時始謀固已疎矣況乎千里之遠九重之深陳述之難明聽覽之不一欲其事無遺策雖聖者亦有所不能焉設使謀慮能周其如權變無及戎虜馳突迅如風飈驛書上聞旬月方報守土者以兵寡不敢抗敵分鎮者以無詔不肯出師逗留之間寇已奔逼託於救援未至各且閉壘自全牧馬屯牛鞠爲椎剽穡夫樵婦罄作俘囚雖詔諸鎮發兵唯以虛聲應援互相瞻顧莫敢遮邀賊既縱掠退歸此乃陳功告捷其敗喪則減百而爲一其捃獲則張百而成千將帥既幸於總制在朝不憂於罪累陛下又以爲大權由己不究事情用師若斯可謂機失於遙制矣理兵而措置乖方馭將而賞罰虧度制用而財匱建兵而力分養士而怨生用師而機

失此六者疆場之蝨賊軍旅之膏肓也蝨賊不除而但滋之以糞溉膏肓不瘵而唯啗之以滑甘適足以養其害速其災欲求稼穡豐登膚革充美固不可得也臣愚謂宜罷諸道將士番替防秋之制率因舊數而三分之其一分委本道節度使募少壯願住邊城者以徙焉其一分則本道但供衣糧委關內河東諸軍州募蕃漢子弟願傅邊軍者以給焉又一分亦令本道但出衣糧加給應募之人以資新徙之業又令度支散於諸道和市耕牛兼雇召工人就諸軍城繕造器具募人至者每家給耕牛一頭又給田農水火之器皆令充備初到之歲與家口二人糧幷賜種子勸之播植待經一稔俾自給家若有餘糧官爲收糴各酬倍價務獎營田既息踐更徵發之煩且無幸災苟免之弊寇至則人自爲戰時至則家自力農是乃兵不得不強食不得不足與夫倏來忽往豈可同等而論哉臣又謂宜擇文武能臣一人爲隴右元帥應涇隴鳳翔長武城山南西道等節度管內兵馬悉以屬焉又擇一人爲朔方元帥應鄜坊邠寧靈夏等節度管內兵馬悉以屬焉又擇一人爲河東元帥河東振武等節度管內兵馬悉

以屬焉三師各選臨邊要會之州以爲理所見置節度有非要者隨所便近而併之唯元帥得置統軍餘並停罷其三師部內太原鳳翔等府及諸部戶口稍多者愼揀良吏以爲尹守外奉師律內課農桑俾爲軍糧以壯戎府理兵之宜既得選帥之授既明然後減奸濫虛浮之費以豐財定衣糧等級之制以和衆弘委任之道以宣其用懸賞罰之典以考其成而又愼守中國之所長謹行當今之所易則八利可致六失可除如是而戎狄不威懷疆場不寧謐者未之有也諸侯軌道庶類服從如是而教令不行天下不理者亦未之有也以陛下之英鑒民心之思安四方之小休兩寇之方靜加以頻年豐稔所在積糧此皆天贊國家可以立制垂統之時也時不久居事不常兼已過而追雖悔無及明主者不以言爲罪不以人廢言罄陳狂愚惟所省擇德宗極深嘉納優詔襃獎之贄在中書政不便於時者多所條奏德宗雖不能皆可而心頗重之初竇參既貶郴州節度使劉士寧餉參絹數千匹湖南觀察使李巽與參有隙具事奏聞德宗不悅會右庶子姜公輔於上前聞奏稱竇參嘗語臣云陛下怒臣未已德

宗怒再貶參竟殺之時議云公輔奏竇參語得之於贄云參之死贄有力焉又
素惡于公異于邵既輔政而逐之談者亦以爲阨戶部侍郎判度支裴延齡奸
宄用事天下嫉之如讎以得幸於天子無敢言者贄獨以身當之屢於延英面
陳其不可累上疏極言其弊延齡日加譖毀十年十二月除太子賓客罷知政
事贄性畏慎及策免私居朝謁之外不通賓客無所過從十一年春旱邊軍芻
粟不給具事論訴延齡言贄與張滂李充等搖動軍情語在延齡傳德宗怒將
誅贄等四人會諫議大夫陽城等極言論奏乃貶贄爲忠州別駕贄初入翰林
特承德宗異顧歌詩戲狎朝夕陪遊及出居艱阻之中雖有宰臣而謀猷參決
多出於贄故當時目爲內相從幸山南道途艱險扈從不及與帝相失一夕不
至上喻軍士曰得贄者賞千金翌日贄謁見上喜形顏色其寵待如此既與二
吳不協漸加浸潤恩禮稍薄及通玄敗上知誣枉遂復見用贄以受人主殊遇
不敢愛身事有不可極言無隱朋友規之以爲太峻贄曰吾上不負天子下不
負吾所學不恤其他精於吏事斟酌決斷不失錙銖嘗以詞詔所出中書舍人

之職軍與之際促迫應務權令學士代之朝野乂寧合歸職分其命將相制詔
却付中書行遣又言學士私臣玄宗初令待詔止於唱和文章而已物議是之
德宗以贄指斥通微通玄故不可其奏贄在忠州十年常閉關靜處人不識其
面復避謗不著書家居瘴鄉人多癘疫乃抄撮方書爲陸氏集驗方五十卷行
於代初贄秉政貶駕部員外郎李吉甫爲明州長史量移忠州刺史贄在忠州
與吉甫相遇昆弟門人咸爲贄憂而吉甫忻然厚禮都不銜前事以宰相禮事
之猶恐其未信不安日與贄相狎若平生交契者贄初猶慙懼後乃深交時論
以吉甫爲長者後有薛延者代吉甫爲刺史延朝辭日德宗令宣旨慰安而韋
臯累上表請以贄代己順宗卽位與陽城鄭餘慶同詔徵還詔未至而贄卒時
年五十二贈兵部尚書謚曰宣子簡禮登進士第累辟使府
史臣曰近代論陸宣公比漢之賈誼而高邁之行剛正之節經國成務之要激
切仗義之心初蒙天子重知末塗淪躓皆相類也而誼止中大夫贄及台鉉不
爲不遇矣昔公孫鞅挾三策說秦王淳于髡以隱語見齊君從古以還正言不

易昔周昭戒急論議正爲此也贄居珥筆之列調飪之地欲以片心除衆弊獨
手遏羣邪君上不亮其誠羣小共攻其短欲無放逐其可得乎詩稱其維哲人
告之話言又有誨爾聽我之恨此皆賢人君子歎言不見用也故堯咨禹拜千
載一時攜手提耳豈容易哉
贊曰良臣悟主我有嘉猷多僻之君爲善不周忠言救失啓沃曰讎勿貽天問
蒼昊悠悠

舊唐書卷一百三十九

舊唐書卷一百四十

後晉司空同中書門下平章事劉昫撰

列傳第九十

韋皐劉闢附　張建封　盧羣

韋皐字城武，京兆人。大曆初以建陵挽郎調補華州參軍，累授使府監察御史。宰相張鎰出爲鳳翔隴右節度使，奏皐爲營田判官，得殿中侍御史，權知隴州行營留後事。建中四年，涇師犯闕，德宗幸奉天，鳳翔兵馬使李楚琳殺張鎰以府城叛歸於朱泚，隴州刺史郝通奔于楚琳。先是，朱泚自范陽入朝，以甲士自隨，後泚爲鳳翔節度使，既罷，留范陽五百人戍隴州，而泚舊將牛雲光督之。時泚既以逆徒圍奉天，雲光因稱疾，請皐爲帥，將謀亂，擒皐以赴泚。皐將翟曄伺知之，白皐爲備，雲光知事洩，遂率其兵以奔泚。行及汧陽，遇泚家僮蘇玉將使于皐所，蘇玉謂雲光曰：「太尉已登寶位，使我持詔以韋皐爲御史中丞，君可以兵歸隴州，皐若承命，卽爲吾人，如不受詔，彼書生，可以圖之，事無不濟矣。」乃反旃疾趨隴州皐迎勞之先納蘇玉受其僞命乃問雲光曰始不告而去今又來何也雲光曰前未知公心故潛去知公有新命今乃復還願與公戮力定功同其生死皐曰善又謂雲光曰大使苟不懷詐請納器甲使城中無所危疑乃可入雲光以書生待皐且以爲信然乃盡付弓矢戈甲皐既受之乃內其兵明日皐犒宴蘇玉雲光之卒於郡舍伏甲於兩廊酒既行伏發盡誅之斬雲光蘇玉首以徇泚又使家僮劉海廣以皐爲鳳翔節度使皐斬海廣及從者三人生一人使報泚於是詔以皐爲御史大夫隴州刺史置奉義軍節度以旌之皐遣從兄平及弁繼入奉天城城中聞皐有備士氣增倍皐乃築壇于廷血牲與將士等盟曰上天不弔國家多難逆臣乘間盜據宮闈而李楚琳亦扇兇徒傾陷城邑酷虐所加爰及本使既不事上安能卹下皐是用激心憤氣不遑底寧誓與羣公竭誠王室凡我同盟一心協力仗順除兇先祖之靈必當幽贊言誠則志合義感則心齊粉骨糜軀決無所顧有渝此志明神殛之迨於子孫亦罔遺類皇天后土當兆斯言又遣使入吐蕃求援十一月加檢校禮部尚書興元元年

德宗還京徵爲左金吾衞將軍尋遷大將軍貞元元年拜檢校戶部尚書兼成都尹御史大夫劍南西川節度使代張延賞臯以雲南蠻衆數十萬與吐蕃和好蕃人入寇必以蠻爲前鋒四年臯遣判官崔佐時入南詔蠻說令向化以離吐蕃之助佐時至蠻國羊咀咩城其王異牟尋忻然接遇請絕吐蕃遣使朝貢其年遣東蠻鬼主驃傍苴夢衝苴烏等相率入朝南蠻自巂州陷沒臣屬吐蕃絕朝貢者二十餘年至是復通五年臯遣大將王有道簡習精卒以入蕃界與東蠻於故巂州臺登北谷大破吐蕃青海臘城二節度斬首二千級生擒籠官四十五人其投崖谷而死者不可勝計蕃將乞藏遮遮者蕃之驍將也久爲邊患自擒遮遮城柵無不降數年之內終復巂州以功加吏部尚書九年朝廷築鹽州城慮爲吐蕃掩襲詔臯出兵牽維之乃命大將董勔張芬出西山及南道破峨和城通鶴軍吐蕃南道元帥論莽熱率衆來援又破之殺傷數千人焚定廉城凡平堡柵五十餘所以功進位檢校右僕射臯又招撫西山羌女訶陵白狗逋租弱水南王等八國酋長入貢闕廷十一年九月加統押近界諸蠻西山

八國兼雲南安撫等使十二年二月就加同中書門下平章事十三年收復巂州城十六年皐命將出軍累破吐蕃於黎巂二州吐蕃怒遂大搜閱築壘造舟欲謀入寇皐悉挫之於是吐蕃酋帥兼監統曩貢臘城等九節度嬰籠官馬定德與其大將八十七人舉部落來降定德有計略習知兵法及山川地形吐蕃每用兵定德常乘驛計事蕃中諸將稟其成算至是自以扞邊失律懼得罪而歸心焉十七年吐蕃昆明城管些蠻千餘戶又降贊普以其衆外潰遂北寇靈朔陷麟州德宗遣使至成都府令皐出兵深入蕃界皐乃令鎮靜軍使陳泊等統兵萬人出三奇路威戎軍使崔堯臣兵千人出龍溪石門路南維保二州兵馬使仇冕保霸二州刺史董振等兵二千趨吐蕃維州城中北路兵馬使邢玼等四千趨吐蕃棲雞老翁城都將高倜王英俊兵二千趨故松州隴東兵馬使元膺兵八千人出南道雅邛黎巂路又令鎮南軍使韋良金兵一千三百續進雅州經略使路惟明等兵三千趨吐蕃租松等城黎州經略使王有道兵二千人過大渡河深入蕃界巂州經略使陳孝陽兵馬使何大海韋義等及磨些蠻

東蠻二部落主苴那時等兵四千進攻昆明城諾濟城自八月出軍齊入至十月破蕃兵十六萬拔城七軍鎮五戶三千擒生六千斬首萬餘級遂進攻維州救軍再至轉戰千里蕃軍連敗於是寇靈朔之衆引而南下贊普遣論莽熱以內大相兼東境五道節度兵馬都羣牧大使率雜虜十萬而來解維州之圍蜀師萬人據險設伏以待之先出千人挑戰莽熱見我師之少悉衆追之發伏掩擊鼓譟雷駭蕃兵自潰生擒論莽熱虜衆十萬殲夷者半是歲十月遣使獻論莽熱于朝德宗數而釋之賜第於崇仁里臯以功加檢校司徒兼中書令封南康郡王順宗卽位加檢校太尉順宗久疾不能臨朝聽政宦者李忠言侍碁待詔王叔文侍書待詔王伾等三人頗干國政高下在心臯乃遣支度副使劉闢使於京師闢私謁王叔文曰太尉使致誠於足下若能致某都領劍南三川必有以相酬如不留意亦有以奉報叔文大怒將斬闢以徇韋執誼固止之闢乃私去臯知王叔文人情不附又知與韋執誼有隙自以大臣可議社稷大計乃上表請皇太子監國曰臣聞上承宗廟下鎮黎元永固無疆莫先儲兩伏聞聖

明以山陵未祔哀毀逾制心勞萬幾伏計旬月之間未甚痊復皇太子睿質已長淑問日彰四海之心實所倚賴伏望權令皇太子監撫庶政以俟聖躬痊平一日萬幾免令壅滯又上皇太子牋曰殿下體重離之德當儲貳之重所以克昌九廟式固萬方天下安危繫於殿下皋位居將相志切匡扶先朝獎知早承恩顧人臣之分知無不為願上答眷私罄輸肝鬲伏以聖上嗣膺鴻業睿哲英明攀感先朝志存孝理諒闇之際方委大臣但付託偶失於善人而參決多虧於公政令羣小得志黷紊紀綱官以勢遷政由情改朋黨交構熒惑宸聽樹置腹心遍於貴位潛結左右難在蕭墻國賦散於權門王稅不入天府褻慢無忌高下在心貨賄流聞遷轉失敘先聖屏黜贓犯之類咸擢居省寺之間至令忠臣隕涕正人結舌遐邇痛心人知不可伏恐奸雄乘便因此謀動干戈危殿下之家邦傾太宗之王業伏惟太宗櫛沐風雨經營廟朝將垂二百年欲及千萬祀而一朝使叔文奸佞之徒侮弄朝政恣其胸臆坐致傾危臣每思之痛心疾首伏望殿下斥逐羣小委任賢良慺慺血誠輸寫於此太子優令答之而裴均

嚴綬牋表繼至由是政歸太子盡逐伾文之黨是歲暴疾卒時年六十一贈太師廢朝五日皐在蜀二十一年重賦斂以事月進卒致蜀土虛竭時論非之其從事累官稍崇者則奏爲屬郡刺史或又署在府幕多不令還朝蓋不欲洩所爲於闕下故也故劉闢因皐故態圖不軌以求三川厲階之作蓋有由然皐兄聿時爲國子司業劉闢與盧文若據西川叛皐姪行式先娶文若妹而聿不奏旣收行式以其妻沒官詔御史臺按聿聿下獄有司以行式妻在遠不與兄同情不當連坐詔歸行式妻而釋聿

劉闢者貞元中進士擢第宏詞登科韋皐辟爲從事累遷至御史中丞支度副使永貞元年八月韋皐卒闢自爲西川節度留後率成都將校上表請降節鉞朝廷不許除給事中便令赴闕闢不奉詔時憲宗初卽位以無事息人爲務遂授闢檢校工部尚書充劍南西川節度使闢益兇悖出不臣之言而求都統三川與同幕盧文若相善欲以文若爲東川節度使遂舉兵圍梓州憲宗難於用兵宰相杜黃裳奏劉闢一狂蹶書生耳王師鼓行而俘之兵不血刃臣知神策

軍使高崇文驍果可任舉必成功帝數日方從之於是令高崇文李元奕將神策京西行營兵相續進發令與嚴礪李康掎角相應以討之仍許其自新元和元年正月崇文出師三月收復東川乃下詔曰朕聞皇祖玄元之誡曰兵者凶器也不得已而用之恭惟聖謨常所祗服故惟文誥有所不至誠信有所未孚始務安人必能忍恥朕之此志亦可明徵近者德宗皇帝舉柔服之規授宰衡之傑弘我廟勝遂康巴庸故得南詔入貢西戎寢患成績始究元臣喪亡劉闢乘此變故坐邀符節朕以成狂命者雖乖於理體從權便者所冀於輯寧竟乖卿士之謀遂允倖求之志朕之於闢恩亦弘矣曾不知恩負牛羊之力飽則逾兇畜梟獍之心馴之益悖誑惑士伍圍逼梓州誘陷戎臣塞絕劍路師徒所至燒劫無遺干紀之辜擢髮難數朕爲人司牧字彼黎元如闢之罪非朕敢捨可削奪在身官爵六月崇文破鹿頭關進收漢州九月崇文收成都府劉闢以數十騎遁走投水不死騎將酈定進入水擒闢於成都府西洋灌田盧文若先自刃其妻子然後縋石投江失其屍闢檻送京師在路飲食自若以爲不當死及

至京西臨皐驛左右神策兵士迎之以帛繫首及手足曳而入乃驚曰何至於是或紿之曰國法當爾無憂也是日詔曰劉闢生於士族敢蓄梟心驅劫蜀人拒扞王命肆其狂逆詿誤一州俾我黎元肝腦塗地賊將崔綱等同惡相扇至死不迴咸宜伏辜以正刑典劉闢男超郎等九人並處斬闢入京城上御興安樓受俘馘令中使於樓下詰闢反狀闢曰臣不敢反五院子弟爲惡臣不能制又遣詰之曰朕遣中使送旌節官告何故不受闢乃伏罪令獻太廟郊社徇于京即日戮於子城西南隅初闢嘗病見諸問疾者來皆以手據地倒行入闢口闢因磔裂食之惟盧文若至則如平常故尤與文若厚竟以同惡俱赤族不其怪歟

張建封字本立兗州人祖仁範洪州南昌縣令貞元初贈鄭州刺史父玠少豪俠輕財重士安祿山反令僞將李庭偉率蕃兵脅下城邑至魯郡太守韓擇木具禮郊迎置於郵館玠率鄉豪張貴孫邑段絳等集兵將殺之擇木怯懦大懼唯員外司兵張孚然其計遂殺庭偉幷其黨數十人擇木方遣使奏聞擇木張

季俱受官賞玠因遊蕩江南不言其功以建封貴贈祕書監建封少頗屬文好談論慷慨負氣以功名爲己任寶應中李光弼鎭河南時蘇常等州草賊寇掠郡邑代宗遣中使馬日新與光弼將兵馬同征討之建封乃見日新自請說喻賊徒日新從之遂入虎窟蒸里等賊營以利害禍福喻之一夕賊黨數千人並詣日新請降遂悉放歸田里大曆初道州刺史裴虬薦建封於觀察使韋之晉辟爲參謀奏授左清道兵曹不樂吏役而去滑亳節度使令狐彰聞其名辟之彰旣未曾朝覲建封心不悅之遂投刺於轉運使劉晏自述其志不願仕於彰也晏奏試大理評事勾當軍務歲餘復罷歸建封素與馬燧友善大曆十年燧爲河陽三城鎭遏使辟爲判官奏授監察御史賜緋魚袋李靈曜反於梁宋閒與田悅掎角同爲叛逆燧與李忠臣同討平之軍務多咨於建封及燧爲河東節度使復奏建封爲判官特拜侍御史建中初燧薦之於朝楊炎將用爲度支郎中盧杞惡之出爲岳州刺史時淮西節度使李希烈乘破滅梁崇義之勢漸縱恣跋扈壽州刺史崔昭數書疏往來淮南節度使陳少遊奏之上遽召宰相

令選壽州刺史盧杞本惡建封是日蒼黃遂薦建封以代崔昭牧壽陽李希烈稱兵寇陷汝州擒李元平擊走胡德信唐漢臣等又摧破哥舒曜於襄城連陷鄭汴等州李勉棄城而遁涇師內逆駕幸奉天賊鋒益盛淮南陳少遊潛通希烈尋稱僞號改元遣將楊豐齎僞赦書二道令送少遊及建封至壽州建封縛楊豐徇於軍中適會中使自行在及使江南迴者同至建封集衆對中使斬豐於通衢封僞赦書送行在遠近震駭陳少遊聞之既怒且懼建封乃具奏少遊與希烈往來事狀希烈又僞署其黨杜少誠爲淮南節度使令先平壽州趣江都建封令其將賀蘭元均邵怡等守霍丘秋柵少誠竟不能侵軼乃南掠蘄黃等州又爲伊愼所挫衂尋加建封兼御史中丞本州團練使車駕還京陳少遊憂憤而卒興元元年十二月乃加兼御史大夫充濠壽廬三州都團練觀察使於是大修緝城池悉心綏撫遠近悅附自是威望益重李希烈選兇黨精悍者率勁卒以攻建封曠日持久無所剋獲而去及希烈平進階封賜一子正員官初建中年李洎以徐州歸附洎尋卒其後高承宗父子獨孤華相繼爲刺史爲

賊侵削貧困不能自存又咽喉要地據江淮運路朝廷思擇重臣以鎭者久之貞元四年以建封爲徐州刺史兼御史大夫徐泗濠節度支度營田觀察使既創置軍伍建封觸事躬親性寬厚容納人過誤而按據綱紀不妄曲法貸人每言事忠義感激人皆畏悅七年進位檢校禮部尚書十二年加檢校右僕射十三年冬入覲京師德宗禮遇加等特以雙日開延英召對又令朝參入大夫班以示殊寵建封賦朝天行一章上獻賜名馬珍玩頗厚時宦者主宮中市買謂之宮市抑買人物稍不如本估末年不復行文書置白望數十百人於兩市及要鬧坊曲閱人所賣物但稱宮市則斂手付與眞僞不復可辨無敢問所從來及論價之高下者率用直百錢物買人直數千物仍索進奉門戶及脚價銀人將物詣市至有空手而歸者名爲宮市其實奪之嘗有農夫以驢馱柴宦者市之與絹數尺又就索門戶仍邀驢送柴至內農夫啼泣以所得絹與之不肯受曰須得爾驢農夫曰我有父母妻子待此而後食今與汝柴而不取直而歸汝尚不肯我有死而已遂毆宦者街使擒之以聞乃黜宦者賜農夫絹十匹然宮

市不爲之改諫官御史表疏論列皆不聽吳湊以戚里爲京兆尹深言其弊建
封入覲具奏之德宗頗深嘉納而戶部侍郎判度支蘇弁希宦者之旨因入奏
事上問之弁對曰京師游手墮業者數千萬家無土著生業仰宮市取給上信
之凡言宮市者皆不聽用詔書矜免百姓諸色逋賦上問建封對曰凡逋賦殘
欠皆是累積年月無可徵收雖蒙陛下憂恤百姓亦無所裨益時河東節度使
李說華州刺史盧徵皆中風疾口不能言足不能行但信任左右胥吏決遣之
建封皆悉聞奏上深嘉納又金吾大將軍李翰好伺察城中細事加諸聞奏冀
求恩寵人畏而惡之建封亦奏之乃下詔曰比來朝官或諸處過從金吾皆有
上聞其間如素是親故或曾同僚友伏臘歲序時有還往亦是常禮人情所通
自今以後金吾不須聞十四年春上巳賜宰臣百寮宴於曲江亭特令建封與
宰相同座而食貞元已後藩帥入朝及還鎮如馬燧渾瑊劉玄佐李抱真曲環
之崇秩鴻勳未有獲御製詩以送者建封將還鎮特賜詩曰牧守寄所重才賢
生爲時宣風自淮甸授鉞膺藩維入覲展遐戀臨軒慰來思忠誠在方寸感激

陳清詞報國爾所尙恤人予是資歡宴不盡懷車馬當還期轂兩將應候行春猶未遲勿以千里遙而云無已知又令高品中使齎常所執鞭以賜之曰以卿忠貞節義歲寒不移此鞭朕久執用故以賜卿表卿忠節也建封又獻詩一篇以自警勵建封在彭城十年軍州稱理復又禮賢下士無賢不肖遊其門者皆禮遇之天下名士嚮風延頸其往如歸貞元時文人如許孟容韓愈諸公皆爲之從事十六年遇疾連上表請速除代方用韋夏卿爲徐泗行軍司馬未至而建封卒時年六十六冊贈司徒子愔愔以蔭授虢州參軍初建封卒判官鄭通誠權知留後事通誠懼軍士謀亂適遇浙西兵遷鎭通誠欲引入州城爲援事洩三軍怒五六千人斫甲仗庫取戈甲執帶環繞衙城請愔爲留後乃殺通誠楊德宗大將段伯熊吉遂曲澄張秀等軍衆請於朝廷乞授愔旄節初不之許乃割濠泗二州隸淮南加杜祐同平章事以討徐州旣而泗州刺史張伾以兵攻埇橋與徐軍接戰伾大敗而還朝廷不獲已乃授愔起復右驍衞將軍同正兼徐州刺史御史中丞充本州團練使知徐州留後仍以泗州刺史張伾爲泗

州留後濠州刺史杜兼爲濠州留後正授武寧軍節度檢校工部尚書元和元年被疾上表請代徵爲兵部尚書以東都留守王紹爲武寧軍節度代愔復隸濠泗二州於徐徐軍喜復得二州不敢爲亂而愔遂赴京師未出界卒愔在徐州七年百姓稱理詔贈右僕射

盧羣字載初范陽人少好讀書初學於太安山淮南節度使陳少遊聞其名辟爲從事建中末薦於朝廷會李希烈反叛詔諸將討之以羣爲監察御史江西行營糧料使興元元年江西節度嗣曹王皐奏爲判官曹王移鎮江陵襄陽羣皆從之幕府之事委以咨決以正直聞貞元六年入拜侍御史有人誣告故尚父子儀嬖人張氏宅中有寶玉者張氏兄弟又與尚父家子孫相告訴詔促按其獄羣奏曰張氏以子儀在時分財子弟不合爭奪然張氏宅與子儀親仁宅皆子儀家事子儀有大勳伏望陛下特赦而勿問俾私自引退德宗從其言時人嘉其識大體累轉左司職方兵部三員外郎中淮西節度使吳少誠擅開決司洧等水漕輓溉田遣中使止之少誠不奉詔令羣使蔡州詰之少誠曰開大

渠大利於人羣曰爲臣之道不合自專雖便於人須俟君命且人臣須以恭恪爲事若事君不盡恭恪卽責下吏恭恪固亦難矣凡數百千言諭以君臣之分忠順之義少誠乃從命卽停工役羣博涉有口辨好談論與少誠言古今成敗之事無不聳聽又與唱和賦詩自言以反側常蒙隔在恩外羣於筵中醉而歌曰祥瑞不在鳳凰麒麟太平須得邊將忠臣衞霍真誠奉主貔虎十萬一身江河潛注息浪蠻貊款塞無塵但得百寮師長肝膽不用三軍羅綺金銀少誠大感悅羣以奉使稱旨俄遷檢校祕書監兼御史中丞義成軍節度行軍司馬貞元十六年四月節度姚南仲歸朝拜羣天成軍節度鄭滑觀察等使先寓居鄭州典質良田數頃及爲節度使至鎮各與本地契書分付所管令長令召還本主時論稱美尋遇疾其年十月卒時年五十九廢朝一日贈工部尚書賵賻布帛米粟有差

史臣曰韋南康張徐州慷慨下位之中横身喪亂之際力扶衰運氣激壯圖義風凜凜聳動羣醜舂盜之喉折賊之角可謂忠矣而韋公季年惑賊闢之奸說

欲兼巴益則志未可量徐州請覲頗有規諫之言所謂以道匡君能以功名始終者盧載初喻少誠還地券君子哉三子之賢不可多得

贊曰南康英壯力匡交喪張侯義烈志平亂象見危能振蹈利無謗韋德不周張心可亮

舊唐書卷一百四十

舊唐書卷一百四十一

後晉司空同中書門下平章事劉昫撰

列傳第九十一

田承嗣 姪悅 子緒 緒子季安　田弘正 子布　張孝忠 子茂昭 茂昭子克勤 弟茂宗 茂和 陳楚附

田承嗣平州人世事盧龍軍爲裨校祖璟父守義以豪俠聞於遼碣承嗣開元末爲軍使安祿山前鋒兵馬使累俘斬奚契丹功補左清道府率遷武衞將軍祿山構逆承嗣與張忠志等爲前鋒陷河洛祿山敗史朝義再陷洛陽承嗣爲前導僞授魏州刺史代宗遣朔方節度使僕固懷恩引迴紇軍討平河朔帝以二兇繼亂郡邑傷殘務在禁暴戢兵屢行赦宥凡爲安史詿誤者一切不問時懷恩陰圖不軌慮賊平寵衰欲留賊將爲援乃奏承嗣及李懷仙張忠志薛嵩等四人分帥河北諸郡乃以承嗣檢校戶部尚書鄭州刺史俄遷魏州刺史貝博滄瀛等州防禦使居無何授魏博節度使承嗣不習教義沉猜好勇雖外受朝旨而陰圖自固重加稅率修繕兵甲計戶口之衆寡而老弱事耕稼丁壯從

征役故數年之閒其衆十萬仍選其魁偉強力者萬人以自衛謂之衙兵郡邑官吏皆自署置戶版不籍於天府稅賦不入於朝廷雖曰藩臣實無臣節代宗以黎元久罹寇虐姑務優容累加檢校尙書僕射太尉同中書門下平章事封鴈門郡王賜實封千戶及昇魏州爲大都督府以承嗣爲長史仍以其子華尙永樂公主冀以結固其心庶其悛革而生於朔野志性兇逆每王人慰安言詞不遜大曆八年相衞節度使薛嵩卒其弟蕚欲邀旄節及用李承昭代嵩衙將裴志清謀亂逐蕚蕚率衆歸於承嗣十年薛蕚歸朝承嗣使親黨扇惑相州將吏謀亂遂將兵襲擊謬稱救應代宗遣中使孫知在使魏州宣慰令各守封疆承嗣不奉詔遣大將盧子期攻洺州楊光朝攻衞州殺刺史薛雄仍逼知在令巡磁相二州諷其大將割耳剺面請承嗣爲帥知在不能詰四月詔曰田承嗣出自行閒策名邊戍早參戎秩効用無聞常輔兇渠驅馳有素洎再平河朔歸命轅門朝廷俯念遺黎久罹兵革自祿山召禍羸博流離思明繼釁趙魏堙厄以至農桑井邑靡獲安居骨肉室家不能相保念其凋瘵思用撫寧以其先布

款誠寄之爲理所以委授旄鉞之任假以方面之榮期爾知恩庶能自効崇資茂賞首冠朝倫列異姓之苴茅登上公之禮命子弟童稚皆聯臺閣之華妻妾僕媵並受國邑之號人臣之寵舉集其門將相之權兼領其職夫宰相者所以盡忠而乃據國家之封壤仗國家之兵戈安國家之黎人調國家之征賦掩有資實憑竊寵靈內包兇邪外示歸順且相衞之略所管素殊而逼脇軍人使之翻潰因其驚擾便進軍師事跡暴彰姦邪可見不然豈志清之亂曾未崇朝子期光朝會于明日足知先有成約指期而來是爲蔑棄典刑擅興戈甲旣云相州騷擾隣境救災旋又更取磁州重行威虐此實自矛盾不究始終三州旣空遠邇驚陷更移兵馬又赴洺州實爲暴惡不仁窮極殘忍薛雄乃衞州刺史固非本藩忿其不附橫加凌虐一門盡屠非復噍類酷烈無狀人神所冤又四州之地皆列屯營長史屬官任情補署精甲利刃良馬勁兵全實之資裝農藏之積實盡收魏府罔有孑遺其爲蓋在無赦欲行討問正厥刑書猶示含容冀其遷善抑于典憲務在慰安乃遣知在遠奉詔書諭以深旨乃命承昭副茲麾下

撫彼舊封而承昭又遣親將劉渾先傳詔命承嗣迫巡磁相仍劫知在偕行先令姪悅權扇軍吏至使引刀自割抑令騰口相稽當衆諠譁請歸承嗣論其姦狀足以爲憑此而可容何者爲罪承嗣宜貶永州刺史仍許一幼男女從行便路赴任委河東節度使薛兼訓成德軍節度使李寶臣幽州節度留後朱滔昭義節度李承昭淄青節度李正己淮西節度李忠臣永平軍節度使李勉汴宋節度田神玉等犄角進軍如承嗣不時就職所在加討按軍法處分詔下承嗣懼而麾下大將復多攜貳倉黃失圖乃遣牙將郝光朝奉表請罪乞束身歸朝代宗重勞師旅特恩詔允并姪悅等悉復舊官仍詔不須入覲十一年汴將李靈耀據城叛詔近鎮加兵靈耀求援於魏承嗣令田悅率衆五千赴之爲馬燧李忠臣逆擊敗之悅僅而獲免兵士死者十七八復詔誅之十二年承嗣復上章請罪又赦之復其官爵承嗣有貝博魏衞相磁洺等七州復爲七州節度使於是承嗣弟廷琳及從子悅承嗣子綰緒等皆復本官仍令給事中杜亞宣諭賜鐵券十三年九月卒時年七十五有子十一人維朝華繹綸綰緒繪純紳縉

等維爲魏州刺史朝神武將軍華太常少卿駙馬都尉尙永樂公主再尙新都公主餘子皆幼而悅勇冠軍中承嗣愛其才及將卒命悅知軍事而諸子佐之悅初爲魏博中軍兵馬使檢校右散騎常侍魏府左司馬大曆十三年承嗣卒朝廷用悅爲節度留後驍勇有膂力性殘忍好亂而能外飾行義傾財散施人多附之故得兵柄尋拜檢校工部尙書御史大夫充魏博七州節度使大曆末悅尙恭順建中初黜陟使洪經綸至河北方聞悅軍七萬經綸素昧時機先以符停其兵四萬令歸農畝悅僞亦順命卽依符罷之既而大集所罷將士激怒之曰爾等久在軍戎各有父母妻子既爲黜陟使所罷如何得衣食自資衆遂大哭悅乃盡出其家財帛衣服以給之各令還其部伍自此魏博感悅而怨朝廷居無何或謬稱車駕將東封而李勉增廣汴州城李正己聞而猜懼以兵萬人屯曹州遣使說悅同爲拒命悅乃與正己梁崇義等謀各阻兵以判官王侑扈蕚許士則爲腹心邢曹俊孟希祐李長春符璘康愔爲爪牙建中二年鎭州李寶臣卒子惟岳求襲節鉞俄而淄青李正己卒子納亦求節鉞朝廷皆不允

遂與惟岳李納同謀叛逆時朝廷遣張孝忠等討恆州悅將孟希祐率兵五千援之又遣將康愔率兵八千圍邢州楊朝光五千人營於邯鄲西北盧家砦絕昭義糧餉之路悅自將兵甲數萬繼進邢州刺史李洪臨洺將張伾爲賊所攻禦備將竭詔河東節度使馬燧河陽李芃與昭義軍討悅七月三日師自壺關東下收賊盧家砦大破賊於雙岡邢州解圍悅衆遁走保洹水馬燧等三帥距悅軍三十里爲壘李納遣兵八千人助悅魏將邢曹俊者承嗣之舊將老而多智頗知兵法悅昵於扈蕚以曹俊爲貝州刺史及悅拒官軍於臨洺大爲王師所破悅乃召曹俊而問計焉曹俊曰兵法十倍則攻尚書以逆犯順勢且不侔宜於嶓口置兵萬人以遏西師則河北二十四州悉爲尚書有矣今於臨洺武安設攻城之計糧竭卒盡危凶立至未見其可也祐等以其異己咸譖毀悅復令守貝州悅與淄青兵三萬餘人陣於洹水馬燧等三帥與神策將李晟等來攻悅之衆復敗死傷二萬計悅收合殘卒奔魏州至南郭外大將李長春拒關不內以俟官軍三帥雖進頓兵於魏州南平邑浮圖咸遲留不進長春乃開門

內之悅持佩刀立於軍門謂軍士百姓曰悅藉伯父餘業久與卿等同事今既敗喪相繼不敢圖全然悅所以堅拒天誅者特以淄青恆冀二大人在日爲悅保薦於先朝方獲承襲今二帥云亡子弟求襲悅既不能報効以至興師今軍旅敗亡士民塗炭此皆悅之罪也以母親之故不能自剄公等當斬悅首以取功勳無爲俱死也乃自馬投地衆皆憐之或前撫持悅曰久蒙公恩不忍聞此今士民之衆猶可一戰生死以之悅收涕言曰諸公不以悅喪敗猶願同心悅縱身死寧忘厚意於地下乎悅乃自割一髻以爲要誓於是將士自斷其髻結爲兄弟誓同生死其將符璘李再春李瑤悅從兄昂相次以郡邑歸國璘等家在魏州者無少長悉爲悅所害悅觀城內兵仗罄乏士衆衰減甚爲惶駭乃復召邢曹俊與之謀既至完整徒旅繕修營壁人心復堅經旬餘日馬燧等進至城下向使燧等乘勝長驅襲其未備則魏城屠之久矣識者痛惜之會王武俊殺李惟岳朱滔攻深州下之朝廷以武俊爲恆州刺史又以寶臣故將康日知爲深趙二州觀察使是以武俊怨賞功在日知下朱滔怨不得深州二將有憾

於朝廷悅知其可間遣判官王侑許士則使於北軍說朱滔曰昨者司徒奉詔征伐徑趨賊境旬朔之內拔束鹿下深州惟岳勢蹙故王大夫獲殄兇渠皆因司徒勝勢又聞司徒離幽州日有詔得惟岳郡縣使隸本鎮今割深州與日知是國家無信於天下也且今上英武獨斷有秦皇漢武之才誅夷豪傑欲掃除河朔不令子孫嗣襲又朝臣立功立事如劉晏輩皆被屠滅昨破梁崇義殺三百餘口投之漢江此司徒之所明知也如馬燧抱真等破魏博後朝廷必以儒德大臣以鎮之則燕趙之危可翹足而待也若魏博全則燕趙無患田尚書必以死報恩義合從連衡救災卹患春秋之義也春秋時諸侯有危者桓公不能救則恥之今司徒聲振宇宙雄略命世救隣之急非徒立義且有利也尚書以貝州奉司徒命某送孔目惟司徒熟計之滔既有貳於國忻然從之乃命判官王郅與許士則同往恆州說王武俊仍許還武俊深州武俊大喜即令判官王巨源報滔仍知深州事武俊又說張孝忠同援悅孝忠不從恐為後患乃遣小校鄭慳築壘於北境以拒孝忠仍令其子士真為恆冀深三州留後以兵圍趙

州三年五月悅以救軍將至率其衆出戰於御河之上大敗而還四月朱滔武
俊蒐軍於寧晉縣共步騎四萬五月十四日起軍南下次宗城滔判官鄭雲逵
及弟方逵背滔歸馬燧六月二十八日滔武俊之師至魏州會神策將李懷光
軍亦至懷光銳氣不可遏堅欲與賊戰遂徑薄朱滔陣殺千餘人王武俊與騎
將趙琳趙萬敵等二千騎橫擊懷光陣滔軍繼踵而進禁軍大敗人相蹈藉投
屍於河三十里河水爲之不流馬燧等收軍保壘是夜王武俊決河水入王莽
故河欲隔官軍水已深三尺糧餉路絕王師計無從出乃遣人告朱滔曰鄙夫
輒不自量與諸人合戰王大夫善戰天下無敵司徒五郎與王君圖之放老夫
歸鎮必得聞奏以河北之事委五郎時武俊戰勝滔心忌之卽曰大夫二兄敗
官軍馬司徒卑屈若此不宜迫人於險也武俊曰燧等連兵十萬皆是國之名
臣一戰而北貽國之耻不知此等何面見天子耶然吾不惜放還但不行五十
里必反相拒燧等至魏縣軍於河西武俊等三將壁於河東兩軍相持自七月
至十月勝負未決悅感朱滔救助欲推爲盟主滔判官李子牟武俊判官鄭儒

等議曰古有戰國連衡誓約以抗秦請依周末七雄故事並建國號爲諸侯用國家正朔今年號不可改也於是朱滔稱冀王悅稱魏王武俊稱趙王又請李納稱齊王十一月一日築壇於魏縣中告天受之滔爲盟主稱孤武俊悅納稱寡人滔以幽州爲范陽府恆州爲真定府魏州爲大名府鄆州爲東平府皆以長子爲元帥僞冊之日其軍上有雲物稍異馬燧等望而笑曰此雲無知乃爲賊瑞又其營地前三年土長高三尺餘魏州戶曹韋稔爲土長頌曰益土之兆也四年十月涇師犯闕諸師各還本鎭悅滔武俊互相疑惑各去王號遣使歸國悅亦致書於抱真遣使聞奏興元元年正月加悅檢校尚書右僕射封濟陽王使並如故仍令給事中兼御史大夫孔巢父往魏州宣慰時悅阻兵四年身雖驍猛而性愎無謀以故頻致破敗士衆死者十七八魏人苦於兵革願息肩焉聞巢父至莫不舞忭悅方晏巢父爲其從弟緒所殺緒承嗣第六子大曆末授京兆府參軍承嗣卒時緒年幼稚承嗣慮諸子不任軍政以從子悅便弓馬性狡黠故任遇之俾代爲帥守及緒年長悅以承嗣委遇之厚待緒等無間令

主衙軍緒兇險多過悅不忍嘗笞而拘之緒頗怨望常伺釁隙會興元元年朝廷宥悅仍令孔巢父往宣慰悅既順命門階徹警悅宴巢父夜歸緒率左右數十人先殺悅腹心蔡濟扈蕚許士則等挺劍而入其兩弟止之緒斬止者遂徑升堂悅方沉醉緒手刃悅并悅妻高氏又入別院殺悅母馬氏自河北諸盜殘害骨肉無酷於緒者緒懼衆不附奔出北門邢曹俊孟希祐等領徒數百追及之遙呼之曰節度使須郎君爲之他人固不可也乃以緒歸衙推爲留後明日歸罪於扈㟨以其首徇然後稟於孔巢父遣使以聞時緒兄綸居長爲亂兵所殺遂以緒爲留後朝廷授緒銀青光祿大夫魏州大都督府長史兼御史大夫魏博節度使時朱滔率兵兼引迴紇之衆南侵緒遣兵助王武俊李抱真大破朱滔于涇城以功授檢校工部尚書貞元元年以嘉誠公主出降緒加駙馬都尉尋遷檢校左僕射封常山郡王食邑三千戶改封鴈門郡王食實封五百戶尋加同平章事初田悅性儉嗇衣服飲食皆有節度而緒等兄弟心常不足緒既得志頗縱豪侈酒色無度貞元十二年四月暴卒時年三十三贈司空賻賚

加等子三人季和季直季安季和爲澶州刺史季直爲衙將季安最幼爲嫡嗣季安字夔母微賤嘉誠公主蓄爲己子故寵異諸兄年數歲授左衛胄曹參軍改著作佐郎兼侍御史充魏博節度副大使累加至試光祿少卿兼御史大夫緒卒時季安年纔十五軍人推爲留後朝廷因授起復左金吾衛將軍兼魏州大都督府長史魏博節度營田觀察處置等使服闋拜銀青光祿大夫檢校尚書右僕射進位檢校司空襲封鴈門郡王未幾加金紫光祿大夫以本官同中書門下平章事季安幼守父業懼嘉誠之嚴雖無他才能亦麤修禮法及公主薨遂頗自恣擊鞠從禽色之娛其軍中政務大抵任徇情意賓僚將校言皆不從免公主喪加檢校司徒元和中王承宗擅襲戎帥憲宗命吐突承璀爲招撫使會諸軍進討季安亦遣大將率兵赴會仍自供糧餉師還加太子太保季安性忍酷無所畏懼有進士丘絳者嘗爲田緒從事及季安爲帥絳與同職侯臧不協相持爭權季安怒斥絳爲下縣尉使人召還先掘坎於路左既至坎所活排而瘞之其兇暴如此元和七年卒時年三十二贈大尉子懷諫懷禮懷詢懷

讓懷諫母元誼女及季安卒元氏召諸將欲立懷諫衆皆唯唯懷諫幼未能御事軍政無巨細皆取決於私白身蔣士則數以愛憎移易將校衙軍怒取前臨清鎮將田興爲留後遣懷諫歸第殺蔣士則等十餘人田興葬季安畢送懷諫於京師乃起復授右監門衞將軍賜第一區芻米甚厚田氏自承嗣據魏州至懷諫四世相傳襲四十九年而田興代焉

田弘正本名興祖延惲魏博節度使承嗣之季父也位終安東都護府司馬延惲生廷玠幼敦儒雅不樂軍職起家爲平舒丞遷樂壽清池束城河間四縣令所至以良吏稱大曆中累官至太府卿滄州別駕遷滄州刺史兼御史中丞充橫海軍使承嗣與淄青李正己恆州李寶臣不協承嗣旣令廷玠守滄州而寶臣朱滔聯兵攻擊欲兼其土宇廷玠嬰城固守連年受敵兵盡食竭人易子而食卒無叛者卒能保全城守朝廷嘉之遷洛州刺史又改相州屬薛蕚之亂承嗣蠶食薛嵩所部廷玠守正字民不以宗門回避而改節建中初族姪悅代承嗣領軍政志圖兇逆慮廷玠不從召爲節度副使悅姦謀頗露廷玠謂悅曰爾

藉伯父遺業可稟守朝廷法度坐享富貴何苦與恆鄆同爲叛臣自兵亂已來謀叛國家者可以歷數鮮有保完宗族者爾若狂志不悛可先殺我無令我見田氏之赤族也乃謝病不出悅過其第而謝之廷玠杜門不納將吏請納建中三年鬱憤而卒弘正廷玠之第二子少習儒書頗通兵法善騎射勇而有禮伯父承嗣愛重之當季安之世爲衙內兵馬使季安惟務侈靡不卹軍務屢行殺罰弘正每從容規諷軍中甚賴之季安以人情歸附乃出爲臨清鎮將欲捃摭其過害之弘正假以風痺請告灸灼滿身季安謂其無能爲及季安病篤其子懷諫幼騃乃召弘正署其舊職季安卒懷諫委家僮蔣士則改易軍政人情不悅咸曰都知兵馬使田興可爲吾帥也衙兵數千詣興私第陳請興拒關不出衆呼噪不已興出衆環而拜請入府署興頓仆於地久之度終不免乃令於軍中曰三軍不以興不肖令主軍務欲與諸軍前約當聽命否咸曰惟命是從興曰吾欲守天子法以六州版籍請吏勿犯副大使可乎皆曰諾是日入府視事殺蔣士則十數人而已晚自府歸第其兄融責興曰爾卒不能自晦取禍之道

也翌日具事上聞憲宗嘉之加與銀青光祿大夫檢校工部尚書魏州大都督府長史兼御史大夫上柱國沂國公充魏博等州節度觀察處置支度營田等使仍賜名弘正仍令中書舍人裴度使魏州宣慰賜魏博三軍賞錢一百五十萬貫弘正既受節鉞上表曰臣聞君臣父子是謂大倫爰立紀綱以正上下其或子不爲子臣不爲臣覆載莫可得容幽明所宜共殛臣家本邊塞累代唐人從乃祖乃父以來沐文子文孫之化臣幸因宗族早列偏裨驅馳戎馬之鄉不覩朝廷之禮惟忠與孝天與臣心常思奮不顧生以身殉國無由上達私自感傷豈意命偶昌時事緣難故白刃之下謬見推崇天慈遽臨免書罪累朝章荐及仍委旂旄錫封壤於全藩列班榮於八座君父之恩已極絲毫之效未伸但以靦冒知羞低徊自愧是知功榮所著必俟危亂之時徼幸之來卻在清平之日循涯揣分以寵爲憂伏自天寶已還幽陵肇亂山東奧壤悉化戎墟外撫車馬內懷梟獍官封代襲刑賞自專國家含垢匿瑕垂六十載臣每思此事當食忘餐若稍假天年得奉宸算兼弱攻昧批亢擣虛竭鷹犬之資展獲禽之用導

揚和氣洗滌僞風然後退歸田園以避賢路臣懷此志陛下察之優詔褒美弘
正樂聞前代忠孝立功之事於府舍起書樓聚書萬餘卷視事之隙與賓佐講
論古今言行可否今河朔有沂公史例十卷弘正客爲弘正所著也魏州自承
嗣已來館宇服玩有踰常制者悉命徹毀之以正廳大侈不居乃視事于採訪
使廳賓寮參佐請之於朝頗好儒書尤通史氏左傳國史知其大略自弘正歸
國幽恆鄆蔡有齒寒之懼屢遣客間說多方誘阻而弘正終始不移其操裴度
明理體詞說雄辯弘正聽其言終夕不倦遂深相結納由是奉上之意逾謹元
和十年朝廷用兵討吳元濟弘正遣子布率兵三千進討屢戰有功李師道以
弘正効忠又襲其後不敢顯助元濟故絕其犄角之援王師得致討焉俄而王
承宗叛詔弘正以全師壓境承宗懼遣使求救於弘正遂表其事承宗遂納二
子獻德棣二州以自解十三年王師加兵於鄆詔弘正與宣武義成武寧橫海
等五鎮之師會軍齊進十一月弘正自帥全師自楊劉渡河築壘距鄆四十里
師道遣大將劉悟率重兵以抗弘正結壘相望前後合戰魏軍大捷而李愬李

光顏三面進攻賊皆挫敗其勢將危十四年三月劉悟以河上之衆倒戈入鄆斬師道首詣弘正請降淄青十二州平論功加檢校司徒同中書門下平章事是年八月弘正入覲憲宗待之隆異對於麟德殿參佐將校二百餘人皆有頒錫進加檢校司徒兼侍中實封三百戶仍以其兄檢校刑部尚書相州刺史融爲太子賓客東都留司弘正三上章願留闕下憲宗勞之曰昨韓弘至朝稱疾懇辭戎務朕不得不從今卿復請留意誠可尚然魏土樂卿之政鄰境服卿之威爲我長城不可辭也可亟歸藩弘正每懼有一旦之憂嗣襲之風不革兄弟子姪悉仕於朝憲宗皆擢居班列朱紫盈庭當時榮之十五年十月鎮州王承宗卒穆宗以弘正檢校司徒兼中書令鎮州大都督府長史充成德軍節度鎮冀深趙觀察等使弘正以新與鎮人戰伐有父兄之怨乃以魏兵二千爲衞從十一月二十六日至鎮州時賜鎮州三軍賞錢一百萬貫不時至軍衆諠騰以爲言弘正親自撫喻人情稍安仍表請留魏兵爲紀綱之僕以持衆心其糧賜請給於有司時度支使崔倰不知大體固阻其請凡四上表不報明年七月歸

卒於魏州是月二十八日夜軍亂弘正幷家屬參佐將吏等三百餘口並遇害

穆宗聞之震悼冊贈太尉賵賻加等弘正孝友慈惠骨肉之恩甚厚兄弟子姪

在兩都者數十人競為崇飾日費約二十萬魏鎮州之財皆輦屬於道河北將

卒心不平之故不能盡變其俗竟以此致亂弘正子布羣牟布弘正第三子始

弘正為田季安裨將鎮臨清布年尙幼知季安身世必危密白其父帥其所鎮

之衆歸朝弘正甚奇之及弘正節制魏博布掌親兵國家討淮蔡布率偏師隸

嚴綬軍於唐州授檢校祕書監兼殿中侍御史前後十八戰破淩雲柵下郾城

布皆有功擢授御史中丞時裴度為宣撫使嘗觀兵於沱口賊將董重質領驍

騎遽至布以二百騎突出溝中擊之俄而諸軍大集賊乃退去淮西平拜左金

吾衛將軍兼御史大夫十三年丁母憂起復舊官十五年冬弘正移鎮成德軍

仍以布為河陽三城懷節度使父子俱擁節旄同日拜命時韓弘亦與子公武

俱為節度使然人以忠勤多田氏長慶元年春移鎮涇原其秋鎮州軍亂害弘

正都知兵馬使王廷湊為留後時魏博節度使李愬病不能軍無以捍廷湊之

亂且以魏軍田氏舊旅乃急詔布至起復爲魏博節度使仍遷檢校工部尙書
令布乘傳之鎭布喪服居堊室去旌節道從之飾及入魏州居喪御事動皆得
禮其祿俸月入百萬一無所取又籍魏中舊產無巨細計錢十餘萬貫皆出之
以頒軍士牙將史憲誠出己麾下謂必能輸誠報効用爲先鋒兵馬使精銳悉
委之時屢有急詔促令進軍十月布以魏軍三萬七千討之結壘於南宮縣之
南十二月進軍下賊二柵時朱克融因張弘靖據幽州與廷湊犄角拒命河朔
三鎭素相連衡憲誠陰有異志而魏軍驕侈怯於格戰又屬雪寒糧餉不給以
此愈無鬬志憲誠從而間之俄有詔分布軍與李光顏合勢東救深州其衆自
潰多爲憲誠所有布得其衆八千是月十日還魏州十一日會諸將復議興師
而將卒益倨咸曰尙書能行河朔舊事則死生以之若使復戰皆不能也布以
憲誠離間度衆終不爲用嘆曰功無成矣卽日密表陳軍情且稱遺表略曰臣
觀衆意終負國恩臣旣無功不敢忘死伏願陛下速救光顏元翼不然則義士
忠臣皆爲河朔屠害奉表號哭拜授其從事李石乃入啓父靈抽刀自刺曰上

以謝君父下以示三軍言訖而絕時議以布才雖不足能以死謝家國心志決烈得燕趙之古風焉穆宗聞之駭嘆廢朝三日詔曰故魏博節度使起復寧遠將軍檢校工部尚書兼魏州大都督府長史御史大夫賜紫金魚袋田布朕以寡昧臨御萬邦威刑不能禁干紀之徒道化不能馴多僻之俗致使上公罹禍田氏銜冤爰整旅以徂征每終食而浩嘆自茲弔伐縣歷寒暄雖良將銳師率皆協力而俟時觀釁未即齊驅嗟我誠臣結其哀憤引遷延之咎以自刻責奮決烈之志以謝君親白刃寘於肝心鴻毛論其生死忠臣孝子一舉兩全晉稱卞氏之門漢表尸鄉之節比方於布今古爲鄰況其臨命須臾處之不撓載形章表益深衷悃間使發緘悼心疾首從先臣於厚載爾則無愧覩遺像於麟閣予何所堪端拱崇名職垂彝典據斯以報聊攄永懷可贈尚書右僕射布子在宥大中年爲安南都護頗立邊功羣太和八年爲少府少監充入吐蕃使歷棣州刺史安南都護牟會昌初爲豐州刺史天德軍使歷武寧軍節度使大中朝爲兗海節度使移鎮天平軍諸子皆以邊上立功累更藩鎮以忠義爲談者所

稱

張孝忠本奚之種類曾祖靖祖遜代乙失活部落酋帥父謐開元中以衆歸國授鴻臚卿同正以孝忠貴贈戶部尚書孝忠以勇聞於燕趙時號張阿勞王沒諾干二人齊名阿勞孝忠本字沒諾干王武俊本字孝忠形體魁偉長六尺餘性寬裕事親恭孝天寶末以善射授內供奉安祿山奏爲偏將破九姓突厥先登陷陣以功授果毅折衝祿山史思明繼陷河洛孝忠皆爲其前鋒史朝義敗入李寶臣帳下上元中奏授左領軍郎將累加左金吾衞將軍同正試殿中監仍賜名孝忠歷飛狐高陽二軍使李寶臣以孝忠謹重驍勇甚委信之以妻妹昧谷氏妻焉仍悉以易州諸鎭兵馬令其統制前後居城鎭十餘年甚著威惠田承嗣之寇冀州也寶臣俾孝忠以精騎數千禦之承嗣見其整肅歎曰張阿勞在焉冀州未易圖也乃焚營宵遁及寶臣與朱滔戰於瓦橋常慮滔來攻故以孝忠爲易州刺史選精騎七千配焉使扞幽州奏授太子賓客兼御史中丞封范陽郡王既而寶臣疑忌大將殺李獻誠等四五人使召孝忠孝忠懼不往

寶臣使孝忠弟孝節召焉孝忠命孝節復命曰諸將無狀連頸受戮孝忠懼死不敢往亦不敢叛猶公之不覲於朝慮禍而已無他志也孝節泣曰兄不行吾歸死矣孝忠曰偕往則并命吾留無患也乃歸果無患無幾寶臣死其子惟岳阻兵不受命朝廷詔幽州節度使討之滔以孝忠宿將善戰有精兵八千在易州慮軍興則撓其後乃使判官蔡雄說孝忠曰惟岳小子驕貴不達人事輒拒朝命滔奉命伐罪使君何用助逆不自求多福耶今昭義河東攻破田悅淮西李僕射收下襄陽梁崇義投井而卒臨漢江而誅者五千人即河南軍計日北首趙魏滅亡可見也使君誠能去逆効順必受重任有先歸國之功矣孝忠然之乃遣衙官隨雄報滔又遣易州錄事參軍董稹入朝德宗嘉之授孝忠檢校工部尚書恆州刺史兼御史大夫充成德軍節度使便令與滔合兵攻惟岳仍賜實封二百戶其弟孝義及孝忠三女已適人在恆州者悉爲惟岳所害孝忠甚德滔之保薦以其子茂和聘滔之女契約甚密遂合兵破惟岳之師於束鹿惟岳遁歸恆州滔請乘勝襲之孝忠仍引軍西北還營義豐滔大駭孝忠將佐

曰尚書布赤心於朱司徒相信至矣今逆寇已潰不終其功竊所未諭孝忠曰
本求破賊賊已破矣然恆州宿將尚多迫之則困獸猶鬭緩之必翻然改圖又
朱滔言大識淺可以慮始難與守成吾壁義豐坐待惟岳之殄滅耳既而朱滔
屯束鹿不敢進軍月餘王武俊果斬惟岳首以獻如孝忠所料後定州刺史楊
政義以州降孝忠遂有易定之地時既誅惟岳分四州各置觀察使武俊得恆
州康日知得深趙二州孝忠得易州以成德軍額在恆州孝忠既降政義朝廷
乃於定州置義武軍以孝忠檢校兵部尚書爲義武軍節度易定滄等州觀察
等使及朱滔王武俊謀叛將救田悅於魏州慮孝忠踵後滔軍將發復遣蔡雄
往說之孝忠曰李惟岳背國作逆孝忠歸國今爲忠臣孝忠性直業已效忠不
復助逆矣往與武俊同行且孝忠與武俊俱出蕃部少長相狎深知其心僻能
翻覆語司徒當記鄙言忽有蹉跌始相憶也滔又啗以金帛終拒而不從易定
居二兇之間四面受敵孝忠脩峻溝壘感勵將士竟不受二兇之熒惑議者多
之又加檢校左僕射實封至三百戶後孝忠爲朱滔侵逼詔神策兵馬使李晟

中官竇文場率師援之孝忠以女妻晟子憑與晟戮力同心整訓士衆竟全易定賊不敢深入及上幸奉天令大將楊榮國提銳卒六百從晟入關赴難收京城榮國有功興元元年正月詔以本官同平章事滄州本隸成德軍旣移隸義武其刺史李固烈者惟岳妻兄也請還恆州是歲孝忠遣牙將程華往滄州交檢府藏固烈輜車數十乘上路滄州軍士呼曰士皆菜色刺史不垂賑卹乃捆載而歸官物不可得也殺固烈而剽之程華聞亂由竇而遁將士追之謂曰固烈貪暴已誅之矣押牙且知州務孝忠卽令攝刺史事及朱滔王武俊稱僞國華與孝忠阻絕不能相援華嬰城拒賊一州獲全朝廷嘉之乃拜華滄州刺史御史中丞充橫海軍使仍改名曰華令每歲以滄州稅錢十二萬貫供義武軍貞元二年河北蝗旱米㪷一千五百文復大兵之後民無蓄積餓殍相枕孝忠所食豆䭕而已其下皆甘粗糲人皆服其勤儉孝忠爲一時之賢將也三年加檢校司空仍以其子茂宗尚義章公主孝忠遣其妻鄧國夫人昧谷氏入朝執親迎之禮上嘉之賞賚隆厚五年七月爲將佐所惑以兵入蔚州尋詔歸鎭仍

以擅興削檢校司空七年三月卒時年六十二廢朝三日追封上谷郡王贈太傅再贈魏州大都督册贈太師謚曰貞武子茂昭茂宗茂和茂昭本名昇雲幼有志氣好儒書以父蔭累官至檢校工部尚書貞元七年孝忠卒德宗以邕王諒爲義武軍節度大使易定觀察使以昇雲爲定州刺史起復左金吾衞大將軍充節度觀察留後仍賜名茂昭元年正月授節度使累遷檢校僕射司空二十年十月入朝累陳奏河北及西北邊事詞情忠切德宗聳聽嘆曰恨見卿之晚錫宴於麟德殿賜良馬甲第器用珍幣甚厚仍以其第三男克禮尚晉康郡主德宗方欲委之以邊任明年晏駕茂昭入臨於太極殿每朝晡預列聲哀氣咽人皆獎其忠懇順宗聽政加中書門下平章事且令還鎮賜女樂二人三表辭讓及中使押犢車至第茂昭立謂中使曰女樂出自禁中非臣下所宜目覩昔汾陽咸寧西平北平嘗受此賜不讓爲宜茂昭無四賢之功述職入覲人臣常禮柰何當此寵賜後有立功之臣陛下何以加賞順宗聞之深加禮異允其所讓又錫安仁里第亦固讓不受元和二年又請入覲五上章懇切憲宗許之

冬十月至京師留數月詔令歸鎮茂昭願奉朝請於闕下不許加太子太保復令還鎮四年王承宗叛詔河東河中振武三鎮之師合義武軍爲恆州北道招討茂昭創廩廐開道路以待西軍屬正月望夜軍吏請曰舊例上元前後三夜不止行人不閉里門今外道軍戎方集請如軍令茂昭曰三鎮兵馬官軍也安得言外道放燈一如常歲使長男克讓與諸軍分道並進克讓渡木刀溝與賊接戰屢勝茂昭親擐甲冑爲諸軍前鋒累獻戎捷幾覆承宗會朝廷洗雪承宗乃詔班師加檢校太尉兼太子太傅自安史之亂兩河藩帥多阻命自固父死子代唯茂昭表請舉族還朝鄰藩累遣遊客間說茂昭志意堅決拜表求代者數四上乃命左庶子任迪簡爲其行軍司馬乘驛赴之以兩郡之籍書管鑰符印付迪簡遣其妻季氏男克讓克恭等先就路將行誡之曰吾使爾曹侍親出易者庶後之子孫不爲風俗所染則吾無恨矣時五年冬也行及晉州拜檢校太尉兼中書令充河中晉絳慈隰等州節度觀察等使十二月十二日至京師故事雙日不坐是日特開延英殿對茂昭五刻乃罷又上表請遷祖考之骨墓

于京兆在朝兩月未之鎮六年二月疽發於首卒時年五十廢朝五日冊贈太師賻絹三千匹布一千端米粟三十碩喪事所須官給詔京兆尹監護謚曰獻武憲宗念其忠藎諸昆仲子姪皆居職秩仍詔每年給絹二千匹春秋分給克讓克恭官至諸衞大將軍小男克勤長慶中左武衞大將軍時有赦文許一子五品官克勤以子幼請準近例迴授外甥狀至中書下吏部員外郎判廢置裴夷直斷曰一子官恩在念功貴於延賞若無己子許及宗男今張克勤自有息男妄以外甥奏請移於他族知是何人儻涉賣官實爲亂法雖援近日勅例難破著定格文國章既在必行宅相恐難虛授具狀上中書門下克勤所請望宜不允遂爲定例茂宗以父蔭累官至光祿少卿同正貞元三年許尚公主拜銀青光祿大夫本官駙馬都尉以公主幼待年十三屬茂宗母亡遺表請終嘉禮德宗念茂昭之勳即日授雲麾將軍起復授左衞將軍同正駙馬都尉諫官蔣乂等論曰自古以來未聞有駙馬起復而尚公主者上曰卿所言古禮也如今人家往往有借吉爲婚嫁者卿何苦固執又奏曰臣聞近日人家有不甚知禮

教者或女居父母服家既貧乏且無強近至親卽有借吉以就親者至於男子
借吉婚娶從古未聞今忽令駙馬起復成禮實恐驚駭物聽況公主年幼更俟
一年出降時既未失且合禮經太常博士韋彤裴堪曰伏見駙馬都尉張茂宗
猶在母喪聖恩念其亡母遺表所請許公主出降仍令茂宗卽吉就婚者伏以
夫婦之義人倫大端所以關雎冠於詩首者王化所先也天屬之親孝行為本
所以齊斬五服之重者人道之厚也聖人知此二端為訓人之本不可變也故
制婚禮上以承宗廟下以繼後嗣至若墨衰奪情事緣金革若使茂宗釋衰服
而衣冕裳去堊室而為親迎雖云輟哀借吉是亦以凶瀆嘉伏願抑茂宗亡母
之請顧典章不易之義待其終制然後賜婚德宗不納竟以義章公主降茂宗
自是以戚里之親頗承恩顧元和中為閑廏使國家自貞觀中至於麟德國馬
四十萬匹在河隴間開元中尚有二十七萬雜以牛羊雜畜不啻百萬置八使
四十八監占隴右金城平涼天水四郡幅員千里自長安至隴右置七馬坊為
會計都領岐隴間善水草及　田皆屬七馬坊至麟德以後西戎陷隴右國馬

盡散監牧使與七馬坊名額盡廢其地利因歸於閑廄使寶應中鳳翔節度使
請以監牧賦給貧民爲業土著相承十數年矣又有別勑賜諸寺觀凡千餘頃
及茂宗掌閑廄與中尉吐突承璀善遂恃恩舉舊事並以監牧地租歸閑廄司
茂宗又奏麟遊縣有岐陽馬坊按舊圖地方三百四十頃制下閑廄司檢討百
姓紛紜論訴節度使李惟簡具事上聞詔監察御史孫革往按問之革還奏曰
天興縣東五里有隋故岐陽馬坊地在其側蓋因監爲名與今岐陽所指百姓
侵占處不相接皆有明驗茂宗怒恃有中助誣革所奏不實又令侍御史范傳
式覆按乃附茂宗盡翻前奏遂奪居人田業皆屬閑廄乃罷革官長慶初岐人
論訴不已詔御史按驗明白乃復以其地還百姓貶傳式官茂宗俄授左金吾
衞大將軍長慶二年檢校工部尚書兼兗州刺史御史大夫充兗海沂節度等
使加檢校兵部尚書太和五年入爲左金吾衞大將軍充左衞使轉左龍武統
軍卒茂和元和中爲左武衞將軍裴度爲淮西行營處置用兵討吳元濟建牙
赴行營奏用茂和爲都押衙茂和嘗以膽氣才略自贊於相府故度奏用之茂

和慮度無功淮蔡不可平乃辭之以疾度怒甚奏請斬茂和以勵行者憲宗曰
予以其家門忠順爲卿遠貶後復用爲諸衞將軍卒
陳楚者定州人茂昭之甥少有武幹爲義勇牙將事茂昭每出征伐必令典精
卒隨茂昭入朝授諸衞大將軍元和十二年義武軍節度使渾鎬喪師定州兵
亂乃除楚易定節度令馳傳赴任亂猶未彌楚夜馳入州城楚家世久在定州
軍中部校皆楚之舊卒人情大悅軍卒帖然轉河陽三城懷節度使前後亟立
戰功入爲龍武統軍長慶三年卒
史臣曰朝廷治亂在法制當否形勢得失而已秦人叛上法制失也漢道勃興
形勢得也臣觀開元之政舉坐制百蠻天寶之法衰遂淪四海玄宗一失其勢
橫流莫救地分於羣盜身播於九夷河朔二十餘州竟爲盜穴諸田兇險不近
物情而弘正孝忠頗達人臣之節沂國力善無報殆天意之好亂惡治歟茂昭
忠梗有禮明禍福大端近代之賢侯也
贊曰田宗不令禍淫無應謂天輔仁胡覆弘正茂昭知止終以善勝孰生厲階

上失威柄

舊唐書卷一百四十一

珍做朱版印

舊唐書卷一百四十一考證

田承嗣傳十三年九月卒○新書作十四年　臣酉按舊書代宗紀亦作十四年九月作三月未知孰是

田布傳十五年秋弘正移鎮○　臣酉按弘正傳十月王承宗卒十一月弘正至鎮州皆十五年冬事也秋字誤今改正

張茂宗傳特舉恩舊事○沈炳震本作特恩舉舊事今從之

舊唐書卷一百四十一考證

珍做朱版珩

後晉司空同中書門下平章事劉昫撰

列傳第九十二

李寶臣子惟岳　惟誠　惟簡　惟簡子元本　王武俊子士真　士平　士則　士真子承宗　承元

王廷湊子元逵　元逵子紹鼎　紹懿　紹鼎子景崇　景崇子鎔

李寶臣范陽城旁奚族也故范陽將張鏁高之假子故姓張名忠志幼善騎射節度使安祿山選爲射生官天寶中隨祿山入朝玄宗留爲射生子弟出入禁中及祿山叛忠志遁歸范陽祿山喜錄爲假子姓安常給事帳中祿山兵將指闕使忠志領驍騎八千人入太原劫太原尹楊光翽忠志挾光翽出太原萬兵追之不敢近祿山使董精甲扼井陘路軍於土門安慶緒僞署爲恆州刺史九節度之師圍慶緒於相州忠志懼獻章歸國肅宗因授恆州刺史及史思明復渡河僞授忠志工部尚書恆州刺史恆趙節度使統衆三萬守常山及思明敗不受朝義之命乃開土門路以內王師河朔平定忠志與李懷仙薛嵩田承嗣

各舉其地歸國皆賜鐵券誓以不死因授忠志開府儀同三司檢校禮部尚書恆州刺史實封二百戶仍舊爲節度使乃以恆州爲成德軍賜姓名曰李寶臣時寶臣有恆定易趙深冀六州之地後又得滄州步卒五萬馬五千疋當時勇冠河朔諸帥寶臣以七州自給軍用殷積招集亡命之徒繕閱兵仗與薛嵩田承嗣李正己梁崇義等連結姻婭互爲表裏意在以土地傳付子孫不稟朝旨自補官吏不輸王賦初天寶中天下州郡皆鑄銅爲玄宗真容擬佛之制及安史之亂賊之所部悉鎔毀之而恆州獨存由是實封百戶初寶臣正己皆爲承嗣所易寶臣弟寶正娶承嗣女在魏州與承嗣子維擊鞠寶正馬馳駭觸殺維承嗣怒縶寶正以告寶臣謝爲教不謹緘杖令承嗣以示責承嗣遂鞭殺之由是交惡大曆十年寶臣正己更言承嗣之罪請討之代宗欲因其相圖乃從其請時幽州節度留後朱滔方恭順朝廷詔滔與寶臣及太原之師攻其北正己與滑亳河陽江淮之師攻其南寶臣正己會軍于棗彊椎牛釃酒犒勞將士仍頒優賞寶臣軍賞厚正己軍賞薄既罷會正己軍中咄咄有辭正己聞懼有變

即時引退由是寶臣朱滔共攻承嗣之滄州連年未下時承嗣使腹心將盧子期攻邢州城將陷寶臣發精卒赴救擊敗之擒子期來獻河南諸將又大破田悅于陳留正己收承嗣之德州以重兵臨其境指期進討承嗣大懼遂求解於寶臣寶臣不許初正己將發兵使人至魏承嗣因之及是乃厚禮遣歸發使與俱具列境內戶口兵糧之數悉以奉正己且告曰承嗣老矣今年八十有六形體支離無日月焉己子不令悅亦孱弱不足保其後業今之所有爲公守耳曷足辱公師旅焉立使者于廷南向拜而授書又圖正己形焚香事之如神謂人曰真聖人也正己聞之且得其歡乃止諸軍莫敢進者承嗣止正己無南軍之虞又知范陽寶臣故里生長其間心常欲得之乃勒石爲讖密瘞寶臣境內使望氣者云此中有玉氣寶臣掘地得之有文曰二帝同功勢萬全將田作伴入幽燕二帝指寶臣正己也承嗣又使客諷之曰公與朱滔共舉取吾滄州設得之當歸國非公所有誠能捨承嗣之罪請以滄州奉獻可不勞師而致願取范陽以自効公將騎爲前驅承嗣率步卒從此萬全之勢寶臣喜以爲事合符命

遂與承嗣通謀割州與之寶臣乃密圖范陽承嗣亦陳兵境上寶臣謂朱滔使曰吾聞朱公貌如神安得而識之願因繪事而觀可乎滔乃圖其形以示之寶臣懸於射堂命諸將熟視之曰朱公信神人也他日滔出軍寶臣密選精卒劫之戒其將曰取彼貌如射堂所懸者是時二軍不相虞有變滔與戰於瓦橋滔適衣他服以不識免承嗣聞與滔交鋒其釁已成乃旋軍使告寶臣曰河內有警急不暇從公石上讖文吾戲爲之耳寶臣慚怒而退遷左僕射封隴西郡王檢校司空同中書門下平章事德宗卽位拜司空兼太子太傅寶臣名位既高自擅一方專貯異志妖人僞爲讖語言寶臣終有天位寶臣乃爲符瑞及靈芝朱草作朱書符又於深室齋戒築壇上置金匜玉斝云甘露神酒自出又僞刻玉爲印金填文字告境內云天降靈瑞非予所求不祈而至將吏無敢言者妖輩慮其詐發乃曰相公須飲甘露湯卽天神降寶臣然之妖人寘堇湯中飲之三日而卒寶臣暮年益多猜忌以惟岳暗懦諸將不服卽殺大將辛忠義盧俶定州刺史張南容趙州刺史張彭老許崇俊等二十餘人家口沒入自是諸將

離心建中二年春卒時年六十四廢朝三日冊贈太保子惟岳惟誠惟簡寶臣
卒時惟岳爲行軍司馬三軍推爲留後仍遣使上表求襲父任朝旨不允魏博
節度使田悅上章保薦請賜旄節不許惟岳乃與田悅李正己同謀拒命判官
邵真泣諫以爲不可惟岳暗懦初雖聽從終爲左右所惑而止而所與圖議皆
姦吏胡震家人王他奴等唯勸拒逆爲事惟岳舅谷從政者有智略爲寶臣所
忌移病不出至是知惟岳之謀慮其覆宗乃出諫惟岳曰今天下無事遠方朝
貢主上神武必致太平如至不允必至加兵雖大夫恩及三軍萬一不捷孰爲
大夫用命者又先朝相公與幽帥不協今國家致討必命朱滔爲帥彼嘗切齒
今遂復讎可不懼乎又頃者相公誅滅軍中將校其子弟存者口雖不言心寧
無憤兵猶火也不戢自焚往者田承嗣佐安祿山史思明謀亂天下千征百戰
及頃年侵擾洛相等州爲官軍所敗及貶永州仰天垂泣賴先相公佐佑保援
方獲赦宥若雷霆不收承嗣豈有生理今田悅兇狂何如承嗣名望苟欲坐邀
富貴不料破家覆族而況今之將校罕有義心因利乘便必相傾陷爲大夫畫

久長之計莫若令惟誠知留後大夫自速入朝國家念先相公之功見大夫順命何求而不得今與羣逆爲自危之計非保家之道也惟岳亦素忌從政皆不聽竟與魏齊謀叛既而惟岳大將張孝忠以郡歸國朝廷以孝忠爲成德軍節度使仍詔朱滔與孝忠合勢討之惟岳以精甲屯束鹿以抗之田悅遣大將孟佑率兵五千助惟岳建中三年正月朱滔孝忠大破恆州軍於束鹿惟岳燒營而遁惟岳大將趙州刺史康日知以郡歸國惟岳乃令衙將衛常寧率士卒五千兵馬使王武俊率騎軍八百同討日知武俊既出恒州謂常寧曰武俊盡心於本使大夫信讒頗相猜忌所謂朝不謀夕豈圖生路且趙州用兵捷與不捷武俊不復入恆州矣妻子任從屠滅且以殘生往定州事張尚書去也孰能持頸就戮常寧曰中丞以大夫不可事且有詔書云斬大夫首者以其官爵授自大夫拒命已來張尚書以易州歸國得節度使今聞日知已得官爵覩大夫事勢終爲朱滔所滅此際轉禍爲福莫若倒戈入使府誅大夫以取富貴也況大夫暗昧左右誑惑其實易圖事苟不捷歸張尚書非晚武俊然之三年閏正月

武俊與常寧自趙州迴戈達明至恆武俊子士真應於內武俊兵突入府署遣虞任越劫擒惟岳縊死於戟門外又誅惟岳妻父鄭華及長慶王他奴等二十餘人傳首京師惟誠惟岳異母兄以父蔭爲殿中丞累遷至檢校戶部員外郎好儒書理道寶臣愛之委以軍事性謙厚以惟岳嫡嗣讓而不受同母妹嫁李正己子納寶臣以其宗姓請惟誠歸本姓又令入仕於鄆州爲李納營田副使歷兗淄濟淮四州刺史竟客死東平惟簡寶臣第三子初王武俊既誅惟岳又械惟簡送京師德宗拘於客省防伺甚峻朱泚之亂惟簡斬關而出赴奉天德宗嘉之用爲禁軍將從渾瑊率師討賊頻戰屢捷加御史中丞從幸山南得元從功臣之號封武安郡王後授左神威大將軍轉天威統軍元和初檢校戶部尚書左金吾衞大將軍充街使俄拜鳳翔隴右節度使元和十三年正月卒贈尚書右僕射子元本生於貴族輕薄無行初張茂昭子克禮尚襄陽公主長慶中主縱恣不法常遊行市里有士族子薛樞薛渾者俱得幸於主尤愛渾每詣渾家謁渾母行事姑之禮有吏誰何者即以厚賂啗之渾與元本偕少年遂相

誘掖元本亦得幸於主出入主第張克禮不勝其忿上表陳聞乃召主幽于禁中以元本功臣之後得減死杖六十流象州樞渾以元本之故亦從輕杖八十長流崖州

王武俊契丹怒皆部落也祖可納干父路俱開元中饒樂府都督李詩率其部落五千帳與路俱南河襲冠帶有詔褒美從居薊武俊初號沒諾干年十五能騎射上元中爲史思明恆州刺史李寶臣裨將寶應元年王師入井陘將平河朔武俊謂寶臣曰以寡敵衆以曲遇直戰則離守則潰銳師遠鬬庸可禦乎寶臣遂徹警備以恆定深趙易五州歸國與王師協力東襲遺寇寶臣除恆定等州節度使以武俊構謀奏兼御史中丞充本軍先鋒兵馬使大曆十年田承嗣因薛嵩死兼有相衞磁邢洺五州承嗣遣將盧子期寇磁州詔令寶臣與李正己李勉李承昭田神玉朱滔李抱真各出兵討之諸軍與子期戰于清水大破之寶臣將有節生擒子期以獻代宗嘉其功使中貴人馬承倩賫詔宣勞承倩將歸止傳舍寶臣親遺百縑承倩詬詈擲出道中寶臣顧左右有愧色還休府

中諸將散歸寶臣潛伺屏間獨武俊佩刀立于門下召入解刀與語曰見向者頑豎乎武俊曰今閤下有功尚爾寇平後天子以幅紙之詔召置京下一匹夫耳可乎寶臣曰爲之若何武俊曰不如玩養承嗣以爲己資寶臣曰今與承嗣有釁矣可推腹心哉武俊曰勢同患均轉寇讎爲父子欬唾間若傳虛言無益也今中貴人劉清譚在驛斬首送承嗣立質妻孥矣寶臣曰恐不能如此武俊曰朱滔爲國屯兵滄州請擒送承嗣以取信許之立選銳士二千皆乘駿馬通夜馳三百里晨至滔營掩其不備滔軍出戰大敗擒類滔者滔故得脫自此寶臣與田承嗣李正己更相爲援皆武俊萌之寶臣死其子惟岳謀襲父位寶臣舊將易州刺史張孝忠以州順命遂以孝忠代寶臣俾惟岳護喪歸京惟岳不受命建中三年正月詔朱滔張孝忠合軍討之惟岳與武俊復統萬餘衆戰於東鹿武俊率三千騎先進爲滔所敗惟岳遁走趙州刺史康日知遂以州順命惟岳令武俊統兵擊之日知遣人謂武俊曰惟岳孱微而無謀何足同反我城堅衆一未可以歲月下且惟岳恃田悅爲援前歲悅之丁勇甲卒塗地於邢州

城下猶不能陷況此城乎復給僞手詔招武俊信之遂倒兵入恆州率數百騎
入衙門使謂惟岳曰大夫舉兵與魏齊同惡今田尚書已喪敗李尚書爲趙州
所間軍士自束鹿之役傷痛軫心朱僕射強兵宿境內張尚書已授定州三軍
俱懼殞首喪家聞有詔徵大夫宜亟赴命不爾禍在漏刻惟岳怖遽睢盱武俊
子士真斬惟岳持首而出武俊殺不同己者十數人遂定傳首上聞授武俊檢
校祕書少監兼御史大夫恆州刺史恆冀都團練觀察使實封五百戶以康日
知爲深趙團練觀察使時惟岳僞定州刺史楊政義以州順命深州刺史楊榮
國降朱滔分兵鎭之朝廷既以定州屬張孝忠深州屬康日知武俊怒失趙定
二州且名位不滿其志朱滔怒失深州因誘武俊謀反斥言朝廷遂連率勁兵
救田悅時馬燧李抱眞李芃李晟方討田悅敗悅於洹水後連歲暴兵然悅勢
已蹙至是武俊朱滔復振起之悅勢益張十一月武俊使大將張鍾葵寇趙州
康日知擊敗之斬首上獻是日武俊僭建國稱趙王以恆州爲眞定府僞命官
秩朱滔田悅李納一同僭號分據所部各遣使勸誘蔡州李希烈同僭位號四

年三月希烈既爲周曾謀潰其腹心或傳希烈已死馬燧等四節度軍中聞之歡聲震外六月李抱真使辯客賈林詐降武俊林至武俊壁曰是來傳詔非降也武俊色動徵其說林曰天子知大夫宿誠及登壇建國之日撫膺顧左右曰我本忠義天子不省是後諸軍曾同表論列大夫天子覽表動容語使者曰朕前事誤追無及已朋友間失意尚可謝朕四海主毫芒安可復念哉武俊曰僕虜將尙知存撫百姓天子固不專務殺人以安天下今山東大兵者五比戰勝骨盡暴野雖勝與誰守今不憚歸國以與諸侯盟約虜性直不欲曲在己朝廷能降恩滌盪之僕首倡歸國不從者於以奉辭則上不負天子下不負朋友此謀既行河朔不五旬可定十月涇原兵犯闕上幸奉天京師問至諸將退軍李抱真將還潞澤田悅說武俊與朱滔襲擊之賈林復說武俊曰今退軍前輜重後銳師人心固一不可圖也且勝而得地則利歸魏博喪師卽成德大傷大夫本部易定滄趙四州何不先復故地武俊遂北馬首背田悅約賈林復說武俊曰大夫冀邦豪族不合謀據中華且滔心幽險王室強卽藉大夫援之卑卽思

有併吞且河朔無冀國唯趙魏燕耳今朱滔稱冀則窺大夫冀州其兆已形矣若滔力制山東大夫須整臣禮不從卽爲所攻奪此時臣滔乎武俊投袂作色曰二百年宗社我尙不能臣誰能臣田舍漢由此計定遂南修好抱真西連盟馬燧會興元元年德宗罪己大赦反側二月武俊集三軍削僞國號詔國子祭酒兼御史大夫董晉中使王進傑自行在至恆州宣命授武俊檢校兵部尙書成德軍節度使三月加司空同中書門下平章事兼幽州盧龍兩道節度使瑯邪郡王時朱泚僞冊滔爲皇太弟滔率幽檀勁卒誘迴紇二千騎已圍貝州數十日將絕白馬津南盜洛都與泚合勢時李懷光反據河中李希烈已陷大梁南逼江漢李納尙反於齊田緒未爲用李晟孤軍壁渭上天子羽書所制者天下纔十二三海內蕩析人心失歸賈林又說武俊與抱真合軍同救魏博爲武俊陳利害曰朱滔此行欲先平魏博更逢田悅被害人心不安旬日不救魏貝必下滔益數萬張孝忠見魏貝已拔必臣朱滔三道連衡兼統迴紇長驅至此家族可得免乎常山不守則昭義退保山西河朔地盡入滔今乘魏貝未下孝

忠未附公與昭義合軍破之如掇遺耳此計就則聲振關中京邑可坐復鑾輿反正自公則勳業無二也武俊歡然許之兩軍議定卜日同征五月武俊抱真會軍於鉅鹿東兩軍既交滔震恐抱真爲方陣武俊用奇兵朱滔傾壘出戰武俊不擐甲而馳之滔望風奔潰自相蹂踐死者十四五收其輜重器甲馬牛不可勝計滔夜奔還幽州武俊班師表讓幽州盧龍節度使許之乃升恆州爲大都督府以武俊爲長史加檢校司徒實封七百戶餘如故車駕還京寵之逾厚子尚貴主子弟在孩稚者皆賜官名尋丁母憂起復加左金吾上將軍同正免喪加開府儀同三司十二年上念舊勳加檢校太尉兼中書令十七年六月卒時年六十七廢朝五日羣臣詣延英門奉慰如渾瑊故事詔左庶子上公持節冊贈太師賻絹三千匹布千端米粟三千碩太常諡曰威烈德宗曰武俊竭忠奉國宜賜諡忠烈子士真士清士平士則士真嗣士真武俊長子少驍悍冠於軍中沉謀有斷事李寶臣爲帳中親將仍以女妻之寶臣末年慮身後諸子暗弱爲諸將所奪屢行誅戮諸將離心武俊官位雖卑而勇略邁世寶臣惜其才

不忍誅之而士真密結寶臣左右保護其父以是獲免惟岳之世尤加委任武俊亦盡心匡佐既兵敗束鹿張孝忠康日知以地歸國受官賞惟岳稍貯防疑武俊謀自貶損出入不過三兩人左右謂惟岳曰先相公委任武俊以遺大夫兼有治命今披肝膽爲大夫者武俊耳又士真卽大夫妹壻保無異志今勢危急若不坦懷待之若更如康日知卽大事去矣惟岳曰我待武俊自厚不獨先公遺旨由是無疑卽令將兵攻趙州士真更宿於府衙與同職謀事及武俊倒戈士真等數人擒惟岳出衙縊死之武俊領節鉞以士真爲副大使建中年武俊僭稱趙王於魏縣以士真爲司空真定府留守充元帥及武俊破朱滔順命以武俊兼幽州盧龍軍節度使仍以士真爲副使檢校工部尚書德宗還京進位檢校兵部尚書充德州刺史德棣觀察使封清河郡王十七年武俊卒起復授左金吾衛大將軍同正恆州大都督府長史充成德軍節度恆冀深趙德棣等州觀察等使尋檢校尚書左僕射順宗卽位進位檢校司空士真佐父立功備歷艱苦得位之後恬然守善雖自補屬吏賦不上供然歲貢貨財名爲進奉

者亦數十萬比幽魏二鎭最爲承順元和元年就加同中書門下平章事四年三月卒子承宗承元承通承迪承榮士淸以父勳累加官至殿中少監同正元和初爲冀州刺史御史大夫封北海郡王早卒士平以父勳補原王府諮議貞元二年選尙義陽公主加祕書少監同正駙馬都尉元和中累遷至安州刺史時公主縱恣不法士平與之爭忿憲宗怒幽公主於禁中士平幽於私第不令出入後釋之出爲安州刺史坐與中貴交結貶賀州司戶時輕薄文士蔡南獨孤申叔爲義陽主歌詞曰團雪散雪等曲言其遊處離異之狀往往歌於酒席憲宗聞而惡之欲廢進士科令所司網捉搦得南申叔貶之由是稍止及盜殺宰相武元衡旬日捕賊未獲士平與兄士則庭奏盜主於承宗既獲張晏等誅之乃以士平爲左金吾衞大將軍及奪承宗官爵仍以士平襲父實封士則士平異母兄承宗旣立爲節度使不容諸父乃奔于京師用爲神策大將軍及承宗叛逆盜殺宰相士則請移貫京兆府諸鎭兵討承宗裴度言士則武俊子其軍中必有懷之者乃用士則爲邢州刺史兼本州團練使從昭義節度使郗士

美討賊冀攜離承宗之黨且許以節制士則恃此頗不受士美節制行止以兵自衛雖謁士美而衛兵如故吏呵止之士則不能平見于辭氣士美惡之密以狀聞乃以張遵代還承宗士真長子河朔三鎮自置副大使以嫡長爲之承宗累奏至鎮州大都督府右司馬知州事御史大夫充都知兵馬使副大使元和四年三月士真卒三軍推爲留後朝廷伺其變累月不問承宗懼累上表陳謝至八月上令京兆少尹裴武往宣諭承宗奉詔甚恭且曰三軍見迫不候朝旨今請割德棣二州上獻以表丹懇由是起復雲麾將軍左金吾衛大將軍同正檢校工部尚書鎮州大都督府長史御史大夫成德軍節度鎮冀深趙等州觀察等使又以德州刺史薛昌朝檢校右散騎常侍德州刺史御史大夫充保信軍節度德棣觀察等使昌朝故昭義節度使嵩之子婚姻於王氏入仕於成德軍故爲刺史承宗既獻二州朝廷不欲別命將帥且授其親將保信旌節未至德州承宗遣數百騎馳往德州虜昌朝歸真定囚之朝廷又加棣州刺史田渙充本州團練守捉使冀漸離之令中使景忠信往諭旨令遣昌朝還鎮承宗不

奉詔憲宗怒下詔曰王承宗頃在苫廬潛窺戎鎮而內外以事君之禮逆而必誅分土之儀專則有辟朕念其先祖嘗有茂勳貸以私恩抑於公議使臣旁午以告諭孽童俯伏以陳誠願獻兩州期無二事朕欲收其後效用以曲全授節制於舊疆齒勳賢於列位況德棣本非成德所管昌朝又是承宗懿親俾撫近隣斯誠厚渥外雖兩鎮中實一家而承宗象恭懷姦肖貌稔禍欺裴武於得位之後縶昌朝於受命之中豺狼之心飽之而愈發梟獍之性養之而益兇加以表疏之中悖慢斯甚式遏亂略期于無刑恭行天誅于於有制可削承宗在身官爵詔左神策護軍中尉吐突承璀爲左右神策河中河陽浙西宣歙等道赴鎮州行營兵官招討處置等使會諸道軍進討神策兵馬使趙萬敵者王武俊之騎將也驍悍聞於燕趙具言進討必捷承璀因得兵柄與萬敵偕行承璀至行營威令不振禁軍屢挫衂都將酈定進前擒劉闢有功號爲驍將又陷於賊唯范陽節度使劉濟易定節度使張茂昭至効忠赤戰賊屢捷而昭義節度使盧從史反復難制陰附於賊憲宗密詔承璀擒之送于京師五年七月承宗遣

巡官崔遂上表三封乞自陳首且歸過於盧從史其略曰臣頃在苦廬綿歷時序恭守朝旨罔敢闕違復奉詔書令獻州郡迫以三軍之勢不從孤臣之心今天兵四臨王命久絕白刃之下難避國刑殷憂之中轉積釁隙中由盧從史首爲亂階與天下之兵生海內之亂既不忠於國又不孝於家當其聞父之喪已變爲臣之節迫脅天使瀆紊朝經而乃幸臣居喪敗臣求利上敢欺於聖主下不顧其死親矯情徒見於封章邪妄素萌於胷臆今搆禍者已就擒獲抱冤者實冀辯明況臣之一軍素守忠義横被從史離間君臣哀號轅門痛隔恩外伏冀陛下以天地之德容納爲心弘好生之仁許自新之路順陽和而布澤因雷雨以覃恩追念祖父之前勞俯觀臣子之來效特開湯網使樂堯年時朝廷以承璀宿師無功國威日沮頗憂會承宗使至宰臣商量請行赦宥乃全以六郡付之承宗送薛昌朝入朝授以右武衛將軍承宗以國家加兵不勝誣從史姦計得行雖上章表謙恭而心無忌憚十年王師討吳元濟承宗與李師道繼獻章表請宥元濟其牙將尹少卿奏事因爲元濟游說少卿至中書見宰相論列

語意不遜武元衡怒叱出之承宗益不順自是與李師道姦計百端以沮用兵四月遣盜燒河陰倉六月遣盜伏於靖安里殺宰相武元衡京師震恐大索旬日天子爲之旰食是時承宗師道之盜所在竊發焚襄州佛寺斬建陵門戟燒獻陵寢宮欲伏甲屠洛陽憲宗赫怒命田弘正出師臨其境幷隣道六節度之衆討之時方淮西用兵國用虛竭河北諸軍多觀望不進獨昭義節度使郗士美率精兵壓賊壘欲乘釁而取之軍威甚盛承宗懼不敢犯俄詔權罷河北用兵併力淮西十二年十月誅吴元濟承宗始懼求救於田弘正十三年三月弘正遣人送承宗男知感知信及其牙將石汎等詣闕請命令於客舍安置又獻德棣二州圖印兼請入管內租稅除補官吏上以弘正表疏相繼重違其意乃下詔曰帝者承天子人下臨萬國觀乾坤覆載之施常務其曲全用德刑撫御之方每先其弘貸叛則必伐服而捨之做于典謨亦尚斯道朕祗符前訓纘嗣丕圖底寧方隅蕩滌氛祲上以攄祖宗之宿憤下以致黎庶之阜康思厚者生務去者殺至於包荒藏慝屈法伸恩苟衷誠之可矜則宥過而無大王承宗頃

居喪紀見賣於隣封後領藩城受疑於朝野國恩雖厚時憲不容戚實自貽罷
非我絕百辟卿士昌言在廷四方諸侯飛奏盈篋竟請致討爭先出軍尚復廣
示招懷務存容納至於動衆事豈願然開境愍罹其殺傷退舍爲伏其士伍取
陷救溺能無慘嗟以其先祖武俊有勞王室書于甲令銘在景鍾雖再駕王師
再從人欲而十代之宥常切朕懷近以三朝稱慶八表流澤廣此鴻霈開其自
新而承宗果能翻然改圖披露忠懇遠遣二子進陳表章緘圖印以上聞獻德
棣之名部發囷奉粟弁竈貢煙地願飭於職方物請歸於司會且天子所臨莫
非王土析茲舊服將表爾誠諒由效順之心悉見納忠之志抑而不撫何以示
懷朕念此方亦猶赤子一物失所寢興靡寧忍驅樂土之人竟就陳原之戮既
克翦暴常思止戈予之此心天地臨鑒況常山師旅舊有功勞將改往以修來
誓酬恩而還善鑒精誠之俱切俾渙汗而再敷曠滌乃愆斷於朕志復此殊渥
當懷永圖承宗可依前銀青光祿大夫檢校吏部尚書鎮州大都督府長史御
史大夫充成德軍節度鎮冀深趙觀察等使仍令右丞崔從往鎮州宣慰承宗

素服俟命乃以華州刺史鄭權爲德州刺史充橫海軍節度德棣滄景觀察等使明年加金紫光祿大夫檢校尚書左僕射是歲李師道平承宗奉法逾謹請當管四州每州置錄事參軍一員判司三員每縣令一員主簿一員吏補授皆聽朝旨十五年十一月卒贈侍中子知感知信在朝承元士眞第二子兄承宗旣領節鉞奏承元爲觀察支使朝議郎左金吾衞胄曹參軍兼監察御史年始十六勸承宗以二千騎佐王師平李師道承宗不能用其言元和十五年冬承宗卒祕不發喪大將謀取帥於旁郡時參謀崔燧密與握兵者謀乃以祖母涼國夫人之命告親兵及諸將使拜承元承元拜泣不受諸將請之不已承元曰天子使中貴人監軍有事盍先與議及監軍至因以諸將意贊之承元謂諸將曰諸公未忘先德不以承元齒幼欲使領事承元欲効忠於國以奉先志諸公能從之乎諸將許諾遂於衙門都將所理視事約左右不得呼留後事無巨細決之參佐密疏請帥天子嘉之授銀青光祿大夫檢校工部尚書兼滑州刺史義成軍節度鄭滑觀察等使隣鎭以兩河近事諷之承元不聽諸將亦悔及起

居舍人柏耆齎詔宣諭滑州之命兵士或拜或泣承元與柏耆於館驛召諸將諭之諸將號哭諠譁承元詰之曰諸公以先世之故不欲承元失此意甚隆厚然奉詔遲留其罪大矣前者李師道未敗時議赦其罪時師道欲行諸將止之他日殺師道亦諸將也今公輩幸勿爲師道之事敢以拜請遂拜諸將泣涕不自勝承元乃盡出家財籍其人以散之酌其勤者擢之牙將李寂等十數人固留承元斬寂等軍中始定承元出鎮州時年十八所從將吏有具器用貨幣而行者承元悉命留之承元昆弟及從父昆弟授郡守者四人登朝者四人從事將校有勞者亦皆擢用祖母涼國夫人入朝穆宗命內宮筵待錫賚甚厚俄而王廷湊殺田弘正據鎮州叛移鎮鄜坊丹延節度使便道請覲穆宗器之數召顧問未幾改鳳翔節度使鳳翔西北界接涇原無山谷之險吐蕃由是徑往入寇承元於要衝築壘分兵千人守之賜名曰臨汧城詔襲岐國公累加檢校左僕射鳳翔城東商旅所集居人多以烽火相警承元奏益城以環之居鎮十年加檢校司空御史大夫移授平盧軍節度淄青登萊觀察等使時均輸鹽法未

常行於兩河承元首請鹽法歸之有司自是兗鄆諸鎮皆稟均輸之法承元寬惠有制所理稱治太和七年十二月卒於平盧時年三十三冊贈司徒

王廷湊本迴鶻阿布思之種族世隸安東都護府曾祖曰五哥之事李寶臣父子王武俊養爲假子驍果善鬬武俊愛之以軍功累授左武衞將軍同正贈越州都督祖末怛活贈左散騎常侍父升朝贈禮部尚書皆以廷湊貴加贈典祖父世爲王氏騎將累遷右職廷湊沉勇寡言雄猜有斷爲王承元衙內兵馬使

初承元上稟朝旨田弘正帥成德軍國家賞錢一百萬貫度支輦運不時至軍情不悅廷湊每抉其細故激怒衆心會弘正以魏兵二千爲衙隊左右有備不能間長慶元年六月魏軍還鎮七月二十八日夜廷湊乃結衙兵譟於府署遲明盡誅弘正與將吏家族三百餘人廷湊自稱留後知兵馬使將吏逼監軍宋惟澄上章請授廷湊節鉞穆宗怒下詔徵隣道兵仍以河東節度裴度充幽鎮兩道招撫使仍以弘正子涇原節度使布代李愬爲魏博節度使令率魏軍進討又以承宗故將深州刺史牛元翼爲成德軍節度使下詔購誅廷湊是月鎮

州大將王位等謀殺廷湊泄坐死者二千餘人時朱克融囚張弘靖廷湊殺弘正合從搆逆謀拒王命兩鎮併力討除慮難應接詔朝臣議其可否東川節度使王涯獻狀曰幽鎮兩州悖亂天紀迷亭育之厚德肆狼虎之非心囚縶鼎臣戕賊戎帥毒流州郡釁及賓寮凡在有情孰不痛憤伏以國家文德誕敷武功繼立遠無不伏邇無不安矧茲二方敢逆天理臣竊料詔書朝下諸鎮夕驅以貔貅問罪之師當猖狂失節之寇傾山壓卵決海灌熒勢之相懸不是過也但常山薊郡虞虢相依一時興師恐費財力罪有輕重事有後先讐之攻堅宜從易者如聞范陽肇亂出自一時事非宿謀迹亦可驗鎮州搆禍殊匪偶然扇諸屬城以兵拒境如此則幽薊之衆可示寬刑鎮冀之戎可資先討況廷湊闒茸不席父祖之資成德分離又多迫脅之勢今以魏博思復讐之衆昭義願盡敵之師參之晉陽輔以滄德犄角而進實若建瓴盡屠其城然後北首燕路在朝廷不爲失信於軍勢實得機宜臣之愚誠切在於此臣又聞用兵若鬭先拒其喉今瀛鄚易定兩賊之咽喉也誠宜假之威柄戍以重兵俾其死生不相知間

謀無所入而以大軍先進冀趙次臨井陘此一舉萬全之勢也於是命易定節度使開境以抗克融諸軍三面進討初以滄德烏重胤獨當一面重胤宿將知不可進頗遲留乃以杜叔良代重胤叔良有中官之援朝辭日大言云賊不足破時廷湊合幽薊之兵圍深州梯衝雲合牛元翼嬰城拒守十一月杜叔良爲賊所敗衆皆陷沒僅以身免乃以德州王日簡代之裴度率衆屯承天軍諸將挫敗深州危急乃以鳳翔節度使李光顏爲忠武節度使兼深冀節度救深州仍以中官楊承和監光顏軍國家自憲宗誅除羣盜帑藏虛竭穆宗即位賞賜過當及幽鎮共起征發百端財力殫竭時諸鎮兵十五餘萬纔出其境便仰給度支置南北供軍院既深入賊境輦運艱阻芻薪不繼諸軍多分番樵採俄而度支轉運車六百乘盡爲廷湊邀而虜之兵食益困賊圍深州數重雖光顏之善將亦無以施其方略其供軍院布帛衣賜往往不得至院在途爲諸軍強奪而懸軍深鬭者率無支給復又每軍遣內官一人監軍悉選驍健者自衛羸懦者即戰以是屢多奔北而廷湊克融之衆不過萬餘而抗官軍十五萬者良以

統制不一玩寇邀利故也宰相崔祐甫不曉兵家膠柱於常態以至復失河朔既無如之何遂議休兵而赦廷湊二年正月魏府牙將史憲誠誘其軍謀叛田布不能止其衆自潰於南宫二月詔赦廷湊仍授檢校右散騎常侍鎮州大都督府長史成德軍節度鎮冀深趙等州觀察等使以牛元翼爲山南東道節度使遣兵部侍郎韓愈至鎮州宣慰又遣中使御命入深州監元翼赴鎮廷湊雖受命而深州之圍不解招撫使裴度與幽鎮書以大義責之朱克融解圍而去廷湊亦退舍朝廷欲其稟命並加克融檢校工部尚書三月元翼率十餘騎突圍出深州赴闕深州將校臧平以城降廷湊責其固守殺將吏一百八十餘人五月遣中使楊再昌至鎮州取牛元翼家族及田弘正骸骨廷湊曰弘正骸骨不知所在元翼家族請至秋發遣俄而元翼卒廷湊乃盡屠其家其酷毒如此自獲赦宥遂與朱克融史憲誠連衡相應謀拒朝廷大和初滄州李全略死其子同捷欲效河朔事求代父任文宗授以兖海節度使同捷不奉詔據郡構逆以珍玩器幣妓女子弟投款於廷湊及幽州李載義時載義初代克融輸誠効

順盡送同捷所遣赴闕詔徵幽魏徐兗之師進討廷湊出兵撓魏北境以援同捷二年下詔絶廷湊進奉既魏博將亓志治以行營兵叛倒戈攻魏州諸軍擊志治廷湊出兵應之史憲誠危急詔義武軍節度使李聽擊敗之志治奔於廷湊三年六月誅李同捷尋又何進滔殺史憲誠據魏州朝廷厭兵誅之不果遂授進滔魏博節度八月廷湊遣使詣闕請罪朝廷因而赦之依前檢校司徒成德軍節度使鎮冀自李寶臣已來雖惟岳承宗繼叛而猶親隣畏法期自新之路而兇毒好亂無君不仁未如廷湊之甚也又就加太子太傅太原郡開國公食邑二千戶八年十一月卒冊贈太尉累贈至太師子元逵爲鎮州右司馬兼都知兵馬使廷湊卒三軍推主軍事請命於朝乃起復檢校工部尚書鎮州大都督府長史成德軍節度使累遷檢校左僕射元逵素懷忠順頓革父風及領藩垣頗輸誠款歲時貢奉結轍於途文宗嘉之開成二年詔以壽安公主出降加駙馬都尉元逵遣段氏姑詣闕納聘禮段氏進食二千盤幷御衣戰馬公主粧奩及私白身女口等其從如雲朝野榮之會昌中昭義節度使劉從諫卒其

子積擅領軍政武宗怒誅之命鄰藩分地而進討以元逵爲北面招討使詔至之日出師次趙州與魏博何弘敬同收山東三州元逵進攻邢州俄而賊將裴問高元武降元逵王釗安玉降何弘敬並拔三郡累遷檢校司徒同中書門下平章事以破劉積功加太傅太原郡開國公食邑二千戶食實封二百戶大中十一年二月卒冊贈太師謚曰忠子紹鼎紹懿紹鼎時爲鎮州大都督府左司馬知府事節度副使都知兵馬使起復授檢校工部尚書鎮府長史成德軍節度鎮深冀趙觀察等使累加光祿大夫尚書左僕射其年七月卒贈司空賻布帛三百段米粟二百碩累贈司徒太尉又贈太傅子景胤景崇景䕫景崇爲嫡時年幼紹鼎卒宣宗以昭王汭爲鎮州大都督成德軍節度副使都知兵馬使檢校右散騎常侍鎮府左司馬知府事兼御史中丞王紹懿本官充成德軍節度觀察留後仍賜紫金魚袋尋正授節度使檢校工部尚書累加檢校右僕射兼御史大夫太原縣開國伯食邑七百戶又加檢校司空卒贈司徒景胤初爲成德軍中軍兵馬使銀青光祿大夫檢校太子賓客監察御史紹鼎卒出爲深

州刺史兼殿中侍御史充本州團練守捉使景崇於季父紹懿時爲鎭州大都督府左司馬知府事都知兵馬使紹鼎卒三軍立紹懿數月疾篤召景崇謂之曰亡兄以軍政託予以俟汝成立今危惙如此殆將不救汝雖少年勉自負荷下禮藩鄰上奉朝旨俾吾兄家業不墜惟汝之才也言訖而卒時監軍在席奏其治命上嘉之詔起復忠武將軍守左金吾衞將軍同正檢校右散騎常侍充成德軍節度觀察留後仍賜上柱國賜紫金魚袋尋正授節度使檢校工部尚書咸通中景崇以公主嫡孫特承恩渥季年盜起徐方王師進討景崇令大將從諸軍徐寇平以功授檢校右僕射封太原縣男食邑三百戶祖母章惠長公主薨景崇居喪得禮朝野稱之起復左金吾衞上將軍同正進位檢校司空明年同中書門下平章事累加檢校太尉趙國公食邑三千戶食實封二百戶尋進封常山王丁母秦國夫人憂起復本官乾符末盜起河南黃巢犯闕駕幸劍南景崇與定州節度使王處存馳檄藩隣以兵附處存入關討賊奔問行在貢輸相繼關輔平定以功眞拜太尉中和二年十二月卒子鎔時年十歲三軍推

爲留後朝廷因授旄鉞檢校工部尚書時天子蒙塵九州鼎沸河東節度李克用虎視山東方謀吞據鎔以重賂結納以脩和好晉軍討孟方立於邢州鎔常奉以芻糧及方立平晉將李存孝侵鎔南部鎔求援於幽州幽帥李匡威率衆三萬赴之存孝退去景福元年鎔乘存孝有間於其師乃出兵攻堯山晉帥遣大將李存質來援大敗鎮人於堯山死者萬計晉人乘勝至趙州鎔復求援於燕二年匡威率衆數萬來援會邢州節度使李存孝背其帥據城自固存孝單騎入鎮州與鎔面相盟約俄而李克用自率全師攻存孝時匡威離鎮後其弟匡籌奪據其位匡威退無歸路鎔感其援助之恩乃迎入府城築第以居之事之如父匡威亦盡心裨益軍中之事皆爲訓練是年五月鎔過匡威第陰遣部下伏甲劫鎔鎔抱持之鎔曰公誠止人勿倉卒吾爲晉人所困賴公獲濟猶吾父也軍政請公帥之即並轡歸府署鎮軍拒之竟殺匡威晉人知匡威死克用自率師至城下鎔出練二十萬犒勞修好而退及汴宋節度使朱全忠領鄆青三鎮兵強天下遣將葛從周張存敬寇陷邢洺二州乘勝北掠燕趙俄而全忠

率親兵薄於城下鎔倉卒無備謂賓佐曰勢危矣計將安出判官周式者率先
而對曰敵人迫我兵不能抗此可以理說耳請見梁帥圖之式卽時出見全忠
全忠逆謂式曰爾不必言王令朋附幷汾違盟爽信敝賦業已及此期於無捨
式曰公言過矣且公爲唐室之桓文當以禮義而成霸業乃欲窮兵黷武困人
於險難天下其謂公何全忠喜引式袂而慰之曰前言戲之耳且君爲王令計
如何式曰但修好耳卽復見鎔請出牛酒貨幣以犒軍仍以鎔子昭祚及牙將
梁公儒李弘規子各一人從昭祚入官于大梁全忠以女妻昭祚及全忠僭天
下無主鎔不獲已行其正朔鎔累遷至開府儀同三司守太師中書令仍賜敦
睦保定大功臣上柱國趙王食邑一萬五千戶食實封一千戶襲食實封二百
五十戶僞梁加尙書及唐室中興去僞尙書令之號天佑七年母魏國太夫人
何氏卒起復本官十八年爲其大將王德明所殺至於赤族其後事在中興云

史臣曰土運中微羣盜孔熾寶臣附麗安史流毒中原終竊土疆爲國蟊賊加
以武俊之狠狡爲其腹心或叛或臣見利忘義蛇吞蝮吐垂二百年哀哉王政

不綱以至于此若使明皇不懈於開元之政姚崇久握於阿衡詎有柳城一胡敢窺佐伯況其下者哉觀此無君可爲太息

贊曰鵂鶹爲怪必取其昏人君失政爲盜啓門牙旂金鉞虎子狼孫茫茫黔首於何叫閽

舊唐書卷一百四十二

舊唐書卷一百四十二考證

王武俊傳大夫舉兵與魏帥同惡○臣酉按下文田尚書魏也李尚書齊也此句不應專目魏帥新書魏齊同惡較是今從之

朱僕射强兵宿境內張尚書已授定州○臣酉按新書無張尚書文惟云幽州兵近在定張孝忠傳定州刺史楊政義以州降孝忠遂有易定之地朝廷于定州置義武軍以孝忠爲節度其事在武俊斬惟岳之後此處武俊安得先爲此言新書删之宜矣

初承宗上稟朝旨○宗當作元今改正

舊唐書卷一百四十二考證

舊唐書卷一百四十三

後晉司空同中書門下平章事劉昫撰

列傳第九十三

李懷仙柳城胡人也世事契丹降將守營州祿山之叛懷仙以裨將從陷河洛安慶緒敗又事史思明善騎射有智數朝義時僞授爲燕京留守范陽尹寶應元年元帥雍王統迴紇諸兵收復東都朝義渡河北走乃令副元帥僕固懷恩率兵追之時羣兇瓦解國威方振賊黨聞懷恩至望風納款朝義以餘孽數千奔范陽懷仙誘而擒之斬首來獻屬懷恩私欲樹黨以固兵權乃保薦懷仙可用代宗復授幽州大都督府長史檢校侍中幽州盧龍等軍節度使與賊將薛嵩田承嗣張忠志等分河朔而帥之既而懷恩叛逆西蕃入寇朝廷多故懷仙等四將各招合遺孽治兵繕邑部下各數萬勁兵文武將吏擅自署置貢賦不

入於朝廷雖稱藩臣實非王臣也朝廷初集姑務懷安以是不能制懷仙大曆三年爲其麾下兵馬使朱希彩所殺希彩自稱留後恆州節度使張忠志以懷仙世舊無辜覆族遣將率衆討之爲希彩所敗朝廷不獲已宥之以河南副元帥黃門侍郎同平章事王縉爲幽州節度使授希彩御史中丞充幽州節度副使權知軍州事詔縉赴鎮希彩聞縉之來蒐選卒伍大陳戎備以逆之縉晏然建旌節而希彩迎謁甚恭縉知終不可制勞軍旬日而還尋加希彩御史大夫充幽州節度留後十二月加希彩幽州大都督府長史幽州盧龍軍節度使五年封高密郡王既得位暴橫自恣無禮於朝廷七年孔目官李瑗因人之怒伺隙斬之軍人立其兵馬使朱泚爲留後泚自有傳

朱滔賊泚之弟也平州刺史朱希彩爲幽州節度以滔同姓甚愛之常令將腹心親兵及泚爲節度使遂使滔將勁兵三千赴京師請率先諸軍備塞自祿山反後山東范陽外雖示順實皆倔強不庭泚首效臣節代宗喜甚命滔勒兵東入長安通化門西出開遠門出師勞還未有兵還王城者今而許之蓋示優異

召滔對于三殿代宗臨軒勞問既而曰卿材孰與泚多滔曰各有長短統御士衆方略明辨臣不及泚臣年二十八獲謁龍顏泚長臣五歲未朝鳳闕此不及臣代宗愈喜大曆九年泚朝覲因乞留西征吐蕃以滔試殿中監權知幽州盧龍節度留後兼御史大夫及田承嗣反與李寶臣李正己等解磁州圍建中二年寶臣死其子惟岳謀襲父位滔與成德軍節度張孝忠征之大破惟岳於束鹿滔命偏師守束鹿進圍深州惟岳乃統萬餘衆及田悅援兵圍束鹿惟岳將王武俊以騎三千方陳橫進滔績帛爲狻猊象使猛士百人蒙之鼓譟奮馳賊爲驚亂隨擊大破之惟岳焚營而遁以功加檢校司徒爲幽州盧龍軍節度使以德棣二州隸焉朝廷以康日知爲深趙二州團練使王武俊爲恆冀二州團練使滔怒失深州武俊怒失寶臣故地滔構武俊同已反馬燧圍田悅于魏州悅告急滔與武俊遂連兵救悅敗李懷光於愜山三年十一月滔僭稱大冀王僞署百官與李納田悅王武俊並稱王南結李希烈與元初田悅王武俊以朱泚據京師滔兵強盛首尾相應田悅常謂武俊曰朱滔心險不可隄防遂相率

歸順泚既僭號立滔爲皇太弟仍令以重賂招誘迴紇南攻魏貝郎西入關與元元年正月滔驅率燕薊之衆及迴紇雜虜號五萬次南河攻圍貝州三月田緒殺田悅魏州亂滔令大將馬實分兵逼魏州營于王莽河德宗在山南慮二兇兵合遣使授王武俊平章事令與李抱真叶力擊滔四月恆潞兩軍次涇城北行營相距十里抱真自率二百騎徑入武俊軍面申盟約結爲兄弟五月四日進軍距貝州三十里而軍翌日滔令大將馬實盧南史引迴紇契丹來挑戰武俊遣騎將趙珍提精騎三百當之抱真將王虔休犄角待之武俊與其子士清自當迴紇契丹部落兩軍既合鼓譟震地迴紇特捷穿武俊陣而過武俊乘騎勒馬不動俟迴紇引退因而薄之迴紇勢不能止武俊父子縱馬急擊獲迴紇三百騎滔陣亂東走兩邊追斬俘馘數萬計遇夜夾滔壘而軍是夜滔以殘衆千人奔德州委棄戈甲山積滔至瀛州殺騎將蔡雄揚布以其前鋒先敗又殺陰陽人尹少伯以其言舉兵必勝故也六月李晟收京城朱泚姚令言死滔還幽州爲武俊所攻僅不能軍上章待罪九月詔曰朱滔累獻款疏深効懇誠

省之惻然良用憫嘆宜委武俊抱眞開示大信深加曉諭若誠心益固善跡克彰朕當掩釁錄勳與之昭雪貞元元年尋卒于位時年四十贈司徒

劉怦幽州昌平人也父貢常爲廣邊大斗軍使怦卽朱滔姑之子積軍功爲雄武軍使廣屯田節用以辦理稱稍遷涿州刺史居數年朱滔將兵討田承嗣奏署怦領留府事以寬緩得衆心時李寶臣爲田承嗣間說與之通謀承嗣又以滄州與寶臣乃以兵劫朱滔於瓦橋關滔脫身走乘勝欲襲取幽州怦設方略鎭撫寶臣不敢進以功加御史中丞寶臣死子惟岳拒朝命德宗令滔與張孝忠同力討之及惟岳平滔怨朝廷違約不與深州含怒不已會王武俊亦怨割地深趙相謀叛欲救田悅怦時知幽州留後事遣人齎書謂滔曰司徒位崇太尉尊居宰相恩寵冠藩臣之右榮遇極矣今昌平故里朝廷改爲尉鄉司徒里此亦大夫不朽之名也但以忠順自持則事無不濟竊思近日務大樂戰不顧成敗而家滅身屠者安史是也暴亂易亡今復何有怦忝密親世荷恩遇默而無告是負重知惟司徒圖之無貽後悔也滔雖不用其言亦嘉其盡言卒無疑

貳凡出征伐必以怦總留後事及僭稱大冀王僞署怦爲右僕射范陽留守及泚據京邑召滔南河至貝州挫敗而還兵甲盡喪怦聞滔將至悉蒐范陽兵甲夾道排列二十餘里以迎滔歸於府第人皆嘉怦忠義貞元二年滔卒三軍推怦權撫軍府事怦爲衆所服卒有其地朝廷因授怦幽州大都督府長史兼御史大夫幽州盧龍節度副大使知節度事管內營田觀察押奚契丹經略盧龍軍使居位三月以貞元元年九月卒年五十九廢朝三日贈兵部尚書賜布帛有差子濟繼爲幽州節度使濟怦之長子初母難產既產侍者初見濟是一大虵黑氣勃勃莫不驚走及長頗異常童所居室焚人皆驚救濟從容而出衆異之累歷本管州縣牧宰及怦爲節度使以濟兼御史中丞充行軍司馬怦卒軍人習河朔舊事請濟代父爲帥朝廷姑務便安因而從之累加至檢校兵部尚書貞元五年還左僕射充幽州節度使時烏桓鮮卑數寇邊濟帥軍擊走之深入千餘里虜獲不可勝紀東北晏然貞元中朝廷優容藩鎮方甚兩河擅自繼襲者尤驕蹇不奉法惟濟最務恭順朝獻相繼德宗亦以恩禮接之尋加同中

書門下平章事順宗即位再遷檢校司徒元和初加兼侍中及詔討王承宗諸軍未進濟獨率先前軍擊破之生擒三百餘人斬首千餘級獻逆將於闕優詔褒之又爲詩四韻上獻以表忠憤之志明年春將大軍次瀛州累攻樂壽博陸安平等縣前後大獻俘獲賞功頗厚仍與子孫六品官者凡四人未幾有疾會赦承宗錄功拜兼中書令濟在鎭二十餘年雖輸忠款竟不入覲又謀殺其弟澭澭歸國爲信臣及濟疾次子總與濟親吏唐弘實通謀酖殺濟數日乃發喪時年五十四詔贈太師廢朝三日賻禮有加諡曰莊武弟源貞元十六年八月爲檢校工部尙書兼左武衞將軍初爲涿州刺史不受兄教令濟奏之貶漢州參軍復不受詔濟帥師至涿州源出兵拒之未合而自潰濟擒源至幽州上言請令入覲故授官以徵之澭濟之異母弟也喜讀書工武藝輕財愛士得人死力事朱滔常陳逆順之理後怦爲盧龍軍節度使病將卒澭在父側卽以父命召兄濟自漢州至竟得授節度使濟常感澭奉己澭爲瀛州刺史亦許以澭代己任其後濟乃以其子爲副大使澭旣怒濟遂請以所部西捍隴塞拔其所部

兵一千五百人男女萬餘口直趨京師在道無一人犯令者德宗寵遇特授秦州刺史以普潤縣爲理所及順宗傳位稱太上皇有山人羅令則詣澭言異端數百言皆廢立之事澭立命繫之令則又云某之黨多矣約以德宗山陵時伺便而動澭械令則送京師杖死之後錄功賜其額曰保義其軍蕃戎畏之不敢爲寇常有復河湟之志議者壯之元和二年十二月卒總濟之第二子也性陰賊險譎元和五年濟奉詔討王承宗使長子緄假爲副使領留務時總爲瀛州刺史濟署爲行營都兵馬使屯軍饒陽師久無功總潛伺其隙與判官張玘孔目官成國寶及帳內小將爲謀使詐自京至曰朝廷以相公逗留不進除副大使爲節度使矣明日又使人曰副大使旌節已到太原又使人走而呼曰旌節過代州舉軍驚恐濟驚惶憤怒不知所爲因殺主兵大將數十人及與緄素厚者乃追緄以張玘兄皐代知留務濟自朝至日晏不食渴索飲總因寘毒而進之濟死緄行至涿州總矯以父命杖殺之總遂領軍務朝廷不知其事因授以斧鉞累遷至檢校司空及王承宗再拒命總遣兵取賊武強縣遂駐軍持兩端

以利朝廷供饋賞賜是時吳元濟尚存王承宗方跋扈易定孤危憲宗暫務姑
息加總同中書門下平章事及元濟就擒李師道梟首王承宗憂死田弘正入
鎮州總既無黨援懷懼每謀自安之計初總弒逆後每見父兄爲祟甚慘懼乃
於官署後置數百僧厚給衣食令晝夜乞恩謝罪每公退則憩于道場若入他
室則怳惕不敢寐晚年恐悸尤甚故請落髮爲僧冀以脫禍乃以判官張皋爲
留後總以落髮上表歸朝穆宗授天平軍節度使旣聞落髮乃賜紫號大覺師
總行至易州界暴卒輟朝五日贈太尉擇日備禮冊命賻絹布一千五百段米
粟五百石先是元和初王承宗阻兵總父濟備陳征伐之術請身先之及出軍
累拔城邑旋屬被病不克成功總旣繼父願述先志且欲盡更河朔舊風長慶
初累疏求入覲兼請分割所理之地然後歸朝其意欲以幽涿營州爲一道請
弘靖理之瀛州漠州爲一道請盧士玫理之平薊嬀檀爲一道請薛平理之仍
籍軍中宿將盡薦於闕下因望朝廷升獎使幽薊之人皆有希羨爵祿之意及
疏上穆宗且欲速得范陽宰臣崔植杜元穎又不爲久大經略但欲重弘靖所

授而未能省其使局惟瀛漠兩州許置觀察使其他郡縣悉命弘靖統之時總
所薦將校又俱在京師旅舍中久而不問如朱克融輩僅至假衣丐食日詣中
書求官不勝其困及除弘靖又命悉還本軍克融輩雖得復歸皆深懷觖望其
後果爲叛亂總旣以土地歸國授其弟約及男等一十一人領郡符加命服者
五人升朝班佐宿衛者六人
程日華定州安喜人本單名華父元皓事安祿山爲帳下將從陷兩京頗稱勇
力史思明時爲定州刺史華少事本軍爲張孝忠牙將初李寶臣授恆州節度
吞削藩隣有恆冀深趙易定滄德等八州寶臣旣卒惟岳拒朝命以圖繼襲寶
臣部將張孝忠以定州歸國授成德軍節度使令與朱滔討惟岳及惟岳誅朝
廷以恆冀授王武俊深趙授康日知易定滄授張孝忠分爲三帥時惟岳將李
固烈守滄州孝忠令華詣固烈交郡固烈將歸真定悉取滄州府藏累乘而還
軍人怒殺固烈皆奪其財相與詣華曰李使君貪鄙而死軍州請押牙權領不
獲已從之孝忠因授華知滄州事未幾朱滔合武俊謀叛滄定往來艱阻二盜

遂欲取滄州多遣人遊說又加兵攻圍華俱不聽從乘城自固久之錄事參軍李宇爲華謀曰使君受圍累年張尙書不能致援論功獻捷須至中山所謂勞而無功者也請爲足下至京師自以一州爲使華卽遣之宇入闕備陳華當二盜之閒疲於矢石德宗深嘉之拜華御史中丞滄州刺史復置橫海軍以華爲使尋加工部尙書御史大夫賜名日華仍歲給義武軍糧餉數萬自是別爲一使孝忠唯有易定二州而已武俊遣人說華歸己華曰相公欲弊邑仍舊隸恆州且借騎二百以抗賊俟道路通卽從命武俊喜卽以二百騎助之華乃留其馬遣人皆還武俊怒其背約又以朱滔方攻圍慮爲所有而止及武俊歸國河朔無事日華卽遣所留馬還武俊別陳珍幣謝過武俊歡然而釋貞元四年卒贈兵部尙書子懷直懷直習河朔事父卒自知留後事朝廷嘉父之忠起復授檢校工部尙書兼御史大夫升橫海軍爲節度以懷直爲留後又於弓高縣置景州管東光景城二縣以爲屬郡累加至檢校尙書右僕射五年起復正授節度觀察使懷直荒於畋獵數日方還不恤軍政軍士不勝寒餒其帳下將從父

兄懷信因衆怒閉門不內懷直因來朝覲貞元九年也德宗優容之依前檢校
右僕射兼龍武統軍賜安業里甲第妓女一人既而懷信死懷直子執恭知留
後事乃遣懷直歸滄州十六年卒年四十九廢朝一日贈楊州大都督執恭代
襲父位朝廷因而授之元和六年入朝憲宗禮遇遣之加尚書左僕射嘗夢滄
州衙門樓額悉帖權字遂奏請改名權十三年淮西賊平藩方惕息權以父子
世襲如三鎮事例心不自安乃請入朝十三年至京師表辭戎帥因命華州刺
史鄭權代之以靖安里私第側狹賜地二十畝令廣其居尋遷檢校司空邠州
刺史邠寧節度使十四年十一月卒贈司徒權兄弟子姪在朝列宿衛者三十
餘人

李全略者本姓王名日簡爲鎮州小將事王武俊元和中節度使王承宗沒軍
情不安自拔歸朝授代州刺史及長慶初鎮州軍亂殺田弘正穆宗爲之旰食
以日簡嘗爲鎮將召問其計日簡遂於御前極言利害兼願有以自効因授德
州刺史經略其事明年擢拜橫海軍節度使賜姓李氏名全略以崇樹之未幾

令子同捷入侍兼進錢千萬踰歲同捷歸覲乃奏請授滄州長史知州事兼主中軍兵馬朝廷初不之許後慮其有奇策將副經略之旨遂從之及得請全略乃陰結軍士潛爲久計外示忠順內蓄姦謀棣州刺史王稷善撫衆且得其心全略忌而殺之仍孥戮其屬凡所爲事大率類此寶曆二年四月卒子同捷初爲副大使居喪擅領留後事仍重賂藩鄰以求纘襲朝廷知其所爲經年不問屬昭愍晏駕文宗卽位同捷冀易世之後稍行恩貸卽令母弟同志同巽入朝令掌書記崔長奉表備達懇誠請從朝旨詔授同捷檢校左散騎常侍兗州刺史兗海節度使以天平節度使烏重胤爲滄州節度以代之詔下同捷託以三軍乞留拒命乃命烏重胤率鄆齊兵加討又詔徐帥王智興滑帥李聽平盧康志睦魏博史憲誠易定張璠幽州李載義等四面進攻同捷世行姦詐自以嘗在成德軍爲將校燕趙之師可結爲城社乃以玉帛子女賂河北三鎮以求旄鉞李載義初受朝命堅於効順乃因同捷姪及所賂玉帛妓女四十七人表獻又表朝廷加載義左僕射王廷湊司徒以悅其心事廷湊本蓄狼心欲吞橫海

乃出兵于境以赴同捷王智興師次棣州詔曰李同捷幸襲舊勳不思纘緒斬麻未幾私行墨縗毒殺忠良擾惑部校稽之國憲難逭常刑朕以頃在先朝已稽中旨實遵成命未議改圖乃由留務之權授以戎帥拔負海之陋置之中華推恩含垢斯亦至矣而同捷益懷迷執閉境練兵大詬鄰封拒捍中使遐邇憤怨中外驚嗟叛命既彰大義當絕事非獲已良用憮然其同捷在身官爵並宜削奪令諸軍進討俄而烏重胤卒授神策節度使李寰代重胤出師無功召還乃加王智興平章事充行營招撫使史憲誠遣大將丌志沼與子唐帥兵二萬五千攻德州大和二年九月智興收棣州因割隸淄青時諸軍在野朝廷特置供軍糧料使日費寖多兩河諸帥每有小捷虛張俘級以邀賞賚實欲困朝廷而緩賊也繒帛征馬賜之無算同捷既窘王廷湊援之不及乃令人誘丌志沼俾倒戈攻憲誠許以代爲魏博節度志沼信其言而叛憲誠告難詔李聽以諸道兵攻之志沼敗奔于鎭州李寰赴闕又以李祐代爲橫海節度三年三月詔諫議大夫柏耆軍前慰撫四月李祐收德州同捷乞降于祐祐疑其詐柏耆請

以騎兵三百入滄州祐從之耆徑入滄州取同捷與其家屬赴京師其月二十六日至德州界諜言廷湊兵來劫簒耆乃斬同捷首傳而獻捷百寮稱賀同捷母孫妻崔兒元達等旣獻詔悉宥之配於湖南安置

史臣曰國家崇樹藩屏保界山河得其人則區宇以寧失其授則干戈勃起若懷仙之輩習亂河朔志深狡蠹忠義之談罔經耳目以暴亂爲事業以專殺爲雄豪或父子弟兄或將帥卒伍迭相屠滅以成風俗斯乃王道寖微教化不及惜哉蒸民陷彼虎吻其閒劉總粗貯臣誠然而殺父兄以圖榮落鬢髮而避禍未旋踵而暴卒他境斯謂報應之驗與

贊曰國法不綱賊臣鴟張雖曰父子兇如虎狼惡稔族滅身屠地亡蠹茲伏莽汙我彝章

舊唐書卷一百四十三

舊唐書卷一百四十三考證

程日華傳李寶臣吞削籓隣有恒冀深趙易定滄德等八州○臣酉按寶臣傳云時寶臣有恒定易趙深冀六州之地後又得滄州以七州自給又陽惠元傳李寶臣有恒易深趙滄冀定七州之地德州屬淄青且下文云以恒冀授武俊深趙授日知易定滄授孝忠德州並不在數八當作七德衍文

程懷直傳五年起復正授節度觀察使○沈炳震曰日華卒于貞元二年六月不當云起復此蓋承上四年之誤

懷直荒于畋獵其從父兄懷信因衆怒閉門不内懷直因來朝覲貞元九年也既而懷信死懷直子執恭知留後事乃遣懷直歸滄州十六年卒執恭代襲父位朝廷因而授之元和六年入朝奏請改名權○臣酉按新書懷信閉門不納懷直入朝帝不之罪更以虔王爲節度使懷信爲留後明年懷信爲節度矣十六年懷直卒後五年懷信死子權襲領留務二書不合一以權爲懷直子一以權爲懷信子一以懷信卒在前一以懷直卒在前未知孰是至懷

直歸滄州新書不載又德宗紀貞元十年懷直入朝復還鎮十一年爲懷信

所逐復入朝又與此不合

舊唐書卷一百四十三考證

舊唐書卷一百四十四

後晉司空同中書門下平章事劉昫撰

列傳第九十四

尚可孤　李觀　戴休顏　陽惠元

李元諒　韓遊瓌　賈隱林　杜希全

尉遲勝　邢君牙　楊朝晟　張敬則

尚可孤，東部鮮卑宇文之別種也。代居松漠之間。天寶末，歸國，隸范陽節度安祿山。後事史思明，上元中歸順，累授左右威衞二大將軍、同正，充神策大將。以前後功改試太常卿，仍賜實封一百五十戶。魚朝恩之統禁軍，愛其勇甚，委遇之，俾爲養子，奏姓魚氏，名智德。以禁兵三千鎮于扶風縣，後移武功。可孤在扶風、武功凡十餘年，士伍整肅，軍邑安之。朝恩死，賜可孤姓李氏，名嘉勳。會李希烈反叛，建中四年七月，除兼御史中丞、荊襄應援淮西使，仍復本姓名尚可孤，以所統之衆赴山南，累有戰功。及涇原兵叛，詔徵可孤軍至藍田，賊衆方盛，遂

營於七盤修城柵而居之賊將仇敬等來寇可孤頻擊破之因收藍田縣與元
元年三月遷檢校工部尚書兼御史大夫神策京畿渭南商州節度使四月仇
敬又來寇可孤率兵急擊擒仇敬斬之遂進軍與副元帥李晟決策攻討五月
晟率可孤及駱元光之軍收京城可孤之師爲先鋒京師平以功陞檢校右僕
射封馮翊郡王增邑通前八百戶實封二百戶可孤性謹愿沉毅旣有勳勳衆
會之中未嘗言功賊平之後營於白花亭御衆公平號令嚴整時人稱焉李晟
甚親重之及李懷光以河中叛詔可孤帥師與諸軍進討次於沙苑遇疾卒于
軍贈司徒賻布帛米粟加等喪葬所須並令官給
李觀洛陽人其先自趙郡徙焉秋官員外郎敬仁姪孫也少習武藝沉厚寡言
有將帥識度乾元中以策干朔方節度使郭子儀子儀善之令佐坊州刺史吳
伷充防遏使尋以憂免居盩厔別業廣德初吐蕃入寇鑾駕之陝觀於盩厔率
鄉里子弟千餘人守黑水之西戎人不敢近會嶺南節度楊慎微將之鎮以觀
權謀奏充偏將俾總軍政及徐浩李勉繼領廣州尤加信任麾下兵甲悉委之

平馮崇道朱泚時有功累遷大將李勉移鎮滑州累奏授試殿中監加開封府儀同三司追赴闕授右龍武將軍建中末涇師叛觀時上直領衞兵千餘人扈從奉天詔都巡警訓練諸軍戍卒三數日間加召二千餘衆列之通衢整肅鼙鼓城內因之增氣德宗倚賴之賜封二百戶二子宏寓授八品京官及駕出奉天與令狐建李昇韋清等咸執羈靮周旋艱險皆著功勞駕還京師詔總後軍禁衞與元元年閏十月拜四鎮北庭行軍涇原節度使檢校兵部尚書在鎮四年雖無拓境之績勵卒儲糧訓整寧輯及平涼之師會渾瑊既無戎備觀伺知狡謀潛擇精兵五千要伏險道及瑊遁歸賴觀游軍及李元諒之師表裏以免帝優賞賜賚甚厚特詔褒美其年朝京師除少府監檢校工部尚書以疾終貞元四年贈太子少傅

戴休顏夏州人在軍伍以膽略稱大曆中爲郭子儀部將以戰功累遷至鹽州刺史奉天之難倍道以所部蕃漢三千人號泣赴難德宗嘉之賜實封二百戶與渾瑊杜希全韓遊瓌等捍禦有功車駕再幸梁洋留守奉天及李懷光叛據

咸陽使誘休顏休顏集三軍斬其使嬰城自守懷光大駭遂自涇陽夜遁其月拜檢校工部尚書奉天行營節度使李晟收京師乃與渾瑊破泚偏師斬首三千級休顏追賊至中渭橋李晟既清宮闕休顏與瑊等率兵赴岐陽邀擊泚餘衆及策勳加檢校右僕射封至六百戶七月扈駕至京特賜女樂甲第以褒功伐尋拜左龍武將軍貞元元年卒年五十九廢朝一日贈賻有差

陽惠元平州人以材力從軍隸平盧節度劉正臣後與田神功李忠臣等相繼泛海至青齊間忠勇多權略稱爲名將又以兵隸神策充神策京西兵馬使鎮奉天初大曆中兩河平定事多姑息李正己有淄青齊海登萊沂密德棣曹濮徐兗鄆十五州之地兵十萬李寶臣有恆易深趙滄冀定七州之地有兵五萬田承嗣有魏博相衞洺貝澶七州之地有兵五萬梁崇義有襄鄧均房復郢六州之地其衆二萬皆始因叛亂得侯各擅土宇雖泛稟朝旨而威刑爵賞生殺自專盤根結固相爲表裏朝廷常示大信不爲拘限緩之則嫌釁自作急之則合謀或聞詔旨將增一城浚一池必皆怨怒有辭則爲之罷役而自於境內治

兵繕壘以自固凡歷三朝殆二十年國家不敢興拳石撮土之役代宗性寬柔無怒一切從之凡河朔諸道健步奏計者必獲賜賚及德宗即位嚴察神斷自誅劉文喜之後知朝法不可犯四盜俱不自安奏計者空還無所賞賜歸者多怨或傳說飛語云帝欲東封汴州奏以城隘狹增築城郭李正己聞之移兵萬人屯于曹州田悅亦加兵河上河南大擾羽書警急乃詔移京西戎兵萬二千人以備關東帝御望春樓親誓師以遣之曰嗚呼東鄙之警事非獲已唯爾將校羣士各以忠節勤於王家南赴蜀門西定涇壘甲冑不解瘡痍未平今載用爾分鎮于周鄭之郊敬聽明命夫王者之師有征無戰稽諸理道用正邦國宜勵乃戈甲保固城池以德和人以義制事將備其侵軼不用越境攻取戢而後動可謂正矣今外夷來庭方春生植品物資始農桑是時俾爾將士暴露中野我心痛悼鬱如焚灼嗟爾有衆其悉予懷士卒多泣下及賜宴諸將列坐酒至神策將士皆不飲帝使問之惠元時爲都將對曰臣初發奉天本軍帥張巨濟與臣等約曰斯役也將策大勳建大名凱旋之日當共爲歡苟未戎捷無以飲

酒故臣等不敢違約而飲旣發有司供餽於道路他軍無孑遺唯惠元一軍缾罍不發上稱嘆久之降璽書慰勞及田悅反詔惠元領禁兵三千與諸將討伐戰御河奪三橋皆惠元之功也尋加檢校工部尚書攝貝州刺史令以兵屬李懷光建中四年冬自河朔與懷光同赴國難解奉天之圍明年二月懷光背國叛逆惠元義不受汙脫身奔竄奉天會乘輿南幸懷光怒惠元之逸令其將冉宗以百餘騎追及於好時縣惠元計窮父子三人並投人家井中冉宗並出而害之興元元年贈右僕射仍賻絹百匹惠元男尚食奉御晟贈殿中監左衞兵曹參軍曷贈邠州刺史褒死難也

李元諒本駱元光姓安氏其先安息人也少爲宦官駱奉先所養冒姓駱氏元諒長大美鬚勇敢多計少從軍備宿衞積勞試太子詹事鎮國軍節度使李懷讓署奏鎮國軍副使俾領州事元諒嘗在潼關領軍積十數年軍士皆畏服德宗居奉天賊泚遣僞將何望之輕騎襲華州刺史董晉棄州走望之遂據城將聚兵以絕東道元諒自潼關將所部仍令義兵因其未設備徑攻望之遂拔華

州望之走歸元諒乃修城隍器械召募不數日得兵萬餘人軍益振以功加御史中丞賊泚數遣兵來寇輒擊却之是時尚可孤守藍田與元諒犄角賊東不能逾渭南元諒功居多無幾遷華州刺史兼御史大夫潼關防禦鎮國軍節度使尋加檢校工部尚書興元元年五月詔元諒與副元帥李晟進收京邑兵次於滻西賊悉衆來攻元諒先士卒奮擊大敗之進軍至苑東與晟力戰壞苑垣而入賊聯戰皆敗遂復京師元諒讓功於晟出屯於章敬佛寺帝還宮加檢校尚書右僕射實封七百戶賜甲第女樂仍與一子六品正員官李懷光反於河中絕河津詔元諒與副元帥馬燧渾瑊同討之時賊將徐庭光以銳兵守長春宮元諒遣使招之庭光素輕易元諒且慢罵之又以優胡爲戲於城上辱元諒先祖元諒深以爲恥及馬燧以河東兵至庭光降於馬燧詔以庭光爲試殿中監兼御史大夫河中平燧待庭光益厚元諒因遇庭光於軍門命左右劫而斬之乃詣燧匍匐請罪燧感怒將殺元諒久之以其功高乃止德宗以元諒專殺慮有章疏先令宰相諭諫官勿論貞元三年詔元諒將本軍從渾瑊與吐蕃會

盟于平涼元諒謂瑊曰本奉詔令營於潘原堡以應援侍中竊思潘原去平涼六七十里蕃情多詐讒有急變何由應赴請次侍中爲營瑊以違詔固止之元諒竟與瑊同進瑊營距盟所二十里元諒營次之壕柵深固及瑊赴會乃戒嚴部伍結陣營中是日虜果伏甲乘瑊無備竊發時士大夫皆朝服就執軍士死者十七八瑊單馬奔還羣虜追躡瑊營將李朝彩不能整衆多已奔散瑊至空營而已賴元諒之軍嚴固瑊既入營虜皆散去是日無元諒軍瑊幾不免元諒乃整軍先遣輜重次與瑊俱申號令嚴其部伍而還時謂元諒有將帥之風德宗嘉之賜良馬十匹金銀器錦綵等甚厚丁母憂加右金吾衛上將軍起復本官帝念其勳勞又賜姓李氏改名元諒四年春加隴右節度支度營田觀察臨洮軍使移鎭良原良原古城多摧圮隴東要地虜入寇常牧馬休兵於此元諒遠烽堠培城補堞身率軍士與同勞逸芟林薙草斬荊榛俟乾盡焚之方數十里皆爲美田勸軍士樹藝歲收粟菽數十萬斛生殖之業陶冶必備仍距城築臺上彀車弩爲城守備益固無幾又進築新城以據便地虜每寇掠輒擊卻之

涇隴由是乂安虜深憚之以疾貞元元年十一月卒于良原年六十二帝甚悼惜廢朝三日贈司空賻布帛米粟有差

韓遊瓌河西靈武人仕本軍累歷偏裨積功至邠寧節度使德宗出幸奉天衞兵未集遊瓌與慶州刺史論惟明合兵三千人赴難自乾陵北過赴醴泉以拒泚會有人自京城來言賊信宿當至上遽令追遊瓌等軍伍纔入壁泚黨果至乃出鬭城下小不利乃退入城賊急奪門遊瓌與賊隔門血戰會暝方解自是賊日攻城遊瓌惟明乘城拒守躬當矢石不暇寢息赴難之功遊瓌首焉李懷光反從駕山南德宗以禁軍無職局六軍特置統軍一員秩從二品以遊瓌惟明賈隱林等分典從駕禁兵李晟移軍東渭橋與駱元光尚可孤分扼京東要路渾瑊與遊瓌戴休顏分典京西要路掎角進攻興元元年檢校刑部尚書兼御史大夫例授奉天定難功臣李晟收京城遊瓌三將亦破賊於咸陽德宗自興元還京渾瑊與遊瓌休顏三將從李晟尚可孤駱元光三將奉迎論功行封與瑊等相次還鎮邠寧三年以子欽緒與妖賊李廣弘同謀不軌時遊瓌鎮長

武城事將發欽緒奔于邠州邠州將吏械送京師遊瓌以子大逆請代歸固欲詣闕詔不許遊瓌鏁繫欽緒二子送京師請從坐上亦宥之十二月遊瓌入朝素服待罪入朝堂遽命釋之勞遇如故復令還鎮初遊瓌入覲邠州將吏以其子謀叛又御軍無政謂必受代餞送之禮甚薄及遊瓌見上盛論邊事請築豐義城以備蕃寇上以特達委用如初及還鎮軍中懼不自安大將范希朝善將兵名聞軍中遊瓌畏其逼己將因事誅之希朝懼出奔鳳翔上素知名召入宿衞及遊瓌遣五百人築豐義城兩板而潰又寧州戍卒數百人縱掠而叛其無方略失士心皆此類也自寧州卒叛吐蕃入寇遊瓌自率衆戍寧州四年七月除將軍張獻甫代遊瓌不俟獻甫至又不告衆知乃輕騎夜出歸朝將卒素驕聞獻甫嚴急因其無帥縱兵大掠且圍監軍楊明義第請奏范希朝爲帥都虞候楊朝晟初逃難郊外翌日聞請希朝乃復入城與軍衆曰所請甚愜我來賀也叛卒稍安朝晟乃與諸將密謀晨率甲兵而出召叛卒告曰前請者不獲張尙書來昨日已入邠州汝等謀叛皆當死吾不盡殺誰爲賊首各言之以罪歸

之餘悉不問於衆中唱二百餘人立斬之軍城方定上聞軍情欲希朝乃授寧州刺史爲獻甫邠寧之副遊瓌至京授右龍武統軍十四年卒李廣弘者或云宗室親王之胤落髮爲僧自云見五岳四瀆神已當爲人主貞元三年自邠州至京師有市人董昌者通導廣弘舍于資敬寺尼智因之室智因本宮人董昌以酒食結殿前射生將韓欽緒李政諫南珍霞神策將魏修李傪前越州參軍劉昉陸緩陸絳陸充徐綱等同謀爲逆廣弘言岳瀆神言可以十月十日舉事必捷自欽緒已下皆有署置爲宰相以智因尼爲后謀於舉事日夜令欽緒擊鼓於淩霄門焚飛龍廄舍草積又令珍霞盜擊街鼓集城中人又令政諫修傪等領射生神策兵內應事克縱剽五日朝官悉殺之事未發魏修李傪上變令內官王希遷等捕其黨與斬之德宗因禁止諸色人不得輒入寺觀

賈隱林者滑州牙將也建中初爲本軍兵馬使令率兵宿衞朱泚之亂諸軍未集隱林率衆扈從性質朴在奉天賊急攻城隱林與侯仲莊逐急救應難險備至既而懷光軍至逆賊解圍從臣稱慶隱林抃舞畢奏曰賊泚奔遁臣下大慶

此皆宗社無疆之休然陛下性靈太急不能容忍若舊性未改賊雖奔亡臣恐憂未艾也上不以爲忤甚稱之累官至檢校右散騎常侍封武威郡王將幸山南而卒贈左僕射賜其家寶封三百戶賻絹百匹米百碩喪葬官給

杜希全京兆醴泉人也少從軍嘗爲郭尚父子儀裨將積功至朔方軍節度使軍令嚴肅士卒皆悅服初德宗居奉天希全首將所部與鹽州刺史戴休顏夏州刺史時常春合兵赴難軍已次漠谷爲賊泚邀擊乘高縱礌又以大弩射之傷者衆德宗令出兵援之不得進希全退次邠州以赴難功加檢校戶部尚書行在都知兵馬使從幸梁州帝還京師遷太子少師檢校右僕射兼靈州大都督御史大夫受降定遠城天德軍靈鹽豐夏等州節度支度營田觀察押蕃落等使餘姚郡王希全將赴靈州當獻體要八章多所規諫德宗深納之乃著君臣箴以賜之其辭曰夫惟德惠人惟辟奉天從諫則聖共理惟賢皇立有極畯命不易總萬機以成務齊六合之殊致一心不能獨鑑一目不能周視敷求哲人式序在位於戲君之任臣必求一德臣之事君咸思正直何啓沃之所宜自

古今而未得且以讜言者逆耳讒諛者伺側故下情未通而上聽已惑俾夫忠賢敗於凶慝譬彼輕舟烝徒楫之亦有和羹宰夫膳之孰云理國不自得師覆車之軌予其懲而高以下升和由甘受惟君無良亦臣之咎聞諸辛毗牽裾魏后則有禽息竭忠碎首勉思獻替以平可否勿謂無傷自微而彰勿謂何害積小成大事有隱而必見令既出而焉悔鼓鐘在宮聲聞于外浩然涉水朕未有艾將負扆以虛心期盡忠而納誨在昔稷契實匡舜禹近茲魏徵佑我文祖君臣協德混一區宇肆予寡昧獲纘丕緒臣哉鄰哉爾翼爾輔高秋始肅我武惟揚轂此禁衛殿于大邦戀闕方甚嘉言乃昌是規是諫金玉其相辭高理要入德知方總彼千慮備于八章宣父有言啓予者商殷有盤銘周有欹器或誠以辭或警以事披圖演義發于爾志與金鏡而高懸將座右而同置人皆有初鮮慎厥終汝其夙夜期保朕躬無曰爾身在外而爾誠不通一言之應千里攸同導彼遐徐達余四聰華夷仰德時乃之功既往既來懷賢忡忡唱予和汝式示深衷尋兼本管及夏綏節度都統加太子少師希全以鹽州地當要害自貞元

三年西蕃劫盟之後州城陷虜自是塞外無保障靈武勢隔西通鄜坊甚爲邊患朝議是之九年詔曰設險守國易象垂文有備無患先王令典況修復舊制安固疆里偃甲息人必在於此鹽州地當衝要遠介朔陲東達銀夏西援靈武密邇延慶保扞王畿乃者城池失守制備無據千里庭障烽燧不接三隅要害役戍其勤若非興集師徒繕修壁壘設攻守之具務耕戰之方則封內多虞諸華屢警由中及外皆靡寧居深惟永圖豈忘終食顧以薄德至化未孚既不能復前古之治致四夷之守與其臨事而重擾豈若先備而即安是用弘久遠之謀修五原之壘使邊城有守中夏克寧不有暫勞安能永逸宜令左右神策及朔方河中絳邠寧慶兵馬副元帥渾瑊朔方靈鹽豐夏綏銀節度都統杜希全邠寧節度使張獻甫神策行營節度使邢君牙銀夏節度使韓潭鄜坊節度使王栖曜振武節度使范希朝各於所部簡練將士令三萬五千人同赴鹽州神策將軍張昌宜權知鹽州事應板築雜役取六千人充其鹽州防秋將士率三年滿更代仍委杜彥先具名奏聞悉與改轉朕情非已欲志在靖人咨爾將相

之臣忠良之士輸誠奉命陳力忘憂勉茂功勳永安疆埸必集兵事實惟衆心各相率勵以副朕志凡役六千人二旬而畢時將板築仍詔涇原劍南山南諸軍深討吐蕃以牽制之由是板築之時虜不及犯塞城畢中外稱賀由是靈武銀夏河西稍安虜不敢深入希全久鎮河西晚節倚邊多恣横帝嘗寬之豐州刺史李景略威名出其右希全深忌之疑畏代己乃誣奏景略德宗不得已爲貶之素病風眩暴戾益甚判官監察御史李起頗忤之希全又誣奏殺之將吏皆重足脅息元十年正月卒廢朝三日贈司空

尉遲勝本于闐王珪之長子少嗣位天寶中來朝獻名馬美玉玄宗嘉之妻以宗室女授右威衞將軍毗沙府都督還國與西安節度使高仙芝同擊破薩毗播仙以功加銀青光祿大夫鴻臚卿改光祿卿皆同正至德初聞安祿山反勝乃命弟曜行國事自率兵五千赴難國人留勝以少女爲質而後行肅宗待之甚厚授特進兼殿中監廣德中拜驃騎大將軍毗沙府都督于闐王令還國勝固請留宿衞加開府儀同三司封武都王實封百戶勝請以本國王授曜詔從

之勝乃於京師修行里盛飾林亭以待賓客好事者多訪之建中末從幸奉天
爲兼御史中丞駕在興元勝爲右領軍將軍俄遷右威衛大將軍歷睦王傅貞
元初曜遣使上疏稱有國以來代嫡承嗣兄勝既讓國請傳勝子銳上乃以銳
爲檢校光祿卿兼毗沙府長史還固辭且言曰曜久行國事人皆悅服銳生於
京華不習國俗不可遣往因授韶王諮議兄弟讓國人多稱之府除以勝爲原
王傅卒時年六十四貞元十年贈涼州都督子銳嗣
邢君牙瀛州樂壽人也少從軍於幽薊平盧以戰功歷果毅折衝郎將充平盧
兵馬使安祿山反隨平盧節度使侯希逸過海至青徐間因神功之討劉展君
牙又從神功戰伐有功歷將軍試光祿卿神功既爲兗鄆節度使令君牙領防
秋兵入鎮好時屬吐蕃陵犯代宗幸陝君牙隸屬禁軍扈從後又以戰功加鴻
臚卿累封河間郡公建中初河北諸節帥叛李晟率禁軍助馬燧等征之晟以
君牙爲都虞候累於武安襄國洹水魏縣清豐討賊有功君牙擒生斬級居多
屬德宗幸奉天晟率君牙統所部兵倍道兼程來赴國難及駐軍咸陽移營渭

橋軍中之事晟惟與君牙商之他人莫可得而聞也收復宮闕隸加御史大夫
檢校常侍既而晟爲鳳翔涇原元帥數出軍巡邊常令君牙掌知留後軍府安
悅貞元三年晟以太尉中書令歸朝君牙代爲鳳翔尹鳳翔隴州都防禦觀察
使尋遷右神策行營節度鳳翔隴州觀察使加檢校工部尚書吐蕃連歲犯邊
君牙且耕且戰以爲守備西戎竟不能爲大患尋加檢校右僕射貞元十四年
卒時年七十一廢朝一日贈司空賻布帛米粟有差

楊朝晟字叔明夏州朔方人初在朔方爲部軍前鋒常有功授甘泉果毅建中
初從李懷光討劉文喜于涇州斬獲擒生居多授驃騎大將軍稍遷右先鋒兵
馬使後李納寇徐州從唐朝臣征討常冠軍鋒以功授開府儀同三司檢校太
子賓客上在奉天李懷光自山東赴難以朝晟爲右廂兵馬使將千餘人下咸
陽以挫朱泚加御史中丞實封一百五十戶及懷光反於河中朝晟被脅在軍
上幸梁洋韓遊瓌退於邠寧懷光以嘗在邠寧迫制如屬城以賊黨張昕在邠
州總後務昕懼難作乃大索軍資徵卒乘約明潛發歸于懷光時朝晟父懷賓

爲遊瓌將夜後以數十騎斬昕及同謀者遊瓌卽日使懷賓奉表聞奏上召勞問授兼御史中丞正授遊瓌邠寧節度使間諜至河中朝晟聞其事泣告懷光曰父立功于國子合誅戮不可主兵懷光遂繫之及諸軍進圍河中韓遊瓌嘗于長春宮懷賓身當戰伐及懷光平上念其忠俾副元帥渾瑊特原朝晟用爲遊瓌都虞候時父子同軍皆爲開府賓客御史中丞異姓王榮於軍中後詔徵遊瓌宿衛以張獻甫代之獻甫在道軍中有裴滿者扇亂劫朝晟朝晟陽許之密計斬三百餘人獻甫入改御史大夫九年城鹽州徵兵以護外境朝晟分統士馬鎭木波堡獻甫卒詔以朝晟代之其年丁毋憂起復左金吾大將軍同正邠州刺史兼御史大夫十三年春朝晟奏方渠合道木波皆賊路也請城其地以備之詔問須兵幾何朝晟奏曰臣部下兵自可集事不煩外助復問前築鹽州凡與師七萬今何其易也朝晟曰鹽州之役咸集諸軍番戎盡知之今臣境迫虜若大與兵卽番戎來寇來寇則戰戰則無暇城矣今請密發軍士不十日至塞下未旬而功畢番人始知已無奈何上從之己事軍還至馬嶺吐蕃始來

數日而退初軍次方渠無水師旅囂然遽有青虵乘高而下視其迹水隨而流朝晟命築防環之遂爲渟泉軍人仰飲以足圖其事上聞詔置祠焉免喪加檢校工部尚書是夏以防秋移軍寧州遘疾旬餘而卒

張敬則者不知何許人本名昌後賜名敬則初助劉玄佐累有軍功官至鳳翔節度使常有復河湟之志遣大將野詩良輔發銳卒至隴西番戎大駭元和二年六月卒

史臣曰有唐中否逆寇勃興天王窘以蒙塵諸侯忠而赴難可孤生居沙漠挺然懷效命之風功冠貔貅屹爾有不矜之色李觀文儒之冑樂習兵戎戴聖主著定難之勳救渾瑊於會盟之變休顏斬使嬰城懷光股慄惠元窮蹙自致天子軫悼元諒退兵章敬力戰讓功雅有器度及不忍小忿專殺庭光請罪軍門壯哉烈士其下諸將鬱有勞能勝生異域推位讓國堅留宿衛顧慕華風居中土者豈不思廉讓耶斯乃高祖之基太宗之業貽厥孫謀不徒虛語

贊曰建中失國嘯聚氛慝景命載延羣雄畢力歌鍾甲第珪組繁錫凡百人臣

忠爲令德

舊唐書卷一百四十四

舊唐書卷一百四十四考證

陽惠元傳李正己有淄青濟海登萊沂密德曹濮徐兗鄆十五州之地○臣酉按淄青至兗鄆僅十四州考通鑑云李正己先有淄青齊海登萊沂密德棣十州之地及李靈耀之亂諸道合兵攻之所得之地各爲己有正己又得曹濮徐兗鄆五州據此則德字下當脫一棣字濟字當是齊字之訛今改正

甚爲邊患○新書下有請復城鹽州五字此當有脫文

舊唐書卷一百四十四考證

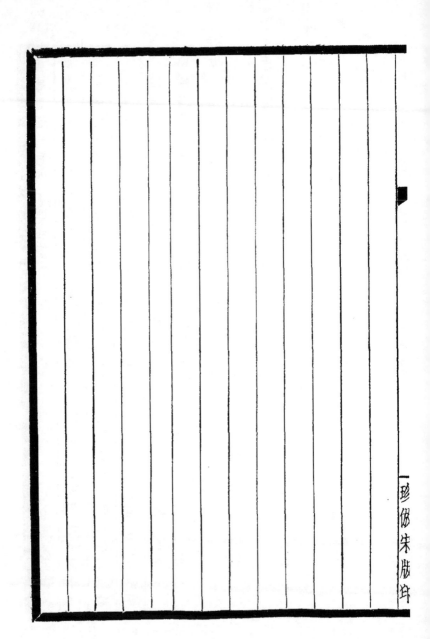

舊唐書卷一百四十五

後晉司空同中書門下平章事劉昫撰

列傳第九十五

劉玄佐子士寧　李萬榮附　董晉　陸長源

劉全諒　李忠臣　李希烈　吳少誠弟少陽少陽子元濟附

劉玄佐本名洽滑州匡城人也少倜儻不理生業爲縣捕盜吏違法爲令所笞僅死乃亡命從軍大曆中爲永平軍衙將李靈曜據汴州洽將兵乘其無備徑入宋州遂詔以州隸永平軍節度使李勉奏署宋州刺史建中二年加兼御史中丞亳潁節度等使李正己死子納匿喪謀叛而李洧以徐州歸順納遣兵圍之詔洽與諸軍援洧與賊接戰大破之斬首萬餘級由是轉輸路通加御史大夫又收濮州降將楊令暉分兵掖之徇濮陽降其將高彥昭以通濮陽津遷尚書累封四百戶兼曹濮觀察使尋加淄青兗鄆招討使又加汴滑都統副使李希烈攻汴州德宗在奉天連戰賊稍卻興元初進加檢校左僕射加平章事希

烈圍寧陵洽大將劉昌言堅守不下希烈攻陳州洽遣昌言與諸軍救之大敗賊黨獲其將翟崇暉希烈棄汴州洽率軍收汴詔加汴宋節度無幾授本管及陳州諸軍行營都統賜名玄佐是歲來朝又拜涇原四鎮北庭等道兵馬副元帥檢校司空益封八百戸玄佐性豪侈輕財重義厚賞軍士故百姓益困是以汴之卒始於李忠臣訖于玄佐而日益驕恣多逐殺將帥以利剽劫又寵任小吏張士南及養子樂士朝財物鉅萬士朝通玄佐嬖妾玄佐在鎮李納每使來必重贈遺飾美女名樂從其遊娛故多得其陰事常先爲備故納憚其心計貞元三年三月薨于位年五十八廢朝三日贈太傅將佐初匿喪稱疾俟代帝亦爲隱數日乃發喪子士寧士幹初將佐匿喪既發帝遣問所欲立吳湊可乎監軍孟介行軍盧瑗皆曰便及湊次汜水柩將還請備儀瑗不許又令留什物俟新使將士大怒玄佐子壻及親兵乃以三月晦夜激怒三軍明晨衙兵皆甲冑擁士寧登重榻衣以墨縗呼爲留後軍士執城將曹金岸浚儀令李邁曰爾等皆請吳湊者遂臠之唯盧瑗獲免士寧乃以財物分賜將士請之爲帥孟介以

聞帝召宰臣問計竇參曰今汴人挾李納以邀命若不許懼合於納遂從之授士寧起復金吾衞將軍同正汴州刺史宣武軍節度等使士寧位未定時遣使通王武俊劉濟田緒以士寧未受詔於國皆留之士寧初授節制諸將多不悅服性忍暴淫亂或彎弓挺刃手殺人於杯案間悉烝父之妓妾又強取人之婦女好倮觀婦人每出畋獵數日方還軍府苦之其大將李萬榮與其父玄佐同里閈少相善寬厚得衆心士寧疑之去其兵權令攝汴州事萬榮深怨之將伺其隙逐之十年正月士寧以衆二萬畋於城南兵既出萬榮晨入士寧廨舍召其所留心腹兵千餘人矯謂之曰有詔徵大夫入朝俾吾掌留務汝輩人賜錢三千貫無他憂也兵士皆拜萬榮既約親兵於內又召各營兵於外以是言令之軍士皆聽命萬榮乃分兵閉城門馳使白士寧曰詔徵大夫宜速即路若遷延不行當傳首以獻士寧知衆不爲用計無所出乃將五百騎走歸京師比至中牟亡走大半至東都所餘僮隸婢妾數十人而已既至京師詔令歸第服喪禁絕出入萬榮乃斬士寧所親之將辛液白英賢以令於軍凡賞軍士錢二十

萬貫詔令籍沒士寧家財以分賞焉遂授萬榮宣武軍兵馬留後初萬榮遣兵三千備秋於京西有親兵三百前爲劉士寧所驕者日益橫萬榮惡之悉置行籍中由是深怨萬榮大將韓惟清張彥琳請將往不許萬榮令其子迺將之未發惟清彥琳不得志因親兵銜怨乃作亂共攻萬榮萬榮分兵擊之叛卒兵械少戰不勝乃劫轉運財貨及居人而潰殺傷千餘人叛兵四出多投宋州刺史劉逸準厚撫之韓惟清走鄭州張彥琳走東都以束身歸罪宥以不死並流竄焉萬榮悉捕逃叛將卒妻孥數千人皆誅之萬榮誅叛卒之後人心恟恟不安軍卒數人呼於市曰今夜大兵四面至城當破衆驚駭萬榮悉捕得或云士寧所教萬榮斬之以聞遂以士寧廢處郴州十一年五月授萬榮宣武軍節度使其年八月萬榮病遂署其子迺爲司馬乃勒大將李湛伊婁涚張伾往外鎮尋皆令殺之涚伾皆已死惟李湛至尉氏尉氏鎮將郝忠節不肯殺湛是夜軍士逐出李迺遂執送京師萬榮以其日病卒迺至京師付京兆府杖殺劉士幹玄佐養子前爲太府少卿有樂士朝者亦爲玄佐養子因冒劉姓與士幹有隙及

玄佐卒或云爲士朝所酖士幹知之及至京師遣奴持刀於喪位語士朝曰有吊客至因誘殺之賜士幹死

董晉字混成河中虞鄉人明經及第至德初肅宗自靈武幸彭原晉上書謁見授校書郎翰林待制再轉衞尉丞出爲汾州司馬未幾刺史崔圓改淮南節度奏晉以本官攝殿中侍御史充判官尋歸臺授本官遷侍御史主客員外郎祠部郎中大曆中兵部侍郎李涵送崇徽公主使迴紇奏晉爲判官使還拜司勳郎中歷祕書太府太常少卿監左金吾將軍旬日德宗嗣位改太常卿還右散騎常侍兼御史中丞知臺事以清勤謹愼故驟遷右職尋爲華州刺史兼御史中丞潼關防禦使久之加兼御史大夫朱泚僭逆於京師使兇黨仇敬何望之侵逼華州晉奔遁赴行在授國子祭酒尋令往恆州宣慰從車駕還京師遷左金吾衞大將軍改尚書左丞時右丞元琇領度支使爲韓滉所擠貶黜晉嫉之見宰相極言非罪舉朝稱之復拜太常卿五年遷門下侍郎同平章事時政事決在竇參晉但奉詔書頷然諾而已金吾衞將軍沈房有弟喪公除不衣慘服

入閤上問宰相對曰準式朝官有周年已下喪者諸絁縵不合衣淺色帝曰南班安得有之對曰因循而然又問晉冠冕之制對曰古人服冠冕者動有佩玉之響所以節步也禮云堂上接武堂下布武至恭也步武有常君前之禮進趨而已今或奔走以致顛仆非恭慎也在式朝官皆是綾袍袄五品已上金玉帶取其文彩畫飾以奉上也是以禹惡衣食而致美乎黻冕君親一致昔尚書郎含香老萊彩服皆此義也服絁縵非制也上深然之遂詔曰常參官入閤不得趨走周期已下喪者禁慘服朝會又令服本品綾袍金玉帶晉明於禮學如此竇參驕滿既甚帝漸惡之八年參諷晉奏其姪給事中竇申爲吏部侍郎帝正色曰豈不是竇參遣卿奏也晉不敢隱因問參過失晉具奏之旬日參貶官晉憂懼累上表辭位九年夏改禮部尚書兵部尚書東都留守東都畿汝州都防禦使會汴州節度李萬榮疾甚其子迺爲亂以晉爲檢校左僕射同平章事兼汴州刺史宣武軍節度營田汴宋觀察使晉既受命唯將幕官傔從等十數人都不召集兵馬既至鄭州宣武軍迎候將吏無至者晉左右及鄭州官吏皆懼

共勸晉云鄧惟恭承萬榮疾病之甚遂總領軍州事今相公到此尚不使人迎候其情狀豈可料即恐須且遲迴以候事勢晉曰奉詔爲汴州節度使即合準勅赴官何可妄爲逗留人皆憂其不測晉獨恬然未至汴州十數里鄧惟恭方來迎候晉俾不下馬旣入乃委惟恭以軍政衆服晉明於事體機變而未測其深淺初萬榮逐劉士寧代爲節度使委兵於惟恭以其同鄉里及疾甚李迺將爲亂惟恭乃與監軍同謀縛迺送歸朝廷惟恭自以當便代居其位故不遣候吏以疑懼晉心冀其不敢進不意晉之速至晉已近方遽出迎之然心常怏怏竟以驕盈慢法潛圖不軌配流嶺南朝廷恐晉柔懦尋以汝州刺史陸長源爲晉行軍司馬晉謙恭簡儉每事因循多可故亂兵粗安長源好更張云爲數請改易舊事務從削刻晉初皆然之及案牘已成晉乃命且罷又委錢穀支計于判官孟叔度叔度輕佻好慢易軍人皆惡之晉十五年二月卒年七十六廢朝三日贈太傅賜布帛有差卒後未十日汴州大亂殺長源叔度等

陸長源字泳之開元天寶中尚書左丞太子詹事餘慶之孫西河太守璪之子

長源淑書史乾元中陷河北諸賊因佐昭義軍節度薛嵩卒後久之歷建信二州刺史浙西節度韓滉兼領江淮轉運奏長源檢校郎中兼中丞充轉運副使罷爲都官郎中改萬年縣令出爲汝州刺史貞元十二年授檢校禮部尚書宣武軍行軍司馬汴州政事皆決斷之性輕佻言論容易恃才傲物所在人畏而惡之及至汴州欲以峻法繩驕兵而董晉判官楊凝孟叔度亦縱恣淫湎衆情共怒晉性寬緩事務因循以收士心長源每事守法晉或苟且長源輒執而正之及晉卒令長源知留後事長源揚言曰將士多弛慢不守憲章當以法繩之由是人人恐懼加以叔度苛刻多縱聲色數至樂營與諸婦人嬉戲自稱孟郎衆皆薄之舊例使長薨放散布帛於三軍制服至是人請服長源初固不允軍人求之不已長源等議給其布直叔度高其鹽價而賤爲布直每人不過得鹽三二觔軍情大變或勸長源故事有大變皆賞三軍三軍乃安長源曰不可使我同河北賊以錢買健兒取旌節兵士怨怒滋甚乃執長源及叔度等臠而食之斯須骨肉糜散長源死之日詔下以爲節度使及聞其死中外惜之贈尚書

右僕射

劉全諒懷州武陟人也父客奴由征行家於幽州之昌平少有武藝從平盧軍開元中有室韋首領段普恪恃驍勇數苦邊節度使薛楚玉以客奴有膽氣令抗普恪客奴單騎襲之斬首以獻自白身授左驍衛將軍充遊奕使自是數有戰功性忠謹爲軍人所信天寶末安祿山反詔以安西節度封常清爲范陽節度以平盧節度副使呂知誨爲平盧節度以大原尹王承業爲河東節度祿山旣僭位於東都遣腹心韓朝陽等招誘知誨知誨遂受逆命誘殺安東副都護保定軍使馬靈詧祿山遂署知誨爲平盧節度使客奴與平盧諸將同議取知誨殺之仍遣與安東將王玄志遙相應援馳以奏聞十五載四月授客奴柳城郡太守攝御史大夫平盧節度支度營田陸運押兩蕃渤海墨水四府經略及平盧軍使仍賜名正臣又以王玄志爲安東副大都護攝御史中丞保定軍及營田使正臣仍領兵平盧來襲范陽未至爲逆賊將史思明等大敗之正臣奔歸爲王玄志所酖而卒逆賊署徐歸道平盧節度王玄志與平盧將侯希逸等

又襲殺歸道大曆九年追贈正臣工部尚書全諒本名逸準以父勳授別駕長史建中初劉玄佐爲宋亳節度使召署爲牙將以勇果騎射聞玄佐以宗姪厚遇之累署都知兵馬使試太僕卿兼御史中丞玄佐卒子士寧代爲節度使疑宋州刺史翟良佐不附己陽言出巡至宋州遽以逸準代良佐爲刺史及董晉卒兵亂殺陸長源監軍俱文珍與大將密召逸準赴汴州令知留後朝廷因授以檢校工部尚書汴州刺史兼宣武軍節度觀察等使仍賜名全諒貞元十五年二月卒年四十九廢朝一日贈右僕射

李忠臣本姓董名秦平盧人也世家于幽州薊縣自云曾祖文昱棣州刺史祖玄獎安東都護府錄事參軍父神嶠河內府折衝忠臣少從軍在卒伍之中材力冠異事幽州節度薛楚玉張守珪安祿山等頻委征討積勞至折衝郎將將軍同正平盧軍先鋒使及祿山反與其倫輩密議殺僞節度呂知誨立劉正臣爲節度以忠臣爲兵馬使攻長楊戰獨山襲榆關北平殺賊將申子貢榮先欽擒周銑送京師忠臣功多又從正臣破漁陽逆將李歸仁李咸白秀芝等來拒

戰約數十合並摧破之無何潼關失守郭子儀李光弼退師忠臣乃引軍北歸奚王阿篤孤初以衆與正臣合後詐言請以萬餘騎同收范陽至后城南中夜反攻忠臣與戰遂至温泉山破之擒大首領阿布離斬以祭纛釁鼓正臣卒又與衆議以安東都護王玄志爲節度使至德二載正月玄志令忠臣以步卒三千自雍奴爲筏過海賊將石帝庭烏承洽來拒忠臣與董竭忠退之轉戰累日遂收魯城河間景城等大獲資糧以赴本軍復與大將田神功率兵討平原樂安郡下之擒僞刺史臧瑜等防河招討使李銑承制以忠臣爲德州刺史屬史思明歸順河南節度張鎬令忠臣以兵赴鄆州與諸軍使收河南州縣又與裨將陽惠元大破賊將王福德于舒舍口肅宗累下詔慰諭仍令鎭濮州尋移韋城乾元元年九月改光祿卿同正其年與郭子儀等九節度圍安慶緒於相州明年二月諸軍潰歸忠臣亦退至滎陽賊將敬釭來襲官船忠臣大破之獲米二百餘艘以資汴州軍士尋拜濮州刺史緣河守捉使移鎭杏園渡及史思明陷汴州節度使許叔冀與忠臣並力屈降賊思明撫忠臣背曰吾比秖有左

手令得公兼有右手矣與俱寇河陽數日忠臣夜以五百人斫其營突圍歸李光弼以聞詔加開府儀同三司殿中監同正賜實封二百戸召至京師賜姓李氏名忠臣封隴西郡公賜艮馬莊宅銀器綵物等時陜西神策兩節度郭英乂衛伯玉鎮陜州以忠臣爲兩軍節度兵馬使魚朝恩亦在陜俾忠臣與賊將李歸仁李感義等戰於永寧莎栅前後數十陣皆摧破之會淮西節度王仲昇爲賊所擒寶應元年七月拜忠臣太常卿同正兼御史中丞淮十一州節度尋加安州刺史仍鎮蔡州其年令忠臣會元帥諸軍收復東都二年六月就加御史大夫時迴紇可汗既歸其國留判官安恪石帝庭於河陽守禦財物因此招聚亡命爲寇道路壅隔詔忠臣討平之永泰元年吐蕃犯西陲京師戒嚴代宗命中使追兵諸道多不時赴難使至淮西忠臣方會鞠即令整師飾駕監軍大將固請曰軍行須擇吉日忠臣奮臂於衆曰焉有父母遇寇難待揀好日方救患乎即日進發自此方隅有警忠臣必先期而至由是代宗嘉其忠節加本道觀察使寵賜頗厚及同華節度周智光舉兵反詔忠臣與神策將李太清等討平

之大曆三年加檢校工部尚書實封通前三百戶五年加蔡州刺史七年檢校右僕射知省事李靈曜之叛田承嗣使姪悅援之忠臣與諸軍大破悅等汴州平十一年十二月加檢校司空平章事汴州刺史忠臣性貪殘好色將吏妻女多被誘脅以通之又軍無紀綱所至縱暴人不堪命而以妹壻張惠光爲衙將恃勢兇虐軍中苦之數有言於忠臣不之信也俄以惠光爲節度副使令惠光子爲衙將陵橫甚於其父忠臣所信任大將李希烈素善騎射羣情所伏因衆心之怒以十四年三月與少將丁暠賈子華監軍判官蔣知璋等舉兵斬惠光父子以脅逐忠臣單騎赴京師朝廷方寵武臣不之責也依前檢校司空平章事留京師奉朝請建中初嘗因奏對德宗謂之曰卿耳甚大眞貴人也忠臣對曰臣聞驢耳甚大龍耳甚小臣耳雖大乃驢耳也上說之時常侍張涉承恩用事坐受財賄事露帝將以法繩之涉卽帝在春宮時侍講也忠臣奏曰陛下貴爲天子而先生以乏財抵法以愚臣觀之非先生之過也帝意解但令歸田里前湖南觀察辛京杲嘗以忿怒杖殺部曲有司劾奏京杲殺人當死從之忠臣

奏曰京杲合死久矣上問之對曰渠伯叔某於某處戰死兄弟某於某處戰死

渠嘗從行獨不死以知渠合死久矣上亦憫然不令加罪改授王傅而已忠臣

木強率直不識書不喜儒生及罷兵權官位崇重常鬱鬱不得志及朱泚反以

爲僞司空兼侍中泚率兵逼奉天命忠臣京城留守泚敗忠臣走樊川别業李

晟下將士擒忠臣至繫之有司與元元年幷其子並誅斬之時年六十九籍沒

其家

李希烈遼西人父大定希烈少從平盧軍後隨李忠臣過海至河南寶應初忠

臣爲淮西節度署希烈爲偏裨累授將軍試光祿卿殿中監忠臣兼領汴州希

烈爲左廂都虞候加開府儀同三司大曆末忠臣軍政不脩事多委妹壻張惠

光爲押衙弄權縱恣人怨與少將丁暠等斬惠光父子忠臣奔赴朝廷詔以忻

王爲淮西節度副大使授希烈蔡州刺史兼御史中丞淮西節度留後令滑亳

節度李勉兼領汴州德宗卽位後月餘加御史大夫充淮西節度支度營田觀

察使又改淮西節度淮寧軍以寵之建中元年又加檢校禮部尙書會山南東

道節度梁崇義拒捍朝命迫脅使臣二年六月詔諸軍節度率兵討之加希烈南平郡王兼漢北都知諸兵馬招撫處置使希烈破崇義衆遂討平之錄希烈功加檢校右僕射同平章事賜實封五百戶淄青節度李正己又謀不軌三年秋加希烈檢校司空兼淄青兗鄆登萊齊等州節度支度營田新羅渤海兩蕃使令討襲正己希烈遂率所部三萬人移居許州聲言遣使往青州招諭李納其實潛與交通又移牒汴州令備供擬將與納同爲亂李勉以其道路合自陳留乃除道具饌以待之希烈不從乃大慢罵自是志意縱肆言多悖慢日遣使交通河北諸賊帥等是歲長至日朱滔田悅王武俊李納各僭稱王滔使至希烈希烈亦僭稱建興王天下都元帥四年希烈遣其將襲陷汝州執李元平而去東都大擾亂朝廷猶爲含容遣太子太師顏真卿往宣慰真卿發後數日以龍武將軍哥舒曜爲東都兼汝州行營兵馬節度希烈既見真卿但肆兇言令左右慢罵指斥朝廷又遣逆黨董待名韓霜露劉敬宗陳質翟暉等四人伺外侵抄州縣官軍皆爲其所敗荊南節度張伯儀全軍覆沒又令周曾王玢姚憺

呂從賁康琳等來襲曜曾玢憎等謀廻軍據蔡州襲討希烈事洩並遇害神策軍使白志貞又獻策謀令嘗爲節度都團練使者各出家僮部曲一人及馬令劉德信總之討希烈尋詔李勉爲淮西招討使哥舒曜爲副至四月曜率衆屯襄城頻與賊戰皆不勝八月希烈率衆二萬圍襄城李勉又令將唐漢臣率兵與劉德信同爲曜之影援皆望風敗衂希烈兇逆既甚帝乃命舒王爲荆襄江西沔鄂等道節度諸軍行營兵馬都元帥大開幕府文武僚屬之盛前後出師未有其比又令涇原諸道出兵皆赴襄城軍未發會涇州兵亂車駕幸奉天其日希烈大破曜軍於襄城曜遁歸東都賊因乘勝攻陷汴州李勉奔歸宋州希烈性慘毒酷每對戰陣殺人流血盈前而言笑飲饌自若以此人畏而服從其教令盡其死力其攻汴州驅百姓令運木土築壘道又怒其未就乃驅以填之謂之溼梢既入汴州於是僭號曰武成以孫廣鄭賁李綬李元平爲宰相以汴州爲大梁府李清虛爲尹署百官遣兵東討至寧陵竟爲劉洽所拒不得前又遣將翟暉率精卒襲陳州爲劉洽李納大破之生擒暉以獻諸軍乘勝進攻汴

州希烈遁歸蔡州擒其僞署將相鄭賁劉敬宗等李皐樊澤曲環張建封又四面討襲之累拔其郡縣希烈敗衂貞元二年三月因食牛肉遇疾其將陳仙奇令醫人陳仙甫置藥以毒之而死妻男骨肉兄弟共一十七人並誅之初希烈於唐州得象一頭以爲瑞應又上蔡襄城獲其珍寶乃是爛車釭及滑石僞印也陳仙奇者起於行間性忠果自希烈死朝廷授淮西節度頗竭誠節未幾爲別將吳少誠所殺贈太子太保賻布帛米粟有差喪事官給

吳少誠幽州潞縣人父爲魏博節度都虞候少誠以父勳授一子官釋褐王府戶曹後至荊南節度使庾準奇之留爲衙門將準入覲從至襄漢見梁崇義不遵憲度知有異志少誠密計有成擒之略將自陳於闕下屬李希烈初授節制銳意立功見少誠計慮乃以少誠所見錄奏有詔慰飭不次封通義郡王未幾崇義違命希烈受制專征以少誠爲前鋒崇義平賜實封五千戶後希烈叛少誠頗爲其用希烈死少誠等初推陳仙奇統戎事朝廷已命仙奇尋爲少誠所殺衆推少誠知留務朝廷遂授以申光蔡等州節度觀察兵馬留後尋正授節

度少誠善爲治勤儉無私日事完聚不奉朝廷貞元三年判官鄭常及大將楊
冀謀逐少誠以聽命於朝試校書郎劉涉假爲手詔數十潛致於大將欲因少
誠之出閉城門以拒之屬少誠將出錢中使常冀等遂謀舉事臨發爲人所告
常冀先遇害其將李嘉節等各持假詔請罪少誠悉宥之其大將宋旻曹濟奔
歸京師十五年陳許節度曲環卒少誠擅出兵攻掠臨穎縣節度留後上官涚
遣兵赴救臨穎鎮使韋清與少誠通救兵三千餘人悉擒縛而去九月遂圍許
州尋下詔削奪少誠官爵分遣十六道兵馬進討十二月官軍敗衂於小溵河
明年正月夏州節度使韓全義爲淮蔡招討處置使北路行營諸軍將士並取
全義指揮陳許節度留後上官涚充副使五月全義與少誠將吳秀吳少陽等
戰於溵水南官軍復敗七月全義頓軍於五樓行營爲賊所乘大潰全義與都
監軍使賈秀英賈國良等夜遁遂城守溵水汴宋徐泗淄青兵馬直趣陳州列
營四面少誠兵逼溵水五六里下營韓全義諸軍又退保陳州其汴州河陽等
兵各私歸本道陳許將孟元陽與神策兵各率所部留軍溵水全義斬昭義滑

州河陽河中都將凡四人然竟未嘗整陣交鋒而王師累挫潰少誠尋引兵退歸蔡州遂下詔洗雪復其官爵累加檢校僕射順宗即位加同中書門下平章事元和初遷檢校司空依前平章事元和四年十一月卒年六十廢朝三日贈司徒吳少陽本滄州清池人初吳少誠父翔在魏博軍中與少陽相愛及少誠知淮西留守乃厚以金帛取少陽至則名以堂弟署爲軍職累奏官爵出入少誠家情旨甚暱少陽度少誠猜忍懼爲所害乃請出外以任防捍之任少誠乃表爲申州刺史兼御史大夫凡五年少陽頗寬易而少誠之衆悅附焉及少誠病亟家僮單于熊兒者僞以少誠意取少陽至時少誠已不知人乃僞署少陽攝副使知軍州事少誠子元慶年二十餘先爲軍職兼御史中丞少陽密害之及少誠死少陽自爲留後時王承宗求繼士真不受詔憲宗怒以討承宗不欲兵連兩河乃詔遂王宥遙領彰義軍節度大使以少陽爲留後遂授彰義軍節度使檢校工部尚書少陽據蔡州凡五年不朝覲汝南多廣野大澤得豢馬畜時奪掠壽州茶山之利內則數匿亡命以富實其軍又屢以牧馬來獻詔因善

之元和九年九月卒贈右僕射吳元濟少陽長子也初爲試協律郎兼監察御
史攝蔡州刺史及父死不發喪以病聞因假爲少陽表請元濟主兵務帝遣醫
工候之卽稱少陽疾愈不見而還先是少陽判官蘇兆楊元卿及其將侯惟清
嘗同爲少陽畫朝覲計及元濟自領軍兇狠無義唯暱軍中兇悍之徒素不便
兆縊殺之歸其屍於家械侯惟清而囚之時朝廷誤聞惟清已死贈兵部尚書
贈蘇兆以右僕射楊元卿先奏事在京師得盡言經略淮西事於宰相李吉甫
始少陽以病聞元卿請凡淮西使在道路者所在留止之及少陽卒凡四十日
不爲輟朝但易將加兵於外以待其邸吏無何妄傳董重質已殺元濟弁屠其
家李吉甫遽請對拜賀乃輟朝數日知元濟尙在時賊陰計已成羣衆四出狂
悍而不可遏屠舞陽焚葉縣攻掠魯山襄城汝州許州及陽翟人多逃伏山谷
荆棘閒爲其殺傷驅剽者千里關東大恐十月以陳州刺史李光顏爲忠武軍
節度使又以山南東道節度使嚴綬充申光蔡等州招撫使仍令內常侍崔潭
峻監綬軍十年正月綬軍臨賊西境詔曰吳元濟逆絕人理反易天常不居父

喪擅領軍政諭以詔旨曾無謙恭熒惑一方之人迫脅三軍之衆以少陽嘗經
任使爲之軫悼命中弔祭臨遣使臣陵虐封疆遂致稽阻絕朝廷之理忘父子
之恩旋又掩寇舞陽傷殘吏卒焚燒葉縣騷擾閭閻恣行贓藪無所畏忌朕念
賞延之義重傷藩帥之門尚欲納於忠順之途處在顯榮之地未能飭怒猶爲
包荒再降詔書俾申招撫而毒螫滋甚姦心靡悛壽春西南又陷鎭柵窮兇稔
惡縱暴延災覆載之所不容人神之所共棄良非獲已致此興戎吳元濟在身
官爵並宜令削奪令宣武大寧淮南宣歙等道兵馬合勢山南東道及魏博荊
南江西劍南東川兵馬與鄂岳許會東都防禦使與懷鄭汝節度及義成兵馬
犄角相應同期進討二月綬兵爲賊所襲敗于磁丘退保唐州四月光顏破賊
黨元濟遣人求援于鎭州王承宗淄鄆李師道二帥上表于朝廷請赦元濟之
罪朝旨不從自是兩河賊帥所在竊發冀以沮撓王師五月承宗師道遣盜燒
河陰倉詔御史中丞裴度於軍前宣喻觀用兵形勢度還奏曰臣觀諸將唯光
顏勇義盡心必有成功上意甚悅翌日光顏奏大破賊於時曲上曰度知光顏

可謂至矣乃以度兼刑部侍郎自是中外相賀決不赦賊徵天下兵環申蔡之郊大小十餘鎮六月承宗師道遣盜伏於京城殺宰相武元衡中丞裴度衡先死度重傷而免憲宗特怒卽命度爲宰相淮右用兵之事一以委之七月李師道遣嵩山僧圓淨結山賊與留邸兵欲焚燒東都先事敗而禍弭嚴綬退罷乃以汴州節度使韓弘爲淮右行營兵馬都統以高霞寓有名用爲唐鄧節度十一年春諸軍雲合惟李光顏懷汝節度烏重胤心無顧望旦夕血戰繼獻戎捷六月高霞寓爲賊所擊敗于鐵城退保新興柵時諸軍勝負皆不實聞多虛稱克捷及霞寓敗中外恟恟宰相諫官屢以罷兵爲請唯裴度堅於破賊尋以袁滋代霞寓爲唐鄧帥滋柔懦不能軍十二年正月袁滋復貶閑廏使李愬表請軍前自効乃用愬爲唐鄧帥以代滋愬軍壓境拔賊文城柵擒柵將吳秀琳又獲賊將李祐李光顏亦拔賊郾城元濟始懼盡發左右及守城卒屬董重質以抗光顏重胤六月元濟乞降爲羣賊所制不能自拔上以元兇已蹙兵未臨於賊城輓饋日殫因延英問計於宰相裴度曰賊力已困但羣帥不一故未能決

降上曰卿決能行乎曰臣誓不與賊偕全七月詔以度爲彰義軍節度使兼申
光蔡四面行營招撫使以郾城爲行在蔡州爲節度所八月度至郾城激勵士
衆軍士喜度至以賞罰必行皆願輸罄每出勞軍士有流涕者時李愬營文城
柵既得吳秀琳李祐知其可用委信無疑日夜與計事於帳中祐曰元濟勁軍
多在洄曲西境防捍而守蔡者皆市人疲耄之卒可以乘虛掩襲直抵懸瓠比
賊將聞之元濟成擒矣愬然之咨於裴度度曰兵非出奇不勝常侍良圖也十
一月愬夜出軍令李祐率勁騎三千爲前鋒田進誠三千爲後軍愬自率三千
爲中軍其月十日夜至蔡州城下坎牆而畢登賊不之覺十一日攻衙城擒元
濟幷其家屬以聞初元濟之叛恃其兇狠然治軍無紀綱其將趙昌洪淩朝江
董重質等各權兵外寇李師道鄆州之鹽城往來寧陵雍丘之間韓弘知而不
禁淮右自少誠阻兵已來三十餘年王師加討未嘗及其城下常走韓全義敗
于頔故驕悍無所顧忌且恃城池重固有陂浸阻迴故以天下兵環攻三年所
剋者一縣而已及黜高霞寓李遜袁滋諸軍始進又得陰山府沙陁驍騎邯鄲

勇卒光顏重胤之奮命及丞相臨統破諸將首尾之計力擒元惡申蔡之始人
劫於希烈少誠之虐法而忘其所歸數十年之後長者衰喪而壯者安於毒暴
而恬於搏噬地既少馬而廣畜騾乘之教戰謂之騾子軍尤稱勇悍而甲仗皆
畫爲雷公星文以爲厭勝而少誠能以姦謀固衆心初韓全義敗於溵水蔡兵
于全義帳中得公卿問訊書少誠束而諭衆曰朝廷公卿以此書託全義收
蔡州日乞一將士妻女以爲婢妾以此激怒其衆絶其歸向之心是以蔡人有
老死不聞天子恩宥者故堅爲賊用地雖中州人心過于夷貊乃至搜閱天下
豪銳三年而後屈者彼非將才而力備蓋勢驅性習不知教義之所致也元濟
至京憲宗御興安門受俘百寮樓前稱賀乃獻廟社徇于兩京斬之於獨柳時
年三十五其夜失其首妻沈氏沒入掖庭弟二人子三人流於江陵誅之判官
劉協庶七人皆斬光蔡等州平始復爲王土矣
史臣曰治亂勢也勢亂不能卒治長源以法繩驕軍禍不旋踵則董公之寬柔
不無謂古之名將以陰謀怨望鮮全其族者董秦始奮忠義多長者言宜其顯

赫及失意挾邪俄被淮陰之戮惜哉吳少誠爲希烈之亂胎雖謀奪其軍及嗣而滅而元濟効希烈之狂悖謂無天地人之兇險一至於斯是知王者御治之道其可忽諸

贊曰聖哲之君愼名與器不軌之臣得寵則戾董怨而族吳悖而葅好亂樂禍可監前車

舊唐書卷一百四十五

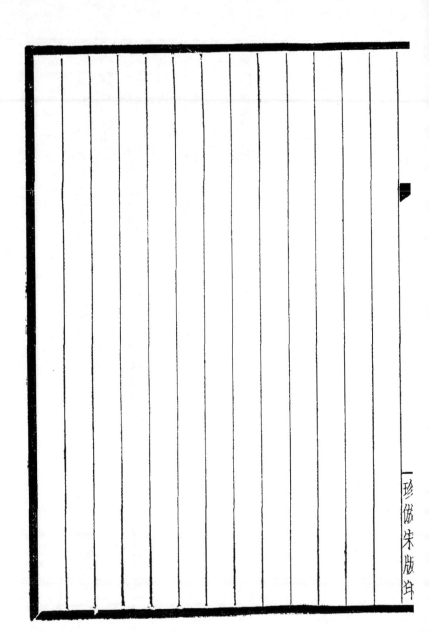

舊唐書卷一百四十五考證

董晉傳改禮部尚書兵部尚書○沈炳震曰德宗紀貞元十二年晉爲東都留守兵部上缺十二年文

舊唐書卷一百四十五考證

珍倣朱版印

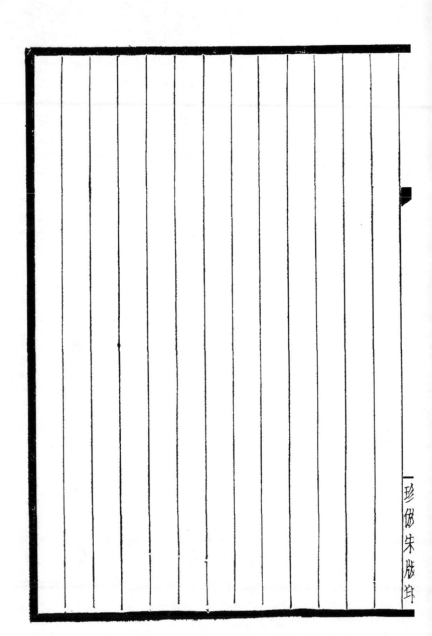

舊唐書卷一百四十六

後晉司空同中書門下平章事劉昫撰

列傳第九十六

薛播河中寶鼎人中書舍人文思曾孫也父元暉什邡令以播贈工部郎中播天寶中舉進士補校書郎累授萬年縣丞武功令殿中侍御史刑部員外郎萬年令播温敏善與人交李栖筠常袞崔祐甫皆引擢之及祐甫輔政用爲中書舍人出汝州刺史以公事貶泉州刺史尋除晉州刺史河南尹遷尚書左丞轉禮部侍郎遇疾貞元三年卒贈禮部尚書初播伯父元曖終於隰城丞其妻濟南林氏丹陽太守洋之妹有母儀令德博涉五經善屬文所爲篇章時人多諷

詠之元暖卒後其子彥輔彥國彥偉彥雲及播兄據揔並早孤幼悉爲林氏所
訓導以至成立咸致文學之名開元天寶中二十年間彥輔據等七人並舉進
士連中科名衣冠榮之
鮑防襄州人幼孤貧篤志好學善屬文天寶末舉進士爲浙東觀察使薛兼訓
從事累至殿中侍御史入爲職方員外郎改太原少尹正拜節度使入爲御史
大夫歷福建江西觀察使徵拜左散騎常侍扈從奉天除禮部侍郎尋遷工部
尚書致仕防歷洪福京兆皆有政聲唯總戎非所宜而謬執兵柄以太原草車
胡騎雄雜而迴鶻深入寇防出拒戰爲虜所敗爲禮部侍郎時嘗遇知雜侍御
史竇參於通衢導騎不時引避僕人爲參所鞭及參秉政遽令致仕防謂親友
曰吾與蕭昕之子齒而與昕同日懸車非朽邁之致以餘忿見廢防文學舊人
歷職中外不因罪戾而爲俗吏所擯竟以憤終衆頗憫防而咎參故參之敗不
旋踵非不幸也
李自良兗州泗水人初祿山之亂自良從兗鄆節度使能元晧以戰功累授右

衞率後從袁傪討袁晁陳莊賊積功至試殿中監隸浙江東道節度使薛兼訓兼訓移鎮太原自艮從行授河東軍節度押衙兼訓卒鮑防代又事防爲牙將會迴鶻入寇防令大將焦伯瑜杜榮國將兵擊之自艮謂防曰迴鶻遠來求戰未可與爭鋒但於歸路築二壘以兵守之堅壁不動虜求戰不得師老自旋俟其返旆卽乘之縱不甚捷虜必狼狽矣二壘阨其歸路策之上也防不從促伯瑜等逆戰遇虜於百井伯瑜等大敗而還由是稍知名馬燧代防爲帥署奏自艮代州刺史兼御史大夫仍爲軍候自艮勤恪有謀燧深委信之建中年田悅叛燧與抱真東討自艮常爲河東大將摧鋒陷陣破田悅及討李懷光於河中自艮專河東軍都將前後戰績居多燧之立功名由自艮協輔之力也貞元三年從燧入朝罷燧兵權德宗欲以自艮代燧自艮懇辭事燧久不欲代爲軍帥物議多之乃授右龍武大將軍德宗以河東密邇胡戎難於擇帥翌日自艮謝
上謂之曰卿於馬燧存軍中事分誠爲得禮然北門之寄無易於卿卽日拜檢校工部尙書兼御史大夫太原尹北都留守河東節度支度營田觀察使在鎭

九年以簡儉守職軍民胥悅雖出身戎伍動必循法略不以暴戾加人十一年五月卒於軍年六十三上甚嗟惜之廢朝一日贈左僕射賻布帛米粟有差

李說淮安王神通之裔也父遇天寶中爲御史中丞說以門蔭歷仕累佐使幕馬燧爲河陽三城太原節度皆辟爲從事累轉御史郎官御史中丞太原少尹出爲汾州刺史節度使李自良復奏爲太原少尹檢校庶子兼中丞貞元十一年五月自良病凡六日而卒匿喪陽言病甚數日發喪先是都虞候張瑤久在軍素得士心嘗請假還葬自良未許至是說與監軍王定遠謀乃給瑤假以大將毛朝陽代瑤然後遣使告自良病中使第五國珍自雲朔使還過太原聞自良病中使遲留信宿自良卒國珍急馳至京先說使至乃下制以通王領河東節度大使以說爲行軍司馬充節度留後北都副留守仍令國珍齎說官告及軍府將吏部內刺史等勑書三十餘通往太原宣賜軍中始定定遠恃立說之功頗恣縱橫軍政皆自專決仍請賜印監軍有印自定遠始也定遠既得印益暴將吏輒自補授說寖不歡遂成嫌隙是歲七月定遠署虞候田宏爲列將以

代彭令茵令茵不伏揚言曰超補列將非功不可宏有何功敢代予任定遠聞而含怒召令茵斬之埋於馬糞之中家人請尸不與三軍皆怨說具以事聞德宗以定遠有奉天扈從之功恕死停任制未至定遠怒說奏聞趨府謀殺說昇堂未坐抽刀刺說說走而獲免定遠馳至府門召集將吏於箱中陳勅牒官告二十餘軸示諸將曰有勅令李景略知留後遣說赴京公等皆有恩命指箱中示之諸將方拜抃大將馬良輔呼而麾衆曰箱中皆監軍舊官告非恩命也不可受但備急變爾定遠知事敗走登乾陽樓召其部下將卒多不之應比夜定遠墜城下槎枿傷而不死尋有詔削奪長流崖州大將高迪等同其謀說皆斬之尋正拜河東節度使檢校禮部尚書說在鎮六年初勤心吏職後遇疾言語行步蹇澁不能綜軍府之政悉監軍主之又爲孔目吏宋季等欺誑軍政事多曠紊如此累年十六年十月卒年六十一廢朝一日贈左僕射是月制以河東節度行軍司馬鄭儋檢校工部尚書兼太原尹御史大夫河東節度度支營田觀察等使北都留守在任不期年而卒

嚴綬蜀人曾祖方約利州司功祖挹之符離尉父丹殿中侍御史綬大曆中登進士第累佐使府貞元中由侍御史充宣歙團練副使深爲其使劉贊委遇政事多所咨訪十二年贊卒綬掌宣歙留務傾府藏以進獻由是有恩召爲尙書刑部員外郎天下賓佐進獻自綬始也未幾河東節度使李說嬰疾事多曠弛行軍司馬鄭儋代綜軍政既而說卒因授儋河東節度使是時姑息四方諸侯未嘗特命帥守物故卽用行軍司馬爲帥冀軍情厭伏儋既爲帥德宗選朝士可以代儋爲行軍司馬者因綬前日進獻上頗記之故命檢校司封郎中充河東行軍司馬不周歲儋卒遷綬銀青光祿大夫檢校工部尙書兼太原尹御史大夫北都留守充河東節度支度營田觀察處置等使元和元年楊惠琳叛於夏州劉闢叛於成都綬表請出師討伐綬悉選精甲付牙將李光顏兄弟光顏累立戰功蜀夏平加綬檢校尙書左僕射尋拜司空進階金紫封扶風郡公綬在鎮九年以寬惠爲政士馬蕃息境內稱治四年入拜尙書右僕射綬雖名家子爲吏有方略然銳於勢利不存名節人士以此薄之嘗預百寮廊下食上令

中使馬江朝賜櫻桃綬居兩班之首在方鎮時識江朝敘語次不覺屈膝而拜御史大夫高郢亦從而拜是日爲御史所劾綬待罪于朝命釋之翌日責江朝降官一等尋出鎮荆南進封鄭國公有溆州蠻首張伯靖者殺長吏據辰錦等州連九洞以自固詔綬出兵討之綬遣部將李忠烈齎書曉諭盡招降之九年吳元濟叛朝議加兵以綬有弘恕之稱可委以戎柄乃授山南東道節度使尋加淮西招撫使綬自帥師壓賊境無威略以制寇到軍日遽發公藏以賞士卒累年蓄積一旦而盡又厚賂中貴人以招聲援師徒萬餘閉壁而已經年無尺寸功裴度見上屢言綬非將帥之才不可責以戎事乃拜太子少保代歸尋檢校司空久之進位太傅食封至三千戶長慶二年五月卒年七十七詔贈太保綬材器不踰常品事兄嫂過謹爲時所稱常以寬柔自持位躋上公年至大耋前後統臨三鎮皆號雄藩所稱士親睹爲將相者凡九人其貴壽如此

蕭昕河南人少補崇文進士開元十九年首舉博學宏辭授陽武縣主簿天寶初復舉宏辭授壽安尉再遷左拾遺昕嘗與布衣張鎬友善館而禮之表薦之

曰如鎬者用之則爲王者師不用則幽谷一叟爾玄宗擢鎬拾遺不數年出入將相及安祿山反昕舉贊善大夫來瑱堪任將帥思明之亂瑱功居多累遷憲部員外郎爲副元帥哥舒翰掌書記潼關敗間道入蜀遷司門郎中尋兼安陸長史爲河南等道都統判官遷中書舍人兼楊府司馬佐軍仍舊入拜本官累遷祕書監代宗幸陝昕出武關詣行在轉國子祭酒大曆初持節弔迴鶻時迴鶻恃功廷詰昕曰祿山思明之亂非我無以平定唐國奈何市馬而失信不時歸價衆皆失色昕答曰國家自平寇難賞功無絲毫之遺況隣國乎且僕固懷恩我之叛臣乃者爾助爲亂聯西戎而犯郊畿及吐蕃敗走迴紇悔懼啓顙乞和非大唐存念舊功則當匹馬不得出塞矣是迴紇自絶非我失信迴紇慚退加禮以歸爲常侍十二年朱泚之亂徒步出城泚急求之亡竄山谷間至奉天還太子少傅貞元初兼禮部尚書尋復知貢舉五年致仕七年卒于家年九十廢朝謚曰懿

杜亞字次公自云京兆人也少頗涉學善言物理及歷代成敗之事至德初於

靈武獻封章言政事授校書郎其年杜鴻漸爲河西節度辟爲從事累授評事御史後入朝歷工戶兵吏四員外郎永泰末劍南叛亂鴻漸以宰相出領山劍副元帥以亞及楊炎並爲判官使還授吏部郎中諫議大夫炎爲禮部郎中知制誥中書舍人亞自以才用合當柄任雖爲諫議大夫而心不悅李栖筠承恩衆望必爲宰相亞厚結之元載得罪亞與劉晏李涵等七人同鞫訊之載死之翌日亞遷給事中河北宣慰使宰相常袞亦不悅亞歲餘出爲洪州刺史兼御史中丞江西都團練觀察使德宗初嗣位勵精求賢令中使召亞亞自揣必以宰輔見徵乃促程而進累路與人言議語及行宰相事方面或以公事諮祈亞皆納之既至帝微知之不悅又奏對辭旨疎闊出爲陝州觀察使兼轉運使尋遷河中晉絳等州防禦觀察使楊炎作相劉晏得罪亞坐貶睦州刺史興元初召拜刑部侍郎出爲揚州長史兼御史大夫淮南節度觀察使時承陳少遊征稅煩重奢侈僭濫之後又新遭王紹亂兵剽掠淮南之人望亞之至革刻舊弊冀以康寧亞自以材當公輔之選而聯出外職志頗不適政事多委參佐招引

賓客談論而已揚州官河填淤漕輓堙塞又僑寄衣冠及工商等多侵衢造宅
行旅擁弊亞乃開拓疏啓公私悅賴而威爲奢侈江南風俗春中有競渡之戲
方舟並進以急趨疾進者爲勝亞乃令以漆塗船底貴其速進又爲綺羅之服
塗之以油令舟子衣之入水而不濡亞本書生奢縱如此朝廷亟聞之貞元五
年以戸部侍郎竇覦爲淮南節度代亞亞猶以舊望竇覦甚畏之改檢校吏部
尙書判東都尙書省事充東都留守都防禦使既病風尙建利以固寵奏請開
苑內地爲營田以資軍糧減度支每年所給從之亞不躬親部署但委判官張
薦楊暎初奏請取荒地營田其苑內地堪耕食者先爲留司中官及軍人等開
墾已盡亞計急乃取軍中雜錢舉息與畿內百姓每至田收之際多令軍人車
牛散入村鄉收斂百姓所得菽粟將還軍民家略盡無可輸稅人多艱食由是
大致流散乃厚賂中官令奏河南尹無政亞自此亦規求兼領河南尹事不果
帝漸知虛誕乃以禮部尙書董晉代爲東都留守召亞還京師既風疾漸深又
患脚膝不任朝謁貞元十四年卒于家年七十四贈太子少傅

王緯字文卿太原人也祖景司門員外萊州刺史父之咸長安尉與昆弟之賁之渙皆善屬文之咸以緯貴故累贈刺史緯舉明經又書判入等歷長安尉出佐使府授御史郎官入朝爲金部員外郎劍南租庸使檢校司封郎中彭州刺史檢校庶子兼御史中丞西川節度營田副使初大曆中路嗣恭爲江西觀察使陷害判官李泌將誅之緯亦爲路嗣恭判官說諭救解獲免貞元三年泌爲相擢授緯給事中未數日又擢爲潤州刺史兼御史中丞浙江西道都團練觀察使十年加御史大夫兼諸道鹽鐵轉運使三歲加檢校工部尚書緯性勤儉歷官清潔而傷於苛碎多用削刻之吏督察巡屬人不聊生貞元十四年卒年七十一廢朝一日贈太子少保

李若初趙郡人貞觀中幷州長史工部侍郎弘節之曾孫也祖道謙太府卿若初少孤貧初爲轉運使劉晏下微冗散職晏判官包佶重其勤幹以女妻之歷陳州太康令刺史李芃初蒞官若初獻計請收斂羨餘錢物交結權貴芃厚遇之累歲芃遷河陽三城使奏若初爲從事軍中之事多以委之累授檢校郎中

兼中丞懷州刺史轉虢州刺史坐公事爲觀察使劾奏免歸久之出爲衢州刺史遷福州刺史兼御史中丞福建都團練使尋遷越州刺史浙江東道都團練觀察使十四年秋代王緯爲潤州刺史兼御史大夫浙江都團練觀察諸道鹽鐵轉運使嗇於吏道性嚴強力束斂下吏人甚畏服方整理鹽法頗有次敘貞元十五年遇疾卒廢朝一日贈禮部尚書

于頎字休明河南人也父庭謂濟王府倉曹累贈尚書左僕射頎少以吏事聞累授京兆府士曹爲尹史翽所賞重翽出鎮襄漢奏爲御史充判官翽爲亂兵所殺頎挺出收葬遺骸時人義之度支使第五琦署爲河東租庸使累授鳳翔少尹度支郎中兼御史中丞轉運租庸糧料鹽鐵等使頎因奏移轉運汴州院於河陰以汴州累遇兵亂散失錢帛故也元載爲諸道營田使又署爲郎官令於東都汝州開置屯田歷戸部侍郎祕書少監京兆尹太府卿代杜濟爲京兆尹及爲大官好任機數專候權要朝列中無勢利者視之蔑如也曲事元載親昵之而爲政苛細無大體丁所生母憂罷及載得罪後出爲鄭州刺史遷河南

尹以無政績代還時徵汾州刺史劉暹暹剛腸嫉惡歷典數州皆爲廉使畏懼宰相盧杞恐暹爲御史大夫虧沮己之所見遽稱薦頎爲御史大夫以其柔佞易制也從幸奉天改左散騎常侍歷左千牛上將軍徙大理卿太子少保工部尚書因入朝仆地爲金吾仗衞挾起改太子少師致仕貞元十五年卒時年七十四

盧徵范陽人也家於鄭之中牟少涉獵書記永泰中江淮轉運使劉晏辟爲從事委以腹心之任累授殿中侍御史晏得罪貶珍州司戸元琇亦晏之門人興元中爲戸部侍郎判度支薦徵爲京兆司錄度支員外琇得罪坐貶爲信州長史還信州刺史入爲右司郎中驟遷給事中戸部侍郎竇參深遇之方倚以自代貞元八年春同州刺史闕參請以尚書左丞趙憬補之特詔用徵以間參腹心也數歲轉華州刺史徵冀復入用深結託中貴厚遺之故事同華以近地人貧每正至端午降誕所獻甚薄徵遂竭其財賦每有所進獻輒加常數人不堪命疾病臥理者數年貞元十六年卒時年六十四

楊憑字虛受弘農人舉進士累佐使府徵爲監察御史不樂檢束遂求免累遷起居舍人左司員外郎禮部兵部郎中太常少卿湖南江西觀察使入爲左散騎常侍刑部侍郎京兆尹憑工文辭少負氣節與母弟凝凌相友愛皆有時名重交游尚然諾與穆質許孟容李鄘王仲舒爲友故時人稱楊穆許李之友仲舒以後進慕而入焉性尚簡傲不能接下以此人多怨之及歷二鎮尤事奢侈元和四年拜京兆尹爲御史中丞李夷簡劾奏憑前爲江西觀察使贓罪及他不法事勅付御史臺覆按刑部尚書李鄘大理卿趙昌同鞫問臺中又捕得憑前江西判官監察御史楊瑗繫於臺復命大理少卿胡珦左司員外郎胡證侍御史韋顗同推鞫之詔曰楊憑頃在先朝委以藩鎮累更選用位列大官近者憲司奏劾暴揚前事計錢累萬曾不報聞蒙蔽之罪於何逃責又營建居室制度過差侈靡之風傷我儉德以其自尹京邑人頗懷之將議刑書是加愍惻宜從遐譴以誡百僚可守賀州臨賀縣尉同正仍馳驛發遣先是憑在江西夷簡自御史出官在巡屬憑頗疏縱不顧接之夷簡常切齒及憑歸朝修第於永寧

里功作併與又廣蓄妓妾於永樂里之别宅時人大以爲言夷簡乘衆議舉劾前事且言偹營之僭將欲殺之及下獄置對數日未得其事夷簡持之益急上聞且貶焉追舊從事以驗自貞元以來居方鎮者爲德宗所姑息故窮極僭奢無所畏忌及憲宗卽位以法制臨下夷簡首舉憑罪故時議以爲宜然繩之太過物論又譏其深切矣

鄭元舉進士第累遷御史中丞貞元中爲河中節度使杜確行軍司馬確卒遂繼爲節度使入拜尚書左丞元和二年轉戶部侍郎兼御史大夫判度支三年春還刑部尚書兼京兆尹九月復判度支依前刑部尚書兼御史大夫元性嚴毅有威斷更踐劇任時稱其能元和四年以疾辭職守本官逾月卒

杜兼京兆人貞觀中宰相杜正倫五代孫舉進士累辟諸府從事拜濠州刺史兼性浮險豪侈矜氣屬貞元中德宗厭兵革姑息戎鎮至軍郡刺史亦難於更代兼探上情遂練卒脩武占召勁勇三千人以上聞乃恣凶威錄事參軍韋賞團練判官陸楚皆以守職論事忤兼兼密誣奏二人通謀扇動軍中忽有制使

至兼率官吏迎于驛中前呼韋賞陸楚出宣制杖殺之賞進士擢第楚兗公象先之孫皆名家有士林之譽一朝以無罪受戮郡中股慄天下寃歎之又誣奏李藩將殺之語在藩事中故兼所至人側目焉元和初入爲刑部吏部郎中拜給事中除金商防禦使旋授河南少尹知府事尋正拜河南尹皆杜佑在相位所借護也元和四年卒于官

裴玢京兆人五代祖疏勒國王綽武德中來朝授鷹揚大將軍封天山郡公因留闕下遂爲京兆人玢初爲金吾將軍論惟明傔德宗幸奉天以戰功封忠義郡王惟明鎮鄜坊累署玢爲都虞候後節度王栖曜卒中軍將何朝宗謀作亂中夜縱火玢匿身不救火遲明而擒朝宗德宗發三司使按問竟斬朝宗及行軍司馬崔輅以同州刺史劉公濟爲節度使以玢爲坊州長史兼侍御史充行軍司馬明年公濟卒拜玢鄜州刺史兼御史大夫充節度觀察等使三年改授山南西道節度觀察等使玢歷二鎮頗以公清苦節爲政不交權倖不務貢獻蔬食弊衣居處纔避風雨而廩庫饒實三軍百姓安業近代將帥無比焉及綿

疾辭位請歸長安元和七年卒年六十五贈尚書左僕射謚曰節
薛伾勝州刺史渙之子尚父汾陽王召置麾下著名於諸將間左僕射李揆使
西蕃伾爲將從役時賊泚之難昆夷赴義伾馳騎鄉道至于武功擢授左威衞
將軍使絕域者前後數四累遷左金吾衞大將軍檢校工部尚書兼將作監出
爲鄜坊觀察使元和八年卒于官贈潞州大都督
史臣曰薛播溫敏有文鮑防董戎無術李嚴太原之政可謂美矣蕭昕抱則哲
之知杜亞懷非次之望王緯清潔而傷苛碎若初善理而性剛嚴于頎好任機
權趨附勢利盧徵厚斂貨賄結託中人楊憑好奢鄭元有斷杜兼殺戮端士怙
亂邀君裴玢發姦謀安民和衆而玢弊衣糲食不交權倖豨庾咸實郡邑以寧
若夫君子無求備於人捨短從長彰善癉惡則裴玢之善抑之更揚杜兼之惡
欲蓋而彰耳

舊唐書卷一百四十六

舊唐書卷一百四十六考證

杜亞傳竇覦甚畏之○臣酉按新書貞元中罷歸宰相竇參憚其風望以檢校吏部尚書留守東都竇參憚亞風望故復出之東都若竇覦則代參爲節度者何所畏耶新書當得其實

舊唐書卷一百四十六考證

舊唐書卷一百四十七

後晉司空同中書門下平章事劉昫撰

列傳第九十七

杜黃裳　高郢子定　杜佑子式方從郁式方子悰從郁子牧

杜黃裳字遵素京兆杜陵人也登進士第宏辭科杜鴻漸深器重之爲郭子儀朔方從事子儀入朝令黃裳主留務于朔方邠將李懷光與監軍陰謀代子儀乃爲僞詔書欲誅大將温儒雅等黃裳立辨其僞以告懷光懷光流汗伏罪諸將有難制者黃裳矯子儀命盡出之數月而亂不作後入爲臺省官爲裴延齡所惡十年不遷貞元末爲太常卿王叔文之竊權黃裳終不造其門嘗語其子壻韋執誼令率百官請皇太子監國執誼遽曰丈人纔得一官可復開口議禁中事耶黃裳勃然曰黃裳受恩三朝豈可以一官見買耶拂衣而出尋拜平章事邠州節度使韓全義曾居討伐之任無功黃裳奏罷之劉闢作亂議者以劍南險固不宜生事唯黃裳堅請討除憲宗從之又奏請不以中官爲監軍秪委

高崇文爲使黃裳自經營伐蜀以至成功指授崇文無不懸合崇文素憚劉澭黃裳使人謂崇文曰若不奮命當以劉澭代之由是得崇文之死力既平闢宰臣入賀帝目黃裳曰此卿之功也後與憲宗語及方鎮除授黃裳奏曰德宗自艱難之後事多姑息貞元中每帥守物故必先命中使偵伺其軍動息其副貳大將中有物望者必厚賂近臣以求見用帝必隨其稱美而命之以是因循方鎮罕有特命帥守者陛下宜熟思貞元故事稍以法度整肅諸侯則天下何憂不治憲宗然其言繇是用兵誅蜀夏之後不容藩臣蹇傲尅復兩河威令復振蓋黃裳啓其衷也黃裳有經畫之才達於權變然檢身律物寡廉潔之譽以是居鼎職不久二年正月檢校司空同平章事兼河中尹河中晉絳等州節度使八月封邠國公三年九月卒於河中年七十一贈司徒謚曰宣黃裳性雅澹寬恕心雖從長口不忤物始爲卿士女嫁韋執誼深不爲執誼所稱及執誼譴逐黃裳終保全之洎死嶺表請歸其喪以辦葬事及是被疾醫人誤進其藥疾甚而不怒然爲宰相除授不分流品或官以賂遷時論惜之黃裳歿後賄賂事發

八年四月御史臺奏前永樂令吳湜爲僧鑒虛受託與故司空杜黃裳於故州邠寧節度使高崇文處納賂四萬五千貫並付黃裳男載按問引伏勑曰吳湜曾佐使府忝履宦途自宜畏法惜身豈得爲人通貨事關非道理合懲愆宜配流昭州其付杜載錢物宰輔之任寵寄實深致茲貨財不能拒絕已令按問悉合徵收貴全終始之恩俾弘寬大之典其所取錢物並宜矜免杜載等並釋放載爲太子僕長慶中遷太僕少卿兼御史中丞充入吐蕃使載弟勝登進士第大中朝位給事中勝子廷堅亦進士擢第

高郢字公楚其先渤海蓨人九歲通春秋能屬文天寶末盜據京邑父伯祥先爲好時尉抵賊禁將加極刑郢時年十五被髮解衣請代其父賊黨義之乃俱釋後舉進士擢第應制舉登茂才異行科授華陰尉嘗以魯不合用天子禮樂乃引公羊傳著魯議見稱於時由是授咸陽尉郭子儀節制朔方辟爲掌書記子儀嘗怒從事張曇奏殺之郢極言爭救忤子儀旨奏貶猗氏丞李懷光節制邠寧奏爲從事累轉副元帥判官檢校禮部郎中懷光背叛將歸河中郢言西

迎大駕豈非忠乎懷光忿而不聽及歸鎮又欲悉衆而西時渾瑊軍孤羣帥未集郢與李鄘誓死駐之屬懷光長子璀候郢郢乃諭以逆順曰人臣所宜效順且自天寶以來阻兵者今復誰在況國家自有天命非獨人力今若恃衆西向自絕于天十室之邑必有忠信安知三軍不有奔潰者乎李璀震懼流涕氣索明年春郢與都知兵馬使呂鳴岳都虞候張延英同謀間道上表及受密詔事洩二將立死懷光乃大集將卒白刃盈庭引郢詰之郢挺然抗辭無所慙隱憤氣感發觀者淚下懷光慙沮而止德宗還京命諫議大夫孔巢父中人啖守盈赴河中宣慰懷光授以太保而懷光怒激其親兵詬詈殺守盈及巢父巢父之被刃也委於地郢就而撫之及懷光被誅馬燧辟郢爲掌書記未幾徵拜主客員外遷刑部郎中改中書舍人凡九歲拜禮部侍郎時應進士舉者多務朋游馳逐聲名每歲冬州府薦送後唯追奉讌集罕肄其業郢性剛正尤嫉其風既領職拒絕請託雖同列通熟無敢言者志在經藝專考程試凡掌貢部三歲進幽獨抑浮華朋濫之風翕然一變拜太常卿貞元十九年冬進位銀青光祿大

夫守中書侍郎同中書門下平章事順宗即位轉刑部尚書爲韋執誼等所憚尋罷知政事以本官判吏部尚書事明年出鎮華州元和元年冬復拜太常卿尋除御史大夫數月轉兵部尚書逾月再表乞骸不許又上言曰臣聞勞生佚老天理自然蠕動翾飛日入皆息自非貢禹之守經據古趙憙之正身匪懈韓暨之志節高潔山濤之道德模表縱過常期詎爲貪冒其有當仁不讓急病忘身豈止君命猶宜身舉臣郢不才久辱高位無任由衷瀝懇之至乃授尚書右僕射致仕六年七月卒年七十二贈太子太保諡曰貞郢性恭慎廉潔罕與人交游守官奉法勤恪掌誥累年家無制草或謂之曰前輩皆留制集公焚之何也曰王言不可存私家時人重其慎密與鄭珣瑜並命拜相未幾德宗昇遐時同在相位杜佑以宿舊居上而韋執誼由朋黨專柄順宗風恙方甚樞機不宣而王叔文以翰林學士兼戶部侍郎充度支副使是時政事王叔文謀議王伾通導李忠言宣下韋執誼奉行珣瑜自受命憂形顏色至是以勢不可奪因稱疾不起郢則因循竟無所發以至於罷物論定此爲優劣焉子定嗣定幼聰警

絶倫年七歲時讀尙書湯誓問郢曰奈何以臣伐君郢曰應天順人不爲非道又問曰用命賞于祖不用命戮于社是順人乎父不能對仕至京兆參軍小字董二人以幼慧多以字稱之尤精王氏易嘗爲易圖合入出以畫八卦上圓下方合則重轉則演七轉而六十四卦六甲八節備焉著易外傳二十二卷

杜祐字君卿京兆萬年人曾祖行敏荊益二州都督府長史南陽郡公祖愨右司員外郎詳正學士父希望歷鴻臚卿恆州刺史西河太守贈右僕射祐以蔭入仕補濟南郡參軍剡縣丞時潤州刺史韋元甫嘗受恩於希望祐謁見元甫未之知以故人子待之他日元甫視事有疑獄不能決祐時在旁元甫試訊於佑佑口對響應皆得其要元甫奇之乃奏爲司法參軍元甫爲浙西觀察淮南節度皆辟爲從事深所委信累官至檢校主客員外郎入爲工部郎中充江西青苗使轉撫州刺史改御史中丞充容管經略使楊炎入相徵入朝歷工部金部二郎中並充水陸轉運使改度支郎中兼和糴等使時方軍興餽運之務悉委於佑遷戶部侍郎判度支爲盧杞所惡出爲蘇州刺史佑母在杞以蘇州憂

闕授之佑不行俄換饒州刺史未幾兼御史大夫充嶺南節度使時德宗在興元朝廷故事執政往往遺脫舊嶺南節度常兼五管經略使佑獨不兼故五管不屬嶺南自佑始也貞元三年徵爲尚書左丞又出爲陝州觀察使遷檢校禮部尚書揚州大都督府長史充淮南節度使丁母憂特詔起復累轉刑部尚書檢校右僕射十三年徐州節度使張建封卒其子愔爲三軍所立詔佑以淮南節制檢校左僕射同平章事兼徐泗節度使委以討伐佑乃大具舟艦遣將孟準先當之準渡淮而敗佑杖之固境不敢進及詔以徐州授愔而加佑兼濠泗等州觀察使在揚州開設營壘三十餘所士馬修葺然於賓僚間依阿無制判官南宮僔李亞鄭元均爭權頗紊軍政德宗知之並竄於嶺外十九年入朝拜檢校司空同平章事充太清宮使德宗崩佑攝冢宰尋進位檢校司徒充度支鹽鐵等使依前平章事旋又加弘文館大學士時王叔文爲副使佑雖總統而權歸叔文叔文敗又奏李巽爲副使頗有所立順宗崩佑復攝冢宰尋讓金穀之務引李巽自代先是度支以制用惜費漸權百司之職廣署吏員繁而難理

佑始奏營繕歸之將作木炭歸之司農染練歸之少府綱條頗整公議多之朝廷允其議元和元年冊拜司徒同平章事封岐國公時河西党項潛導吐蕃入寇邊將邀功亟請擊之佑上疏論之曰臣伏見党項與西戎潛通屢有降人指陳事迹而公卿廷議以爲誠當謹兵戎備侵軼益發甲卒邀其寇暴此蓋未達事機匹夫之常論也夫蠻夷猾夏唐虞已然周宣中興獫狁爲害但命南仲往城朔方追之太原及境而止誠不欲弊中國而怒遠夷也秦平六國恃其兵力北築長城以拒匈奴西逐諸羌出於塞外勞力擾人結怨階亂中國未靜白徒競起海內雲擾實生謫戍漢武因文景之富命將興師遂至戶口減半竟下哀痛之詔罷田輪臺前史書之尚嘉其先迷而後復蓋聖王之理天下也唯務綏靜蒸人西至流沙東漸于海在南與北亦存聲教不以遠物爲珍匪求遐方之貢豈疲內而事外終得少而失多故前代納忠之臣並有匡君之議淮南王請息師于閩越賈捐之願棄地于珠崖安危利害高懸前史昔馮奉世矯漢帝之詔擊莎車傳其王首於京師威震西域宣帝大悅議加爵土之賞蕭望之獨以

爲矯制違命雖有功效不可爲法恐後之奉使者爭邀發兵爲國家生事述理明白其言遂行國家自天后已來突厥默啜兵強氣勇屢寇邊城爲害頗甚開元初邊將郝靈佺親捕斬之傳首闕下自以爲功代莫與二坐望榮寵宋璟爲相慮武臣邀功爲國生事止授以郎將由是訖開元之盛無人復議開邊中國遂寧外夷亦靜此皆成敗可徵鑒戒非遠且党項小蕃雜處中國本懷我德當示撫綏聞者邊將非廉亟有侵刻或利其善馬或取其子女便賄方物徵發役徒勞苦既多叛亡遂起或與北狄通使或與西戎寇邊有爲使然固當懲革傳曰遠人不服則修文德以來之管子曰國家無使勇猛者爲邊境此誠聖哲識微知著之遠略也今戎醜方強邊備未實誠宜慎擇良將誡之完葺使保誠信絕其求取用示懷柔來則懲禦去則謹備自然懷柔革其姦謀何必遽圖興師坐致勞費陛下上聖君人覆育羣類動必師古謀無不臧伏望堅保永圖置兵袵席天下幸甚臣識昧經綸學慚博究竊鼎鉉之寵任爲朝廷之老臣恩深莫倫志懇思報臧否備闕芻蕘上陳有瀆旒扆伏深惶悚上深嘉納歲餘請致仕

詔不許但令三五日一入中書平章政事每入奏事憲宗優禮之不名常呼司徒佑城南樊川有佳林亭卉木幽邃佑每與公卿讌集其間廣陳妓樂諸子咸居朝列當時貴盛莫之與比元和七年被疾六月復乞骸骨表四上情理切至憲宗不獲已許之詔曰宣力濟時爲臣之懿躅辭榮告老行己之高風況乎任重公台義深翼贊秉沖讓之志堅金石之誠敦諭既勤所執彌固則當遂其衷懇進以崇名尚齒優賢斯王化之本也金紫光祿大夫守司徒同中書門下平章事兼充弘文館大學士太清宮使上柱國岐國公食邑三千戶杜佑巖廊上才邦國茂器蘊經通之識履温厚之姿寬裕本乎性情謀猷彰乎事業博聞強學知歷代沿革之宜爲政惠人審羣黎利病之要由是再司邦用累歷藩方出總戎麾入和鼎實聿膺重寄歷事先朝左右朕躬夙夜不懈命以詔冊登之上公肅恭在廷華髮承弁茲可謂國之元老人之具瞻者也朕纘承丕業思弘景化選勞求舊期致時邕方伸引翼之儀遽抗懸車之請而又固辭年疾乞就休閑已而復來星琯屢變有不可抑良用耿然永惟古先哲王君臣之際臣有耆

艾以求其退君有優賜以徇其情乃輟鄧禹敷教之功仍增王祥輔導之秩俾
養浩然之氣安於敬止之鄉庶乎怡神葆和永綏福履仍加階級以厚寵章可
光祿大夫守太保致仕宜朝朔望是日上遣中使就佑第賜絹五百匹錢五佰
千其年十一月薨壽七十八廢朝三日册贈太傅諡曰安簡佑性敦厚強力尤
精吏職雖外示寬和而持身有術爲政弘易不尚皦察掌計治民物便而濟馭
戎應變即非所長性嗜學該涉古今以富國安人之術爲己任初開元末劉秩
採經史百家之言取周禮六官所職撰分門書三十五卷號曰政典大爲時賢
稱賞房琯以爲才過劉更生佑得其書尋味厥旨以爲條目未盡因而廣之加
以開元禮樂書成二百卷號曰通典貞元十七年自淮南使人詣闕獻之曰臣
聞太上立德不可庶幾其次立功遂行當代其次立言見志後學由是往哲遞
相祖述將施有政用乂邦家臣本以門資幼登官序仕非遊藝才不逮人徒懷
自強頗玩墳籍雖履歷叨幸或職劇務殷竊惜光陰未嘗輕廢夫孝經尚書毛
詩周易三傳皆父子君臣之要道十倫五教之宏綱如日月之下臨天地之大

德百王是式終古攸遵然多記言罕存法制愚管窺測莫達高深輒肆荒虛誠
爲億度每念懵學莫探政經略觀歷代衆賢著論多陳紊失之弊或闕匡拯之
方臣旣庸淺寧詳損益未原其始莫暢其終尙賴周氏典禮秦皇蕩滅不盡縱
有繁雜且用準繩至於往昔是非可爲來今龜鏡布在方册亦粗研尋自頃纘
脩年踰三紀識寡思拙心昧辭蕪圖籍實多事目非少將事功畢罔愧乖疎固
不足發揮大猷但竭愚盡慮而已書凡九門計貳伯卷不敢不具上獻庶明鄙
志所之塵瀆聖聰兢惶無措優詔嘉之命藏書府其書大傳於時禮樂刑政之
源千載如指諸掌大爲士君子所稱佑性勤而無倦雖位極將相手不釋卷質
明視事接對賓客夜則燈下讀書孜孜不怠與賓佐談論人憚其辯而伏其博
設有疑誤亦能質正始終言行無所玷缺唯在淮南時妻梁氏亡後昇嬖妾李
氏爲正室封密國夫人親族子弟言之不從時論非之三子師損嗣位終司農
少卿式方字考元以廕授揚府參軍轉常州晉陵尉浙西觀察使王緯辟爲從
事入爲太子通事舍人改太常寺主簿明練鍾律有所考定深爲高郢所賞時

父作鎮揚州家財鉅萬甲第在安仁里杜城有別墅亭館林池爲城南之最昆仲皆在朝廷與時賢遊從樂而有節旣而佑入中書出爲昭應令丁父憂服闋遷司農少卿賜金紫加正議大夫太僕卿時少子悰選尚公主式方以右戚移病不視事久之文宗卽位轉兼御史中丞充桂管觀察都防禦使長慶二年三月卒於位贈禮部尚書式方性孝友弟兄尤睦季弟從郁少多疾病式方每躬自煎調藥膳水飲非經式方之手不入於口及從郁夭喪終年號泣殆不勝情士友多之子惲憓悰恂惲嗣富平尉憓與平尉悰以蔭三遷太子司議郎元和九年選尚公主召見于麟德殿尋尚岐陽公主加銀青光祿大夫殿中少監駙馬都尉岐陽憲宗長女郭妃之所生自頃選尚多於貴戚或武臣節將之家于時翰林學士獨孤郁權德輿之女壻時德輿作相郁避嫌辭內職上頗重學士不獲已許之且歎德輿有佳壻遂令宰臣於卿士家選尚文雅之士可居清列者初於文學後進中選擇皆辭疾不應唯悰願焉累遷至司農卿太和六年轉京兆尹七年檢校刑部尚書出爲鳳翔尹鳳翔隴右節度丁內艱八年起復授

忠武軍節度使陳許蔡觀察等使就加兵部尚書開成初入爲工部尚書判度支屬岐陽公主薨久而未謝文宗怪之問左右戶部侍郎李珏對曰近日駙馬爲公主服斬衰三年所以士族之家不願爲國戚者半爲此也杜悰未謝拘此服紀也上愕然曰予初不知乃詔曰制服輕重必由典禮如聞往者駙馬爲公主服三年緣情之義殊非故實違經之制今乃聞知宜令行杖周永爲通制三年改戶部尚書兼判戶部度支事會昌中拜中書侍郎同中書門下平章事尋加左僕射大中初出鎭西川降先沒吐蕃維州州卽古西戎地也其地南界江陽岷山連嶺而西不知其極北望隴山積雪如玉東望成都若在井底地接石紐山夏禹生于石紐山是也其州在岷山之孤峯三面臨江天寶後河隴繼陷惟此州在焉吐蕃利其險要二十年間設計得之遂據其城因號曰無憂城吐蕃由是不虞邛蜀之兵先是李德裕鎭西川維州吐蕃首領悉怛謀以城來降德裕奏之執政者與德裕不協遽勒還其城至是復收之亦不因兵刃乃人情所歸也俄復入相加司空繼加司徒歷鎭重藩至是加太傅邠國公悰無他才

常延接寒素甘食竊位而已從郁以蔭貞元末再遷太子司議郎元和初轉左補闕諫官崔羣韋貫之獨孤郁等以從郁宰相子不合爲諫官乃降授左拾遺羣等復執曰拾遺之與補闕雖資品有殊皆名諫列父爲宰相子爲諫官若政有得失不可使子論父乃改爲祕書丞終駕部員外郎子牧顗俱登進士第顗後病目而卒牧字牧之既以進士擢第又制舉登乙第解褐弘文館校書郎試左武衞兵曹參軍沈傳師廉察江西宣州辟牧爲從事試大理評事又爲淮南節度推官監察御史裏行轉掌書記俄真拜監察御史分司東都以弟顗病目棄官授宣州團練判官殿中侍御史內供奉遷左補闕史館修撰轉膳部比部員外郎並兼史職出牧黃池睦三郡復遷司勳員外郎史館修撰轉吏部員外郎又以弟病免歸授湖州刺史入拜考功郎中知制誥歲中遷中書舍人牧好讀書工詩爲文嘗自負經緯才略武宗朝誅昆夷鮮卑牧上宰相書論兵事言胡戎入寇在秋冬之間盛夏無備宜五六月中擊胡爲便李德裕稱之注曹公所定孫武十三篇行於代牧從兄悰隆盛于時牧居下位心嘗不樂將及知命

得病自爲墓志祭文又嘗夢人告曰爾改名畢踰月奴自家來告曰炊將熟而甑裂牧曰皆不祥也俄又夢書行紙曰皎皎白駒在彼空谷寤寢而歎曰此過隙也吾生於角徵還於角爲第八宮吾之甚厄也予自湖守遷舍人木還角足矣其年以疾終於安仁里年五十有集二十卷曰杜氏樊川集行於代子德祥官至丞郎

史臣曰黃裳以道致君持誠奉主辨懷光之詐罷全義之征討賊闢之兇舉無遺筭葬執誼之柩豈曰不仁郢天縱之性總丱之年代父命於臨刑孝也懷光之亂王人被傷撫巢父於賊庭義也抑浮濫之流考藝文之士盡搜幽滯大變時風正也保止足之名辭榮辱之路高避世利遐躅昔賢智也忠孝全矣仁智備矣此二子者皆臨大節而不可奪也佑承蔭入仕讞獄受知博古該今輸忠效用位居極品榮逮子孫操修之報不亦宜哉及其賓寮隳法嬖妾受封事重因循難乎語於正矣牧之文章悰之長厚能否既異才位不倫命矣夫

贊曰貞公壯節臨難奮發言行無玷斯爲明哲戡亂阜俗時泰位隆國之名臣

鄭公岐公

舊唐書卷一百四十七

舊唐書卷一百四十八

後晉司空同中書門下平章事劉昫撰

列傳第九十八

裴垍　李吉甫　李藩　權德輿子璩

裴垍字弘中河東聞喜人垂拱中宰相居道七代孫垍弱冠舉進士貞元中制舉賢良極諫對策第一授美原縣尉秩滿藩府交辟皆不就拜監察御史轉殿中侍御史尚書禮部考功二員外郎時吏部侍郎鄭珣瑜請垍考詞判垍守正不受請託考覈皆務才實元和初召入翰林爲學士轉考功郎中知制誥尋遷中書舍人李吉甫自翰林承旨拜平章事詔將下之夕感出涕謂垍曰吉甫自尚書郎流落遠地十餘年方歸便入禁署今纔滿歲後進人物罕所接識宰相之職宜選擢賢俊今則懵然莫知能否卿多精鑒今之才傑爲我言之垍取筆疏其名氏得三十餘人數月之內選用略盡當時翕然稱吉甫有得人之稱三年詔舉賢良時有皇甫湜對策其言激切牛僧孺李宗閔亦苦詆時政考官楊

於陵韋貫之升三子之策皆上第垍居中覆視無所同異及爲貴倖泣訴請罪於上憲宗不得已出於陵貫之官罷垍翰林學士除戶部侍郎然憲宗知垍好直信任彌厚其年秋李吉甫出鎮淮南遂以垍代爲中書侍郎同平章事明年加集賢院大學士監修國史垍奏集賢御書院請準六典登朝官五品已上爲學士六品已下爲直學士自非登朝官不問品秩並爲校理其餘名目一切勒停史館請登朝官入館者並爲修撰非登朝官並爲直史館仍永爲常式皆從之元和五年中風病憲宗甚嗟惜中使旁午致問至於藥膳進退皆令疏陳疾益痼罷爲兵部尚書仍進階銀青明年改太子賓客卒廢朝贈禮有加贈太子少傅初垍在翰林承旨屬憲宗初平吳蜀勵精思理機密之務一以關垍垍小心敬慎甚稱中旨及作相之後懇請旌別淑慝杜絶蹊徑齊整法度考課吏理皆蒙垂意聽納吐突承璀自春宮侍憲宗恩顧莫二承璀承閒欲有所關說憲宗憚垍誠勿復言在禁中常以官呼垍而不名楊於陵爲嶺南節度使與監軍許遂振不和遂振誣奏於陵憲宗令追與慢官垍曰以遂振故罪一藩臣不可

請授吏部侍郎嚴綬在太原其政事一出監軍李輔光綬但拱手而已垍具奏其事請以李鄘代之王士真死其子承宗以河北故事請代父爲帥憲宗意速於太平且頻盪寇孽謂其地可取吐突承璀恃恩謀撓垍權遂伺君意請自征討盧從史陰苞逆節內與承宗相結約而外請興師以圖厚利垍皆陳其不可且言武俊有大功於朝前授李師道而後奪承宗是賞罰不一無以沮勸天下逗留半歲憲宗不決承璀之策竟行及師臨賊境從史果攜貳承璀數督戰從史益驕倨反覆官軍病之時王師久暴露無功上意亦怠後從史遣其衙門將王翊元入奏垍延與語微動其心且喻以爲臣之節翊元因吐誠言從史惡稔可圖之狀垍遣再往比復還遂得其大將烏重胤等要領垍因從容啓言從史暴戾有無君之心今聞其視承璀如嬰孩往來神策壁壘間益自恃不嚴是天亡之時也若不因其機而致之後雖興師未可以歲月破也憲宗初愕然熟思其計方許之垍因請密其謀憲宗曰此唯李絳梁守謙知之時絳承旨翰林守謙掌密命後承璀竟擒從史平上黨其年秋班師垍以承璀首唱用兵今還無

功陛下縱念舊勞不能加顯戮亦請貶黜以謝天下遂罷承璀兵柄先是天下百姓輸賦於州府一曰上供二曰送使三曰留州建中初定兩稅時貨重錢輕是後貨輕錢重齊人所出固已倍其初征而其留州送使所在長吏又降省估使就實估以自封殖而重賦於人及垍爲相奏請天下留州送使物一切令依省估其所在觀察使仍以其所蒞之郡租賦自給若不足然後徵於支郡其諸州送使額悉變爲上供故江淮稍息肩垍雖年少驟居相位而器局峻整有法度雖大寮前輩其造請不敢干以私諫官言時政得失舊事操權者多不悅其舉職垍在中書有獨孤郁李正辭嚴休復自拾遺轉補闕及參謝之際垍廷語之曰獨孤與李二補闕孜孜獻納今之遷轉可謂酬勞無愧矣嚴補闕官業或異於斯昨者進擬不無疑緩休復悚恧而退垍在翰林舉李絳崔羣同掌密命及在相位用韋貫之裴度知制誥擢李夷簡爲御史中丞其後繼踵入相咸著名跡其餘量材賦職皆叶人望選任之精前後莫及議者謂垍作相才與時會知無不爲于時朝無倖人百度寖理而再周遘疾以至休謝公論惜之

李吉甫字弘憲趙郡人父栖筠代宗朝爲御史大夫名重於時國史有傳吉甫少好學能屬文年二十七爲太常博士該洽多聞尤精國朝故實沿革折衷時多稱之遷屯田員外郎博士如故改駕部員外宰臣李泌竇參推重其才接遇頗厚及陸贄爲相出爲明州員外長史久之遇赦起爲忠州刺史時贄已謫在忠州議者謂吉甫必逞憾於贄重搆其罪及吉甫到部與贄甚歡未嘗以宿嫌介意六年不徙官以疾罷免尋授柳州刺史遷饒州先是州城以頻喪四牧廢而不居物怪變異郡人信驗吉甫至發城門管鑰翦荊榛而居之後人乃安憲宗嗣位徵拜考功郎中知制誥既至闕下旋召入翰林爲學士轉中書舍人賜紫憲宗初即位中書小吏滑渙與知樞密中使劉光琦暱善頗竊朝權吉甫請去之劉闢反帝命誅討之計未決吉甫密贊其謀兼請廣徵江淮之師由三峽路入以分蜀寇之力事皆允從由是甚見親信二年春杜黃裳出鎮擢吉甫爲中書侍郎平章事吉甫性聰敏詳練物務自員外郎出官留滯江淮十五餘年備詳閭里疾苦及是爲相患方鎮貪恣乃上言使屬郡刺史得自爲政敘進羣

材甚有美稱三年秋裴均爲僕射判度支交結權倖欲求宰相先是制策試直
言極諫科其中有譏刺時政忤犯權倖者因此均黨揚言皆執政教指冀以搖
動吉甫賴諫官李約獨孤郁李正辭蕭俛密疏陳奏帝意乃解吉甫早歲知獎
羊士諤擢爲監察御史又司封員外郎呂温有詞藝吉甫亦眷接之竇羣亦與
羊呂善羣初拜御史中丞奏請士諤爲侍御史温爲郎中知雜事吉甫怒其不
先關白而所請又有超資者持之數日不行因而有隙羣遂伺得日者陳克明
出入吉甫家密捕以聞憲宗詰之無姦狀吉甫以裴垍久在翰林憲宗親信必
當大用遂密薦垍代己因自圖出鎮其年九月拜檢校兵部尚書兼中書侍郎
平章事充淮南節度使上御通化門樓餞之在揚州每有朝廷得失軍國利害
皆密疏論列又於高郵縣築堤爲塘溉田數千頃人受其惠五年冬裴垍病免
明年正月授吉甫金紫光祿大夫中書侍郎平章事集賢殿大學士監修國史
上柱國趙國公及再入相請減省職員并諸色出身胥吏等及量定中外官俸
料時以爲當京城諸僧有以莊磑免稅者吉甫奏曰錢米所徵素有定額寬緡

徒有餘之力配貧下無告之民必不可許憲宗乃止又請歸普潤軍於涇原七年京兆尹元義方奏永昌公主准禮令起祠堂請其制度初貞元中義陽義章二公主咸於墓所造祠堂一百二十間費錢數萬及永昌之制上令義方減舊制之半吉甫奏曰伏以永昌公主稚年夭枉舉代同悲況於聖情固所鍾念然陛下猶減制造之半示折衷之規昭儉訓人實越今古臣以祠堂之設禮典無文德宗皇帝恩出一時事因習俗當時人間不無竊議昔漢章帝時欲爲光武原陵明帝顯節陵各起邑屋東平王蒼上疏言其不可東平王卽光武之愛子明帝之愛弟賢王之心豈惜費於父兄哉誠以非禮之事人君所當慎也今者依義陽公主起祠堂臣恐不如量置墓戶以充守奉翌日上謂吉甫曰卿昨所奏罷祠堂事深愜朕心朕初疑其冗費緣未知故實是以量減覽卿所陳方知無據然朕不欲破二十戶百姓當揀官戶委之吉甫拜賀上曰卿此豈是難事有關朕身不便於時者苟聞之則改此豈足多耶卿但勤匡正無謂朕不能行也七年七月上御延英顧謂吉甫曰朕近日畋遊悉廢唯喜讀書昨於代宗實

錄中見其時綱紀未振朝廷多事亦有所鑒誡向後見卿先人事迹深可嘉歎吉甫降階跪奏曰臣先父伏事代宗盡心盡節迫於流運不待聖時臣之血誠常所追恨陛下耽悅文史聽覽日新見臣先父忠於前朝著在實錄今日特賜褒揚先父雖在九泉如覩白日因俯伏流涕上慰諭之八年十月上御延英殿問時政記記何事時吉甫監修國史先對曰是宰相記天子事以授史官之實錄也古者右史記言今起居舍人是左史記事今起居郎是永徽中宰相姚璹監修國史慮造膝之言或不可聞因請隨奏對而記於仗下以授于史官今時政記是也上曰間或不修何也曰面奉德音未及施行總謂機密故不可書以送史官其間有謀議出於臣下者又不可自書以付史官及已行者制令昭然天下皆得聞知卽史官之記不待書以授也且臣觀時政記者姚璹修之於長壽及璹罷而事寢賈耽齊抗修之於貞元及耽抗罷而事廢然則關時政化者不虛美不隱惡謂之良史也是月迴紇部落南過磧取西城柳谷路討吐蕃西城防禦使周懷義表至朝廷大恐以爲迴紇聲言討吐蕃意是入寇吉甫奏曰

迴紇入寇且當漸絶和事不應便來犯邊但須設備不足爲慮因請自夏州至
天德復置廢館一十一所以通緩急又請發夏州騎士五百人營於經略故城
應援驛使兼護党項九年請於經略故城置宥州六胡州以在靈鹽界開元中
廢六州曰國家舊置宥州以寬宥爲名領諸降戶天寶末宥州寄理於經略軍
蓋以地居其中可以總統蕃部北以應接天德南援夏州今經略遙隸靈武又
不置軍鎮非舊制也憲宗從其奏復置宥州詔曰天寶中宥州寄理於經略軍
寶應已來因循遂廢由是昆夷屢擾党項靡依蕃部之人撫懷莫及朕方弘遠
略思復舊規宜於經略軍置宥州仍爲上州於郭下置延恩縣爲上縣屬夏綏
銀觀察使淮西節度使吳少陽卒其子元濟請襲父位吉甫以爲淮西內地不
同河朔且四境無黨援國家常宿數十萬兵以爲守禦宜因時而取之頗叶上
旨始爲經度淮西之謀元和九年冬暴病卒年五十七憲宗傷悼久之遣中使
臨弔常贈之外內出絹五百匹以恤其家再贈司空吉甫初爲相頗洽時情及
淮南再徵中外延望風采秉政之後視聽時有所蔽人心疑憚之時負公望者

慮爲吉甫所忌多避畏憲宗潛知其事未周歲遂擢用李絳大與絳不協而絳性剛訐於上前互有爭論人多直絳然性畏慎雖其不悅者亦無所傷服物食味必極珍美而不殖財產京師一宅之外無他第墅公論以此重之有司謚曰敬憲及會議度支郎中張仲方駁之以爲太優憲宗怒貶仲方賜吉甫謚曰忠懿吉甫嘗討論易象異義附於一行集注之下及綴錄東漢魏晉周隋故事訖其成敗損益大端目爲六代略凡三十卷分天下諸鎭紀其山川險易故事各寫其圖於篇首爲五十四卷號爲元和郡國圖又與史官等錄當時戶賦兵籍號爲國計簿凡十卷纂六典諸職爲百司舉要一卷皆奏上之行於代子德脩

德裕

李藩字叔翰趙郡人曾祖至遠天后時李昭德薦爲天官侍郎不詣昭德謝恩時昭德怒奏黜爲壁州刺史祖畬開元時爲考功郎中事母孝謹母卒不勝喪死至遠畬皆以志行名重一時父承爲湖南觀察使亦有名藩少恬淡修檢雅容儀好學父卒家富於財親族弔者有挈去不禁愈務散施不數年而貧年四

十餘未仕讀書揚州困於自給妻子怨尤之晏如也杜亞居守東都以故人子署爲從事洛中盜發有誣牙將令狐運者亞信之拷掠竟罪藩知其冤爭之不從遂辭出後獲真盜宋瞿曇藩益知名張建封在徐州辟爲從事居幕中謙謙未嘗論細微杜兼爲濠州刺史帶使職建封病革兼疾驅到府陰有冀望藩與同列省建封出而泣語兼曰僕射公奄忽如此公宜在州防遏今棄州此來欲何也宜疾去不若此當奏聞兼錯愕不虞遂徑歸建封死兼悔所志不就怨藩甚既歸揚州兼因誣奏藩建封死時搖動軍中德宗大怒密詔杜佑殺之佑素重藩懷詔旬日不忍發因引藩論釋氏曰因報之事信有之否藩曰信然曰審如此君宜遇事無恐因出詔藩覽之無動色曰某與兼信爲報也佑曰慎勿出口吾已密論持百口保君矣德宗得佑解怒不釋亟追藩赴闕及召見望其儀形曰此豈作惡事人耶乃釋然除祕書郎王紹持權邀藩一相見卽用終不就王仲舒韋成季呂洞輩爲郎官朋黨輝赫日會聚歌酒慕藩名強致同會藩不得已一至仲舒輩好爲詭語俳戲後召藩堅不去曰吾與仲舒輩終日不曉所

與言何也後果敗遷主客員外郎尋換右司時順宗冊廣陵王淳爲皇太子兵部尚書王純請改名紹時議非之皆云皇太子亦人臣也東宮之臣改之宜也非其屬而改之謟也如純輩豈爲以禮事上耶藩謂人曰歷代故事皆自不識大體之臣而失之因不可復正無足怪也及太子即位憲宗是也宰相改郡縣名以避上名唯監察御史韋淳不改既而有詔以陸淳爲給事中改名質淳不得已改名處厚議者嘉之藩尋改吏部員外郎元和初遷吏部郎中掌曹事爲吏所蔽濫用官闕黜爲著作郎轉國子司業遷給事中制勑有不可遂於黃勑後批之吏曰宜別連白紙藩曰別以白紙是文狀豈曰批勑耶裴垍言於帝以爲有宰相器屬鄭絪罷免遂拜藩門下侍郎同平章事藩性忠藎事無不言上重之以爲無隱四年冬顧謂宰臣曰前代帝王理天下或家給人足或國貧下困其故何也藩對曰古人云儉以足用蓋足用繫於儉約誠使人君不貴珠玉唯務耕桑則人無淫巧俗自敦本百姓既足君孰與不足自然帑藏充羨稼穡豐登若人君竭民力貴異物上行下効風俗日奢去本務末衣食益乏則百姓

不足君孰與足自然國貧家困盜賊乘隙而作矣今陛下永鑒前古思躋富庶
躬尙勤儉自當理平伏願以知之爲非艱保之爲急務宮室輿馬衣服器玩必
務損之又損示人變風則天下幸甚帝曰儉約之事是我誠心貧富之由如卿
所說唯當上下相勗以保此道似有踰濫極言箴規此固深期於卿等也藩等
拜賀而退帝又問曰禳災祈福之說其事信否藩對曰臣竊觀自古聖達皆不
禱祠故楚昭王有疾卜者謂河爲祟昭王以河不在楚非所獲罪孔子以爲知
天道仲尼病子路請禱仲尼以爲神道助順繫於所行己旣全德無愧屋漏故
答子路云丘之禱久矣書云惠迪吉從逆凶言順道則吉從逆則凶詩云自求
多福則禍福之來咸應行事若苟爲非道則何福可求是以漢文帝每有祭祀
使有司敬而不祈其見超然可謂盛德若使神明無知則安能降福必其有知
則私己求媚之事君子尙不可悅也況於明神乎由此言之則履信思順自天
祐之苟異於此實難致福故堯舜之德唯在修己以安百姓管仲云義於人者
和於神蓋以人爲神主故但務安人而已虢公求神以致危亡王莽妄祈以速

漢兵古今明誠書傳所紀伏望陛下每以漢文孔子之意爲準則百福具臻帝深嘉之時河東節度使王鍔用錢數千萬賂遺權倖求兼宰相藩與權德輿在中書有密旨曰王鍔可兼宰相宜即擬來藩遂以筆塗兼相字却奏上云不可德輿失色曰縱不可宜別作奏豈可以筆塗詔耶曰勢迫矣出今日便不可止日又暮何暇別作奏事果寢李吉甫自揚州再入相數日罷藩爲詹事後數月上思藩召對復有所論列元和六年出爲華州刺史兼御史大夫未行卒年五十八贈戸部尚書藩爲相材能不及裴垍孤峻頗後韋貫之然人物清規亦其流也

權德輿字載之天水略陽人父皐字士繇後秦尚書翼之後少以進士補貝州臨清尉安祿山以幽州長史充河北按察使假其才名表爲薊縣尉署從事皐陰察祿山有異志畏其猜虐不可以潔退欲潛去又慮禍及老母天寶十四年祿山使皐獻戎俘自京師迴過福昌福昌尉仲謩皐從父妹壻也密以計約之比至河陽詐以疾亟召謩謩至皐示己喑瘂謩而瞑謩乃勉哀而哭手自含襲

既逸皐而葬其棺人無知者從吏以詔書還皐母初不知聞皐之死慟哭傷行路祿山不疑其詐死許其母歸皐時微服匿跡候母於淇門既得侍其母乃奉母晝夜南去及渡江祿山已反矣由是名聞天下淮南採訪使高適表皐試大理評事充判官屬永王璘亂多劫士大夫以自從皐懼見迫又變名易服以免玄宗在蜀聞而嘉之除監察御史會丁母喪因家洪州時南北隔絶或踰歲不聞詔命有中使奉宣至洪州經時未復過有求取州縣苦之時有王遘爲南昌令將執按之因見皐白其事皐不言久之垂涕曰方今何由可致一勑使而遽有此言因掩涕而起遘遽拜謝之浙西節度使顏真卿表皐爲行軍司馬詔徵爲起居舍人又以疾辭嘗曰本自全吾志豈受此之名耶李季卿爲江淮黜陟使奏皐節行改著作郎復不起兩京蹂於胡騎士君子多以家渡江東知名之士如李華柳識兄弟者皆仰皐之德而友善之大曆三年卒于家年四十六元和中謚曰貞孝初皐卒韓洄王定爲服朋友之喪李華爲其墓表以爲分天下善惡一人而已前贈祕書監至是因子德輿爲相立家廟至元和十二年復贈

太子太保德輿生四歲能屬詩七歲居父喪以孝聞十五爲文數百篇編爲童蒙集十卷名聲日大韓洄黜陟河南辟爲從事試祕書省校書郎貞元初復爲江西觀察使李兼判官再遷監察御史府罷杜佑裴冑皆奏請二表同日至京德宗雅聞其名徵爲太常博士轉左補闕八年關東大水上疏請降詔恤隱遂命奚陟等四人使裴延齡以巧倖判度支九年自司農少卿除戸部侍郎仍判度支德輿上疏曰臣伏以爵人於朝與衆共之況經費之司安危所繫延齡頃自權判逮今閒歲不稱之聲日甚於初羣情衆口諠於朝市不敢悉煩聖聽今謹略舉所聞多云以常賦正額支用未盡者便爲剩利以爲己功又重破官錢買常平先所收市雜物遂以再給估價用充別貯利錢又云邊上諸軍皆至懸闕自今春已來並不支糧伏以疆埸之事所虞非細誠聖慕前定終事切有司陛下必以延齡孤貞獨立爲時所抑醜正有黨結此流言何不以新收剩利徵其本末爲分析條奏又擇朝賢信臣與中使一人巡覆邊軍察其資儲有無虛實倘延齡受任已來精心勤力每事省約別收羨餘於正數各有區分邊軍儲

蓄實猶可支身自斂怨爲國惜費自宜更示優奬以洗羣疑明書厥勞昭示天下如或言者非謬罔上實多豈以邦國重務委之非據臣職在諫曹合採羣議正拜已來今已旬日道路云云無不言此豈京師士庶之衆愚智之多合而爲黨共有讐嫉陛下亦宜稍迴聖鑑俯察羣心況臣之事君如子事父今當聖明不諱之代若猶愛身隱情是不忠不孝莫大之罪敢瀝肝血伏待刑書十年遷起居舍人歲中兼知制誥轉駕部員外郎司勳郎中職如舊遷中書舍人是時德宗親覽庶政重難除授凡命於朝多補自御札始德輿知制誥給事有徐岱舍人有高郢居數歲岱卒郢知禮部貢舉獨德輿直禁垣數旬始歸嘗上疏請除兩省官德宗曰非不知卿之勞苦禁掖清切須得如卿者所以久難其人德輿居西掖八年其閒獨掌者數歲貞元十七年冬以本官知禮部貢舉來年真拜侍郎凡三歲掌貢士至今號爲得人轉戶部侍郎元和初歷兵部吏部侍郎坐郎吏誤用官闕改太子賓客復爲兵部侍郎遷太常卿五年冬宰相裴垍寢疾德輿拜禮部尚書平章事與李藩同作相河中節度王鍔來朝貴倖多譽鍔

者上將加平章事李藩堅執以爲不可德輿繼奏曰夫平章事非序進而得國
朝方鎭帶宰相者蓋有大忠大勳大曆已來又有跋扈難制者不得已而與之
今王鍔無大忠勳又非姑息之時欲假此名實恐不可上從之運糧使董溪于
臯謨盜用官錢詔流嶺南行至湖外密令中使皆殺之他日德輿上疏曰竊以
董溪等當陛下憂山東用兵時領糧料供軍重務聖心委付不比尋常敢負恩
私恣其贓犯使之萬死不足塞責弘寬大之典流竄太輕陛下合改正罪名兼
責臣等疎略但詔令已下四方聞知不書明刑有此處分竊觀衆情有所未喻
伏自陛下臨御已來每事以誠實與天地合德與四時同符萬方之人沐浴皇
澤至如于董所犯合正典章明下詔書與衆同棄卽人各懼法人各謹身臣誠
知其罪不容誅又是已過之事不合論辯上煩聖聰伏以陛下聖德聖姿度越
前古頃所下一詔舉一事皆合理本皆順人心伏慮他時更有此比但要有司
窮鞫審定罪名或致之極法或使自盡罰一勸百孰不甘心巍巍聖朝事體非
細臣每於延英奏對退思陛下求理之言生逢盛明感涕自賀況以愚滯朴訥

聖鑒所知伏惟恕臣迂踈察臣丹懇及李吉甫自淮南詔徵未一年上又繼用
李絳時上求理方切軍國無大小一付中書吉甫絳議政頗有異同或於上前
論事形於言色其有詰於理者德輿亦不能爲發明時人以此譏之竟以循默
而罷復守本官尋以檢校吏部尚書爲東都留守後拜太常卿改刑部尚書先
是許孟容蔣乂等奉詔刪定格勑孟容等尋改他官乂獨成三十卷表獻之留
中不出德輿請下刑部與侍郎劉伯芻等考定復爲三十卷奏上十一年復以
檢校吏部尚書出鎭興元十三年八月有疾詔許歸闕道卒年六十贈左僕射
諡曰文德輿自貞元至元和三十年間羽儀朝行性直亮寬恕動作語言一無
外飾蘊藉風流爲時稱嚮於述作特盛六經百氏游詠漸漬其文雅正而弘博
王侯將相洎當時名人薨歿以銘紀爲請者什八九時人以爲宗匠焉尤嗜讀
書無寸景斬倦有文集五十卷行於代子璩中書舍人
史臣曰裴垍精鑒默識舉賢任能啓沃帝心弼諧王道如崔羣裴度韋貫之輩
咸登將相皆垍之薦達立言立事知無不爲吉甫該洽典經詳練故實仗裴垍

之抽擢致朝倫之式序吉甫知珀之能別鼂彥珀知吉甫之善任賢良相須而成不忌不克叔翰修身慎行力學承家批制勑有夕郎之風塗御書見宰執之器而乃輕財散施天爵是期偉哉自待之意也德輿孝悌力學髫齔有聞疏延齡恣行巧佞論皐謨不書明刑三十年羽儀朝行實皐之餘慶所鍾此四子者所謂經緯之臣又何慙於王佐矣

贊曰二李秉鈞信爲名臣甫柔而黨藩俊而純裴公鑒裁朝無屈人權之藻思文質彬彬

舊唐書卷一百四十八

舊唐書卷一百四十八考證

李吉甫傳裴垍爲僕射判度支○臣酉按垍賢者何至交結權倖以求宰相且垍未爲僕射判度支也當從新書作裴均爲合

舊唐書卷一百四十八考證

舊唐書卷一百四十九

後晉司空同中書門下平章事劉昫撰

列傳第九十九

于休烈河南人也高祖志寧貞觀中任左僕射爲十八學士父默成沛縣令早卒休烈至性貞慤機鑒敏悟自幼好學善屬文與會稽賀朝萬齊融延陵包融爲文詞之友齊名一時舉進士又應制策登科授祕書省正字累遷右補闕起居郎集賢殿學士轉比部員外郎郎中楊國忠輔政排不附己者出爲中部郡太守值祿山構難肅宗踐祚休烈自中部赴行在擢拜給事中遷太常少卿知禮儀事兼修國史肅宗自鳳翔還京勵精聽受嘗謂休烈曰君舉必書良史也朕有過失卿書之否對曰禹湯罪己其興也勃焉有德之君不忘規過臣不勝

大慶時中原蕩覆典章殆盡無史籍檢尋休烈奏曰國史一百六卷開元實錄四十七卷起居注并餘書三千六百八十二卷並在興慶宮史館京城陷賊後皆被焚燒且國史實錄聖朝大典修撰多時今並無本伏望下御史臺推勘史館所由令府縣招訪有人別收得國史實錄如送官司重加購賞若是史官收得仍赦其罪得一部超授官資得一卷賞絹十匹數月之內唯得一兩卷前修史官工部侍郎韋述陷賊入東京至是以其家藏國史一百一十三卷送于官肅宗以太常鍾磬自隋已來所傳五音或有不調乾元初謂休烈曰古者聖人作樂以應天地之和以合陰陽之序則人不夭札物不疵癘且金石絲竹樂之器也比親享郊廟每聽懸樂宮商不備或鐘磬失度可盡將鐘磬來朕當於內自定太常集樂工考試數日審知差錯然後令別鑄造磨刻及事畢上臨殿親試考擊皆合五音羣臣稱慶休烈尋轉工部侍郎修國史獻五代帝王論帝甚嘉之宰相李揆矜能忌賢以休烈修國史與己齊列嫉之奏爲國子祭酒權留史館修撰以下之休烈恬然自持殊不介意舊儀元正冬至百官不於光順門

朝賀皇后乾元元年張皇后遂行此禮休烈奏曰周禮有命夫朝人主命婦朝
女君自顯慶已來則天皇后始行此禮其日命婦又朝光順門與百官雜處殊
爲失禮肅宗詔停之代宗卽位甄別名品宰臣元載稱之乃拜右散騎常侍依
前兼修國史尋加禮儀使遷工部侍郎又改檢校工部尚書兼判太常卿事正
拜工部尚書累封東海郡公加金紫光祿大夫在朝凡三十餘年歷掌清要家
無擔石之蓄恭儉溫仁未嘗以喜愠形於顏色而親賢下士推轂後進雖位崇
年高曾無倦色篤好墳籍手不釋卷以至于終大曆七年卒年八十一有集十
卷行於代嗣子益次子肅相繼爲翰林學士是歲春休烈妻韋氏卒上以休烈
父子儒行著聞特詔贈韋氏國夫人葬日給鹵簿鼓吹及聞休烈卒追悼久之
褒贈尚書左僕射賻絹百匹布五十端遣謁者內常侍吳承倩就私第宣慰儒
者之榮少有其比肅官至給事中肅子敖敖字蹈中以家世文史威名少爲時
彥所稱志行修謹登進士第釋褐祕書省校書郎湖南觀察使楊憑辟爲從事
府罷鳳翔節度使李鄘鄂岳觀察使呂元膺相繼辟召自協律郎大理評事試

監察御史元和六年真拜監察御史轉殿中歷倉部司勳二員外萬年令拜右司郎中出爲商州刺史長慶四年入爲吏部郎中其年遷給事中昭愍初即位李逢吉用事與翰林學士李紳素不叶遂誣紳以不測之罪逐於嶺外紳同職駕部郎中知制誥龐嚴司封員外郎知制誥蔣防坐紳黨左遷信汀等州刺史黜詔下敖封還詔書時人以爲與嚴相善訴其非罪皆曰于給事犯宰執之怒伸龐蔣之屈不亦仁乎及駁奏出乃是論龐嚴貶黜太輕中外無不大噱而逢吉由是奬之尋轉工部侍郎遷刑部出爲宣歙觀察使兼御史中丞敖溫裕長者與物無忤居官亦未嘗有立周踐臺閣三爲列曹侍郎謹順自容而已太和四年八月卒年六十六贈禮部尚書四子球珪瓌琮皆登進士第琮落托有大志雖以門資爲吏久不見用大中朝駙馬都尉鄭顥以琮世故獨以器度奇之會有詔於士族中選人才尙公主衣冠多避之顥謂琮曰子人才甚佳但不護細行爲世譽所抑久而不調能應此命乎琮然之會李藩知貢舉顥託之登第其年遂升諫列尙廣德公主拜駙馬都尉累踐臺閣揚歷藩府乾符中同平章

事黃寇犯京師僖宗出幸琮病不能從旣僭號起琮爲相琮以疾辭迫脅不已琮曰吾病亟矣死在旦夕加以唐室親姻義不受命死卽甘心竟爲賊所害而赦公主主視琮受禍謂賊曰妾李氏女也義不獨存願與于公幷命賊不許公主入室自縊而卒廣德閨門有禮咸通乾符中譽在人口于族內外冠婚喪祭主必自預行禮諸婦班而見之尊卑答勞咸有儀法爲時所稱珪球皆至清顯

令狐峘德棻之玄孫登進士第祿山之亂隱居南山豹林谷谷中有峘別墅司徒楊綰未仕時避亂南山止於峘舍峘博學貫通羣書有口辯綰甚稱之及綰爲禮部侍郎修國史乃引峘入史館自華原尉拜右拾遺累遷起居舍人皆兼史職修玄宗實錄一百卷代宗實錄四十卷著述雖勤屬大亂之後起居注亡失峘纂開元天寶事雖得諸家文集編其詔策名臣傳記十無三四後人以漏落處多不稱良史大曆八年改刑部員外郎德宗卽位將厚奉元陵峘上疏諫曰臣聞傳曰近臣盡規禮記曰事君有犯而無隱臣幸偶昌運謬參近列敢竭狂愚庶裨分寸伏惟陛下詳察臣讀漢書劉向傳見論王者山陵之誠良史稱

歎萬古芬芳何者聖賢之心勤儉是務必求諸道不作無益故舜葬蒼梧不變
其肆禹葬會稽不改其列周武葬于畢陌無丘壠之處漢文葬於霸陵因山谷
之勢禹非不忠也啓非不順也周公非不悌也景帝非不孝也其奉君親皆從
微薄昔宋文公始爲厚葬用蜃炭益車馬其臣華元樂舉春秋書爲不臣秦始
皇葬驪山魚膏爲燈燭水銀爲江海珍寶之藏不可勝計千載非之宋桓魋爲
石椁夫子曰不如速朽子游問喪具夫子曰稱家之有無張釋之對孝文曰使
其中無可欲雖無石椁又何戚焉漢文帝霸陵皆以瓦器不以金銀爲飾由是
觀之有德者葬逾薄無德者葬逾厚昭然可覩矣陛下自臨御天下聖政日新
進忠去邪減膳節用不珍雲物之瑞不近鷹犬之娛有司給物悉依元估利於
人也遠方底貢唯供祀事薄於己也故澤州奏慶雲詔曰以時和爲嘉祥邕州
奏金坑詔曰以不貪爲珤恭惟聖慮無非至理而獨六月一日制節文云應緣
山陵制度務從優厚當竭帑藏以供費用者此誠仁孝之德切於聖衷伏以尊
親之義貴於合禮陛下每下明詔發德音皆比蹤唐虞超邁周漢豈取悅凡常

之目有違賢哲之心與失德之君競其奢侈者也臣又伏讀遺詔曰其喪儀制度務從儉約不得以金銀錦綵爲飾陛下恭順先志動無違者若制度優厚豈顧命之意耶伏惟陛下遠覽虞夏周漢之制深惟夫子張釋之之誠虔奉先旨俯遵禮經爲萬代法天下幸甚今敕書雖已頒行諸條尚猶未出此時奉遺制數聖理固未晚也伏望速詔有司悉從古禮臣聞愚夫之言明主擇焉況臣忝職史官親逢睿德恥同華元樂舉之爲不臣也願以舜禹之理紀聖猷也夙夜懇迫不敢不言抵犯聖明實憂罪譴言行身黜雖死猶生優詔答曰朕頃議山陵心方迷謬忘遵先旨遂有優厚之文卿聞見該通識度弘遠深知不可形於至言援引古今依據經禮非唯中朕之病抑亦成朕之躬免朕獲不子之名皆卿之力也敢不聞義而徙收之桑榆奉以始終期無失墜古之遺直何以加焉

初大曆中劉晏爲吏部尚書楊炎爲侍郎晏用峘判吏部南曹事峘荷晏之舉每分闕必擇其善者送晏不善者送炎炎心不平之及建中初峘爲禮部侍郎炎爲宰相不念舊事有士子杜封者故相鴻漸子求補弘文生炎嘗出杜氏門

下託封於峘峘謂使者曰相公誠憐封欲成一名乞署封名下一字峘得以志之炎不意峘賫印署名託封峘以炎所署奏論言宰相逼臣以私臣若從之則負陛下不從則炎當害臣德宗出疏問炎炎具言其事德宗怒甚曰此姦人無可奈何欲決杖流之炎苦救解貶衡州別駕遷衡州刺史貞元中李泌輔政召拜右庶子史館修撰性既僻異動失人和在史館與同職孔述睿等爭忿細故數侵述睿述睿長者讓而不爭無何泌卒竇參秉政惡其爲人貶吉州別駕久之授吉州刺史齊映廉察江西行部過吉州故事刺史始見觀察使皆戎服趨庭致禮映雖嘗爲宰相然驟達後進峘自恃前輩有以過映不欲以戎服謁入告其妻韋氏恥抹首趨庭謂峘曰卿自視何如人白頭走小生前卿如不以此禮見映雖黜死我亦無恨峘曰諾即以客禮謁之映雖不言深以爲憾映至州奏峘糺前政過失鞫之無狀不宜按部臨人貶衢州別駕衢州刺史田敦峘知舉時進士門生也初峘當貢部放牓日貶逐與敦不相面敦聞峘來喜曰始見座主迎謁之禮甚厚敦月分俸之半以奉峘峘在衢州殆十年順宗即位以祕

書少監徵既至而卒元和三年峘子太僕寺丞丕始獻峘所撰代宗實錄四十卷初峘坐李泌貶監修國史奏峘所撰實錄一分請於貶所畢功至是方奏以功贈工部尚書

歸崇敬字正禮蘇州吳郡人也曾祖奧以崇敬故追贈祕書監祖樂贈房州刺史父待聘亦贈祕書監崇敬少勤學以經業擢第遭喪哀毀以孝聞調授四門助教天寶末對策高第授左拾遺改祕書郎遷起居郎贊善大夫兼史館修撰又加集賢殿校理以家貧求爲外職歷同州潤州長史會玄宗肅宗二帝山陵參掌禮儀遷主客員外郎又兼史館修撰改膳部郎中崇敬以百官朔望朝服袴褶非古上疏云按三代典禮兩漢史籍並無袴褶之制亦未詳所起之由隋代已來始有服者事不師古伏請停罷從之又諫東都太廟不合置木主謹按典禮虞主用桑練主用栗作桑主則埋栗主作栗主則埋桑主所以神無二主天無二日土無二王也東都太廟是則天皇后所建以置武氏木主中宗去其主而存其廟蓋將以備行幸遷都之置也且殷人屢遷前八後五則前後遷都

一十三度不可每都而別立神主也議者或云東都神主已曾虔奉而禮之豈可一朝廢之乎且虞祭則立桑主而虔祀練祭則立栗主而埋桑主豈桑主不曾虔祀而乃埋之又所闕之主何須更作作之不時恐非禮也又議云每年春秋二時釋奠文宣王祝板御署訖北面揖臣以爲禮太重謹按大戴禮師尚父授周武王丹書武王東面而立今署祝板伏請準武王東面之禮輕重庶得其中時有術士巨彭祖上䟽云大唐土德千年合符請每四季郊祀天地詔禮官儒者議之崇敬議曰按舊禮立春之日迎春於東郊祭青帝立夏之日迎夏於南郊祭赤帝先立秋十八日迎黃靈於中地祀黃帝秋冬各於其方黃帝於五行爲土王在四季生於火故火用事之末而祭之三季則否漢魏周隋共行此禮國家土德乘時亦以每歲六月土王之日祀黃帝於南郊以后土配所謂合禮今彭祖請用四季祠祀多憑緯候之說且據陰陽之說事涉不經恐難行用又議祭五人帝不稱臣云太昊五帝人帝也於國家卽爲前後之禮無君臣之義若於人帝而稱臣則於天帝復何稱也議者或云五人帝列於月令分配五

時則五神五音五祀五蟲五臭五穀皆備以備其時之色數非謂別有尊崇也

又請太祖景皇帝配天事已具禮儀志自是國典大禮崇敬常參議焉大曆初以新羅王卒授崇敬倉部郎中兼御史中丞賜紫金魚袋充弔祭冊立新羅使至海中流波濤迅急舟船壞漏衆咸驚駭舟人請以小艇載崇敬避禍崇敬曰舟中凡數十百人我何獨濟逡巡波濤稍息竟免爲害故事使新羅者至海東多有所求或攜資帛而往貿易貨物規以爲利崇敬一皆絕之東夷稱重其德使還授國子司業兼集賢學士與諸儒官同修通志崇敬知禮儀志衆稱允當

時皇太子欲以仲秋之月於國學行齒胄之禮崇敬以國學及官名不稱請改國學之制兼更其名曰禮記王制曰天子學曰辟雍又五經通義云辟雍養老教學之所也以形制言之雍壅也辟璧也壅水環之圓如璧形以義理言之辟明也雍和也言以禮樂明和天下禮記亦謂之澤宮射義云天子將祭必先習射於澤宮故前代文士亦呼云璧池亦曰璧沼亦謂之學省後漢光武立明堂辟雍靈臺謂之三雍宮至明帝躬行養老於其中晉武帝亦作明堂辟雍靈臺

親臨辟雍行鄉飲酒之禮又別立國子學以殊士庶永嘉南遷唯有國子學不立辟雍北齊立國子寺隋初亦然至煬帝大業十三年改爲國子監今國家富有四海聲明文物之盛唯辟雍獨闕伏請改國子監爲辟雍省又以祭酒之名非學官所宜按周禮師氏掌以義詔王教國子請改祭酒爲太師氏位正三品又司業者義在禮記云樂正司業正長也言樂官之長司主此業爾雅云大板謂之業按詩周頌設業設簴崇牙樹羽則業是懸鐘磬之栒簴也今太學既不教樂於義則無所取請改司業一爲左師一爲右師位正四品又以五經六籍古先哲王致理之式也國家創業制取賢之法立明經發微言於衆學釋回增美選賢與能自艱難已來取人頗易考試不求其文義及第先取於帖經遂使專門業廢請益無從師資禮虧傳受義絶今請以禮記左傳爲大經周禮毛詩爲中經尚書周易爲小經各置博士一員其公羊穀梁文疏少請共準一中經通置博士一員所擇博士兼通孝經論語依憑章疏講解分明注引旁通問十得九兼德行純潔文詞雅正儀形規範可爲師表者令四品以上各舉所知在

外者給驛年七十已上者蒲輪其國子太學四門三館各立五經博士品秩上下生徒之數各有差其舊博士助教直講經直及律館算館助教請皆罷省其教授之法學生至監謁同業師其所執贄脯脩一束清酒一壺衫布一段其色隨師所服師出中門延入與坐割脩斟酒三爵而止乃發篋出經摳衣前請師爲依經辨理略舉一隅然後就室每朝晡二時請益師亦二時居講堂說釋道義發明大體兼教以文行忠信之道示以孝悌睦友之義旬省月試時考歲貢以生徒及第多少爲博士考課上下其有不率教者則檟楚朴之國子不率教者則申禮部移爲太學太學之不變者移之四門四門之不變者歸本州之學州學之不變者復本役終身不齒雖率教九年而學不成者亦歸之州學其禮部考試之法請無帖經但於所習經中問大義二十得十八爲通兼論語孝經各問十得八兼讀所問文注義疏必令通熟者爲一通又於本經問時務策三道通二爲及第其中有孝行聞於鄉閭者舉解具言於習業之下省試之日觀其所實義少兩道亦請兼收其天下鄉貢亦如之習業考試並以明經爲名得

第者授官之資與進士同若此則教義日深而禮讓興禮讓興則強不犯弱衆
不暴寡此由太學而來者也詔下尚書集百寮定議以聞議者以爲省者禁也
非外司所宜名周禮代掌其職者曰氏國學非代官不宜曰太師氏其餘大抵
以習俗既久重難改作其事不行會國學胥吏以餐錢差舛御史臺按問坐貶
饒州司馬建中初又拜國子司業尋選爲翰林學士遷左散騎常侍加銀青光
祿大夫尋兼普王元帥參謀累加光祿大夫以兩河叛渙之徒初稟朝命令崇
敬以本官兼御史大夫持節宣慰奉使稱旨及還上表請歸拜墓許之賜以繒
帛儒者榮之尋加特進檢校戶部尚書遷工部尚書並依前翰林學士充皇太
子侍讀累表辭以年老乞骸骨改兵部尚書致仕貞元十五年卒時年八十廢
朝一日贈左僕射子登嗣登字冲之雅實弘厚事繼母以孝稱大曆七年舉孝
廉高第補四門助教貞元初復登賢良科自美原尉拜右拾遺時裴延齡以姦
佞有恩欲爲相諫議大夫陽城上疏切直德宗赫怒右補闕熊執易等亦以危
言忤旨初執易草疏成示登登愕然曰願寄一名雷霆之下安忍令足下獨當

自是同列切諫登每聯署其奏無所迴避時人稱重轉右補闕起居舍人三任十五年同列嘗出其下者多以馳騖至顯官而登與右拾遺蔣武退然自守不以淹速介意後遷兵部員外郎充皇子侍讀尋加史館修撰順宗初以東朝舊恩超拜給事中旋賜金紫仍錫衫笏焉還工部侍郎與孟簡劉伯芻蕭俛受詔同翻譯大乘本生心地觀經又爲東宮及諸王侍讀獻龍樓箴以諷久之改左散騎常侍因中謝憲宗問時所切登以納諫爲對時論美之轉兵部侍郎兼判國子祭酒事遷工部尚書元和十五年卒年六十七贈太子少保登有文學工草隸寬博容物嘗使僮飼馬馬蹄踶僮怒擊折馬足登知而不責晚年頗好服食有饋金石之藥者且云先嘗之矣登服之不疑藥發毒幾死方訊云未之嘗他人爲之怒登視之無愠色常慕陸象先之爲人議者亦以爲近之子融嗣融進士擢第自監察拾遺入省拜工部員外郎還考功員外六年轉工部郎中充翰林學士八年正拜舍人九年轉戶部侍郎開成元年兼御史中丞湖南觀察使盧周仁違勑進羨餘錢十萬貫融奏曰天下一家何非君土中外財賦皆陛

下府庫也周仁輒陳小利妄設異端言南方火災恐成灰燼進於京國姑徇私
誠入財貨以希恩待朝廷而何淺臣恐天下放效以羨餘爲名因緣刻剝生人
受弊周仁請行重責以例列藩其所進錢請還湖南代貧下租稅詔周仁所進
於河陰院收貯以備水旱金部員外郎韓益判度支案子弟受人賂三千餘貫
半是擬贓上問融曰韓益所犯與盧元中姚康孰甚對曰元中與康枉破官錢
三萬餘貫益所取受人事比之殊輕乃貶梧州司戶尋遷京兆尹時府司物力
不充特勑賜錢五萬貫府司以所賜之半還司農寺菜錢融因對言之上以融
學家因問蔬糲字有賴音何也糲是飯之極麤者耶融以義類對之時兩公主
出降府司供帳事殷又俯近上巳曲江賜宴奏請改日上曰去年重陽取九月
十九日未失重陽之意今改取十三日可也旣而李固言作相素不悅融罷尹
月餘授祕書監俄而固言罷楊嗣復輔政以融權知兵部侍郎一年內拜吏部
三年檢校禮部尚書與元尹兼御史大夫充山南西道節度使融子仁晦仁翰
仁憲仁召仁澤皆登進士第咸通中並至達官

奚陟字殷卿亳州人也祖乾繹天寶中弋陽郡太守陟少好讀書登進士第又登制舉文詞清麗科授弘文館校書尋拜大理評事佐入吐蕃使不行授左拾遺丁父母憂哀毀過禮親朋愍之車駕幸興元召拜起居郎翰林學士辭以疾病久不赴職改太子司議郎歷金部吏部員外郎左司郎中彌綸省闥又累奉使皆稱旨貞元八年擢拜中書舍人是歲江南淮西大雨爲災令陟勞問巡慰所在人安悅之中書省故事姑息胥徒以常在宰相左右也陟皆以公道處之先是右省雜給率分等第皆據職田頃畝即主書所受與右史等陟乃約以料錢爲率自是主書所得減拾遺時中書令李晟所請紙筆雜給皆不受但告雜事舍人令且貯之他日便悉以遺舍人前例雜事舍人自攜私入陟以所得均分省內官又躬親庶務下至園蔬皆悉自點閱人以爲難陟處之無倦遷刑部侍郎裴延齡惡京兆尹李充有能政專意陷害之誣奏充結陸贄數厚賂遺金帛充既貶官又奏充比者妄破用京兆府錢穀至多請令比部勾覆以比部郎中崔元翰陷充怨惡贄也詔許之元翰曲附延齡劾治府史府史到者雖無過

犯皆笞決以立威時論喧然陟迺躬自閱視府案具得其實奏言據度支奏京兆府貞元九年兩稅及已前諸色羨餘錢共六十八萬餘貫李充並妄破用今所勾勘一千二百貫已來是諸縣供館驛加破及在諸色人戸腹內合收其斛㪷共三十二萬石唯三百餘石諸色輸納所由欠折其餘並是準勑及度支符牒給用已盡陟之寬平守法多如此類元翰既不遂其志因此憤恚而卒陟尋以本官知吏部選事銓綜平允有能名遷吏部侍郎所莅之官時以爲稱職貞元十五年卒年五十五贈禮部尚書

張薦字孝舉深州陸澤人祖鷟字文成聰警絶倫書無不覽爲兒童時夢紫色大鳥五彩成文降于家庭其祖謂之曰五色赤文鳳也紫文鸑鷟也爲鳳之佐吾兒當以文章瑞於明廷因以爲名字初登進士第對策尤工考功員外郎謇味道賞之曰如此生天下無雙矣調授岐王府參軍又應下筆成章及才高位下詞標文苑等科鷟凡應八舉皆登甲科再授長安尉遷鴻臚丞凡四參選判策爲銓府之最員外郎員半千謂人曰張子之文如青錢萬簡萬中未聞退時

時流重之目爲青錢學士然性褊躁不持士行尤爲端士所惡姚崇甚薄之開
元初澄正風俗鷟爲御史李全交所糾言鷟語多譏刺時坐貶嶺南刑部尚書
李日知奏論乃追勑移於近處開元中入爲司門員外郎卒鷟下筆敏速著述
尤多言頗詼諧是時天下知名無賢不肖皆記誦其文天后朝中使馬仙童陷
默啜默啜謂仙童曰張文成在否曰近自御史貶官默啜曰國有此人而不用
漢無能爲也新羅日本東夷諸蕃尤重其文每遣使入朝必重出金貝以購其
文其才名遠播如此薦少精史傳顏真卿一見歎賞之天寶中浙西觀察使李
涵表薦其才可當史任乃詔授左司禦率府兵曹參軍既至闕下以母老疾竟
不拜命母喪闋禮部侍郎于邵舉前事以聞召充史館修撰兼陽翟尉朱泚之
亂變姓名伏匿城中因著史遁先生傳德宗還宮擢拜左拾遺貞元元年冬上
親郊時初克復簿籍多失禮文錯亂乃以薦爲太常博士參典禮儀四年迴紇
和親以檢校右僕射刑部尚書關播充使送咸安公主入蕃以薦爲判官轉殿
中侍御史使還轉工部員外郎改戶部本司郎中十一年拜諫議大夫仍充史

館修撰時裴延齡恃寵譖毀士大夫薦欲上書論之屢揚言未果延齡聞之怒
奏曰諫官論朝政得失史官書人君善惡則領史職者不宜兼諫議德宗以爲
然薦爲諫議月餘改祕書少監延齡排擯不已會差使册迴紇毘伽懷信可汗
及弔祭乃命薦兼御史中丞入迴紇二十年吐蕃贊普死以薦爲工部侍郎兼
御史大夫充入吐蕃弔祭使涉蕃界二千餘里至赤嶺東被病歿於紇壁驛吐
蕃傳其柩以歸順宗即位凶問至詔贈禮部尚書薦自拾遺至侍郎僅二十年
皆兼史館修撰三使絕域皆兼憲職以博洽多能敏於占對被選有文集三十
卷及所撰五服圖宰輔略靈怪集江左寓居錄等並傳于時子又新希復皆登
進士第又新幼工文善於傅會長慶中宰相李逢吉用事翰林學士李紳深爲
穆宗所寵逢吉惡之求朝臣中兇險敢言者掎摭紳陰事俾暴揚於搢紳間又
新與拾遺李續之劉棲楚尤蒙逢吉睠待指爲鷹犬穆宗崩昭愍初即位又新
等構紳貶端州司馬朝臣表賀又至中書賀宰相及門門者止之曰請少留緣
張補闕在齋內與相公談俄而又新揮汗而出旅揖羣官曰端溪之事又新不

敢多讓人皆辟易憚之與續之等七人時號八關十六子寶曆二年逢吉出為山南東道節度使請又新為副使李續之為行軍司馬逢吉為宰相時用門下省主事田伾伾犯贓亡命逢吉保之于外及罷相裴度發其事逢吉坐罰俸又詔曰朕在億兆人之上不令而人化不言而人信者法也法行則君主重法廢則朝廷輕田伾常挂亡命之章偷請養賢之祿迹在搜捕公行人間而更冒選吏曹纈擬郡佐及黃樞覆驗鳥府追擒證逮皆明姦狀盡得三移憲牒一無申陳衆狀滿前羣議溢耳終則步健不至瑱璫空來蔑視紀綱頗同侮謔顧茲參畫負我上台閱視連名伊爾二子又新可汀州刺史李續之可涪州刺史及逢吉致仕李訓用事復召二子為尚書郎訓敗復貶而卒希復子讀登進士第有俊才累官至中書舍人禮部侍郎典貢舉時稱得士位終尚書左丞

蔣乂字德源常州義興人也祖瓌太子洗馬開元中弘文館學士父將明累遷至左司郎中國子司業集賢殿學士副知院事代為名儒而乂史官吳兢之外孫以外舍富墳史幼便記覽不倦七歲時誦庾信哀江南賦數徧而成誦在口

以聰悟強力聞於親黨閒弱冠博通羣籍而史才尤長其父在集賢時以兵亂之後圖籍溷雜乃白執政請攜乂入院令整比之宰相張鎰見而奇之乃署爲集賢小職乂編次踰年於亂中勒成部帙得二萬餘卷再遷王屋尉充太常禮院修撰貞元九年轉右拾遺充史館修撰十三年以故河中節度使張茂昭弟光祿少卿同正茂宗尚義章公主茂宗方居母喪有詔起復雲麾將軍成禮詔下乂上疏諫曰墨縗之禮本緣金革從古已來未有駙馬起復上主者既乖典禮且違人情切恐不可上令中使宣諭云茂宗母臨亡有請重違其心乂又拜疏辭逾激切德宗於延英特召入對上曰卿所言古禮也朕聞如今人家往往有借吉爲婚嫁者卿何苦固執對曰臣聞里俗有不甚知禮法者或女居父母服內家既貧匱旁無至親卽有借吉以就禮者男子借吉而娶臣未嘗聞之況陛下臨御已來每事憲章典禮建中年郡縣主出降皆詔有司依禮不用俗儀天下慶戴忽今駙馬起復成禮實恐驚駭物聽臣或聞公主年甚幼小卽更俟一年出降時既未失且合禮經實天下幸甚上曰卿言甚善更俟商量俄而韋

彤裴堪諫疏繼入上不悅促令奉行前詔然上心頗重乂上嘗登凌煙閣見左壁頹剝文字殘缺每行僅有三五字命錄之以問宰臣宰臣遽受宣無以對即令召乂至對曰此聖曆中侍臣圖贊臣皆記憶即於御前口誦以補其缺不失一字上歎曰虞世南暗寫列女傳無以加也十八年遷起居舍人轉司勳員外郎皆兼史職時集賢學士甚衆會詔問神策軍建置之由相府討求不知所出諸學士悉不能對乃訪於乂乂徵引根源事甚詳悉宰臣高郢鄭珣瑜相對曰集賢有人矣翌日詔兼判集賢院事父子代爲學士儒者榮之時順宗祔廟將行祧遷之禮詔公卿議咸云中宗中興之主不當遷乂建議云中宗既正位柩前乃受母后篡奪五王翼戴方復大業此乃由我失之因人得之止可同於返正不得號爲中興羣議紛然竟依乂所執元和二年遷兵部郎中與許孟容韋貫之等受詔刪定制勑成三十卷奏行用改祕書少監復兼史館修撰尋奉詔與獨孤郁韋處厚同修德宗實錄五年書成奏御以功拜右諫議大夫明年監修國史裴垍罷相李吉甫再入以乂垍之修撰改授太常少卿久之遷祕書監

乂性朴直不能事人或遇權臣專政輒數歲不遷官在朝垂三十年前後每有
大政事大議論宰執不能裁決者必召以咨訪乂徵引典故以參時事多合其
宜然亦以此自滯而好學不倦老而彌篤雖甚寒暑手不釋卷旁通百家尤精
歷代沿革家藏書一萬五千卷本名武因憲宗召對奏曰陛下已誅羣寇偃武
修文臣名於義未允請改名乂上忻然從之時帝方用兵兩河乂亦因此諷諭
耳乂居史任二十年所著大唐宰輔錄七十卷凌煙閣功臣秦府十八學士史
臣等傳四十卷長慶元年卒年七十五贈禮部尚書謚曰懿子係伸偕仙佶係
大和初授昭應尉直史館二年拜右拾遺史館修撰典實有父風與同職沈傳
師鄭澣陳夷行李漢等受詔撰憲宗實錄四年書成奏御轉尚書工部員外還
本司郎中仍兼史職宰相宋申錫爲北軍羅織罪在不測係與諫官崔玄亮泣
諫於玉階之下申錫亦減死時論稱之開成中轉諫議大夫武宗朝李德裕用
事惡李漢以係與漢僚壻出爲桂管都防禦觀察使中宗卽位徵拜給事中集
賢殿學士判院事轉吏部侍郎改左丞出爲興元節度使入爲刑部尚書俄檢

校戸部尚書鳳翔尹充鳳翔隴節度使入爲兵部尚書以弟伸爲丞相懇辭朝秩檢校尚書左僕射襄州刺史山南東道節度使封淮陽縣開國公食邑五百戸伸登進士第歷佐使府大中初入朝右補闕史館修撰轉中書舍人召入翰林爲學士自員外郎中至戸部侍郎學士承旨轉兵部侍郎大中末中書侍郎平章事仙佶皆至刺史偕有史才以父任歷官左拾遺史館修撰轉補闕咸通中與同職盧耽牛叢等受詔修文宗實錄蔣氏世以儒史稱不以文藻爲事唯伸及係子兆有文才登進士第然不爲文士所譽與柳氏沈氏父子相繼修國史實錄時推良史京師云蔣氏日曆士族靡不家藏焉

柳登字成伯河東人父芳肅宗朝史官與同職韋述受詔添修吳兢所撰國史殺青未竟而述亡芳緒述凡例勒成國史一百三十卷上自高祖下止乾元而敘天寶後事絕無倫類取捨非工不爲史氏所稱然芳勤於記註含毫罔倦屬安史亂離國史散落編綴所聞率多闕漏上元中坐事徙黔中遇内官高力士亦貶巫州遇諸途芳以所疑禁中事咨於力士力士說開元天寶中時政事芳

隨口志之又以國史已成經於奏御不可復改乃別撰唐曆四十卷以力士所傳載於年曆之下芳自永寧尉直史館轉拾遺補闕員外郎皆居史任位終右司郎中集賢學士登少嗜學與弟冕咸以該博著稱登年六十餘方從宦遊累遷至膳部郎中元和初爲大理少卿與刑部侍郎許孟容等七人奉詔刪定開元已後勑格再遷右庶子以衰病改祕書監不拜授右散騎常侍致仕長慶二年卒時九十餘輟朝一日贈工部尚書弟冕冕文史兼該長於吏職貞元初爲太常博士二年昭德王皇后之喪論皇太子服紀左補闕穆質請依禮周期而除冕與同職張薦等奏議曰準開元禮子爲母齊縗三年此王公已下服紀皇太子爲皇后喪服國禮無聞昔晉武帝元皇后崩其時亦疑太子所服杜元凱奏議曰古者天子三年之喪既葬除服魏氏革命亦以既葬爲節故天子諸侯之禮嘗已具矣惡其害己而削去其節今其存者唯士喪禮一篇戴勝之記錯雜其內亦難以取正皇太子配二尊與國爲體固宜卒哭而除服於是山濤魏舒並同其議晉朝從之歷代遵行垂之不朽臣謹按實錄文德皇后以貞觀十

年九月崩十一月葬至十一年正月除晉王治爲幷州都督晉王卽高宗在藩
所封文德皇后幼子據其命官當已除之義也今請皇太子依魏晉故事爲大
行皇后喪服葬而虞虞而卒哭卒哭而除心喪終制庶存厭降之禮事下中書
宰臣召問禮官曰語云子食於有喪者之側未嘗飽也今豈可令皇太子縗服
侍膳至於既葬乎準令羣臣齊縗給假三十日卽公除約於此制更審議之張
薦曰請依宋齊閒皇后爲父母服三十日公除例爲皇太子喪服之節三十日
公除詣於正內則服墨慘歸至本院縗麻如故穆質曰杜元凱既葬除服之論
不足爲法臣愚以爲遵三年之制則太重從三十日之變太輕唯行古之道以
周年爲定詔宰臣與禮官定可否宰臣以穆質所奏問博士寬對曰準禮三年
喪無貴賤一也豈有以父母貴賤而差降喪服之節乎且禮有公門脫齊縗開
元禮皇后爲父母服十三月其稟朝旨十三日而除皇太子爲外祖父母服五
月其從朝旨則五日而除所以然者恐喪服侍奉有傷至尊之意也故從權制
昭著國章公門脫縗義亦在此豈皆爲金革乎皇太子今若抑哀公除墨慘朝

覲歸至本院依舊縗麻酌於變通庶可傳繼宰臣然其議遂命太常卿鄭叔則
草奏以寃議爲是而穆質堅執前義請依古禮不妨太子墨縗於內也宰臣齊
映劉滋參酌羣議請依叔則之議制從之及董晉爲太常卿德宗謂之曰皇太
子所行周服非朕本意有諫官橫論之今熟計之卽禮官請依魏晉故事斯甚
折衷明年冬上以太子久在喪合至正月晦受吉服欲以其年十一月釋衰麻
以及新正稱慶有司皆論不可乃止六年十一月上親行郊享上重愼祀典每
事依禮時寃爲吏部郞中攝太常博士與司封郞中徐岱倉部郞中陸質工部
郞中張薦皆攝禮官同修郊祀儀注以備顧問初詔以皇太子亞獻終獻當受
誓戒否寃對曰準開元禮有之然誓詞云不供其職國有常刑今太子受誓請
改云各揚其職肅奉常儀上又問升郊廟去劍履及象劍尺寸之度祀文輕重
之宜寃據禮經沿革聞奏上甚嘉之寃言事頗切執政不便之出爲婺州刺史
十三年兼御史中丞福州刺史充福建都團練觀察使寃在福州奏置萬安監
牧於泉州界置羣牧五悉索部內馬五千七百匹驢騾牛八百頭羊三千口以

爲監牧之資人情大擾朞年無所滋息詔罷之以政無狀詔以閻濟美代歸而
卒子璟登進士第亦以著述知名璟寶曆初登進士第三遷監察御史時郊廟
告祭差攝三公行事多以雜品璟時監察奏曰準開元二十三年勑宗廟大祠
宜差左右丞相嗣王特進少保少傅尚書賓客御史大夫又二十五年勑太廟
五享差丞相師傅尚書嗣郡王通攝餘司不在差限又元和四年勑太廟告祭
攝官太尉以宰相充其攝司空司徒以僕射尚書師傅充餘司不在差限比來
吏部因循不守前後勑文用人稍輕請自今年冬季勒吏部準開元元和勑例
差官從之再遷度支員外郎轉吏部開成初換庫部員外郎知制誥尋以本官
充翰林學士初璟祖芳精於譜學永泰中按宗正譜諜自武德已來宗枝昭穆
相承撰皇室譜二十卷號曰永泰新譜自後無人修續璟因召對言及圖譜事
文宗曰卿祖嘗爲皇家圖譜朕昨觀之甚爲詳悉卿檢永泰後試修續之璟依
芳舊式續德宗後事成十卷以附前譜仍詔戶部供紙筆廚料五年拜中書舍
人充職武宗朝轉禮部侍郎再司貢籍時號得人子韜亦以進士擢第

沈傳師字子言吳人父旣濟博通羣籍史筆尤工吏部侍郎楊炎見而稱之建中初炎爲宰相薦旣濟才堪史任召拜左拾遺史館修撰旣濟以吳兢撰國史以則天事立本紀奏議非之曰史氏之作本乎懲勸以正君臣以維家邦前端千古後法萬代使其生不敢差死不妄懼緯人倫而經世道爲百王準的不止屬辭比事以日繫月而已故善惡之道在乎勸誡勸誡之柄存乎褒貶是以春秋之義尊卑輕重升降幾微髣髴雖一字二字必有微旨存焉況鴻名大統其可以貸乎伏以則天皇后初以聰明睿哲內輔時政厥功茂矣及弘道之際孝和以長君嗣位而太后以專制臨朝俄又廢帝或幽或徙旣而握圖稱籙移運革名牝司鷟啄之蹤難乎備述其後五王建策皇運復興議名之際得無降損必將義以親隱禮從國諱苟不及損當如其常安可横絕彝典超居帝籍昔仲尼有言必也正名故夏殷二代爲帝者三十世矣而周人通名之曰王吳楚越之君爲王者百餘年而春秋書之爲子蓋高下自乎彼而是非稽乎我過者抑之不及者援之不爲弱滅不爲僭奪握中持平不振不傾使其求不可得而蓋

不可掩斯古君子所以愼其名也夫則天體自坤順位居乾極以柔乘剛天紀倒張進以強有退非德讓今史臣追書當稱之太后不宜曰上孝和雖追母后之命降居藩邸而體元繼代本吾君也史臣追書宜稱曰皇帝不宜曰廬陵王睿宗在景龍已前天命未集徒稟后制假臨大寶於倫非次於義無名史臣書之宜曰相王未宜曰帝若以得失既往遂而不舉則是非褒貶安所辨正載筆執簡謂之何哉則天廢國家曆數用周正朔廢國家太廟立周七廟鼎命革矣徽號易矣旂裳服色既已殊矣今安得以周氏年曆而列爲唐書帝紀徵諸禮經是謂亂名且孝和繼天踐祚在太后之前而敘年製紀居太后之下方之躋僖是謂不智詳今考古並未爲可或曰班馬良史也編述漢事立高后以續帝載豈有非之者乎答曰昔高后稱制因其曠嗣獨有分王諸呂負於漢約無遷鼎革命之甚況其時孝惠已殁孝文在下宮中二子非劉氏種不紀呂后將紀誰焉雖云其然議者猶爲不可況遷鼎革命者乎或曰若天后不紀帝緒缺也則二十二年行事何所繫乎曰孝和以始年登大位以季年復舊業雖尊名中

奪而天命未改足以首事足以表年何所拘閡裂爲二紀昔魯昭之出也春秋
歲書其居曰公在乾侯且君在雖失位不敢廢也今請併天后紀合孝和紀每
於歲首必書孝和所在以統之書曰其年春正月皇帝在房陵太后行某事改
某制云云則紀稱孝和而事述太后俾名不失正而禮不違常名禮兩得人無
間矣其姓氏名諱入宮之由歷位之資才藝智略年辰崩葬別纂錄入皇后傳
列於廢后王庶人之下題其篇曰則天順聖武后云事雖不行而史氏稱之德
宗初即位銳於求理建中二年夏勑中書門下兩省分置待詔官三十員以見
官前任及同正試攝九品已上擇文學理道韜鈐法度之深者爲之各準品秩
給俸錢廩餼幹力什器館宇之設以公錢爲之本收息以贍用物論以爲兩省
皆名侍臣足備顧問無勞別置冗員既濟上疏論之曰臣伏以陛下今日之理
患在官煩不患員少患在不問不患無人且中書門下兩省常侍諫議補闕拾
遺總四十員及常參待制之官日有兩人皆備顧問亦不少矣中有二十一員
尚闕人未充他司缺職累倍其數陛下若謂見官非才不足與議則當選求能

者以代其人若欲務廣聰明畢收淹滯則當擇其可者先補缺員則朝無曠官
俸不徒費且夫置錢息利是有司權宜非陛下經理之法今官三十員皆給俸
錢幹力及廚㢁什器建造廳宇約計一月不減百萬以他司息例準之當以錢
二千萬爲之本方獲百萬之利若均本配人當復除二百戶或許其入流反覆
計之所損滋甚當今關輔大病皆爲百司息錢傷人破產積於府縣實思改革
以正本源又臣嘗計天下財賦耗斁之大者唯二事焉最多者兵資次多者官
俸其餘雜費十不當二事之一所以黎人重困杼軸猶空方斯輯熙必藉裁減
今四方形勢兵罷未得資費之廣蓋非獲已陛下躬行儉約節用愛人豈俾閑
官復爲冗食籍舊而置猶可省也若之何加焉陛下必以制出不可改請重難
慎擇遷延寑罷其事竟不得行既而楊炎譴逐既濟坐貶處州司戶後復入朝
位終禮部員外郎傳師擢進士登制科乙第授太子校書郎鄠縣尉直史館轉
左拾遺左補闕並兼史職遷司門員外郎知制誥召充翰林學士歷司勳兵部
郎中遷中書舍人性恬退無競時翰林未有承旨次當傳師爲之固稱疾宣召

不起乞以本官兼史職俄兼御史中丞出爲潭州刺史湖南觀察使入爲尙書
右丞出爲洪州刺史江南西道觀察使轉宣州刺史宣歙池觀察使入爲吏部
侍郎太和元年卒年五十九贈吏部尙書初傳師父旣濟撰建中實錄十卷爲
時所稱傳師在史館預修憲宗實錄未成廉察湖南特詔齎一分史藁成於理
所有子樞詢皆登進士第詢歷清顯中書舍人翰林學士禮部侍郎咸通中檢
校戶部尙書潞州長史昭義節度使爲政簡易性本恬和奴歸秦者通詢侍者
詢將戮之未果奴結牙將爲亂夜攻府第詢舉家遇害
史臣曰前代以史爲學者率不偶於時多罹放逐其故何哉誠以褒貶是非在
於手賢愚輕重繫乎言君子道微俗多忌諱一言切己嫉之如讎所以峘薦坎
壈於仕塗沈柳不登於顯貫後之載筆執簡者可以爲之痛心道在必伸物不
終否子孫藉其餘祐多至公卿者蓋有天道存焉
贊曰褒貶以言孔道是模誅亂以筆亦有董狐邦家大典班馬何辜懲惡勸善
史不可無

舊唐書卷一百四十九

舊唐書卷一百四十九考證

歸崇敬傳作桑主則埋栗主作栗主則埋桑主○沈炳震曰按栗主禮無埋文作桑主以下七字疑衍

多憑緯候之說且據陰陽之說○臣西按之說二字複見意亦雷同疑有衍文

舊唐書卷一百四十九考證

舊唐書卷一百五十

後晉司空同中書門下平章事劉昫撰

列傳第一百

德宗順宗諸子

德宗皇帝一十子昭德皇后王氏生順宗皇帝舒王誼昭靖太子之子文敬太

子順宗之子諸妃生通王已下八王本錄不載母氏
舒王誼本名謨代宗第三子昭靖太子邈之子也以其最幼德宗憐之命之爲子大曆十四年六月封舒王拜開府儀同三司與通王虔王同日封仍詔所司其開府俸料逐月進內尋以軍興罷支建中元年領四鎮北庭行軍涇原節度大使以涇州刺史孟皥爲節度留後以誼愛弟之子諸王之長軍國大事欲其更踐必委試之明年尙父郭子儀病篤上御紫宸命誼持制書省之誼冠遠遊冠絳紗袍乘象輅駕駟馬飛龍騎士三百人隨之國府之官皆袴褶騎而導前鹵簿備引而不樂在遏密故也及門郭氏子弟迎拜於外王不答拜子儀臥不能興以手叩頭謝恩而已王解冠珮以常服傳詔勞問之三年蔡帥李希烈叛詔哥舒曜討之八月希烈自帥衆三萬圍哥舒曜于襄城又詔河南都統李勉援之勉捨襄城令大將唐漢臣等選勁兵徑襲許州以解圍漢臣未至許上遣中使追之責以違詔亟旋師爲賊所乘漢臣之衆大敗勉恐東都危急乃分兵數千赴洛又爲賊所隔賊衆急攻汴滑勉走宋州朝廷大聳乃詔誼爲揚州大

都督持節荊襄江西沔鄂等道節度兼諸軍行營兵馬元帥改名誼又以哥舒翰聲近士卒竊議改封普王令統攝諸軍進攻希烈仍以兵部侍郎蕭復爲戶部尚書兼御史大夫元帥府統軍長史舊例有行軍長史以復父名衡特更之又以新除潭州觀察使孔巢父爲右庶子兼御史大夫充行軍司馬以山南東道節度行軍司馬檢校兵部郎中兼御史中丞樊澤爲諫議大夫兼御史中丞行軍右司馬刑部員外郎劉從一爲吏部郎中兼中丞侍御史韋儹爲工部郎中兼中丞並充元帥府判官兵部員外郎高參爲本司郎中充元帥府掌書記以右金吾大將軍渾瑊檢校工部尚書兼御史大夫爲中軍虞候江西節度使嗣曹王臯爲前軍兵馬使鄂岳團練使李兼爲之副山南東道節度使賈耽爲中軍兵馬使荊南節度使張伯儀充後軍兵馬使以左神武軍使王价檢校太子賓客左衞將軍高承謙檢校太子詹事前司農少卿郭曙檢校左庶子前祕書省著作郎常愿爲祕書少監並充元帥府押衙制下未行涇原兵亂而止德宗初聞兵士出怨言不得賞設乃令誼與翰林學士姜公輔傳詔安撫許以厚

賞行及內門兵已陣於闕前誼狼狽而還遂奉德宗出幸奉天賊之攻城誼晝夜傳詔慰勞諸軍僅不解帶者月餘從車駕還宮復封舒王開府儀同三司揚州大都督如故永貞元年十月薨廢朝三日

通王諶德宗第三子也大曆十四年封制授開府儀同三司貞元九年十月領宣武軍節度大使汴宋等州觀察支度營田等使以宣武都知兵馬使李萬榮爲留後王不出閤十一年河東帥李自良卒以諶爲河東節度大使以行軍司馬李說知府事充留後亦不出閤

虔王諒德宗第四子大曆十四年封授開府儀同三司貞元二年領蔡州節度大使申光蔡觀察等使以大將吳少誠爲留後十年領朔方靈鹽節度大使靈州大都督以朔方行軍司馬李欒爲靈府左司馬知府事朔方留後十一年九月橫海大將程懷信逐其帥懷直十月以諒領橫海節度大使滄景觀察等使以都知兵馬使程懷信爲留後王不出閤十六年徐帥張建封卒徐軍亂又以諒領徐州節度大使徐泗濠觀察處置等使以建封子愔爲留後

肅王詳德宗第五子大曆十四年六月封建中三年十月薨時年四歲廢朝三日贈揚州大都督性聰惠上尤憐之追念無已不令起墳墓詔如西域法議層甎造塔禮儀使判官司門郎中李岩上言曰墳墓之義經典有常自古至今無聞異制層甎起塔始於天竺名曰浮圖行之中華竊恐非禮況肅王天屬名位尊崇喪葬之儀存乎簡冊舉而不法垂訓非輕伏請準令造墳庶遵典禮詔從之

文敬太子謜順宗之子德宗愛之命爲子貞元四年封邕王授開府儀同三司七年定州張孝忠卒以謜領義武軍節度大使易定觀察等使以定州刺史張茂昭爲留後十年六月潞帥李抱真卒又以謜領昭義節度大使澤潞邢洺磁觀察等使以潞將王虔休爲潞府司馬知留後十五年十月薨時年十八廢朝三日贈文敬太子所司備禮冊命其年十二月葬於昭應有陵無號發引之日百官送於通化門外列位哭送是日風雪寒甚近歲未有詔置陵署令丞

資王謙德宗第七子大曆十四年封

代王諲德宗第八子本封縉雲郡王早薨建中二年追封代王

昭王誠德宗第九子貞元二十一年封

欽王諤德宗第十子順宗即位詔曰王者之制子弟畢封所以固藩輔而重社稷古今之通義也第十弟諤等寬簡忠厚生知孝敬行皆由禮志不違仁樂善本於性情好賢宗於師傅纉修六藝達人倫風化之源博習羣言知惠和睦友之道温恭朝夕允茂厥猷克有嘉聞宜封土宇諤可封欽王第十一弟可封珍王

珍王誠德宗第十一子與欽王同制封德宗仁孝動循法度雖子弟姑妹之親無所假借建中初詔親王子弟帶開府朝秩者出就本班又以公主郡縣主出降與舅姑抗禮詔曰冠婚之義人倫大經昔唐堯降嬪帝乙歸妹迨於漢氏同姓主之爰自近古禮教陵夷公郡法度僭差殊制姻族闕齒序之義舅姑有拜下之禮自家刑國多愧古人今縣主有行將俟嘉命俾親執棗栗以見舅姑敬遵宗婦之儀降就家人之禮事資變革以抑浮華其令禮儀使與禮官博士約

古今舊儀及開元禮詳定公主郡縣主出降覲見之文儀以聞初開元中置禮會院于崇仁里自兵興已來廢而不修故公郡縣主不時降嫁殆三十年至有華髮而猶丱者雖居內館而不獲覲見十六年矣凡皇族子弟皆散棄無位或流落他縣湮沉不齒錄無異匹庶及德宗卽位敘用枝屬以時婚嫁公族老幼莫不悲感初卽位將謁太廟始與公郡縣主相見於大次中尊者展其敬幼者申其愛歔欷哭泣之聲聞於朝公卿陪列者爲之悽然每將有大禮必與諸父昆弟同其齋次及岳陽信寧宜芳永順朗陵陽安襄城德清南華元城新鄉等十一縣主同月出降勑所司大小之物必周其用至於櫛縰笄總皆經於心各給錢三百萬使中官主之以買田業不得侈用其衣服之飾使內司計造不在此數是時所司度人用一籠花計錢七十萬帝曰籠花首飾婦禮不可闕然用費太廣卽無謂也宜損之又損之及三萬而止帝謂主等曰吾非有所愛但不欲無益之費耳各以餘錢六十萬賜之以備他用舊例皇姬下嫁舅姑返拜而婦不答及是制下禮官定制曰既成婚於禮會院明晨舅坐於堂東階西向姑

南向婦執笄盛以棗栗升自西階再拜跪奠於舅席前退降受笄盛以腶修升
北面再拜跪奠於姑席前降東面拜壻之伯叔兄弟姊妹已而謝恩於光順門
壻之親族亦隨之然後會讌於十六宅是日縣主皆如其制初贈司徒沈易直
之妻崔氏即太后之季父母也帝每見之方屣而鞾召王韋二美人出拜勑崔
氏坐受勿答故戚屬之閑罔不憚其敬不肅而遵禮法焉
順宗二十三子莊憲皇后王氏生憲宗皇帝王昭儀生郯王經趙昭儀生宋王
結王昭儀生郇王綜王昭訓生衡王絢餘十八王本錄不載母氏
郯王經本名漁順宗次子始封建康郡王貞元二十一年進封太和八年薨
均王緯本名沔順宗第三子始封洋川郡王貞元二十一年進封
溆王縱本名洵順宗第四子初授殿中監封臨淮郡王貞元二十一年進封
莒王紓本名浼順宗第五子初授祕書監封弘農郡王貞元二十一年進封太
和八年薨
密王綢本名泳順宗第六子始封漢東郡王貞元二十一年進封元和二年九

月薨
郇王綜本名湜順宗第七子初授少府監封晉陵郡王貞元二十一年進封元和三年四月薨
邵王約本名潋順宗第八子初授國子祭酒封高平郡王貞元二十一年進封宋王結本名滋順宗第九子始封雲安郡王貞元二十一年進封長慶二年薨
集王緗貞元二十一年封長慶二年薨
冀王絿本名淮順宗第十子初授太常卿封宣城郡王貞元二十一年進封太和九年薨
和王綺本名滑順宗第十一子始封德陽郡王貞元二十一年進封大和七年薨
衡王絢順宗第十二子貞元二十一年封寶曆二年薨
欽王績順宗第十三子貞元二十一年封
會王纁順宗第十四子貞元二十一年封元和五年十一月薨

福王綰本名浥順宗第十五子母莊憲王皇后憲宗同出初授光祿卿封河東郡王貞元二十一年進封咸通元年特冊拜司空明年薨

珍王繕本名況順宗第十六子初授衛尉卿封洛交郡王貞元二十一年進封撫王紘順宗第十七子貞元二十一年封咸通四年特冊拜司空五年冊司徒乾符三年冊太尉其年薨

岳王緄順宗第十八子貞元二十一年封太和二年薨

袁王紳順宗第十九子貞元二十一年封太和十四年薨

桂王綸順宗第二十子貞元二十一年封太和九年薨

翼王綽順宗第二十一子貞元二十一年封咸通二年薨

蘄王緝順宗第二十二子咸通八年封

史臣曰夫聖人君臨寓縣肇啓邦基莫不受命上玄膺名帝籙自太昊已降五運相推迄于殷湯曆數綿永但設均平之化未聞封建之名洎乎周漢始以子弟建侯樹屏以作維城及王室浸微遂有莽卓之亂唐室自艱難已後兩河兵

華屢興諸王雖封竟不出閤夫帝王居寰宇之尊撫億兆之衆但能平一理道
夙夜嚴恭任賢使能設官分職自然四海樂推天命所祐縱無封建亦鴻基永
固安俟嬰孺鎮重哉
贊曰孝文秉禮道弘藩邸睦族展親儀形戚里自閤臨藩所謂周爰無如惡烏
終懷寵樊

舊唐書卷一百五十

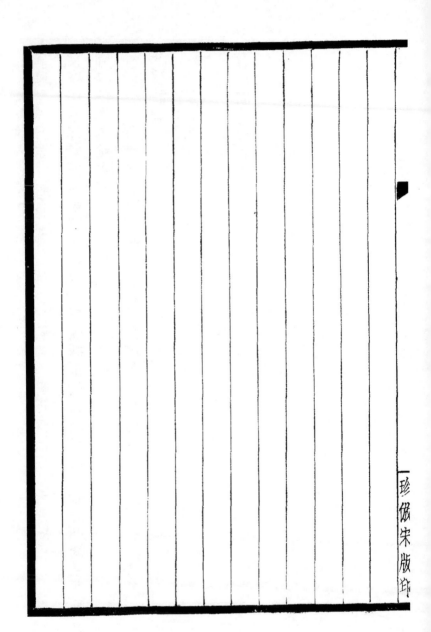

舊唐書卷一百五十考證

蘄王緝傳順宗第二十二子咸通八年封○沈炳震曰封字誤當是薨字新書傳云王六年咸通八年薨此云是年封未知孰是

舊唐書卷一百五十考證

舊唐書卷一百五十一

後晉司空同中書門下平章事劉昫撰

列傳第一百一

高崇文 子承簡　伊慎　朱忠亮　劉昌裔

范希朝　王鍔 子稷　閻巨源　孟元陽

趙昌

高崇文其先渤海人崇文生幽州朴厚寡言少從平盧軍貞元中隨韓全義鎮長武城治軍有聲五年夏吐蕃三萬寇寧州崇文率甲士三千救之戰于佛堂原大破之死者過半韓全義入覲崇文掌行營節度留務遷兼御史中丞十四年爲長武城使積粟練兵軍聲大振永貞元年冬劉闢阻兵朝議討伐宰臣杜黃裳以爲獨任崇文可以成功元和元年春拜檢校工部尚書兼御史大夫充左神策行營節度使兼統左右神策奉天麟游諸鎮兵以討闢時宿將專征者甚衆人人自謂當選及詔出大驚崇文在長武城練卒五千常若寇至及是中

使至長武卯時宣命而辰時出師五千器用無闕者軍至與元軍中有折逆旅之七箸斬之以徇西從閬中入遂却劍門之師解梓潼之圍賊將邢泚遁歸屯軍梓州因拜崇文爲東川節度使先是劉闢攻陷東川擒節度使李康及崇文克梓州乃歸康求雪己罪崇文以康敗軍失守遂斬之成都北一百五十里有鹿頭山扼兩川之要闢築城以守又連八柵張犄角之勢以拒王師是日破賊二萬于鹿頭城下大雨如注不克登乃止明日又破于萬勝堆堆在鹿頭之東使驍將高霞寓親皷士扳緣而上矢石如雨又命敢死士連登奪其堆燒其柵柵中之賊殲焉遂據堆下瞰鹿頭城城中人物可數凡八大戰皆大捷賊摇心矣八月阿跌光顔與崇文約到行營愆一日懼誅乃深入以自贖故軍於鹿頭西大河之口以斷賊糧道賊大駭是日賊綿江柵將李文悦以三千人歸順尋而鹿頭將仇良輔舉城降者衆二萬闢之男方叔子壻蘇強先監良輔軍是日械繫送京師降卒投戈面縛者彌十數里遂長驅而直指成都德陽等縣城皆鎮以重兵莫不望旗率服師無留行闢大懼以親兵及逆黨盧文若齎重寶西

走吐蕃吐蕃素受其賂且將啓之崇文遣高霞寓酈定進倍道追之至羊灌田及焉闢自投岷江擒於湧湍之中西蜀平乃檻闢送京師伏法文若赴水死王師入成都介士屯于大逵軍令嚴肅珍寶山積市井不移無秋毫之犯先是賊將邢泚以兵二萬爲鹿頭之援既降又貳斬之以徇衣冠陷逆者皆匍匐衙門請命崇文條奏全活之制授崇文檢校司空兼成都尹充劍南西川節度管內度支營田觀察處置統押近界諸蠻西山八國雲南安撫等使改封南平郡王食實封三百戶詔刻石紀功于鹿頭山下崇文不通文字厭大府案牘諮稟之繁且以優富之地無所陳力乞居塞上以扞邊戍懇疏累上二年冬制加同中書門下平章事邠州刺史邠寧慶三州節度觀察等使仍充京西都統恃其功而侈心大作帑藏之富百工之巧舉而自隨蜀都一罄以不習朝儀憚於入覲優詔令便道之鎭居三年大修戎備元和四年卒年六十四廢朝三日贈司徒諡曰威武配享憲宗廟庭子承簡少爲忠武軍部將後入神策軍以父征劉闢拜嘉王傅裴度征淮蔡奏承簡以本官兼御史中丞爲其軍都押衙淮西平詔

以郾城上蔡遂平三縣爲溵州治郾城用承簡爲刺史尋轉邢州刺史値觀察
使責時賦急承簡代數百戸出其租還宋州刺史屬汴州逐其帥以部將李夵
行帥事夵遣其將責宋官私財物承簡執而囚之自是汴使來者輒繫之一日
幷出斬于軍門之外威震郡中及夵兵大至宋州凡三城已陷南一城承簡保
北兩城以拒凡十餘戰會徐州救兵至夵爲汴將李質執之傳送京師兵圍宋
者卽遁去授承簡檢校左散騎常侍充海沂密等州節度觀察處置等使俄遷
檢校工部尚書義成軍節度鄭滑潁等州觀察處置等使就加檢校尚書右僕
射入拜右金吾衛大將軍充右街使復出爲邠寧慶等州節度觀察處置等使
先是羌虜多以秋月犯西邊承簡請軍寧州以備之因疾上言乞入覲卽隨表
詣闕太和元年八月行至永壽縣傳舍卒贈司空崇文孫駢歷位崇顯終淮南
節度使自有傳
伊愼兗州人善騎射始爲果毅喪母將營合祔不識其父之墓晝夜號哭未浹
日夢寐有指導焉遂發壠果得舊記驗大曆八年江西節度使路嗣恭討嶺南

哥舒晃之亂以愼爲先鋒直逼賊壘疾戰破之斬首三千級由是復始興之地未幾與諸將追斬晃於泔溪函首獻于闕下嗣恭表愼功授連州長史知當州團練副使三遷江州別駕討梁崇義之歲愼以江西牙將統李希烈摧鋒陷敵功又居多江漢既平希烈愛愼之材數遺善馬意欲縻之愼以計遁歸命本道明年希烈果反嗣曹王皐始至鍾陵大集將吏得愼而壯之大集兵將繕理舟師希烈懼愼爲曹王所任遺愼七屬之甲詐爲愼書行間焉上遣中使即軍以詰之曹王乃抗疏論雪上章未報會賊兵泝江來寇曹王乃召愼勉之令戰大破三千餘衆朝廷始信其不貳累破蔡山柵取蘄州降其將李良又攻黃梅縣殺賊將韓霜露斬首千餘級優詔褒異授試太子詹事封南充郡王又兼御史中丞蘄州刺史充節度都知兵馬使建中末車駕在梁洋鹽鐵使包佶以金幣泝江將進獻次于蘄口時賊已屠汴州遣驍將杜少誠將步騎萬餘來寇黃梅以絶江道愼兵七千遇於永安戍愼列樹三柵相去數里偃旗臥鼓於中柵聲鼓三柵悉兵以擊賊軍大亂少誠脫身以免斬級不可勝數江路遂通又破苟

莽柵進兵圍安州賊阻澴水攻之不能下希烈遣其甥劉戒虛將騎八千來援慎分兵迎擊戰于應山擒戒虛縛示城下遂開門請罪以功拜安州刺史兼御史大夫仍賜實封一百戶希烈又遣將援隋州慎擊之於厲鄉走康叔夜斬首五千級希烈死李惠登爲賊守隋州慎飛書招諭惠登遂以城降因密奏惠登可用詔授隋州刺史貞元十五年以慎爲安黃等州節度管內支度營田觀察等使十六年吳少誠阻命詔以本道步騎五千兼統荊南湖南江西三道兵當其一面於申州城南前後破賊數千以例加檢校刑部尚書二十一年於安黃置奉義軍額以爲奉義軍節度使檢校右僕射憲宗卽位入眞拜右僕射元和二年轉檢校左僕射兼右金吾衞大將軍以賂第五從直求鎮河中爲從直所奏貶右衞將軍數月復爲檢校尚書右僕射兼右衞上將軍元和六年卒年六十八贈太子太保

朱忠亮本名士明汴州浚儀人初事薛嵩爲將大曆中詔鎮普潤縣掌屯田朱泚之亂以麾下四十騎奔奉天德宗嘉之封東陽郡王爲奉天定難功臣及大

駕南幸爲虜騎所獲繫於長安賊平李晟釋之薦於渾瑊署定平鎭都虞候鎭使李朝寀卒遂代之憲宗卽位加御史大夫築臨涇城有勞特加檢校工部尚書涇原四鎭節度使仍賜名涇士舊俗多賣子忠亮以俸錢贖而還其親者約二百人元和八年卒贈右僕射

劉昌裔太原陽曲人少遊三蜀楊琳之亂昌裔說其歸順及琳授洺州刺史以昌裔爲從事琳死乃去曲環將幽隴兵收濮州也辟爲判官詔授監察御史累加至檢校兵部尚書賜紫兼中丞充營田副使貞元十五年環鎭許州卒詔上官涗知節度留後吳少誠攻許州涗領事欲棄城走昌裔追止之曰留後旣受詔宜以死守城況城中士馬足以破賊但堅壁不戰不過五七日賊勢必衰我以全制之可也況然之賊日夕攻急堞壞不得修昌裔令造戰棚木柵以待募壯士破營得突將千人鑿城分出大破之因立戰棚木柵於城上城以故不陷兵馬使安國寧與涗不善謀反以城降賊事洩昌裔密計斬之卽召其麾下千餘人食之賞縑二匹伏兵諸要巷令持縑者悉斬之無一人得脫十六年以全

陳許功以涚爲節度使昌裔爲陳州刺史韓全義之敗溵水也與諸道兵皆走保陳州求舍昌裔登城謂曰天子命公討蔡州今來陳州義不敢納請舍城外而從千騎入全義營持牛酒勞軍全義不自意驚喜歎服十八年改充陳許行軍司馬明年涚卒詔昌裔爲許州刺史充陳許節度使再加檢校右僕射元和八年五月許州大水壞廬舍漂溺居人六月徵昌裔加檢校左僕射兼左龍武統軍初昌裔以老疾而軍府無政因其水敗軍府上乃促令韓皐代之昌裔赴召至長樂驛聞有是命乃上言風眩請歸私第許之其年卒贈潞州大都督

范希朝字致君河中虞鄉人建中年爲邠寧虞候戎政修舉事節度使韓遊瓌及德宗幸奉天希朝戰守有功累加兼中丞爲寧州刺史遊瓌入覲自奉天歸邠州以希朝素整肅有聲畏其逼已求其過將殺之希朝懼奔鳳翔德宗聞之趣召至京師寘於左神策軍中遊瓌歿邠州諸將列名上請希朝爲節度德宗許之希朝讓於張獻甫曰臣始偪而來終代其任非所以防覬覦安反側也詔嘉之以獻甫統邠寧數日除希朝振武節度使就加檢校禮部尚書振武有党

項室韋交居川阜淩犯爲盜日入慝作謂之刮城門居人懼駭鮮有寧日希朝
周知要害置堡柵斥候嚴密人遂獲安異蕃雖鼠竊狗盜必殺無赦戎虜甚憚
之曰有張光晟苦我久矣今聞是乃更姓名而來其見畏如此蕃落之俗有長
帥至必効奇駝名馬雖廉者猶曰當從俗以致其歡希朝一無所受積十四年
皆保塞而不爲橫單于城中舊少樹希朝於他處市柳子命軍人種之俄遂成
林居人賴之貞元末累表請修朝覲時節將不以他故自述職者惟希朝一人
德宗大悅既至拜檢校右僕射兼右金吾大將軍順宗時王叔文黨用事將授
韓泰以兵柄利希朝老疾易制乃命爲左神策京西諸城鎮行營節度使鎮奉
天而以泰爲副欲因代之叔文敗而罷憲宗即位復以檢校僕射爲右金吾出
拜檢校司空充朔方靈鹽節度使突厥別部有沙陀者北方推其勇勁希朝誘
致之自甘州舉族來歸衆且萬人其後以之討賊所至有功遷河東節度使率
師討鎮州無功既耄且疾事不理除左龍武統軍以太子太保致仕元和九年
卒贈太子太師希朝近代號爲名將人多比之趙充國及張茂昭擊王承宗幾

覆希朝討寇不前物議罪之
王鍔字昆吾自言太原人本湖南團練營將初楊炎貶道州司馬鍔候炎於路
炎與言異之後嗣曹王臯爲團練使擢任鍔頗便之使招邵州武岡叛將王國
良有功表爲邵州刺史及臯改江西節度使李希烈南侵臯請鍔以勁兵三千
鎭尋陽後臯自以全軍臨九江旣襲得蘄州盡以衆渡乃表鍔爲江州刺史兼
中丞充都虞候因以鍔從小心習事善探得軍府情狀至於言語動靜巨細畢
以白臯臯亦推心委之雖家讌妻女之會鍔或在焉鍔感臯之知事無所避後
臯攻安州使伊愼盛兵圍之賊懼臯使至城中以約降臯使鍔懸而入旣成約
殺不從者以出明日城開臯以其衆入伊愼以賊恟懼由其圍也不下鍔鍔稱
疾避之及臯爲荊南節度使表鍔爲江陵少尹兼中丞欲列於賓倅馬彝裴泰
鄙鍔請去乃復以爲都虞候明年從臯至京師臯稱鍔於德宗曰鍔雖文用小
不足他皆可以試驗遂拜鴻臚少卿尋除容管經略使凡八年谿洞安之遷廣
州刺史御史大夫嶺南節度使廣人與夷人雜處地征薄而叢求於川市鍔能

計居人之業而榷其利所得與兩稅相埒鍔以兩稅錢上供時進及供奉外餘皆自入西南大海中諸國舶至則盡沒其利由是鍔家財富於公藏日發十餘艇重以犀象珠貝稱商貨而出諸境周以歲時循環不絕凡八年京師權門多富鍔之財拜刑部尚書時淮南節度使杜佑屢請代乃以鍔檢校兵部尚書充淮南副節度使鍔始見佑以趨拜悅佑退坐司馬廳事數日詔杜佑以鍔代之鍔明習簿領善小數以持下吏或有姦鍔畢究之嘗聽理有遺匿名書於前者左右取以授鍔鍔內之鞾中鞾中先有他書以雜之及吏退鍔探取他書焚之人信其以所匿名者焚也既歸省所告者異日乃以他微事連其所告者固窮按驗之以譎衆下吏以爲神明鍔長於部領程作有法軍州所用竹木其餘碎屑無所棄皆復爲用椽曹簾壞吏以新簾易之鍔察知以故者付舡坊以替箬其他率如此每有饗宴輒錄其餘以備後用或云賣之收利皆自歸故鍔錢流衍天下在鎮四年累至司空元和二年來朝真拜左僕射未幾除檢校司徒河中節度居三年兼太子太傅移鎮太原時方討鎮州鍔緝綏訓練軍府稱理鍔

受符節居方面凡二十餘年九年加同平章事十年卒年七十六贈太尉鍔將
卒約束後事甚明如知其死日鍔附太原王翃爲從子以婚閥自炫翃子弟多
附鍔以致名宦又嘗讀春秋左氏傳自稱儒者人皆笑之子稷歷官鴻臚少卿
鍔在藩鎮稷嘗留京師以家財奉權要視官高下以進賂不待白其父而行之
廣治第宅嘗奏請藉坊以益之作複垣洞穴實金錢於其中貴官清品溺其賞
宴而遊不憚清議及父卒爲奴所告稷換鍔遺表隱沒所進錢物上令鞫其奴
於内仗又發中使就東都驗責其家財宰臣裴度苦諫於是罷其使而殺奴稷
長慶二年爲德州刺史廣齎金寶僕妾以行節度使李全略利其貨而圖之故
致本州軍亂殺稷其室女爲全略所虜以妓媵處之稷子叔泰開成四年滄州
節度使劉約上言王稷爲李全略所殺家無遺類稷男叔泰時年五歲郡人宋
忠獻匿之獲免乃收養之今已成長臣獎其義忠獻已補職叔泰津送以聞文
宗詔曰王鍔累朝宣力王稷一旦捐軀須錄孤遺微申憫念王叔泰委吏部與
九品官令奉祭

閻巨源貞元十九年以勝州刺史攝振武行軍司馬屬希朝入覲遂代爲節度以材力進無他智能初不知書而好文其言輒乖誤時人多撫其談說以爲戲然以寬厚爲將卒所懷後爲邠寧節度使檢校左僕射元和九年卒

孟元陽起於陳許軍中理戎整肅勤事善部署曲環之爲節度元陽已爲大將環使董作西華屯元陽盛夏芒屩立稻田中須役者退而後就舍故其田歲無不稔軍中足食環卒吳少誠寇許州元陽城守外無救兵攻圍甚急而終不能傅其城賊乃罷兵韓全義五樓之敗諸軍多私歸元陽及神策都將蘇元策宣州都將王幹各率部留軍溵水破賊二千餘人兵罷加御史大夫元和初拜河陽節度檢校尚書五年拜右僕射昭義節度入爲右羽林統軍封趙國公俄拜左金吾大將軍復除統軍元和九年卒贈揚州大都督

趙昌字洪祚天水人祖不器父居貞皆有名於時李承昭爲昭義節度辟昌在幕府貞元七年爲虔州刺史屬安南都護爲夷獠所逐拜安南都護夷人率化十年因屋壞傷脛懇疏乞還以檢校兵部郎中裴泰代之入拜國子祭酒及泰

爲首領所逐德宗詔昌問狀昌時年七十二而精健如少年者德宗奇之復命爲都護南人相賀憲宗卽位加檢校工部尚書尋轉戶部尚書充嶺南節度元和三年還鎮荆南徵爲太子賓客及得見拜工部尚書兼大理卿歲餘讓卿守本官六年除華州刺史辭於麟德殿時年八十餘趨拜輕捷召對詳明上退而歎異宣宰臣密訪其頤養之道以奏焉在郡三年入爲太子少保九年卒年八十五贈揚州大都督謚曰成

史臣曰高崇文以律貞師勤於軍政戎麾指蜀遽立奇功可謂近朝之良將也伊慎朱忠亮劉昌裔范希朝閻巨源孟元陽趙昌等各立功立事亦一時之名臣王鍔明可照姦忠能奉主此乃垂名於後也至若竹頭木屑曾無棄遺作事有程儉而足用則又士君子之爲也如賤收貴出務積珠金唯利是求多財爲累則與夫清白遺子孫者遠矣凡百在位得不鑑之

贊曰崇文之功顯於西蜀伊慎之忠見平南服朱劉范閻各有其目元陽趙昌不無遺躅惟彼太原戰勳可錄累在多財子孫不祿

舊唐書卷一百五十一

舊唐書卷一百五十二

後晉司空同中書門下平章事劉昫撰

列傳第一百二

馬璘　郝廷玉　王栖曜子茂元　劉昌子士涇

李景略　張萬福　高固　郝玼

段佐　史敬奉野詩良輔附

馬璘扶風人也祖正會右威衞將軍父晟右司禦率府兵曹參軍璘少孤落拓不事生業年二十餘讀馬援傳至大丈夫當死於邊野以馬革裹尸而歸慨然歎曰豈使吾祖勳業墜于地乎開元末杖劍從戎自効於安西以前後奇功累遷至左金吾衞將軍同正至德初王室多難璘統甲士三千自二庭赴于鳳翔肅宗奇之委以東討殄寇陝郊破賊河陽皆立殊効嘗從李光弼攻賊洛陽史朝義自領精卒拒王師于北邙營壘如山旌甲耀日諸將愕眙不敢動璘獨率所部橫戈而出入賊陣者數四賊因披靡潰去副元帥李光弼壯之曰吾用兵

三十年未見以少擊衆有雄捷如馬將軍者遷試太常卿明年蕃賊寇邊詔璘赴援河西廣德初僕固懷恩不順誘吐蕃入寇代宗避狄陝州璘即日自河右轉鬭戎虜間至于鳳翔時蕃軍雲合鳳翔節度使孫志直方閉城自守璘乃持滿外向突入懸門不解甲背城出戰吐蕃奔潰璘以勁騎追擊俘斬數千計血流于野由是雄名益振代宗還宮召見慰勞之授兼御史中丞永泰初拜四鎮行營節度兼南道和蕃使委之禁旅俾清殘寇俄遷四鎮北庭行營節度及邠寧節度使兼御史大夫旋加檢校工部尚書以犬戎浸驕歲犯郊境涇州最鄰戎虜乃詔璘移鎮涇州兼權知鳳翔隴右節度副使涇原節度涇州刺史四鎮北庭行營節度使如故復以鄭滑二州隸之璘詞氣慷慨以破虜爲己任既至涇州分建營堡繕完戰守之具頻破吐蕃以其生口俘馘來獻前後破吐蕃約三萬餘衆在涇州令寬而肅人皆樂爲之用鎮守凡八年雖無拓境之功而城堡獲全虜不敢犯加檢校右僕射上甚重之遷檢校左僕射知省事詔宰臣百寮於尚書省送上進封扶風郡王璘雖生於士族少無學術忠而能勇武幹絶

倫艱難之中頗立忠節中興之猛將也年五十六大曆十二年卒德宗悼之廢
朝贈司徒璘久將邊軍屬西蕃寇擾國家倚爲屏翰前後賜與無算積聚家財
不知紀極在京師治第舍尤爲宏侈天寶中貴戚勳家已務奢靡而垣屋猶存
制度然衛公李靖家廟已爲嬖臣楊氏馬廄矣及安史大亂之後法度隳弛內
臣戎帥競務奢豪亭館第舍力窮乃止時謂木妖璘之第經始中堂費錢二十
萬貫他室降等無幾及璘卒於軍子弟護喪歸京師士庶觀其中堂或假稱故
吏爭往赴弔者數十百人德宗在東宮宿聞其事及踐祚條舉格令第舍不得
踰制仍詔毀璘中堂及內官劉忠翼之第璘之家園進屬官司自後公卿賜宴
多於璘之山池子弟無行家財尋盡

郝廷玉者驍勇善格鬬事太尉李光弼爲帳中愛將乾元中史思明再陷洛陽
光弼拔東都之師保河陽時三城壁壘不完芻糧不支旬日賊將安太清等率
兵數萬四面急攻光弼懼賊勢西犯河潼極力保孟津以掎其後晝夜嬰城血
戰不解將士夷傷光弼召諸將訊之曰賊黨何面難抗或對曰西北隅最爲勍

敵乃亟召廷玉謂之曰兇渠攻西北者難奈爾爲我決勝而還辭曰廷玉所領步卒也願得騎軍五百光弼以精騎三百授之光弼法令嚴峻是日戰不利而還者不解甲斬之廷玉奮命先登流矢雨集馬傷不能軍而退光弼登堞見之駭然曰廷玉奔還吾事敗矣促令左右取廷玉首來廷玉見使者曰馬中毒箭非敗也光弼命易馬而復徑騎衝賊陣馳突數四俄而賊黨大敗於河壖廷玉擒賊將徐璜而還繇是賊解中潬之圍信宿退去前後以戰功累授開府儀同三司試太常卿封安邊郡王從光弼鎮徐州光弼薨代宗用爲神策將軍永泰初僕固懷恩誘吐蕃迴紇入犯京畿分命諸將屯於要害廷玉與馬璘率五千人屯於渭橋西窯底觀軍容使魚朝恩以廷玉善陣欲觀其教閱廷玉乃於營內列部伍鳴鼓角而出分而爲陣箕張翼舒乍離乍合坐作進退其衆如一朝恩歎曰吾在兵間十餘年始見郝將軍之訓練耳治戎若此豈有前敵耶廷玉悽然謝曰此非末校所長臨淮王之遺法也太尉善御軍賞罰當功過每校旗之日軍士小不如令必斬之以徇由是人皆自効而赴蹈馳突有心破膽裂者

太尉薨變已來無復校旗之事此不足軍容見賞王縉爲河南副元帥詔以廷玉爲其都知兵馬使累授秦州刺史大曆八年卒追錄舊勳贈工部尚書

王栖曜濮州濮陽人也初遊鄉學天寶末安祿山叛尙衡起義兵討之以栖曜爲牙將下兗鄆諸縣軍威稍振進爲衙前總管初逆將邢超然據曹州栖曜攻之超然乘城號令栖曜曰彼可取也一箭殪之城中氣懾遂拔曹州及衡居節制授右威衛將軍先鋒遊奕使隨衡入朝授試金吾衞將軍上元元年王璵爲浙東節度使奏爲馬軍兵馬使廣德中草賊袁晁起亂台州連結郡縣積衆二十萬盡有浙江之地御史中丞袁傪東討奏栖曜與李長爲偏將聯日十餘戰生擒袁晁收復郡邑十六授常州別駕浙西都知兵馬使時江左兵荒詔內常侍馬日新領汴滑軍五千鎭之日新貪暴賊蕭庭蘭乘人怨訴逐之而劫其衆時栖曜遊奕近郊爲賊所脅進圍蘇州栖曜因其懈怠挺身登城率城中兵復出擊賊其衆大潰還試金吾大將軍李靈曜叛于汴州浙西觀察使李涵俾栖曜將兵四千爲河南犄角以功加銀青光祿大夫累加至御史中丞李希烈旣

陷汴州乘勝東侵連陷陳留雍丘頓軍寧陵期襲宋州浙西節度使韓滉命栖曜將強弩數千夜入寧陵希烈不之知晨朝弩矢及希烈坐幄希烈驚曰此江淮弩士入矣遂不敢東去貞元初拜左龍武大將軍旋授鄜坊丹延節度觀察使檢校禮部尚書兼御史大夫貞元十九年卒於位子茂元茂元幼有勇略從父征伐知名元和中爲右神策將軍太和中檢校工部尚書廣州刺史嶺南節度使在安南招懷蠻落頗立政能南中多異貨茂元積聚家財鉅萬計李訓之敗中官利其財掎摭其事言茂元因王涯鄭注見用茂元懼罄家財以賂兩軍以是授忠武軍節度陳許觀察使會昌中爲河陽節度使是時河北諸軍討劉稹茂元亦以本軍屯天井賊未平而卒

劉昌字公明汴州開封人也出自行間少學騎射及安祿山反昌始從河南節度張介然授易州遂城府左果毅及史朝義遣將圍宋州昌在圍中連月不解城中食盡賊垂將陷之刺史李岑計蹙昌爲之謀曰今河陽有李光弼制勝且江淮足兵此廩中有數千斤麴可以屑食計援兵不二十日當至東南隅之敵

衆以爲危昌請守之昌遂被鎧持盾登城陳逆順以告諭賊賊衆畏服後十五日副元帥李光弼救軍至賊乃宵潰光弼聞其謀召置軍中超授試左金吾衛郎將光弼卒宰臣王縉令歸宋州爲牙門將轉太僕卿兼許州別駕李靈曜據汴州叛刺史李僧惠將受靈曜牽制昌密遣曾神表潛說僧惠僧惠召昌問計昌泣陳其逆順僧惠感之乃使神表齎表詣闕請討靈曜遂翦靈曜左翼汴州平李忠臣嫉僧惠功遂欲殺昌昌潛遁及劉玄佐爲刺史乃復其職又轉太常卿兼華州別駕玄佐尋爲宋亳潁宣武軍節度使昌自下軍爲左廂兵馬使李納反以師收考城充行營諸軍馬步都虞候加檢校太子詹事兼御史中丞明年玄佐圍濮州昌攝濮州刺史李希烈既陷汴州玄佐遣將高翼以精兵五千保援襄邑城陷翼赴水死自宋及江淮人心震恐時昌以三千人守寧陵希烈率五萬衆陣于城下昌深塹以遏地道凡四十五日不解甲胄躬勵士卒大破希烈希烈解圍攻陳州刺史李公廉計窮昌從劉玄佐以浙西兵合三萬人救之至陳州西五十里與賊遇昌晨壓其陣及未成列大破之生擒其將翟曜希

烈退保蔡州自此不復侵軼詔加檢校左散騎常侍隨玄佐收汴州加檢校工部尚書增實封通前二百戸丁母憂起復加金吾衛大將軍贈其母梁國夫人貞元三年玄佐朝京師上因以宣武士衆八千委昌北出五原軍中有前卻沮事昌繼斬三百人遂行尋以本官授京西北行營節度使歲餘授涇州刺史充四鎮北庭行營兼涇原節度支度營田等使昌躬率士衆力耕三年軍食豐羨名聞闕下復築連雲堡受詔城平涼以扼彈箏峽口昌命徒庀事旬餘而畢又於平涼西別築胡谷堡名曰彰信平涼當四會之衝居北地之要分兵援戍遏其要衝遂以保寧邊鄙加檢校右僕射昌初至平涼劫盟之所收聚亡歿將士骸骨坎瘞之因感夢於昌有媿謝之意昌上聞德宗下詔深自剋責遣祕書少監孔述睿及中使以御饌內造衣服數百襲令昌收其骸骨分爲大將三十人將士百人各具棺櫬衣服葬於淺水原建二塚大將曰旌義塚將士曰懷忠塚詔翰林學士撰銘志祭文昌感陳兵設幕次具牢饌祭之昌及大將皆素服臨之焚其衣服紙錢別立二石堆題以塚名諸道師徒莫不感泣昌在西邊僅十

五年強本節用軍儲豐羨及嬰疾約以是日赴京求醫未發而卒年六十四廢朝一日贈司空子士涇士涇德宗朝尚主官至少列十餘年家富於財結託中貴交通權倖憲宗朝遷太府卿制下給事中韋弘景等封還制書言士涇不合居九卿辭語激切憲宗謂弘景曰士涇父有功於國又是戚屬制書宜下弘景奉詔士涇善胡琴多遊權倖之門以此爲之助時論鄙之

李景略幽州良鄉人也大父楷固父承悅檀州刺史密雲軍使景略以門蔭補幽府功曹大曆末寓居河中闔門讀書李懷光爲朔方節度招在幕府五原有偏將張光者挾私殺妻前後不能斷光富於財貨獄吏不能劾景略訊其實光竟伏法既而亭午有女厲被髮血身膝行前謝而去左右有識光妻者曰光之妻也因授大理司直遷監察御史及懷光屯軍咸陽反狀始萌景略時說懷光請復宮闕迎大駕懷光不從景略出軍門慟哭曰誰知此軍一日陷於不義軍士相顧甚義之因退歸私家尋爲靈武節度杜希全辟在幕府轉殿中侍御史兼豐州刺史西受降城使豐州北扼迴紇迴紇使來中國豐乃其通道前爲刺

史者多懦弱虜使至則敵禮抗坐時迴紇遣梅錄將軍隨中官薛盈珍入朝景略欲以氣制之郊迎傳言汝先見中使梅錄初未喻景略既見盈珍乃使謂梅錄曰知可汗初沒欲申弔禮乃登高壠位以待之梅錄俯僂前哭景略因撫之曰可汗棄代助爾號慕虜之驕容威氣索然盡矣遂以父行呼景略自此迴紇使至景略皆拜之于庭由是有威名杜希全忌之上表誣奏貶袁州司馬希全死徵爲左羽林將軍對于延英殿奏對衎衎有大臣風彩時河東李說有疾詔以景略爲太原少尹節度行軍司馬時方鎮節度使少徵入換代者皆死亡乃命焉行軍司馬盡簡自上意受命之日人心以屬景略居疑帥之地勢已難處迴紇使梅錄將軍入朝說置宴會梅錄爭上下坐說不能遏景略叱之梅錄前過豐州者也識景略語音疾趨前拜曰非豐州李端公耶不拜麾下久矣何其瘠也又拜遂命之居次坐將吏賓客顧景略悉加嚴憚說心不平厚賂中尉竇文場將去景略使爲內應歲餘風言迴紇將南下陰山豐州宜得其人上素知景略在邊時事上方軫慮文場在旁言景略堪爲邊任乃以景略爲豐州刺史

兼御史大夫天德軍西受降城都防禦使迫塞苦寒土地鹵瘠俗貧難處景略
節用約己與士同甘苦將卒安之鑿咸應永清二渠溉田數百頃公私利焉廩
儲備器械具政令肅智略明二歲後軍聲雄冠北邊迴紇畏之天下皆惜其理
未盡景略之能貞元二十年卒於鎮年五十五贈工部尚書
張萬福魏州元城人自曾祖至其父皆明經止縣令州佐萬福以父祖業儒皆
不達不喜爲書生學騎射年十七八從軍遼東有功爲將而還累攝舒廬壽三
州刺史舒廬壽三州都團練使州送租賦詣京師至潁州界爲盜所奪萬福領
輕兵馳入潁州界討之賊不意萬福至忙迫不得戰萬福悉聚而誅之盡得其
所亡物并得前後所掠人妻子財物牛馬等萬計悉還其家不能自致者萬福
給船乘以遣之尋眞拜壽州刺史淮南節度副使爲節度使崔圓所忌失刺史
改鴻臚卿以節度副使將千人鎭壽州萬福不以爲恨許杲以平盧行軍司馬
將卒三千人駐濠州不去有窺淮南意圓令萬福攝濠州刺史杲聞卽提卒去
止當塗陳莊賊陷舒州圓又以萬福爲舒州刺史督淮南岸盜賊連破其黨大

曆三年召赴京師代宗謂曰聞卿名久欲一識卿面且將累卿以許杲萬福拜謝因前奏曰陛下以一許杲召臣如河北諸將叛欲以屬何人代宗笑謂曰且與吾了許杲事方當大用卿以爲和州刺史行營防禦使督淮南岸盜賊至州杲懼移軍上元杲至楚州大掠節度使韋元甫命萬福追討之未至淮陰杲爲其將康自勸所逐自勸擁兵繼掠循淮而東萬福倍道追而殺之免者十二三盡得其虜掠金帛婦人等皆送致其家元甫將厚賞將士萬福曰官健常虛費衣糧無所事今乃一小賴之不足過賞請用三之一代宗發詔以勞之賜衣一襲宮錦十雙久之詔以本鎮之兵千五百人防秋西京萬福詣揚州交所領兵會元甫死諸將皆願得萬福爲帥監軍使米重耀亦請萬福知節度事萬福曰某非幸人勿以此相待遂去之帶利州刺史鎮咸陽因留宿衛李正己反將斷江淮路令兵守埇橋渦口江淮進奏舡千餘隻泊渦下不敢過德宗以萬福爲濠州刺史召見謂曰先帝改卿名正者所以褒卿也朕以爲江淮草木亦知卿威名若從先帝所改恐賊不知是卿也復賜名萬福馳至渦口立馬岸上發進

奉舡淄青兵馬倚岸睥睨不敢動諸道舡繼進改泗州刺史魏州飢父子相賣餓死者接道萬福曰魏州吾鄉里安可不救令其兄子將米百車往饟之又使人於汴口魏人自賣者給車牛贖而遣之爲杜亞所忌徵拜右金吾將軍召見德宗驚曰杜亞言卿昏耄卿乃如是健耶詔圖形於凌煙閣數賜酒饌衣服幷勑度支籍口畜給其費及陽城等於延英門外請對論事伏閤不去德宗大怒不可測萬福揚言曰國有直臣天下太平矣萬福年已八十見此盛事閤前徧揖城等天下益重其名貞元二十一年以左散騎常侍致仕其年五月卒年九十萬福自始從軍至卒祿食七十餘年未嘗病一日典九郡皆有惠愛在泗州時遇德宗幸奉天李希烈反陳少遊悉令管內刺史送妻子在揚州以爲質萬福獨不送謂使者曰爲某白相公萬福妻老且醜不足煩相公寄意終不之遣由是爲人所稱

高固高祖侃永徽中爲北庭安撫使有生擒車鼻可汗之功官至安東都護事具前錄固生微賤爲叔父所賣展轉爲渾瑊家奴號曰黃芩性敏惠有膂力善

騎射好讀左氏春秋瑊大愛之養如己子以乳母之女妻之遂以固名取左氏
傳高固之名也少隨瑊從戎於朔方德宗幸奉天固猶在瑊麾下是時賊兵已
突入東壅門固引甲士亂揮長刀連斫數賊拽車塞闉一以當百賊乃退去衆
咸壯之以功封渤海郡王李懷光既反德宗再幸梁漢懷光發跡邠寧至是使
留後張昕取將士萬餘人以資援河中固時在軍中乃伺便突入張昕帳中斬
首以徇拜檢校右散騎常侍前軍兵馬使貞元十七年節度使楊朝晟卒軍中
請固爲帥德宗念固功因授檢校工部尚書順宗即位就加檢校禮部尚書憲
宗朝進檢校右僕射數年受代入爲統軍轉檢校左僕射兼右羽林統軍元和
四年七月卒贈陝州大都督
郝玼者涇原之戍將也貞元中爲臨涇鎮將勇敢無敵聲振虜庭玼以臨涇地
居險要當虜要衝白其帥曰臨涇草木豐茂宜畜牧西蕃入寇每屯其地請完
壘益軍以折虜之入寇前帥不從及段佐節制涇原深然其策元和三年佐請
築臨涇城朝廷從之仍以爲行涼州詔玼爲刺史以戍之自此西蕃入寇不過

臨涇玼出自行間前無堅敵在邊三十年每戰得蕃俘必刳剔而歸其屍蕃人畏之如神贊普下令國人曰有生得郝玼者賞之以等身金蕃中兒啼者呼玼名以怖之十三年檢校左散騎常侍渭州刺史御史大夫充涇原行營節度平涼鎮遏都知兵馬使封保定郡王吐蕃畏其威綱紀欲圖之朝廷慮失驍將移授慶州刺史竟終牖下

段佐者亦以勇敢知名少事汾陽王子儀爲牙將從征邊朔績效居多貞元末爲涇原節度使練卒保邊亦爲西蕃畏憚累至檢校工部尚書右神策大將軍元和五年卒

史敬奉靈武人少事本軍爲牙將元和十四年敬奉大破吐蕃於鹽州城下賜實封五十戶先是西戎頻歲犯邊敬奉白節度杜叔良請兵三千備一月糧深入蕃界叔良以二千五百人授之敬奉旣行十餘日人莫知其所向皆謂吐蕃盡殺之矣乃由他道深入突出蕃衆之後戎人驚潰敬奉率衆大破之殺戮不可勝紀驅其餘衆於蘆河獲羊馬駝牛萬數敬奉形甚短小若不能勝衣至於

野外馳逐能擒奔馬自執鞍勒隨鞍躍上然後羇帶矛矢在手前無強敵甥姪及僮使僅二百人每以自隨臨入敵輒分其隊爲四五隨逐水草每數日各不相知及相遇已皆有獲虜矣與鳳翔將野詩良輔涇原將郝玼各以名雄邊上吐蕃嘗謂漢使曰唐國既與吐蕃和好何妄語也問曰何謂曰若不妄語何因遣野詩良輔作隴州刺史其畏憚如此

史臣曰自盜起中原河隴陷虜犬戎作梗屢犯郊畿謀臣運策以竭精武士荷戈而不暇如璘昌之材力扼腕奮命欲吞虜于胸中郝史驍雄斬將搴旗將申威于塞外而竟不能北踰白道西出蕭關俾十九郡生民竟淪左袵僅能自保功何取焉雖運使時然亦將略有所未至栖曜萬福之節槪景略之負氣壯哉

贊曰馬劉史郝氣雄邊朔力扞獯虜終慚衛霍萬福義勇景略氣豪爲人所忌慷慨徒勞

舊唐書卷一百五十三

後晉司空同中書門下平章事劉昫撰

列傳第一百三

姚南仲　劉迺 子伯芻 孫寬夫 端夫 曾孫允章附　袁高

段平仲　薛存誠 子廷老 廷老子保遜 保遜子昭緯　盧坦

姚南仲華州下邽人乾元初制科登第授太子校書歷高陵昭應萬年三縣尉遷右拾遺轉右補闕大曆十三年貞懿皇后獨孤氏崩代宗悼惜不已令於近城爲陵墓冀朝夕臨望於目前南仲上疏諫曰伏聞貞懿皇后今於城東章敬寺北以起陵廟臣不知有司之請乎陛下之意乎陰陽家流希旨乎臣愚以爲非所宜也謹具疏陳論伏願暫留天睠而省察焉臣聞人臣宅於家君上宅於國長安城是陛下皇居也其可穿鑿興動建陵墓於其側乎此非宜一也夫葬者藏也欲人之不得見也是以古帝前王葬后妃莫不憑丘原遠郊郭今則西臨宮闕南迫康莊若使近而可見死而復生雖在西宮待之可也如骨肉歸土

魂無不之章敬之北竟何所益視之兆庶則彰溺愛垂之萬代則累明德此非所宜二也夫帝王者居高明燭幽滯先皇所以因龍首建望春蓋爲此也今若起陵目前動傷宸慮天心一傷數日不平且匹夫向隅滿堂爲之不樂萬乘不樂人其可歡心乎又暇日起歌動鐘于內此地皆聞此非宜三也伏以貞懿皇后坤德合天母慈逮下陛下以切軫旒扆久俟蓍龜始謚之以貞懿終待之以褻近臣竊惑焉非所以稱述后德光被下泉也今國人皆曰貞懿皇后之陵邇於城下者主上將日省而時望焉斯有損於聖德無益於貞懿將欲寵之而返辱之此非宜四也凡此數事實玷大猷天下咸知伏惟陛下熟計而取其長也陛下方將偃武靖人一誤於此其傷實多臣恐君子是非史官褒貶大明忽虧於掩蝕至德翻後於堯舜不其惜哉今指日尚遙改卜何害抑皇情之殊眷成貞懿之美號疏奏帝甚嘉之賜緋魚袋特加五品階宣付史館與宰相常衮善衮貶官南仲坐出爲海鹽縣令浙江東西道觀察使韓滉辟爲推官奏授殿中侍御史內供奉充支使尋徵還歷左司兵部員外轉郎中遷御史中丞給事中

同州刺史陝虢觀察使貞元十五年代李復爲鄭滑節度使監軍薛盈珍恃勢奪軍政南仲數爲盈珍讒毀德宗頗疑之十六年盈珍遣小使程務盈馳驛奉表誣奏南仲陰事南仲裨將曹文洽亦入奏事京師伺知盈珍表中語文洽私懷憤怒遂晨夜兼道追務盈至長樂驛及之與同舍宿中夜殺務盈沉盈珍表於廁中乃自殺日旰驛吏闢門見血流塗地旁得文洽二緘一告于南仲一表理南仲之冤且陳首殺務盈上聞其事頗駭異之南仲慮釁深遂乞入朝德宗曰盈珍擾軍政耶南仲對曰盈珍不擾軍政臣自隳陛下法耳如盈珍輩所在有之雖羊杜復生撫百姓御三軍必不能成愷悌父母之政師律善陣之制矣上默然久之授尙書右僕射貞元十九年七月終于位年七十四贈太子太保諡曰貞

劉迺字永夷洛州廣平人高祖武幹武德初拜侍中卽中書侍郎林甫從祖兄子也父如璠昫山丞以迺貴贈民部郎中迺少聰穎志學暗記六經日數千言及長文章清雅爲當時推重天寶中舉進士尋丁父艱居喪以孝聞既終制從

調選曹迺常以文部選才未爲盡善遂致書於知銓舍人宋昱曰虞書稱知人則哲能官人則惠巍巍唐虞舉以爲難今夫文部既始之以掄材終之以授位是則知人官人斯爲重任昔在禹稷臯陶之衆聖猶曰載采有九德考績以九載近代主司獨委一二小冢宰察言於一幅之判觀行於一揖之內古今遲速何不侔之甚哉夫判者以狹詞短韻語有定規爲體亦猶以一小冶而鼓衆金雖欲爲鼎爲鏞不可得也故曰判之在文至局促者夫銓者必以崇衣冠自媒耀爲賢斯又士之醜行君子所病若引文公尼父登之於銓廷則雖圖書易象之大訓以判體挫之曾不及徐庾雖有至德以喋喋取之曾不若嗇夫嗚呼彼干霄蔽日誠巨樹也當求尺寸之材必後於椽杙龍吟武嘯誠希聲也若尙頰舌之感必下於蛙黽觀察之際猶不悲夫執事慮過龜策文合雅誥豈拘以瑣瑣故事曲折因循哉誠能先資以政事次徵以文學退觀其理家進察其臨節則庬鴻深沉之事亦可以窺其門戶矣其載補剡縣尉改會稽尉宣州觀察使殷日用奏爲判官宣慰使李季卿又以表薦連授大理評事兼監察御史轉運

使劉晏奏令巡覆江西多所蠲免改殿中侍御史檢校倉部員外民部郎中並
充浙西留後佐晏徵賦頗有裨益晏甚任之大曆十二年元載旣誅以迺久在
職召拜司門員外郎十四年崔祐甫秉政素與迺友善會加郭子儀尚父以冊
禮久廢至是復行之祐甫令兩省官撰冊文未稱旨召迺至閣草之立就詞義
典裁祐甫歎賞久之數日擢爲給事中尋遷權知兵部侍郎及楊炎盧杞爲相
意多醜正以故五歲不遷建中四年夏但真拜而已其冬涇師作亂駕幸奉天
迺臥疾在私第賊泚遣使以甘言誘之迺稱疾篤又令其僞宰相蔣鎮自來招
誘迺託瘖疾灸灼徧身鎮再至知不可劫脅乃歎息曰鎮亦嘗忝列曹郎苟不
能死以至於斯寧以自辱羶腥復欲汙穢賢哲乎歔欷而退及聞輿駕再幸梁
州迺自投於牀搏膺呼天因是危惙絕食數日而卒時年六十德宗還京聞迺
之忠烈追贈禮部尚書子伯芻伯芻字素芝登進士第志行修謹淮南杜佑辟
爲從事府罷屏居吳中久之徵拜右補闕遷主客員外郎以過從友人飲噱爲
韋執誼密奏貶虔州掾曹復爲考功員外郎裴垍善其應對機捷遷考功郎中

集賢院學士轉給事中裴垍罷相爲太子賓客未幾而卒李吉甫復入相與垍宿嫌不加贈官伯芻上疏論之贈垍太子少傅伯芻妻垍從姨也或譏於吉甫此以論奏伯芻懼亟請散地因出爲虢州刺史吉甫卒裴度擢爲刑部侍郎俄知吏部選事元和十年以左常侍致仕卒年六十一贈工部尚書伯芻風姿古雅涉學善談笑而動與時適論者稍薄之子寬夫登進士第歷諸府從事寶曆中入爲監察御史嘗上言曰近日攝祭多差王府官僚位望既輕有乖嚴敬伏請今後攝太尉差尚書省三品已上及保傅賓詹等官如人少即令丞郎通攝之俄轉左補闕少列陳岵進注維摩經得濠州刺史寬夫與同列因對論之言岵因供奉僧進經以圖郡牧敬宗怒謂宰相曰陳岵不因僧得郡諫官安得此言須推排頭首來寬夫奏曰昨論陳岵之時不記發言前後唯握筆草狀即是微臣今論事不當臣合當罪若尋究推排恐傷事體帝嘉其引過欣然釋之寬夫弟端夫爲太常博士駁韋綬謚議知名寬夫子允章煥章允章登進士第累官至翰林學士承旨禮部侍郎咸通九年知貢舉出爲鄂州觀察使檢校工部

尚書後還東都留守黃巢犯洛陽允章不能拒賊不之害坐是廢于家以疾卒

袁高字公頤恕己之孫少慷慨慕名節登進士第累辟使府有贊佐裨益之譽代宗登極徵入朝累官至給事中御史中丞建中二年擢爲京畿觀察使以論事失旨貶韶州長史復拜爲給事中貞元元年德宗復用吉州長史盧杞爲饒州刺史令高草詔書高執詞頭以謁宰相盧翰劉從一曰盧杞作相三年矯詐陰賊退斥忠良朋附者咳唾立至青雲睚眦者顧盼已擠溝壑傲很明德反易天常播越鑾輿瘡痍天下皆杞之爲也爰免族戮雖示貶黜尋已稍遷近地若更授大郡恐失天下之望惟相公執奏之事尚可救翰從一不悅改命舍人草之詔出執之不下仍上奏曰盧杞爲政窮極兇惡三軍將校願食其肉百辟卿士嫉之若讎遺補陳京趙需裴佶宇文炫盧景亮張薦等上疏論奏次日又上疏高又於正殿奏云陛下用盧杞獨秉鈞軸前後三年棄斥忠良附下罔上使陛下越在草莽皆杞之過且漢時三光失序雨旱不時皆宰相請罪小者免官大者刑戮杞罪合至死陛下好生惡殺赦杞萬死唯貶新州司馬旋復遷移今

除刺史是失天下之望伏惟聖意裁擇上謂曰盧杞有不逮是朕之過復奏曰盧杞姦臣常懷詭詐非是不逮上曰朕已有赦高曰赦乃赦其罪不宜授刺史且赦文至優黎民今饒州大郡若命姦臣作牧是一州蒼生獨受其弊望引常參官顧問幷擇謹厚中官令採聽於衆若億兆之人異臣之言臣當萬死於是諫官爭論於上前上良久謂曰若與盧杞刺史太優與上佐可乎曰可矣遂追饒州制翌日遣使宣慰高云朕思卿言深理切當依卿所奏太子少保韋倫太府卿張獻恭等奏袁高所奏至當高是陛下一良臣望加優異貞元二年上以關輔祿山之後百姓貧乏田疇荒穢詔諸道進耕牛待諸道觀察使各選揀牛進貢委京兆府勸課民戶勘責有地無牛百姓量其地著以牛均給之其田五十畝已下人不在給限高上疏論之聖慈所憂切在貧下有田不滿五十畝者尤是貧人請量三兩家共給牛一頭以濟農事疏奏從之尋卒於官年六十中外歎惜憲宗朝宰臣李吉甫嘗言高之忠鯁詔贈禮部尚書

段平仲字秉庸武威人隋人部尚書段達六代孫也登進士第杜佑李復相繼

鎮淮南皆表平仲爲掌書記復移鎮華州滑州仍爲從事入朝爲監察御史平仲磊落尙氣節嗜酒傲言時德宗春秋高多自聽斷由是庶務壅隔事或不理中外畏上嚴察無敢言者平仲嘗謂人曰主上聰明神武臣下畏懼不言自循默耳如平仲一得召見必當大有開悟貞元十四年京師旱詔擇御史郎官各一人發廩賑恤平仲與考功員外陳歸當奉使因辭得對乃入近御座粗陳本事上察平仲意有所畜以歸在側不言及奏事畢退平仲獨不退欲有奏啓上因兼留歸問之聲色甚厲雜以他語平仲錯愕都不得言因誤稱其名上怒叱出之平仲蒼黃又誤趨御障後歸下階連呼乃得出由是坐廢七年然亦因此名顯後除屯田膳部二員外郎東都留守判官累拜右司郎中元和初遷諫議大夫內官吐突承璀爲招討使征鎮州無功而還平仲與呂元膺抗疏論列請加黜責轉給事中自在要近朝廷有得失未嘗不論奏時人推其狷直轉尙書左丞以疾改太子左庶子卒

薛存誠字資明河東人父勝能文嘗作拔河賦詞致瀏亮爲時所稱存誠進士

擢第累辟使府入朝為監察御史知館驛元和初王師討劉闢郵傳多事上特令中官為館驛使存誠密表論奏以為有傷公體會諫官亦論奏上乃罷之轉殿中侍御史還度支員外郎裴垍作相用為起居郎轉司勳員外刑部郎中兼侍御史知雜事改兵部郎中給事中瓊林庫使奏占工徒太廣存誠以為此皆姦人竄名以避征役不可許咸陽縣尉袁儋與軍鎮相競軍人無理遂肆侵誣儋反受罰二勑繼至存誠皆執之上聞甚悅命中使嘉慰之由是擢拜御史中丞僧鑒虛者自貞元中交結權倖招懷賂遺倚中人為城社吏不敢繩會于頔杜黃裳家私事發連逮鑒虛下獄存誠案鞫得姦贓數十萬獄成當大辟中外權要更於上前保救上宣令釋放存誠不奉詔明日又令中使詣臺宣旨曰朕要此僧面詰之非赦之也存誠附中使奏曰鑒虛罪款已具陛下若召而赦之請先殺臣然後可取不然臣期不奉詔上嘉其有守從之鑒虛竟笞死洪州監軍高重昌誣奏信州刺史李位謀大逆追赴京師上令付仗內鞫問存誠一日三表請付位於御史臺及推案無狀位竟得雪未幾再授給事中數月中丞闕

上思存誠前効謂宰相持憲無以易存誠遂復爲御史中丞未視事暴卒憲宗深惜之贈刑部侍郎存誠性和易於人無所不容及當官御事卽確乎不拔士友以是稱重之子廷老廷老謹正有父風而性通銳寶曆中爲右拾遺敬宗荒恣宮中造清思院新殿用銅鏡三千片黃白金薄十萬番廷老與同僚入閤奏事曰臣伏見近日除拜往往不由中書進擬或是宣出伏恐綱紀漸壞姦邪恣行敬宗厲聲曰更諫何事舒元褒對曰近日宮中修造太多上色變曰何處修造元褒不能對廷老進曰臣等職是諫官凡有所聞卽合論奏莫知修造之所但見運瓦木絶多卽知有用乞陛下勿罪臣言帝曰所奏已知尋加史館修撰時李逢吉秉權惡廷老言太切直鄭權因鄭注得廣州節度權至鎭盡以公家珍寶赴京師以酬恩地廷老上疏請按權罪中人由是切齒又論逢吉黨人張權輿程昔範不宜居諫列逢吉大怒廷老告滿十旬逢吉乃出廷老爲臨晉縣令文宗卽位入爲殿中侍御史大和四年以本官充翰林學士與同職李讓夷相善廷老之入內署讓夷薦挈之廷老性放逸嗜酒不持檢操終日酣醉文宗

知之不悅五年罷職守本官讓夷亦坐廷老罷職守職方員外郎廷老尋拜刑部員外郎轉郎中遷給事中開成三年卒廷老當官舉職不求虛譽偘偘於公卿之間甚有正人風望贈刑部侍郎子保遜登進士第位亦至給事中保遜子昭緯乾寧中爲禮部侍郎貢舉得人文章秀麗爲崔胤所惡出爲磎州刺史卒

盧坦字保衡河南洛陽人其先自范陽徙焉父巒贈鄭州刺史坦嘗爲義成軍判官節度使李復疾篤監軍使薛盈珍慮變遽封府庫入其麾下五百人於使牙軍中恟恟坦密言於盈珍促收之及復卒坦護喪歸東都後爲壽安令時河南尹徵賦限窮而縣人訴以機織未就坦請延十日府不許坦令戶人但織而輸勿顧限也違之不過罰令俸耳既成而輸坦亦坐罰由是知名累遷至庫部員外郎兼侍御史知雜事會李錡反有司請毀錡祖父廟墓坦常爲錡從事乃上言曰淮安王神通有功於草昧且古之父子兄弟罪不相及況以錡故累五代祖乎乃不毀因賜神通墓五戶以備灑掃及武元衡爲宰相以坦爲中丞李元素爲大夫命坦分司東都未幾歸臺裴均爲僕射在班踰位坦請退之均不

受坦曰姚南仲爲僕射例如此均曰南仲何人坦曰南仲是守正而不交權倖者也尋罷爲右庶子時人歸咎於均旬月出爲宣歙池觀察使三年入爲刑部侍郎鹽鐵轉運使改戶部侍郎判度支元和八年西受降城爲河徙浸毁宰相李吉甫請移兵於天德故城坦與李絳叶議以爲西城張仁愿所築制匈奴上策城當磧口居虜要衝美水豐草邊防所利今河流之決不過退就二三里奈何捨萬代永安之策徇一時省費之謀況天德故城僻處确瘠其北枕山與河絕遠烽候警備不相統接虜之唐突勢無由知是無故而蹙國二百里非所利也及城使周懷義奏利害與坦議同事既不行未幾出爲劍南東川節度使在鎮累年後請收閏月軍吏糧料以助軍行營人多非之貞元十二年九月卒年六十九贈禮部尚書

史臣曰古之諍臣有死於言者其次引裾折檻不改其操亦難矣哉袁高之執盧杞存誠之剹鑒虛有古人之遺風焉平仲觸鱗之氣糾其謬歟文洽奪章以攄府憤永夷絕食不飲盜泉節義之士也南仲非葬之言盧坦西城之議量之

深也如數子道爲時無君子乃是厚誣

贊曰靈草指佞諫臣匡失惟袁與薛人中屈軼寬夫雀躍廷老鴻軒姚盧啓奏

君子之言

舊唐書卷一百五十三

舊唐書卷一百五十四

後晉司空同中書門下平章事劉昫撰

列傳第一百四

孔巢父從子戡戣戢　許孟容　呂元膺　劉栖楚

張宿　熊望　柏耆

孔巢父冀州人字弱翁父如珪海州司戶參軍以巢父贈工部郎中巢父早勤文史少時與韓準裴政李白張叔明陶沔隱於徂來山時號竹溪六逸永王璘起兵江淮聞其賢以從事辟之巢父知其必敗側身潛遁由是知名廣德中李季卿爲江淮宣撫使薦巢父授左衛兵曹參軍大曆初澤潞節度使李抱玉奏爲賓幕累授監察御史轉殿中檢校庫部員外郎出授歸州刺史建中初涇原節度留後孟暐表巢父試祕書少監兼御史中丞行軍司馬尋拜汾州刺史入爲諫議大夫出爲潭州刺史湖南觀察使未行會普王爲荊襄副元帥以巢父爲元帥府行軍司馬兼御史大夫尋屬涇師之難從德宗幸奉天遷給事中河

中陝華等州招討使累獻破賊之謀德宗甚賞之尋兼御史大夫充魏博宣慰使巢父博辯多智對田悅之衆陳逆順利害君臣之道士衆欣悚喜抃曰不圖今日復覩王化及就宴悅酒酣自矜其騎射之藝拳勇之略因曰若蒙見用無堅不摧巢父謂之曰若如公言而不早歸國者但爲一好賊耳悅曰爲賊既曰好賊爲臣當作功臣巢父曰國方有虞待子而息悅起謝焉悅背叛日久其下厭亂且喜巢父之至數日田承嗣之子緒以失職怨望因人心之搖動遂構謀殺悅而與大將邢曹俊等稟命於巢父巢父因其衆意令田緒權知軍務以紓其難興元元年李懷光擁兵河中七月復以巢父兼御史大夫充宣慰使既傳詔旨懷光以巢父嘗使魏博田悅死於帳下恐禍及又朔方蕃渾之衆數千皆在行列頗驕悖不肅聞罷懷光兵權時懷光素服待命巢父不止之衆咸忿恚咄嗟曰太尉盡無官矣方宣詔讙譟懷光亦不禁止巢父守盈並遇害上聞之震悼贈尚書左僕射仍詔收河中日備禮葬祭賜其家布帛米粟甚厚仍授子正員官從子戡戣戢戡巢父兄岑父之子方嚴有家法重然諾尚忠義盧從史

鎮澤潞辟爲書記從史寖驕與王承宗田緒陰相連結欲效河朔事以固其位戡每秉筆至不軌之言極諫以爲不可從史怒戡歲餘謝病歸洛陽李吉甫鎮揚州召爲賓佐從史知之上疏論列請行貶逐憲宗不得已授衞尉丞分司洛陽初貞元中藩帥誣奏從事者皆不驗理便行降黜及戡詔下給事中呂元膺執之上令中使慰喻元膺制書方下戡不調而卒贈駕部員外郎戣字君嚴登進士第鄭滑節度使盧羣辟爲從事羣卒命戣權掌留務監軍使以氣凌之戣無所屈降入爲侍御史累轉尚書郎元和初改諫議大夫侃然忠讜有諫臣體上疏論時政四條帝意嘉納六年十月內官劉希光受將軍孫璹賂二十萬貫以求方鎮事敗賜希光死時吐突承璀以出軍無功諫官論列坐希光事出爲淮南監軍使太子通事舍人李涉知上待承璀意未衰欲投匭上疏論承璀有功希光無事久委心腹不宜遽棄戣爲匭使得涉副章不受面詰責之涉乃進疏於光順門戣極論其與中官交結言甚激切詔貶涉爲陜州司倉倖臣聞之側目人爲危之戣高步公卿間以方嚴見憚俄兼太子侍讀遷吏部侍郎轉左

丞九年信州刺史李位爲州將韋岳讒譖於本使監軍高重謙言位結聚術士以圖不軌追位至京師鞫於禁中戣奏曰刺史得罪合歸法司按問不合劾於內仗乃出付御史臺戣與三司訊鞫得其狀位好黃老道時修齋籙與山人王恭合鍊藥物別無逆狀以岳誣告決殺貶位建州司馬時非戣論諫罪在不測人士稱之愈爲中官所惡尋出爲華州刺史潼關防禦等使入爲大理卿改國子祭酒十二年嶺南節度使崔詠卒三軍請帥宰相奏擬皆不稱旨因入對上謂裴度曰嘗有上疏論南海進蚶菜者詞甚忠正此人何在卿第求之度退訪之或曰祭酒孔戣嘗論此事度徵疏進之卽日授廣州刺史兼御史大夫嶺南節度使戣剛正清儉在南海請刺史俸料之外絕其取索先是帥南海者京師權要多託買南人爲奴婢戣不受託至郡禁絕賣女口先是準詔禱南海神多令從事代祠戣每受詔自犯風波而往韓愈在潮州作詩以美之時桂管經略使楊旻桂仲武裴行立等騷動生蠻以求功伐遂至嶺表累歲用兵唯戣以清儉爲理不務邀功交廣大理敬宗卽位召爲吏部侍郎長慶中或告戣在南海

時家人受賂上不之責改右散騎常侍二年轉尚書左丞累請老詔以禮部尚書致仕優詔褒美仍令所司歲致羊酒如漢禮徵士故事長慶四年正月卒時年七十三子遵孺温裕皆登進士第大中已後迭居顯職温裕位京兆尹天平軍節度使遵孺子緯自有傳戢字方舉戣母弟也以季父巢父死難德宗嘉其忠詔與一子正員官因授戢修武尉以長兄戡未仕固乞迴授舉明經登第判入高等授祕書省校書郎陽翟尉入拜監察御史轉殿中分司東都時昭義節度判官徐玫以狡悪助成從史之悪從史既得罪孟元陽爲昭義節度復欲用玫爲賓佐戢遂牒澤潞收玫以俟命然後列狀上聞竟流玫播州轉侍御史庫部員外郎初涇師之亂朱泚署彭偃爲舍人至是偃子充符爲鄜坊從事或薦其才執事者召至京師戢謂京兆尹裴武曰朱泚爲僞詔指斥乘輿皆彭偃之詞也悖逆之子不能爲竄獸伏乃違道以干譽子盍效季孫行父之逐莒僕以勉事君者武即日逐充符還京兆尹出爲汝州刺史大理卿出爲潭州刺史湖南觀察使時兄戣爲嶺南兄弟皆居節鎮朝野榮之入爲右散騎常侍拜京兆

尹時累月亢旱深軫聖情輒自禱雨於曲池是夕大雨文宗甚悅詔兼御史大
夫太和三年正月卒贈工部尚書子溫業登進士第大中後歷位通顯溫業子
晦
許孟容字公範京兆長安人也父鳴謙究通易象官至撫州刺史贈禮部尚書
孟容少以文詞知名舉進士甲科後究王氏易登科授秘書省校書郎趙贊為
荊襄等道黜陟使表為判官貞元初徐州節度使張建封辟為從事四遷侍御
史李納屯兵境上揚言入寇建封遣將吏數輩告諭不聽於是遣孟容單車詣
納為陳逆順禍福之計納即日發使追兵因請修好遂表孟容為濠州刺史無
幾德宗知其才徵為禮部員外郎有公主之子請補弘文崇文館諸生孟容舉
令式不許主訴於上命中使問狀孟容執奏竟得還本曹郎中德宗降誕日御
麟德殿命孟容等登座與釋老之徒講論十四年轉兵部郎中未滿歲遷給事
中十七年夏好時縣風雹傷麥上命品官覆視不實詔罰京兆尹顧少連已下
勑出孟容執奏曰府縣上事不實罪止奪俸停官其於弘宥已是殊澤但陛下

使品官覆視後更擇憲官一人再令驗察覆視轉審隱欺益明事宜觀聽法歸綱紀臣受官中謝日伏請詔勑有須詳議者則乞停留晷刻得以奏陳此勑既非急宣可以少駐詔雖不許公議是之十八年浙江東道觀察使裴肅卒以攝副使齊揔爲衢州刺史時揔爲肅剝下進奉以希恩遽授大郡物議喧然詔出孟容執奏曰陛下比者以兵戎之地或有不獲已超授者今衢州無他虞齊揔無殊績忽此超授羣情驚駭揔是浙東判官今詔勑稱權知留後攝都團練副使向來無此勑命便用此詔尤恐不可若揔必有可錄陛下須要酬勞即明書課最超一兩資與改今舉朝之人不知揔之功能衢州浙東大郡揔自大理評事兼監察御史授之使遐邇不甘兇惡騰口如臣言不切乞陛下暫停此詔密使人聽察必賀聖朝無私今齊總詔謹隨狀封進尋有諫官論列乃留中不下德宗召孟容對於延英諭之曰使百執事皆如卿朕何憂也自給事中袁高論盧杞後未嘗有可否及聞孟容之奏四方皆感上之聽納嘉孟容之當官十九年夏旱孟容上疏曰臣伏聞陛下數月已來齋居損膳爲兆庶心疲又勑有司

走於羣望牲於百神而密雲不雨首種未入豈觴醪有闕祈祝非誠爲陰陽適然豐歉前定何聖意精至甘澤未答也臣歷觀自古天人交感事未有不由百姓利病之急者切者邦家教令之大者遠者京師是萬國所會強幹弱枝自古通規其一年稅錢及地租出入一百萬貫臣伏冀陛下即日下令全放免之其次三分放二且使旱涸之際免更流亡若播種無望徵斂如舊則必愁怨遷徙不顧墳墓矣臣愚以爲德音一發膏澤立應變災爲福期在斯須戸部所收掌錢非度支歲計本防緩急別用今此炎旱直支一百餘萬貫代京兆百姓一年差科實陛下巍巍睿謀天下鼓舞歌揚者也復更省察庶政之中有流移征防當還而未還者徒役禁錮當釋而未釋者逋懸饋送當免而未免者沉滯鬱抑當伸而未伸者有一於此則特降明命令有司條列三日內聞奏其當還當釋當免當伸者下詔之日所在即時施行臣愚以爲如此而神不監歲不稔古未之有事雖不行物議嘉之貞元末坐裴延齡李齊運等讒謗流貶者動十數年不量移故因旱歉孟容奏此以諷然終貞元世罕有遷移者孟容以諷諭太切

改太常少卿元和初遷刑部侍郎尚書右丞四年拜京兆尹賜紫神策吏李昱假貸長安富人錢八千貫滿三歲不償孟容遣吏收捕械繫剋日命還之曰不及期當死自興元已後禁軍有功又中貴之尤有渥恩者方得護軍故軍士日益縱橫府縣不能制孟容剛正不懼以法繩之一軍盡驚冤訴於上立命中使宣旨令送本軍孟容繫之不遣中使再至乃執奏曰臣誠知不奉詔當誅然臣職司輦轂合爲陛下彈抑豪強錢未盡輸昱不可得上以其守正許之自此豪右斂迹威望大震改兵部侍郎俄以本官權知禮部貢舉頗抑浮華選擇才藝出爲河南尹亦有威名俄知禮部選事徵拜吏部侍郎會十年六月盜殺宰相武元衡幷傷議臣裴度時淮夷逆命兇威方熾王師問罪未有成功言事者繼上章疏請罷兵是時盜賊竊發人情甚惑獨孟容詣中書雪涕而言曰昔漢廷有一汲黯姦臣尚爲寢謀今主上英明朝廷未有過失而狂賊敢爾無狀寧謂國無人乎然轉禍爲福此其時也莫若上聞起裴中丞爲相令主兵柄大索賊黨窮其姦源後數日度果爲相而下詔行誅時孟容議論人物有大臣風彩由

太常卿爲尚書左丞奉詔宣慰汴宋陳許河陽行營諸軍俄拜東都留守元和十三年四月卒年七十六贈太子少保諡曰憲孟容方勁富有文學其折衷禮法考詳訓典甚堅正論者稱焉而又好推轂樂善拔士士多歸之

呂元膺字景夫鄆州東平人曾祖紹宗右拾遺祖霈殿中侍御史父長卿右衛倉曹參軍以元膺贈祕書監元膺質度瓌偉有公侯之器建中初策賢良對問第授同州安邑尉同州刺史侯鐈聞其名辟爲長春宮判官屬蒲賊侵軼鐈失所元膺遂潛跡不務進取貞元初論惟明節制渭北延在賓席自是名達於朝廷惟明卒王棲曜代領其鎮德宗俾棲曜留署使職咨以軍政累轉殿中侍御史徵入真拜本官轉侍御史丁繼母憂服闋除右司員外郎出爲蘄州刺史頗著恩信嘗歲終閱郡獄囚囚有自告者曰某有父母在明日元正不得相見因泣下元膺憫焉盡脫其械縱之與爲期守吏曰賊不可縱元膺曰吾以忠信待之及期無後到者由是羣盜感義相引而去元和初徵拜右司郎中兼侍御史知雜事遷諫議大夫給事中規諫駁議大舉其職及鎮州王承宗之叛憲宗將

以吐突承璀爲招討處置使元膺與給事中穆質孟簡兵部侍郎許孟容等八
人抗論不可且曰承璀雖貴寵然內臣也若爲帥總兵恐不爲諸將所伏指諭
明切憲宗納之爲改使號然猶專戎柄無功而還出爲同州刺史及中謝上問
時政得失元膺論奏辭氣激切上嘉之翌日謂宰相曰元膺有讜言直氣宜留
在左右使言得失卿等以爲何如李藩裴垍賀曰陛下納諫超冠百王乃宗社
無疆之休臣等不能廣求端士又不能數進忠言孤負聖心合當罪戾請留元
膺給事左右尋兼皇太子侍讀賜以金紫尋拜御史中丞未幾除鄂岳觀察使
入爲尚書左丞度支使潘孟陽與太府卿王遂迭相奏論孟陽除散騎常侍遂
爲鄧州刺史皆假以美詞元膺封還詔書請明示枉直江西觀察使裴堪奏虔
州刺史李將順贓狀朝廷不覆按遽貶將順道州司戶元膺曰廉使奏刺史贓
罪不覆檢卽謫去縱堪之詞足信亦不可爲天下法又封詔書請發御史按問
宰臣不能奪代權德輿爲東都留守檢校工部尚書兼御史大夫都畿防禦使
舊例留守賜旗甲與方鎮同及元膺受任不賜朝論以淮西用兵特用元膺守

洛不宜削其儀制以沮威望諫官論列援華汝壽三州例上曰此數處並宜不
賜留守不賜旗甲自元膺始十年七月鄆州李師道留邸伏甲謀亂初師道於
東都置邸院兵諜雜以往來吏不敢辨因吳元濟北犯郊畿多警防禦兵盡戍
伊闕師道伏甲百餘於邸院將焚宮室而肆殺掠已烹牛饗衆明日將出會小
將李再興告變元膺追兵伊闕圍之半月無敢進攻者防禦判官王茂元殺一
人而後進或有毀其墉而入者賊衆突出圍兵奔駭賊乃團結以其孥偕行出
長夏門轉掠郊墅奪牛馬東濟伊水望山而去元膺誡境上兵重購以捕之數
月有山棚賣鹿於市賊遏山棚乃召集其黨引官兵圍於谷中盡獲之窮理其
魁乃中岳寺僧圓淨年八十餘嘗爲史思明將偉悍過人初執之使折其脛鎚
之不折圓淨罵曰脚猶不解折乃稱健兒乎自置其足教折之臨刑歎曰誤我
事不得使洛城流血死者凡數十人留守防禦將二人都亭驛卒五人甘水驛
卒三人皆潛受其職署而爲之耳目自始謀及將敗無知者初師道多買田於
伊闕陸渾之間凡十餘處故以舍山棚而衣食之有訾嘉珍門察者潛部分之

以屬圓淨以師道錢千萬僞理佛寺期以嘉珍竊發時舉火於山中集二縣山
棚人作亂及窮按之嘉珍門察皆稱害武元衡者元膺以聞送之上都賞告變
人楊進李再興錦綵三百匹宅一區授之郎將元膺因請募山河子弟以衞宮
城從之盜發之日都城震恐留守兵寡弱不可倚而元膺坐皇城門指使部分
氣意自若以故居人帖然數年改河中尹充河中節度等使時方鎮多事姑息
元膺獨以堅正自處監軍使洎往來中貴無不敬憚入拜吏部侍郎因疾固讓
改太子賓客元和十五年二月卒年七十二贈吏部尚書元膺學識深遠處事
得體正色立朝有台輔之望初遊京師時故相齊映謂人曰吾不及識婁郝殆
斯人之類乎其業官行已始終無缺云

劉栖楚出於寒微爲吏鎮州王承宗甚奇之後有薦於李逢吉自鄧掾擢爲拾
遺性果敢逢吉以爲鷹犬之用欲中傷裴度及殺李紳敬宗即位畋遊稍多坐
朝常晚栖楚出班以額叩龍墀出血苦諫曰臣歷觀前王嗣位之初莫不躬勤
庶政坐以待旦陛下即位已來放情嗜寢樂色忘憂安臥宮闈日晏方起西宮

密邇未過山陵鼓吹之聲日喧於外伏以憲宗皇帝大行皇帝皆是長君恪勤庶政四方猶有叛亂陛下運當少主即位未幾惡德布聞臣慮福祚之不長也臣忝諫官致陛下有此請碎首以謝遂以額叩龍墀久之不已宰臣李逢吉出位宣曰劉栖楚休叩頭候詔旨栖楚捧首而起因更陳論搕頭見血上爲之動容以袖連揮令出栖楚又云不可臣奏臣即碎首死中書侍郎牛僧孺復宣示而出敬宗爲之動容無何遷起居郎至諫議俄又宣授刑部侍郎丞郎宣授未之有也改京兆尹摧抑豪右甚有鉤距人多比之於西漢趙廣漢者後恃權寵常以詞氣凌宰相韋處厚遂出爲桂州觀察使逾年卒於任時太和元年九月

張宿者布衣諸生也憲宗爲廣陵王時因軍使張茂宗薦達出入邸第及上在東宮宿時入謁辯譎敢言洎監撫之際驟承顧擢授左拾遺以舊恩數召對禁中機事不密貶郴州郴縣丞十餘年徵入歷贊善大夫左補闕比部員外郎宰相李逢吉惡之數於上前言其狡譎不可保信乃用爲濠州刺史制下宿自理乞留乃追制上欲以爲諫議大夫逢吉奏曰諫議職重當以能可否朝政者爲

之宿細人不足以汙賢者位陛下必須用宿請先去臣即可上不悅又逢吉與裴度是非不同上方委度討伐乃出逢吉爲劍南東川節度乃用宿權知諫議大夫俄而內使宣授初宰相崔羣王涯奏曰諫議大夫前時亦有拔自山林起於卒伍者其例則少用皆有由或道義彰明不求聞達或山林卓異出於羣萃以此選求是愜公議或事迹未著恩由一時雖有例超升即時議未允宿本非文辭入用望實稍輕驟加不次之榮飜恐以身爲累臣等所以累有論諫依資且與郎中事冀適中非於此人情有厚薄請授職方郎中上命如初羣等乃請權知尋又宣授宿怨執政擯己頗加讒毀依附皇甫鎛等傷害清正之士陰事中要以圖進取十三年正月充淄青宣慰使至東都暴病卒於是正人相賀詔贈祕書監

熊望者登進士第粗有文詞而性憸險有口辯往往得遊公卿間率以大言詭意指抉時政既由此而得進士第務進不已而京兆尹劉栖楚以不次驟居清貫廣樹朋黨門庭無晝夜塡委不息望出入栖楚之門爲伺密機陰佐計畫人

無知者昭愍嬉遊之隙學爲歌詩以翰林學士崇重不可褻狎乃議別置東頭學士以備曲宴賦詩令採卑官才堪任學士者爲之栖楚以望名薦送事未行而昭愍崩文宗卽位韋處厚輔政大去姦黨旣逐栖楚又詔曰孔門高懸百行由至順者其身必榮朝廷廣設衆官踐正途者其道必達前鄉貢進士熊望因緣薄伎偷冀褻幸營居中之密職擾惑朝經鼓倡下之囂聲因依邪隙及衆議波湧累月不寧司門驗繻累月至四考覆謬妄乃非坦途朕大啓康莊以端羣望俾示投荒之典用正向方之流可漳州司戶

柏耆者將軍良器之子素負志略學縱橫家流會王承宗以常山叛朝廷厭兵欲以恩澤撫之耆於蔡州行營以畫干裴度請以朝旨奉使鎮州乃自處士授左拾遺旣見承宗以大義陳說承宗泣下請質二男獻兩郡由是知名元和十年王承宗歸國移鎮滑州朝廷賜成德軍賞錢一百萬貫令諫議大夫鄭覃宣慰軍人賞錢未至浩浩然騰口穆宗詔耆往諭旨耆至令承宗集三軍宣導上旨衆心乃安轉兵部郎中太和初遷諫議大夫俄而李同捷叛兩河藩帥加兵

滄德宿師於野連年同捷窮蹙求降者既宣諭訖與節度使李祐謀者乃帥數百騎入滄州取同捷赴京滄德平諸將害者邀功爭上表論列文宗不獲已貶循州司戶判官沈亞之貶虔州南康尉內官馬國亮又奏者於同捷處取婢九人再命長流愛州尋賜死

史臣曰人臣事君犯顏匡政不避死亡之誅議者以爲徇名臣惡其訐也如許京兆之劾軍吏呂尚書之封詔書詞義可觀聳動人聽以爲沽激傷䛕何多而棲楚張宿之徒鷹犬下材爲人嗚吠誠可醜也柏耆恃縱橫之算欲俯拾卿相忘身蹈利旋踵而誅宜哉巢父使不辱命志在致君遭罹喪亂竟陷虎吻而戕哉諸子世載忠貞大中之後鬱爲昌族爲䛕之利豈虛言哉

贊曰君子重義小人殉利巢殞者誅其道卽異許呂封駮照耀黃扉死而可作吾誰與歸

舊唐書卷一百五十四

舊唐書卷一百五十五

後晉司空同中書門下平章事劉昫撰

列傳第一百五

穆寧 子贊質員賞　崔邠 弟鄯鄾鄲　竇羣 兄常牟弟庠鞏

李遜 弟建　薛戎 弟放

穆寧懷州河內人也父元休以文學著撰洪範外傳十篇開元中獻之玄宗賜帛授偃師縣丞安陽令寧清慎剛正重交遊以氣節自任少以明經調授鹽山尉是時安祿山始叛僞署劉道玄爲景城守寧唱義起兵斬道玄首傳檄郡邑多有應者賊將史思明來寇郡寧以攝東光令將兵禦之思明遣使說誘寧立斬之郡懼賊怨深後大兵至奪寧兵及攝縣初寧佐採訪使巡按常過平原與太守顏真卿密揣祿山必叛至是真卿亦唱義舉郡兵以拒祿山會間使持書遺真卿曰夫子爲衞君乎更無他詞真卿得書大喜因奏署大理評事河北採訪支使寧以長子屬母弟曰惟爾所適苟不乏嗣吾無累矣因往平原謂真卿

曰先人有嗣矣古所謂死有輕於鴻毛者寧是也願佐公以定危難真卿深然之其後寧計或不行真卿迫蹙棄郡夜渡河而南見肅宗於鳳翔帝問拒賊之狀真卿曰臣不用穆寧之言功業不成帝奇之發驛召寧將以右職待之會真卿以抗直失旨事遂止上元二年累官至殿中侍御史佐鹽鐵轉運使副元帥李光弼以餉運不繼或惡寧者誣譖於光弼光弼揚言欲殺寧寧直抵徐州見光弼喻以大義不爲撓折光弼深重之寧得行其職寶應初轉侍御史爲河南轉運租庸鹽鐵等副使明年遷戶部員外郎無幾加兼御史中丞爲河南江南轉運使廣德初加庫部郎中是時河運不通漕輓由漢沔自商山達京師選鎮夏口者詔以寧爲鄂州刺史鄂岳沔都團練使及淮西鄂岳租庸鹽鐵沿江轉運使賜金紫時淮西節度使李忠臣貪暴不奉法設防戍以稅商賈又縱兵士剽劫行人殆絕與寧夾淮爲理憚寧威名寇盜輒止沔州別駕薛彥偉坐事忤旨寧杖之致死寧坐貶虔州司馬重貶昭州平集尉大曆四年起授監察御史領轉運留後事於淄青間一年改檢校司封郎中兼侍御史領轉運留後事於

江西明年拜檢校祕書少監兼和州刺史理有善政居無何官罷代寧者以天寶版籍校見戸誣以逋亡多坐貶泉州司戸寧子贊守闕三年告寃詔遣御史按覆而人戸增倍詔書召寧除右諭德寧強毅不能事權貴執政者以爲不附己且憚其難制故處之散位寧默默不得志且曰時不我容我不時殉則非吾之進也在於退乎辭病居家請告幾十旬者數矣親友強之復一朝請上居奉天寧詣行在拜祕書少監與元初改右庶子德宗還京師寧曰可以行吾志矣因移病罷歸東都貞元六年就拜祕書監致仕寧好學善教諸子家道以嚴稱事寡姊以悌聞通達體命未嘗服藥每誡諸子曰吾聞君子之事親養志爲大直道而已愼無爲諂吾之志也貞元十年十月卒時年七十九四子贊質員賞

贊字相明釋褐爲濟源主簿時父寧爲和州刺史以剛直不屈於廉使遂被誣奏貶泉州司戸參軍贊奔赴闕庭號泣上訴詔御史覆問寧方得雪詔曰令子申父之寃憲臣奉君之命楚劍不衝於牛斗秦臺自洗於塵埃由是知名累遷京兆兵曹參軍殿中侍御史轉侍御史分司東都時陝州觀察使盧岳妾裴氏

以有子岳妻分財不及訴於官贊鞫其事御史中丞盧佋佐之令深繩裴罪贊持平不許宰臣竇參與佋善參佋俱持權怒贊以小事不受指使遂下贊獄侍御史杜倫希其意誣贊受裴之金鞭其使以成其獄甚急贊弟賞馳詣闕撾登聞鼓詔三司使覆理無驗出爲郴州刺史參敗徵拜刑部郎中因次對德宗嘉其才擢爲御史中丞時裴延齡判度支以姦巧承恩屬吏有贓犯贊鞫理承伏延齡請曲法出之贊三執不許以款狀聞延齡誣贊不平貶饒州別駕丁母憂再轉虔常二州刺史憲宗卽位拜宣州刺史御史中丞充宣歙觀察使所莅皆有政聲永貞元年十一月卒時年五十八贈工部尚書贊與弟質員賞以家行人材爲搢紳所仰贊官達父母尚無恙家法清嚴贊兄弟奉指使笞責如僮僕贊最孝謹質強直應制策入第三等其所條對至今傳之自補闕至給事中時政得失未嘗不先論諫元和初掌賦使院多擅禁繫戶人而有笞掠至死者質乃論奏鹽鐵轉運司應決私鹽繫囚須與州府長吏監決自是刑名畫一憲宗以王承宗叛用內官吐突承璀爲招討使質率同列伏閤論奏言自古無以中

官爲將帥者上雖改其名心頗不悅尋改質爲太子左庶子五年坐與楊憑善出爲開州刺史未幾卒員工文辭尚節義杜亞爲東都留守辟爲從事檢校員外郎早卒有文集十卷質兄弟俱有令譽而和粹世以滋味目之贊俗而有格爲酪質美而多入爲酥員爲醍醐賞爲乳腐近代士大夫言家法者以穆氏爲高

崔邠字處仁清河武城人祖結父倕官卑邠少舉進士又登賢良方正科貞元中授渭南尉遷拾遺補闕常疏論裴延齡爲時所知以兵部員外郎知制誥至中書舍人凡七年又權知吏部選事明年爲禮部侍郎轉吏部侍郎賜以金紫邠温裕沉密尤敦清儉上亦器重之裴垍將引爲相病難於承答事竟寢兄弟同時奉朝請者四人頗以孝敬怡睦聞後改太常卿知吏部尚書銓事故事太常卿初上大閱四部樂於署觀者縱焉邠自私第去帽親導母輿公卿逢者迎騎避之衢路以爲榮居母憂歲餘卒元和十年三月也時年六十二贈吏部尚書謚曰文簡弟鄯郾鄲等六人子瓘璜瓘子彥融皆登進士第歷位臺閣鄯少

有文學舉進士元和中歷監察御史太和元年十月自太子詹事拜左金吾衛大將軍鄭昆弟六人仕官皆至三品邠郾鄲三人知貢舉掌銓衡冠族聞望爲時名德鄭太和九年冬爲左金吾大將軍無病暴亡不旬日有訓注之亂其亂始自金吾君子乃知鄭之亡崔氏積善之徵也贈禮部尚書子瑄郾字廣略舉進士平判入等授集賢殿校書郎三命升朝爲監察御史刑部員外郎姿質秀偉神情重雅人望而愛之終不可捨不知者以爲事高簡拘靜默耳居內憂釋服爲吏部員外姦吏不敢欺孤寒無援者未嘗留滯銓敘之美爲時所稱再遷左司郎中元和十三年鄭餘慶爲禮儀詳定使選時有禮學者共事以郾爲詳定判官吏部郎中十五年還諫議大夫穆宗卽位荒於禽酒坐朝常晚郾與同列鄭覃等延英切諫穆宗甚嘉之畋遊稍簡長慶中轉給事中昭愍卽位選侍講學士轉中書舍人入思政殿謝恩奏曰陛下用臣爲侍講半歲有餘未嘗問臣經義今蒙轉改實慚尸素有愧厚恩帝曰朕機務稍閑卽當請益高鉞曰陛下意雖樂善旣未延接儒生天下之人寧知重道帝深引咎賜之錦綵郾退與

同列高重抄撮六經嘉言要道區分事類凡十卷名曰諸經纂要冀人主易於省覽上嘉之賜錦綵二百匹銀器等其年轉禮部侍郎東都試舉人凡兩歲掌貢士平心閱試賞拔藝能所擢者無非名士至大中咸通之代爲輔相名卿者十數人出爲陝州觀察使舊弊有上供不足奪吏俸以益之歲八十萬鄴以廉使常用之直代之居二年政績聞於朝遷鄂岳安黃等州觀察使又五年移浙西道都團練觀察使至用寬政安疲人及居鄂渚則峻法嚴刑未常貰一死罪江湖之間萑蒲是叢因造蒙衝小艦上下千里朞月而盡獲羣盜凡三按廉車率由清儉少事財用有餘人遂寧泰開成元年卒年六十九贈吏部尚書謚曰德鄴與兄邠弟鄲等皆有令譽而鄴疎財恢廓昆仲所不及子瑤環瑾珮璆瑤太和三年登進士第出佐藩方入升朝列累至中書舍人大中六年知貢舉旋拜禮部侍郎出爲浙西觀察使又遷鄂州刺史鄂岳觀察使終於位環珮璆官至郎署給諫瑾大中十年登進士第累居使府歷尚書郎知制誥咸通十三年知貢舉選拔頗爲得人尋拜禮部侍郎出爲湖南觀察使鄲登進士第累遷監

察御史三遷考功郎中太和三年以本官充翰林學士轉中書舍人六年罷學士八年爲工部侍郎集賢殿學士權知禮部眞拜兵部侍郎本官判吏部東銓事文宗勤於政道每苦選曹訛弊延英謂宰臣曰吏部殊不選才安得撫實無濫可釐革否李石對曰令錄可以商量他官且宜循舊上曰循舊如配官耳賢不肖安能甄別帝召三銓謂之曰卿等比選令錄如何注擬鄭對曰資敘相當問其爲治之術視可否而擬之帝曰依資合得而才劣者何授對曰與邊遠慢官帝曰如以不肖之才治邊民則疾苦可知也凡朝廷求理遠近皆須得人苟非其才人受其弊矣尋拜吏部侍郎開成二年出爲宣州刺史兼御史中丞宣歙觀察使四年入爲太常卿七月以本官同中書門下平章事尋加中書侍郎銀青光祿大夫會昌初李德裕用事與鄭弟兄素善鄭在相位累年歷方鎮太子師保卒

竇羣字丹列扶風平陵人祖亶同昌郡司馬父叔向以工詩稱代宗朝官至左拾遺羣兄常牟弟鞏皆登進士第唯羣獨爲處士隱居毗陵以節操聞及母卒

嚙一指置棺中因廬墓次終喪後學春秋於啖助之門人盧庇者著書三十四
卷號史記名臣疏貞元中蘇州刺史韋夏卿以丘園茂異薦兼獻其書不報及
夏卿入爲吏部侍郎改京兆尹中謝日因對復薦羣徵拜左拾遺遷侍御史充
入蕃使祕書監張薦判官羣因入對奏曰陛下卽位二十年始自草澤擢臣爲
拾遺是難其進也今陛下以二十年難進之臣用爲和蕃判官一何易也德宗
異其言留之復爲侍御史王叔文之黨柳宗元劉禹錫皆慢羣羣不附之其黨
議欲貶羣官韋執誼止之羣嘗謁王叔文叔文命撤榻而進羣揖之曰夫事有
不可知者叔文曰如何羣曰去年李實伐恩恃貴傾動一時此時公逡巡路旁
乃江南一吏耳今公已處實形勢又安得不慮路旁有公者乎叔文雖異其言
竟不之用憲宗卽位轉膳部員外兼侍御史知雜出爲唐州刺史節度使于頔
素聞其名旣謁見羣危言激切頔甚悅奏留充山南東道節度副使檢校兵部
郎中兼御史中丞賜紫金魚袋宰相武元衡李吉甫皆愛重之召入爲吏部郎
中元衡輔政舉羣代己爲中丞羣奏刑部郎中呂溫羊士諤爲御史吉甫以羊

呂險躁持之數日不下羣等怒怨吉甫三年八月吉甫罷相出鎮淮南羣等欲因失恩傾之吉甫嘗召術士陳登宿于安邑里第翌日羣令吏捕登考劾僞構吉甫陰事密以上聞帝召登面訊之立辯其僞憲宗怒將誅羣等吉甫救之出爲湖南觀察使數日改黔州刺史黔州觀察使在黔中屬大水壞其城郭復築其城徵督谿洞諸蠻程作頗急於是辰錦生蠻乘險作亂羣討之不能定六年九月貶開州刺史在郡二年改容州刺史容管經略觀察使九年詔還朝至衡州病卒時年五十羣性狠戾頗復恩讎臨事不顧生死是時徵入云欲大用人皆懼駭聞其卒方安二子謙餘審餘兄常字中行大曆十四年登進士第居廣陵之柳楊結廬種樹不求苟進以講學著書爲事凡二十年不出貞元十四年鎮州節度使王武俊聞其賢遣人致聘辟爲掌書記不就其年杜佑鎮淮南奏授校書郎爲節度參謀元和六年自湖南判官入爲侍御史轉水部員外郎出爲朗州刺史歷固陵潯陽臨川三郡守入爲國子祭酒求致仕寶曆元年卒時年七十子弘餘會昌中爲黃州刺史牟字貽周貞元二年登進士第試祕書省

校書郎東都留守巡官歷河陽昭義從事檢校水部郎中賜緋再爲留守判官入爲都官郎中出爲澤州刺史入爲國子祭酒長慶二年卒時年七十四子周餘大中年祕書監牟弟庠字胄卿釋褐國子主簿吏部侍郎韓皐出鎮武昌辟爲推官皐移鎮浙西奏庠爲節度副使殿中侍御史遷澤州刺史又爲宣歙副使除奉天令登州刺史東都留守判官歷信婺二州刺史卒年六十三子緜載

鞏字友封元和二年登進士第袁滋鎮滑州辟爲從事滋改荊襄二鎮皆從之掌管記之任平盧薛平又辟爲副使入朝拜侍御史歷司勳員外刑部郎中元稹觀察浙東奏爲副使檢校祕書少監兼御史中丞賜金紫稹移鎮武昌鞏又從之鞏能五言詩昆仲之間與牟詩俱爲時所賞重性溫雅多不能持論士友言議之際吻動而不發白居易等目爲囁嚅翁終于鄂渚時年六十子六人景餘師裕最知名

李遜字友道後魏申公發之後於趙郡謂之申公房曾祖進德太子中允祖珍玉昌明令父震雅州別駕世寓於荊州之石首遜登進士第辟襄陽掌書記復

從事於湖南主其留務頗有聲績累拜池濠二州刺史先是濠州之都將楊騰削刻士卒州兵三千人謀殺騰騰覺之走揚州家屬皆死濠兵不自戢因行攘剽及遜至郡餘亂未殄徐驅其間爲陳逆順利害之勢衆皆釋甲請罪因以寧息觀察使旨限外徵役皆不從入拜虞部郎中元和初出爲衢州刺史以政績殊尤遷越州刺史兼御史大夫浙東都團練觀察使先是貞元初皇甫政鎮浙東嘗福建兵亂逐觀察使吳詵政以所鎮實壓閩境請權益兵三千俟賊平而罷賊平向三十年而所益兵仍舊遜視事數日舉奏停之遜爲政以均一貧富扶弱抑強爲己任故所至稱理九年入爲給事中遜以舊制隻日視事對羣臣遜奏論曰事君之義有犯無隱陳誠啓沃不必擇辰今羣臣數奏乃俟隻日是畢歲臣下覿天顏獻可否能幾何憲宗嘉之乃許不擇時奏對俄遷戶部侍郎元和十年拜襄州刺史充山南東道節度觀察等使襄陽前領八郡唐鄧隋在焉是時方討吳元濟朝議以唐蔡鄰接遂以鄧隸唐州三郡別爲節制命高霞寓領之專俟攻討遜以五州賦餉之時遜代嚴綬鎮襄陽綬以八州兵討賊在

唐州既而綬以無功罷兵柄命高霞寓代綬將兵於唐州其襄陽軍隸于霞寓軍士家口在襄州者遜厚撫之士卒多捨霞寓亡歸既而霞寓爲賊所敗乃移過于遜言供饋不時霞寓本出禁軍內官皆佐之既貶官中人皆言遜撓霞寓軍所以致敗上令中使至襄州聽察曲直奏言遜不直乃左授太子賓客分司又降爲恩王傅十三年李師道効順命遜爲左散騎常侍馳赴東平諭之師道得詔意動即請効順旋爲其下所惑而止遜還未幾除京兆尹改國子祭酒十四年拜許州刺史充忠武節度陳許溵蔡等州觀察處置等使是時新罹兵戰難遽完緝及遜至集大軍與之約束嚴具示賞罰必信號令數百言士皆感悅長慶元年幽鎮繼亂遜請身先討賊不許但命以兵一萬會于行營遜奉詔即日發兵故先諸軍而至由是進位檢校吏部尚書尋改鳳翔節度使行至京師以疾陳乞改刑部尚書長慶三年正月卒年六十三廢朝一日贈右僕射遜幼孤寓居江陵與其弟建皆安貧苦易衣併食講習不倦遜兄造知二弟賢日爲營丐成其志業建先遜一年卒兄弟同致休顯士君子多之謚曰恭肅造早卒

建字杓直家素清貧無舊業與兄造遜於荆南躬耕致養嗜學力文舉進士選授祕書省校書郎德宗聞其名用爲右拾遺翰林學士元和六年坐事罷職降詹事府司直高郢爲御史大夫奏爲殿中侍御史遷兵部郎中知制誥自以草詔思遲不願司文翰改京兆尹與宰相韋貫之友善貫之罷相建亦出爲澧州刺史徵拜太常少卿尋以本官知禮部貢舉建取捨非其人又惑於請託故其年選士不精坐罰俸料明年除禮部侍郎竟以人情不洽改爲刑部建名位雖顯以廉儉自處家不理垣屋士友推之長慶二年二月卒贈工部尚書三子訥恪朴訥最知名官至華州刺史檢校尚書右僕射

薛戎字元夫河中寶鼎人少有學術不求聞達居於毗陵之陽羨山年餘四十不易其操江西觀察使李衡辟爲從事使者三返方應故相齊映代衡又留署職府罷歸山福建觀察使柳冕表爲從事累月轉殿中侍御史會泉州闕刺史冕署戎權領州事是時姚南仲節制鄭滑從事馬揔以其道直爲監軍使誣奏貶泉州別駕冕附會權勢欲構成揔罪使戎按問曲成之戎以揔無辜不從冕

意別白其狀戎還自泉州冕盛氣據衙而見賓客戎遂歷東廂從容而入冕度
勢未可屈徐起以見一揖而退又構其罪以狀聞置戎于佛寺環以武夫恣其
侵辱如是累月誘令成摠之罪操心如一竟不動搖杜佑鎮淮南知戎之冤乃
上其表發書諭冕戎難方解遂辭職寓居於江湖間後閻濟美爲福建觀察使
備聞其事奏充副使又隨濟美移鎮浙東改侍御史入拜刑部員外郎出爲河
南令累改衢湖常三州刺史還浙東觀察使所莅皆以政績聞居數歲以疾辭
官長慶元年十月卒贈左散騎常侍戎檢身處約不務虛名俸入之餘散於宗
族身歿之後人無譏焉兄弟五人季弟放最知名放登進士第性端厚寡言於
是非不甚繫意累佐藩府莅事幹敏官至試大理評事擢拜右拾遺轉補闕歷
水部兵部二員外遷兵部郎中遇憲宗以儲皇好書求端士輔導經義選充皇
太子侍讀及穆宗嗣位未聽政閒放多在左右密參機命穆宗常謂放曰小子
初承大寶懼不克荷先生宜爲相以匡不逮放叩頭曰臣實庸淺獲侍冕旒固
不足猥塵大位輔弼之任自有賢能其言無矯飾皆此類也穆宗深嘉其誠因

召對思政殿賜以金紫之服轉工部侍郎集賢學士雖任非峻切而恩顧轉隆
轉刑部侍郎職如故穆宗常謂侍臣曰朕欲習學經史何先放對曰經者先聖
之至言仲尼之所發明皆天人之極致誠萬代不刊之典也史記前代成敗得
失之迹亦足鑒其興亡然得失相參是非無準的固不可爲經典比也帝曰六
經所尚不一志學之士白首不能盡通如何得其要對曰論語者六經之菁華
孝經者人倫之本窮理執要眞可謂聖人至言是以漢朝論語首列學官光武
令虎賁之士皆習孝經玄宗親爲孝經注解皆使當時大理四海乂寧蓋人知
孝慈氣感和樂之所致也上曰聖人以孝爲至德要道其信然乎轉兵部侍郎
禮部尚書判院事放閨門之內尤推孝睦孤孀百口家貧每不給贍常苦俸薄
放因召對懇求外任其時偶以節制無闕乃授以廉問及鎮江西惟用淸潔爲
理一方之人至今思之寶曆元年卒於江西觀察使廢朝一日
史臣曰穆祕監之剛正不奪如寒松倚巖千丈勁節而竇容州之敢決如鷙鳥
逐雀英氣動人巖穴之流罕能及此然矯激過當君子不爲如塤如篪不通不

介士行之美崔氏諸子有焉建遜之貞方戎放之道義元和已來稱爲令族宜哉

贊曰穆之贊質竇之常羣迹參時傑氣爽人文二李英英四崔濟濟薛氏三門難兄難弟

舊唐書卷一百五十五

舊唐書卷一百五十五考證

竇羣傳扶風平陵人○沈炳震曰新書京兆金城人案扶風無平陵金城本始平疑爲始平然不屬扶風

舊唐書卷一百五十五考證

舊唐書卷一百五十六

後晉司空同中書門下平章事劉昫撰

列傳第一百六

于頔 韓弘子公武 弘弟充 李質附 王智興子晏平 晏宰

于頔字允元河南人也周太師燕文公謹之後也始以蔭補千牛調授華陰尉黜陟使劉灣辟爲判官又以櫟陽主簿攝監察御史充入蕃使判官再遷司門員外郎兼侍御史賜紫充入西蕃計會使將命稱於時論以爲有出疆專對之能歷長安縣令駕部郎中出爲湖州刺史因行縣至長城方山其下有水曰西湖南朝疏鑿溉田三千頃久堙廢頔命設堤塘以復之歲獲秔稻蒲魚之利人賴以濟州境陸地褊狹其送終者往往不掩其棺槥頔葬朽骨凡十餘所改蘇州刺史濬溝瀆整街衢至今賴之吳俗事鬼頔疾其淫祀廢生業神宇皆撤去唯吳太伯伍員等三數廟存焉雖爲政有績然橫暴已甚追憾湖州舊尉封杖以計強決之觀察使王緯奏其事德宗不省及後頔累遷乃與緯書曰一蒙惡

奏三度改官由大理卿遷陜虢觀察使自以爲得志益恣威虐官吏日加科罰
共惴恐重足一跡掾姚峴不勝其虐與其弟汎舟于河遂自投而死貞元十四
年爲襄州刺史充山南東道節度觀察地與蔡州鄰吳少誠之叛頔率兵赴唐
州收吳房朗山縣又破賊於濯神溝於是廣軍籍募戰士器甲犀利僴然專有
漢南之地小失意者皆以軍法從事因請升襄州爲大都督府府比鄆魏時德
宗方姑息方鎮聞頔事狀亦無可奈何但允順而已頔奏請無不從於是公然
聚斂恣意虐殺專以淩上威下爲務鄧州刺史元洪頔誣以贓罪奏聞朝旨不
得已爲流端州命中使監焉至隋州棗陽縣頔命部將領士卒數百人劫洪至
襄州拘留之中使奔歸京師德宗怒笞之數十頔又表洪其責太重復降中使
景忠信宣旨慰諭遂除洪吉州長史然後洪獲赴謫所又怒判官薛正倫奏貶
峽州長史及勑下頔怒已解復奏請爲判官德宗皆從之正倫卒未殯頔以兵
圍其宅令孽男逼娶其嫡女頔累遷至左僕射平章事燕國公俄而不奉詔旨
擅總兵據南陽朝廷幾爲之旰食及憲宗即位威肅四方頔稍戒懼以第四子

季友求尚主憲宗以長女永昌公主降焉其第二子方屢諷其父歸朝入覲冊
拜司空平章事元和中內官梁守謙掌樞密頗招權利有梁正言者勇於射利
自言與守謙宗盟情厚頔子敏與之遊處正言取頔財賄言賂守謙以求出鎮
久之無効敏責其貨於正言乃誘正言之僮支解棄于溷中八年春敏奴王再
榮詣銀臺門告其事卽日捕頔孔目官沈璧家僮十餘人於內侍獄鞫問尋出
付臺獄詔御史中丞薛存誠刑部侍郎王播大理卿武少儀爲三司使按問乃
搜死奴於其第獲之頔率其男贊善大夫正駙馬都尉季友素服單騎將赴闕
下待罪於建福門門司不納退於街南負牆而立遣人進表閤門使以無引不
受日沒方歸明日復待罪於建福門宰相喻令還第貶爲恩王傅敏長流雷州
錮身發遣殿中少監駙馬都尉季友追奪兩任官階令其家循省左贊善大夫
正祕書丞方並停見任孔目官沈璧決四十配流封州奴犀牛與劉幹同手殺
人宜付京兆府決殺敏行至商山賜死梁正言僧鑒虛並付京兆府決殺頔其
年十月改授太子賓客十年王師討淮蔡諸侯貢財助軍頔進銀七千兩金五

百兩玉帶二詔不納復還之十三年頔表求致仕宰臣擬授太子少保御筆改爲太子賓客其年八月卒贈太保謚曰厲其子季友從獵苑中訴於穆宗賜謚曰思右丞張正甫封勑請還本謚右補闕高鉞上疏論之曰夫謚者所以懲惡勸善激濁揚清使忠臣義士知勸亂臣賊子知懼雖竊位於當時死加惡謚者所以懲暴戾垂沮勸孔子修春秋亂臣賊子懼蓋爲此也垂範如此而不能救況又隳其典法乎臣風聞此事是徐泗節度使李愬奏請李愬勳臣節將陛下寵其勳勞賜其爵祿車服第宅則可若亂朝廷典法將何以沮勸仲尼曰唯名與器不可以假人名器君之所司若以假人與之政也政亡則國家從之頔頃鎮襄漢殺戮不辜恣行兇暴移軍襄鄧迫脅朝廷擅留逐臣徼遮天使當先朝嗣位之始貴安反側以靖四方幸免鈇鉞之誅得全腰領而斃誠宜謚之繆厲以沮兇邪豈可曲加美名以惠奸宄如此則是于頔生爲奸臣死獲美謚竊恐天下有識之士謂聖朝無人有此倒置伏請速追前詔却依太常謚爲厲使朝典無虧國章不濫太常博士王彥威又疏曰古之聖王立謚法者所以彰善惡

垂勸誡使一字之褒賞踰紱冕一言之貶辱過朝市此有國之典禮陛下勸懲之大柄也頔頃擁節旄肆行暴虐人神共憤法令不容擅與全師僭爲正樂侵辱中使擅止制囚殺戮不辜誅求無度臣故定諡爲厲今陛下不忍改賜爲思誠出聖慈實害聖政伏以陛下自臨宸扆懋建大中闡善若驚從諫不倦況當統天立極之始所謂執法慎名之時一垂恩光大啓徼倖且如頔之不法然而陛下不忍加懲臣恐今後不逞之徒如頔者衆矣死援頔例陛下何以處之是恩曲於前而弊生於後若以李吉甫有賜諡之例則甫之爲相也有犯上殺人之罪乎以頔況之恐非倫類如以頔常入財助國改過來覲兩使絕域可以贖論夫傷物害人剝下奉上納賄求幸尤不可長其漸焉自兩河宿兵垂七十年王師憊征瘡痏未息及張茂昭以易定入覲陳權以滄景歸朝故恩禮殊尤以勸來者而于頔以文吏之職居腹心之地而倔強犯命不獲已而入朝豈茂昭之比乎縱有入財使遠之勤何以掩其惡迹伏望陛下恩由義斷澤以禮成褒貶道存僥倖路絕則天下幸甚疏奏不報竟諡爲思長慶中以戚里勳家諸貴

引用于方復至和王傳家富於財方交結遊俠務於速進元稹作相欲以其策平河朔羣盜方以策畫干稹而李逢吉之黨欲傾裴度乃令人告稹欲結客刺度事下法司按鞫無狀而方竟坐誅

韓弘頴川人其祖父無聞世居滑之匡城少孤依母族劉玄佐即其舅也事玄佐爲州掾累奏試大理評事玄佐卒子士寧被逐弘出汴州爲宋州南城將劉全諒時爲都知兵馬使貞元十五年全諒卒汴軍懷玄佐之惠又以弘長厚共請爲留後環監軍使請表其事朝廷亦以玄佐故許之自試大理評事檢校工部尚書汴州刺史兼御史大夫宣武軍節度副大使知節度事宋亳汴頴觀察等使時吳少誠遣人至汴密與劉全諒謀因曲環卒襲陳許會全諒卒其人在傳舍弘喜獲節鉞即斬其人以聞立出軍三千助禁軍共討少誠汴州自劉士寧之後軍益驕恣及陸長源遇害頗輕主帥其爲亂魁黨數十百人弘視事數月皆知其人有部將劉鍔者兇卒之魁也弘欲大振威望一日引短兵於衙門召鍔與其黨三百數其罪盡斬之以徇血流道中弘對賓僚言笑自若自是訖

弘入朝二十餘年軍衆十萬無敢怙亂者累授檢校左右僕射司空憲宗即位加同平章事時王鍔檢校司空平章事致書于宰臣武元衡恥在王鍔之下憲宗方欲用形勢以臨淮西乃授以司徒平章事班在鍔上及用嚴綬爲招討爲賊所敗弘方鎮汴州當兩河賊之衝要朝廷慮其異志欲以兵柄授之而令李光顏烏重胤實當旗鼓乃授弘淮西諸軍行營都統令兵部郎中知制誥李程宣賜官告弘實不離理所唯令其子公武率師三千隸李光顏軍弘雖居統帥常不欲諸軍立功陰爲逗撓之計每聞獻捷輒數日不怡其危國邀功如是吳元濟誅以統帥功加檢校司徒兼侍中封許國公罷行營都統十四年誅李師道收復河南二州弘大懼其年七月盡攜汴之牙校千餘人入覲對於便殿拜舞之際以其足疾命中使掖之宴賜加等預冊徽號大禮進絹三十五萬匹絁三萬匹銀器二百七十件三上章堅辭戎務願留京師奉朝請詔曰納大忠樹嘉績爲臣所以明極節錫殊寵進高秩有國所以待元臣況乎邦教誕敷王言總會百辟攸憲四方式瞻永念于懷久虛其位載揚成命僉曰休哉宣武軍節

度副大使知節度事汴宋亳頴等州觀察處置等使開府儀同三司守司徒兼侍中使持節汴州諸軍事汴州刺史上柱國許國公食邑三千戶韓弘降神挺材積厚成器中蘊深閎之量外標嚴重之姿有匡國濟時之心推誠不耀有夷兇禁暴之略仗義益彰自鎮浚郊二十餘載師徒稟訓而咸肅吏士奉法而愈明俗臻和平人用庶富威聲之重隱若山崇屬者淮濆濯征命統羣帥克殄殘孽惟乃有指蹤之功及齊境與妖分師進討遂梟元惡惟乃有略地之効既聞旋旆俄請執珪深陳魏闕之誠遠繼韓侯之志朝天有慶就日方伸又抗表章固辭戎旅三加敦諭所守彌堅于蕃于宣諒切於注意我弼我輔難違其衷懇式遂艮願載兼上司論道之榮因之以齊八政中樞之長昇之以贊萬務玄衮赤舄備于寵光不有其人孰膺斯任可守司徒兼中書令乃以吏部尚書張弘靖兼平章事代弘鎮宣武憲宗崩以弘攝冢宰十五年六月以本官兼河中尹河中晉絳節度觀察等使時弘弟充爲鄭滑節度使子公武爲鄜坊節度使父子兄弟皆秉節鉞人臣之寵冠絕一時二年請老乞罷戎鎮三表從之依前守

司徒中書令其年十二月病卒時年五十八贈太尉賻絹二千匹布七百端米粟千碩初弘鎮大梁二十餘載四州征賦皆爲己有未嘗上供有私錢百萬貫粟三百萬斛馬七千匹兵械稱是專務聚財積粟峻法樹威而莊重寡言沉謀勇斷隣封如吳少誠李師道輩皆憚之詔使宣諭弘多倨待及齊蔡賊平勢屈入覲兩朝寵待加等弘竟以名位始終人臣之幸也時公武已卒弘孫紹宗嗣

公武自宣武馬步都虞候將兵誅蔡賊平檢校右散騎常侍鄜州刺史鄜坊等州節度使丁所生憂起復金吾將軍仍舊職十四年父弘入朝公武乞罷節度入爲右金吾將軍既而弘出鎮河中季父充移鎮宣武公武歎曰二父聯居重鎮吾以孺子當執金吾職家門之盛懼不克勝堅辭宿衛改右驍衛將軍性頗恭遜不以富貴自處弘罷河中居永崇里第公武居宣陽里之北門因省父無疾暴卒贈戶部尚書

充依舅劉玄佐歷河陽昭義牙將及兄弘節制宣武召歸主親兵奏授御史大夫弘頗酷法人人不自保充獨謙恭執禮未嘗懈怠繇是徧得士心然以親逼權重常不自安元和六年因獵近郊單騎歸于洛陽時朝

廷方姑息弘亦憐充之無異志擢拜右金吾衛將軍十二月轉大將軍歷少府監十五年代姪公武爲鄜坊節度使檢校工部尚書長慶二年幽鎮魏復亂朝廷以王承元有冀卒數千在滑州恐封疆相接復相勸誘命充與承元更換所守檢校左僕射是歲汴州節度使李愿被三軍所逐立都將李㝏爲留後朝廷以充久在汴州衆心悅附命充爲宣武節度使兼統義成之師往討㝏會㝏疽發腦屬兵於紀綱李質質以計誅首亂送㝏歸京師充遂不戰而入大梁時陳許李光顏亦奉詔討㝏軍於尉氏意欲必先收汴因大肆俘掠汴州監軍使姚文壽亦欲招許下之師充在中牟聞其謀率衆徑至城下汴人素懷充來皆踊躍相賀無復疑貳詔加檢校司空詔割潁州隸滑州充既安堵密籍部伍間得嘗構惡者千餘人一日下令幷父母妻子立出之敢逡巡境內者斬自是軍政大理汴人無不愛戴四年八月例加司徒詔未至暴疾卒時年五十五贈司徒諡曰肅充雖內外皆將家素不事豪侈常以儉約自持臨機決策動無遺悔善將者多之

李質者汴之牙將李㝏既爲留後倚質爲心腹及朝廷以㝏爲郡守志邀節鉞質勸喻不從會㝏疽發首乃與監軍姚文壽謀斬㝏傳首京師有詔以韓充鎮汴充未至質權知軍州事使衙牙兵二千人皆日給酒食物力爲之損屈充將至質曰若韓公始至頓去二千人日膳人情必大去若不除之後當無繼不可留此弊以遺吾帥遂處分停日膳而後迎充召爲金吾將軍長慶三年四月卒

王智興字匡諫懷州温縣人也曾祖靖左武衞將軍祖瓌右金吾衞將軍父縉太子詹事智興少驍鋭爲徐州衙卒事刺史李洧及李納謀叛欲害洧洧遂以徐州歸國納怒以兵攻徐甚急智興健行不四五日齎表京師求援德宗發朔方軍五千人隨智興赴之淄青圍解自是智興常以徐軍抗納累歷滕豐沛狄四鎮將自是二十餘年爲徐將元和中王師誅吳元濟李師道與蔡賊謀撓沮王師頻出軍侵徐徐帥李愿以所部步騎悉委智興以抗之鄆將王朝晏以兵攻沛智興擊敗之賊又令姚海率勁兵二萬圍豐攻城甚急智興復擊敗之於賊壁獲美妾智興懼軍士爭之乃曰軍中有女子安得不敗此雖無罪違軍法

也即斬之以徇累官至侍御史本軍都押衙十三年王師誅李師道智興率徐軍八千會諸道之師進擊與陳許之軍大破賊於金鄉拔魚臺俘斬萬計以功遷御史中丞賊平授沂州刺史長慶初河朔復亂徵兵進討穆宗素知智興善將遷檢校左散騎常侍兼御史大夫充武寧軍節度副使河北行營都知兵馬使初召智興以徐軍三千渡河徐之勁卒皆在部下節度使崔羣慮其旋軍難制密表請追赴闕授以他官事未行會赦王廷湊諸道班師智興先期入境羣頗憂疑令府僚迎勞且誡之曰兵士悉輸甲仗於外副使以十騎入城智興既首處賓僚聞之心動率歸師斬關而入殺軍中異己者十餘人然後詣衙謝羣曰此軍情也羣治裝赴闕智興遣兵士援送羣家屬至埇橋遂掠鹽鐵院緡幣及汴路進奉物商旅貲貨率十取七八逐濠州刺史侯弘度弘度棄城走朝廷以罷兵力不能加討遂授智興檢校工部尚書徐州刺史御史大夫充武寧軍節度徐泗濠觀察使自是智興務積財賄以賂權勢賈其聲譽用度不足稅泗口以裒益之累加至檢校僕射司空太和初李同捷據滄德叛智興上章請躬

督士卒討賊從之乃出全軍三萬自備五月粮餉朝廷嘉之加檢校司徒同平章事兼滄德行營招撫使初同捷狂桀犯命濟之以王廷湊王師經年無功及智興拔棣州賊大懼諸軍稍務進取以智興首功加守太傅封鴈門郡王賊平入朝上賜宴麟德殿賞賜珍玩名馬進位侍中改許州刺史忠武軍節度陳許蔡等州觀察使太和七年改授河中尹河中節度晉磁隰觀察等使智興因入朝九年五月改汴州刺史宣武軍節度宋亳汴潁觀察等使開成元年七月卒年七十九贈太尉不視朝三日葬于洛陽榆林之北原四鎮將校會葬者千人智興九子晏平晏宰晏皐晏實晏恭晏逸晏深晏斌晏韜而晏平晏宰最知名晏平幼從父征伐以討李同捷功授檢校右散騎常侍靈州大都督府長史朔方靈鹽節度丁父憂奔歸洛陽晏平居官貪黷去鎮日擅將征馬四百餘匹及兵仗七千事自衞爲憲司所糾減死長流康州以父喪未赴流所告於河北三鎮三帥上表救解請從昭雪改授撫州司馬給事中韋温薛廷老盧弘宣封還制書改永州司戸韋温又執不下文宗令中使宣諭方行晏宰於昆仲間最稱

偉器大中後歷上黨太原節度使扞迴鶻党項屢立邊功晏皐仕至左威衞將軍

史臣曰于燕公以儒家子逢時擾攘不持士範非義非俠健者不爲末塗淪躓固其宜矣韓王二帥乘險蹈利犯上無君豺狼噬人鵂鶹幸夜爵祿過當其可已乎謂之功臣恐多慚色

贊曰于子淸狂輕犯彝章韓虐王剽專恣一方元和赫斯揮劍披攘擇肉之倫爪距摧藏

舊唐書卷一百五十六

舊唐書卷一百五十七

後晉司空同中書門下平章事劉昫撰

列傳第一百七

王翃兄翃　郗士美　李鄘子柱　柱子碤

辛祕　馬揔　韋弘景　王彥威

王翃太原晉陽人也兄翃乾元中累官至京兆少尹性謙柔淡於聲利自商州刺史遷襄州刺史山南東道節度觀察等使入朝充北蕃宣慰使稱職代宗素重之及卽位目爲純臣遷刑部侍郎御史中丞居憲司雖不能舉振綱條然以謹重知名大曆二年卒翃爲侍郎時翃自折衝授辰州刺史遷朗州有威望智術所莅立名大曆五年遷容州刺史容管經略使自安史之亂頻詔徵發嶺南兵募隸南陽魯炅軍炅與賊戰於葉縣大敗餘衆離散嶺南谿洞夷獠乘此相恐爲亂其首領梁崇牽自號平南十道大都統及其黨覃問等誘西原賊張侯夏永攻陷城邑據容州前後經略使陳仁璀李抗侯令儀耿慎惑元結長孫全

緒等雖容州刺史皆寄理藤州或寄梧州及翃至藤州言於衆曰吾爲容州刺史安得寄理他邑乃出私財募將健許奏以好爵以是人各盡力不數月斬賊魁歐陽珪馳於廣州見節度使李勉求兵爲援勉曰容州陷賊已久羣獠方強卒難圖也若務速攻祇自敗耳郡不可復也翃請曰大夫如未暇出師但請移牒諸州揚言出千兵援助冀藉聲勢成萬一之功勉然之翃乃以手札告諭義州刺史陳仁璀藤州刺史李曉庭等同盟約討賊翃復募三千餘人力戰日數合節度使牒止翃用兵翃慮惑將士匿其牒奮起士卒大破賊數萬衆擒其帥梁崇牽賊遁數百里外盡復容州故境翃發使以聞奏置順州以遏餘寇前後大小百餘戰生擒賊帥上獻者七十餘人累加銀青光祿大夫兼御史中丞充招討處置使翃又令其將張利用李實等分兵討襲西原遂收復鬱林諸州部內漸安後因哥舒晃殺節度使呂崇賁嶺南復亂翃遣大將李實悉所管兵赴援廣州西原賊率覃問復招合夷獠曰容州兵馬盡赴廣州郡可圖也於是悉衆來襲翃知其來伏兵禦之生擒覃問其衆大敗代宗聞而壯之遣中使慰勞

加金紫光祿大夫時西蕃入寇河中元帥郭子儀統兵備之乃徵翃爲河中少尹充節度留後領子儀之務有悍將淩正者橫暴擾軍政約其徒夜譟斬關以逐翃有告者翃縮夜漏數刻以差其期賊驚而遁卒誅正軍城乂安歷汾州刺史京兆尹屬發涇原兵討李希烈軍次滻水翃備供頓肉敗糧臭衆怒以叛翃奔至奉天加御史大夫改將作監從幸山南車駕還京改大理卿出爲福州刺史福建觀察使入爲太子賓客貞元十二年檢校禮部尙書代董晉爲東都留守判尙書省事東畿汝防禦使凡開置二十餘屯市勁觔良鐵以爲兵器簡練士卒軍政頗修無何吳少誠阻命翃賦車籍甲不待完繕東畿之人賴之十八年卒時七十餘贈禮部尙書

郗士美字和夫高平金鄉人也父純字高卿爲李邕張九齡等知遇尤以詞學見推與顏眞卿蕭穎士李華皆相友善舉進士繼以書判制策三中高第登朝歷拾遺補闕員外郎中諫議大夫中書舍人處事不迴爲元載所忌魚朝恩署牙將李琮爲兩街功德使琮暴橫於銀臺門毆辱京兆尹崔昭純詣元載抗論

以爲國恥請速論奏載不從遂以疾辭退歸東洛凡十年自號伊川田父清名高節稱於天下及德宗卽位崔祐甫作相召拜左庶子集賢學士到京以年老乞身表三上除太子詹事致仕東歸洛陽德宗召見屢加褒歎賜以金紫公卿大夫皆賦詩祖送於都門搢紳以爲美談有文集六十卷行於世士美少好學善記覽父友顏真卿蕭穎士輩嘗與之討論經傳應對如流旣而相謂曰吾曹異日當交於二郗之間矣未冠爲陽翟丞李抱真鎭潞州辟爲從事雅有參贊之績其後易二帥皆詔士美佐之由坊州刺史爲黔州刺史兼御史大夫持節黔中經略招討觀察鹽鐵等使時溪州賊帥向子琪連結夷獠控據山洞衆號七八千士美設奇略討平之詔書勞慰加檢校右散騎常侍封高平郡公再遷京兆尹每別殿延問必咨訪大政出爲鄂州觀察使貞元十八年伊慎有功特授安黃節度二十年愼來朝其子宥主留事朝廷未能去會宥母卒於京師利主軍權不時發喪士美命從事託以他故過其境宥果迎之告以凶問先備肩藍卽日遣之元和五年拜河南尹明年三月檢校工部尙書潞州大都督府長

史充昭義節度前政之豐給浮費至皆減損號令嚴肅及朝廷討王承宗士美遣兵馬使王獻領勁兵一萬爲前鋒獻兇惡恃亂逗撓不進遽令召至數其罪斬之下令曰敢後出者斬士美親鼓之兵旣合而賊軍大敗下三營環柏鄉屢以捷聞上大悅曰吾故知士美能辦吾事于時四面七八鎭兵共十餘萬以環鎭冀未有首功多犯法士美兵士勇敢畏法威聲甚振承宗大懼指期有破亡之勢會詔班師至今兩河閒稱之十二年以疾徵爲工部尙書稍閒拜忠武節度使檢校刑部尙書至鎭踰月寢疾元和十四年九月卒年六十四贈尙書左僕射諡曰景士美善與人交然諾之際豁如也當時名稱翕然

李鄘字建侯江夏人北海太守邕之姪孫父暄官至起居舍人鄘大曆中舉進士又以書判高等授祕書正字爲李懷光所辟累遷監察御史及懷光據蒲津叛鄘與母妻陷賊中恐禍及親因僞白懷光曰兄病在洛請母往視之懷光許焉且戒妻子無得從鄘皆遣行後懷光知責之對曰鄘名隸軍籍不得隨侍老母奈何不使婦隨姑行也懷光無以罪之時與故相高郢同在賊廷乃密奏賊

軍虛實及攻取之勢德宗賜手詔以勞之後事泄懷光嚴兵召郢與鄘詰責鄘詞激氣壯三軍義之懷光不敢殺囚之獄中懷光死馬燧就獄致禮表爲河東從事尋以言不行歸養洛中襄州節度使嗣曹王皐致禮延辟署從事奏兼殿中侍御史入爲吏部員外郎徐州張建封卒其子愔爲將校所迫俾領軍務詔擇臨難不懾者卽其軍以諭之遂命鄘爲徐州宣慰使鄘直抵其軍召將士傳朝旨陳禍福脫監軍使桎梏令復其位兇黨不敢犯及愔上表稱兵馬留後鄘以爲非詔令所加不宜稱號立使削去方受其表還吏部郎中順宗登極拜御史中丞遷京兆尹尙書右丞元和初以京師多盜復選爲京兆尹擒奸禁暴威望甚著尋拜檢校禮部尙書鳳翔尹鳳翔隴右節度使是鎮承前命帥多用武將有神策行營之號初受命必詣軍修謁鄘既受命表陳其不可詔遂去神策行營字但爲鳳翔隴右節度未幾還鎮太原入爲刑部尙書兼御史大夫諸道鹽鐵轉運使五年冬出爲揚州大都督府長史淮南節度使鄘前在兩鎮皆以剛嚴操下遽變舊制人情不安故未幾卽改去至淮南數歲就加檢校左僕射

政嚴事理府廩充積及王師征淮夷鄆寇李師道表裏相援鄘發楚壽等州二萬餘兵分壓賊境日費甚廣未嘗請於有司時憲宗以兵興國用不足命鹽鐵副使程异乘驛諭江淮諸道俾助軍用鄘以境內富實乃大籍府庫一年所蓄之外咸貢於朝廷諸道以鄘爲倡首悉索以獻自此王師無匱乏之憂先是吐突承璀監淮南軍貴寵莫貳鄘亦以剛嚴素著而差相敬憚未嘗稍失承璀歸遂引以爲相十二年徵拜門下侍郎同平章事鄘出入顯重素不以公輔自許年侵勢過頗安外鎮登祖筵聞樂而泣下曰宰相之任非吾所長也行頗緩至京師又辭疾歸第既未朝謁亦不領政事竟以疾辭改授戶部尚書俄換檢校左僕射兼太子賓客分司東都尋以太子少傅致仕元和十五年八月卒贈太子太保謚曰肅鄘強直無私飾與楊憑穆質許孟容王仲舒友善皆任氣自負然鄘當官嚴重爲吏以峻法立操所至稱理而剛決少恩鎮揚州七年令行禁止擒擿生殺一委軍吏參佐束手居人頗陷非法物議以此少之子柱官至浙東觀察使柱子磎字景望博學多通文章秀絕大中十三年一舉登進士第歸

仁晦鎮大梁穆仁裕鎮河陽自監察殿中相次奏爲從事入爲尚書水部員外郎累遷吏部郎中兼史館修撰拜翰林學士中書舍人廣明中分司洛下遇巢讓之亂逃於河橋光啓中避亂淮海有僞襄王詔命磎皆不從王鐸鎮滑臺杖策詣之鐸表薦于朝昭宗雅重之復召入翰林爲學士拜戸部侍郎還禮部尚書景福二年十月與韋昭度並命中書門下平章事宣制日水部郎中知制誥劉崇魯掠其麻哭之奏云李磎奸邪挾附權倖以忝學士不合爲相時宰臣崔昭緯與昭度及磎素不相協密遣崇魯沮之也乃左授太子少師磎因上十章及納諫論三篇自雪且數崇魯之惡議者重其才而鄙其訟昭宗素愛其才而急於大用至乾寧初又上第十一表乃復命爲相數月與昭度同爲王行瑜等所殺磎自在臺省聚書至多手不釋卷時人號曰李書樓所撰文章及注解書傳之闕疑僅百餘卷經亂悉亡王行瑜死德音昭雪贈司徒諡曰文子沇字東濟有俊才與父同日遇害詔贈禮部員外郎

辛祕隴西人少嗜學貞元年中累登五經開元禮科選授華元尉判入高等調

補長安尉高郢爲太常卿嘉其禮學奏授太常博士遷祠部兵部員外郎仍兼
博士山陵及郊丘二禮儀使皆署爲判官當時推其達禮元和初拜湖州刺史
未幾屬李錡命將收支郡遂令大將監守五郡蘇常杭睦四州刺史或以戰敗
或被拘執賊黨以祕儒者甚易之祕密遣衙門將丘知二勒兵數百人候賊將
動逆戰大破之知二中流矢墜馬起而復戰斬其將焚其營一州遂安賊平以
功賜金紫由是僉以祕材堪將帥及太原節度范希朝領全師出討王承宗徵
祕爲河東行軍司馬委以留務尋召拜左司郎中出爲汝州刺史九年徵拜諫
議大夫改常州刺史選爲河南尹莅職修政有可稱者十二年拜檢校工部尚
書代郗士美爲潞州大都督府長史御史大夫充昭義軍節度澤潞磁洺邢等
州觀察使是時以再討王承宗澤潞壓境凋費尤甚朝議以兵革之後思能完
復者遂以命祕凡四歲府庫積錢七十萬貫餱糧器械稱是及歸道病先自爲
墓誌將歿又爲書一通命緘致几上其家發之皆送終遵儉之旨久歷重任無
豐財厚產爲時所稱元和十五年十二月卒年六十四贈左僕射諡曰昭

馬摠字會元扶風人少孤貧好學性剛直不妄交遊貞元中姚南仲鎮滑臺辟爲從事南仲與監軍使不叶監軍誣奏南仲不法及罷免摠坐貶泉州別駕監軍入掌樞密福建觀察使柳冕希旨欲殺摠從事穆贊鞫摠贊稱無罪摠方免死後量移恩王傅元和初遷虔州刺史四年兼御史中丞充嶺南都護本管經略使摠敦儒學長於政術在南海累年清廉不撓夷獠便之於漢所立銅柱之處以銅一千五百斤特鑄二柱刻書唐德以繼伏波之迹以綏蠻功就加金紫八年轉桂州刺史桂管經略觀察使入爲刑部侍郎裴度宣慰淮西奏爲制置副使吳元濟誅度留摠蔡州知彰義軍留後尋檢校工部尙書蔡州刺史兼御史大夫充淮西節度使摠以申光蔡等州久陷賊寇人不知法威刑勸導咸令率化奏改彰義軍曰淮西賊之僞迹一皆削盪十三年轉許州刺史忠武軍節度陳許溵等州觀察處置等使明年改華州刺史潼關防禦鎮國軍等使十四年還檢校刑部尙書鄆州刺史天平軍節度鄆曹濮等州觀察等使就加檢校尙書左僕射入爲戶部尙書長慶三年卒贈右僕射摠理道素優軍政多暇公

務之餘手不釋卷所著奏議集年曆通曆子鈔等書百餘卷行於世

韋弘景京兆人後周逍遙公夐之後祖嗣立終宣州司戶父堯終洋州興道令弘景貞元中始舉進士爲汴州浙東從事元和三年拜左拾遺充集賢殿學士轉左補闕尋召入翰林爲學士普潤鎮使蘇光榮爲涇原節度使弘景草麻漏敘光榮之功罷學士改司門員外郎轉吏部員外左司郎中改吏部度支郎中張仲方貶李吉甫諡上怒貶仲方弘景坐與仲方善出爲綿州刺史宰相李夷簡出鎮淮南奏爲副使賜以金紫入爲京兆少尹遷給事中劉士涇以駙馬交通邪倖穆宗用爲太僕卿弘景與給事薛存慶封還詔書論士涇曰伏以司僕正卿位居九列在周之命伯冏其人所以惟月膺名象河稱重漢朝亦以石慶之謹愿陳萬年之行潔皆踐斯職謂之大寮今士涇戚里常人班敘散秩以父任將帥家富貲財聲名不在於士林行義無聞於朝野忽長卿寺有瀆官常以親則人物未賢以勳則寵待常厚今叨顯任誠謂謬官傳曰惟名與器不可假人蓋士涇之謂臣等職司違失實在守官其劉士涇新除太僕卿勑未敢行下

穆宗遣宰臣宣諭弘景等固執如前宰臣不得已改衞尉少卿穆宗復遣諭弘
景曰士涇父昌有邊功士涇爲少列十餘年又尙雲安公主宜有加恩朕思賞
勞睦親之意竟行前命穆宗怒乃令弘景使安南邕容宣慰時論翕然推重時
蕭俛以清直在位弘景議論常所輔助遷刑部侍郎轉吏部侍郎銓綜平允權
邪憚其嚴勁不敢干以非道掌選二歲改陝虢觀察使歲滿徵拜尙書左丞駁
吏部授官不當者六十人弘景素以鯁亮稱及居綱轄之地郎吏望風修整會
吏部員外郎楊虞卿以公事爲下吏所訕獄未能辦詔下弘景與憲司就尙書
省詳讞虞卿多朋游人多嚮附之弘景素所不悅時已請告在第及準詔就召
以公服來謁弘景謂之曰有勑推公虞卿失容自退轉禮部尙書充東都留守
判東都尙書省事繕完宮室至今賴之太和五年五月卒年六十六贈尙書左
僕射弘景歷官行事始終以直道自立議論操持無所阿附當時風教尤爲倚
賴自長慶已來目爲名卿
王彥威太原人世儒家少孤貧苦學尤通三禮無由自達元和中遊京師求爲

太常散吏卿知其書生補充檢討官彥威於禮閣掇拾自隋已來朝廷沿革吉凶五禮以類區分成三十卷獻之號曰元和新禮繇是知名特授太常博士憲宗晏駕未定謚淮南節度使李夷簡以憲宗功高列聖宜特稱祖穆宗下禮官議彥威奏曰據禮經三代之制始封之君謂之太祖太祖之外又祖有功而宗有德故夏后氏祖顓頊而宗禹殷人祖契而宗湯周人郊祀后稷祖文王而宗武王自東漢魏晉漸違經意沿革不一子孫以推美爲先自始祖已下並有建祖之制蓋非典訓不可法也國朝祖宗制度本於周禮以景皇帝爲太祖又祖神堯而宗太宗自高宗已降但稱宗謂之尊名可爲成法不然則太宗造有區夏理致昇平玄宗掃清內難翊戴聖父肅宗龍飛靈武收復兩都此皆應天順人撥亂返正至於廟號亦但稱宗謹按經義祖者始也宗者尊也故傳曰始封必爲祖書曰德高可宗故號高宗今宜本三代之定制去魏晉之亂法守貞觀開元之憲章而擬議大名垂以爲訓大行廟號宜稱宗制從之故事祔廟之禮先告於太極殿然後奉神主赴太廟祔禮畢不再告於太極殿時憲宗祔廟禮

畢執政詳舊典令有司再告祔享禮畢于太極殿彥威執議以爲不可執政怒
會宗正寺進祝版誤以憲宗爲睿宗執政銜其強奏祝版參差博士之罪彥威
坐削一階奪兩季俸彥威殊不低迴每議禮事守正不阿附君子稱之累轉司
封員外郎中弘文館舊不置學士文宗特置一員以待彥威尋使魏博宣慰特
賜金紫五年遷諫議大夫朝廷自誅李師道收復淄青十二州未定戶籍乃命
彥威充十二州勘定兩稅使朝法振舉人不以爲煩以本官兼史館修撰彥威
通悉典故宿儒碩學皆讓之時以僕射上事儀注前後不定中丞李漢奏定朝
議未以爲允中書門下奏請依元和七年已前儀注左右僕射上日請受諸司
四品六品丞郎已下拜彥威奏論曰臣謹按開元禮凡受冊官並與卑官答拜
國朝官品令三師三公正一品尚書令正二品並是冊拜授官上之日亦無受
朝官再拜之文僕射班次三公又是尚書令副貳之職雖端揆之重有異百寮
然與羣官比肩事主禮曰非其臣卽答拜之又曰大夫之臣不稽首非尊家臣
以避君也卽僕射上日受常參官拜事頗非儀況元和七年已經奏議酌爲定

制編在國章近年上儀又有受拜之禮禮文乍變物論未安請依元和七年勑爲定時李程爲左僕射宰執難於改革雖不從其議論者稱之興平縣人上官興因醉殺人亡竄吏執其父下獄興自首請罪以出其父京兆尹杜悰御史中丞宇文鼎以其首罪免父有光孝義請減死配流彥威與諫官上言曰殺人者死百王共守若許殺人不死是教殺人興雖免父不合減死詔竟許決流彥威詣中書投宰相面論語訐氣盛執政怒左授河南少尹未幾改司農卿李宗閔重之既秉政授青州刺史兼御史大夫充平盧軍節度淄青等觀察使開成元年召拜戶部侍郎尋判度支彥威儒學雖優亦勤吏事然貨泉之柄素非所長性既剛訐自恃有餘嘗紫宸廷奏曰臣自計司按見管錢穀文簿皆量入以爲出使經費必足無所刻削且百口之家猶有歲蓄而軍用錢物一切通用悉隨色額占定終歲支給無毫釐之差儻臣一旦愚迷欲自欺竊亦不可得也名曰度支占額圖既而又進供軍圖曰起至德乾元之際迄於貞觀元和之初天下有觀察者十節度二十有九防禦者四經略者三掎角之師犬牙相制大都通

邑無不有兵都計中外各額至八十餘萬長慶戸口凡三百三十五萬而兵額約九十九萬通計三戸資一兵今計天下租賦一歲所入揔不過三千五百餘萬而上供之數三之一焉三萬之中二給衣賜自留州留使兵士衣賜之外其餘四十萬衆仰給度支伏以時逢理安運屬神聖然而兵不可弭食哉惟時憂勤之端兵食是切臣謬司邦計虔奉睿圖輒纂事功庶裨聖覽又纂集國初已來至貞元帝代功臣如左氏傳體敘事號曰唐典進之彥威旣掌利權心希大用時内官仇士良魚弘志禁中用事先是左右神策軍多以所賜衣物於度支中估判使多曲從厚給其價開成初有詔禁止然趨利者猶希意從其請託至是彥威大結私恩凡内官請託無不如意物議鄙其躁妄復修王播舊事貢奉羨餘殆無虚日會邊軍上訴衣賜不時兼之朽故宰臣惡其所爲令攝度支人吏付臺推訊彥威略不介懷入司視事及人吏受罰左授衛尉卿停務方還私第三年七月檢校禮部尚書代殷侑爲許州刺史充忠武軍節度陳許溵觀察等使會昌中入爲兵部侍郎歷方鎭檢校兵部尚書卒贈僕射謚曰靖

史臣曰世以治軍戎決權變非儒者之事而王翃郗士美釋縫掖之儒衣奮將軍之旗鼓俾士赴湯火威振藩籬何其壯也所謂非秦無人吾謀適不用也二子遭遇英主伸其効用宜哉李建侯不屈於賊庭馬會元見伸於貝錦臨危挺操所謂貞臣將相之榮固其宜矣辛潞州之特達韋僕射之峻整王尙書之果敢皆一時之偉器也若以道自牧求福不回即能臣也而彥威欲爲巧宦不亦疎乎

贊曰見危致命臨難不恐士美建侯仁者之勇弘景陸離駮正黃扉貪名喪道狂哉彥威

舊唐書卷一百五十七

舊唐書卷一百五十七考證

王翃傳兄翊自商州刺史遷山南東道節度觀察等使○沈炳震曰按本紀自至德至上元山南東道爲魯炅來瑱史翽無王翊也疑是副使

鄭士美傳出爲鄂州觀察使貞元十八年伊愼有功特授安黄節度○沈炳震曰本紀貞元二十年士美自房州除黔中其拜鄂岳也本紀無文然以時推之當在元和三年韓皐遷浙西之後此貞元以下文乃追序伊愼事非士美之除鄂岳在十八年前也

舊唐書卷一百五十七考證

舊唐書卷一百五十八

後晉司空同中書門下平章事劉昫撰

列傳第一百八

武元衡從父弟儒衡　鄭餘慶子澣　澣子允謨　茂休　處誨　從讜

韋貫之兄綬　弟纁　子澳

武元衡字伯蒼河南緱氏人曾祖德載天后從父弟官至湖州刺史祖平一善屬文終考功員外郎修文館學士事在逸人傳父就殿中侍御史以元衡貴追贈吏部侍郎元衡進士登第累辟使府至監察御史後爲華原縣令時畿輔有鎮軍督將恃恩矜功者多撓吏民元衡苦之乃稱病去官放情事外沉浮讌詠者久之德宗知其才召授比部員外郎一歲遷左司郎中時以詳整稱重貞元二十年遷御史中丞嘗因延英對罷德宗目送之指示左右曰元衡眞宰相器也順宗卽位以病不親政事王叔文等使其黨以權利誘元衡元衡拒之時奉德宗山陵元衡爲儀仗使監察御史劉禹錫叔文之黨也求充儀仗判官元衡

不與其黨滋不悅數日罷元衡爲右庶子憲宗即位始冊爲皇太子元衡贊引
因識之及登極復拜御史中丞持平無私綱條悉舉人甚稱重尋遷戶部侍郎
元和二年正月拜門下侍郎平章事賜金紫兼判戶部事上爲太子時知其進
退守正及是用爲宰相甚禮信之初浙西節度李錡請入覲乃拜爲右僕射令
入朝既而又稱疾請至歲暮上問宰臣鄭絪請如錡奏元衡曰不可且錡自請
入朝詔既許之即又稱疾是可否在錡今陛下新臨大寶天下屬耳目若使姦
臣得遂其私則威令從茲去矣上以爲然遽追之錡果計窮而反先是高崇文
平蜀因授以節度使崇文理軍有法而不知州縣之政上難其代者乃以元衡
代崇文拜檢校吏部尚書兼門下侍郎平章事充劍南西川節度使將行上御
安福門以臨慰之高崇文既發成都盡載其軍資金帛帟幕伎樂工巧以行元
衡至則庶事節約務以便人比三年公私稍濟撫蠻夷約束明具不輒生事重
慎端謹雖淡於接物而開府極一時之選八年徵還至駱谷重拜門下侍郎平
章事時李吉甫李絳情不相叶各以事理曲直於上前元衡居中無所違附上

稱爲長者及吉甫卒上方討淮蔡悉以機務委之時王承宗遣使奏事請赦吳
元濟請事於宰相辭禮悖慢元衡叱之承宗因飛章詆元衡咎怨頗結元衡宅
在靜安里十年六月三日將朝出里東門有暗中叱使滅燭者導騎訶之賊射
之中肩又有匿樹陰突出者以棓擊元衡左股其徒馭已爲賊所格奔逸賊乃
持元衡馬東南行十餘步害之批其顱骨懷去及衆呼偕至持火照之見元衡
已踣於血中卽元衡宅東北隅墻之外時夜漏未盡陌上多朝騎及行人鋪卒
連呼十餘里皆云賊殺宰相聲達朝堂百官恟恟未知死者誰也須臾元衡馬
走至遇人始辨之既明仗至紫宸門有司以元衡遇害聞上震驚却朝而坐延
英召見宰相惋慟者久之爲之再不食冊贈司徒贈賻布帛五百匹粟四百碩
輟朝五日諡曰忠愍元衡工五言詩好事者傳之往往被於管絃初八年元衡
自蜀再輔政時太白犯上相歷執法占者言今之三相皆不利始輕末重月餘
李絳以足疾免明年十月李吉甫以暴疾卒至是元衡爲盜所害年五十八始
元衡與吉甫齊年又同日爲宰相及出鎭分領揚益及吉甫再入元衡亦還吉

甫先一年以元衡生月卒元衡後一年以吉甫生月卒吉凶之數若符會焉先是長安謠曰打麥麥打三三三既而旋其袖曰舞了也解者謂打麥者打麥時也麥打者蓋謂暗中突擊也三三三謂六月三日也舞了也謂元衡之卒也自是京師大恐城門加衛兵察其出入物色伺之其偉狀異製燕趙之音者多執訊之元衡從父弟儒衡儒衡字庭碩才度俊偉氣直貌莊言不妄發與人交友終始不渝相國鄭餘慶不事華潔後進趨其門者多垢衣敗服以望其知而儒衡謁見未嘗輒易所好但與之正言直論餘慶因亦重之憲宗以元衡橫死王事嘗嗟惜之故待儒衡甚厚累遷戸部郎中十二年權知諫議大夫事尋兼知制誥皇甫鎛以宰相領度支剝下以媚上無敢言其罪者儒衡上疏論列鎛密訴其事帝曰勿以儒衡上疏卿將報怨耶鎛不復敢言儒衡氣岸高雅論事有風彩羣邪惡之尤爲宰相令狐楚所忌元和末年垂將大用楚畏其明俊欲以計沮之以離其寵有狄兼謨者梁公仁傑之後時爲襄陽從事楚乃自草制詞召狄兼謨爲拾遺曰朕聽政餘暇躬覽國書知奸臣擅權之由見母后竊位之

事我國家神器大寶將遂傳於他人洪惟昊穹降鑒儲祉誕生仁傑保佑中宗使絕維更張明辟乃復宜福胄胤與國無窮及兼謨制出儒衡泣訴於御前言其祖平一在天后朝辭榮終老當時不以爲累憲宗再三撫慰之自是薄楚之爲人然儒衡守道不回嫉惡太甚終不至大任尋正拜中書舍人時元稹依倚內官得知制誥儒衡深鄙之會食瓜閣下蠅集於上儒衡以扇揮之曰適從何處來而遽集於此同僚失色儒衡意氣自若遷禮部侍郎長慶四年卒年五十六

鄭餘慶字居業滎陽人祖長裕官至國子司業終潁川太守長裕弟少微爲中書舍人刑部侍郎兄弟有名於當時父慈與元德秀友善官至太子舍人餘慶少勤學善屬文大曆中舉進士建中末山南節度使嚴震辟爲從事累官殿中侍御史丁父憂罷貞元初入朝歷左司兵部員外郎庫部郎中八年選爲翰林學士十三年六月遷工部侍郎知吏部選事時有玄法寺僧法湊爲寺衆所訴萬年縣尉盧伯達斷還俗後又復爲僧伯達上表論之詔中丞宇文邈刑部侍

郎張彧大理卿鄭雲逵等三司與功德使判官諸葛述同按鞫時議述胥吏不合與憲臣等同入省按事餘慶上疏論列當時翕然稱重十四年拜中書侍郎平章事餘慶通究六經深旨奏對之際多以古義傅之與度支使于頔素善每奏事餘慶皆議可之未幾頔以罪貶時又歲旱人飢德宗與宰臣議將賑給禁衞六軍事未行爲中書吏所洩餘慶貶郴州司馬凡六載順宗登極徵拜尚書左丞憲宗嗣位之月又擢守本官平章事未幾屬夏州將楊惠琳阻命宰臣等論奏多議兵事餘慶復以古義上言夏州軍士皆仰給縣官又有介馬萬蹄之語時議以餘慶雖好古博雅而未適時有主書滑渙久司中書簿籍與內官典樞密劉光琦情通宰相議事與光琦異同者令渙達意未嘗不遂所欲宰相杜佑鄭絪皆姑息之議者云佑私呼爲滑八四方書幣貲貨充集其門弟泳官至刺史及餘慶再入中書與同僚集議渙指陳是非餘慶怒其僭叱之尋而餘慶罷相爲太子賓客其年八月渙贓污發賜死上寖聞餘慶叱渙事甚重之乃改爲國子祭酒尋拜河南尹三年檢校兵部尚書兼東都留守六年四月正拜兵

部尚書餘慶再爲相罷免皆非大過尤以清儉爲時所稱洎中外踐更鬱爲耆
德朝廷得失言成準的時京兆尹元義方戶部侍郎判度支盧坦皆以勳官前
任至三品據令合立門戟各請戟立於其第時義方以加上柱國坦以前任宣
州觀察使請戟近代立戟者率有銀青階而義方只據勳官有司不詳覆而給
之議者非之臺司將劾而未果會餘慶自東都來發論大以爲不可繇是臺司
移牒詰禮部左司郎中陸則禮部員外崔備皆罰俸奪元盧之門戟餘慶受詔
撰惠昭太子哀冊其辭甚工有醫工崔環自淮南小將爲黃州司馬敕至南省
餘慶執之封還以爲諸道散將無故受正員五品官是開徼倖之路且無闕可
供言或過理由是稍忤時權改太子少傅兼判太常卿事初德宗自山南還宮
關輔有懷光吐蕃之虞都下驚憂遂詔太常集樂去大鼓至是餘慶始奏復用
大鼓九年拜檢校右僕射兼興元尹充山南西道節度觀察使三歲受代十二
年除太子少師尋以年及懸車請致仕詔不許時累有恩赦敘階及天子親謁
郊廟行事官等皆得以恩授三品五品不復計考其使府賓吏又以軍功借賜

命服而後入拜者十八九由是在朝衣緑者甚少郎官諫官有被紫垂金者又丞郎中謝洎郎官出使多賜章服以示加恩於是寵章尤濫當時不以服章爲貴遂詔餘慶詳格令立制條奏以聞十三年拜尚書左僕射自兵興以來處左右端揆之位者多非其人及餘慶以名臣居之人情寔洽憲宗以餘慶諳練典章朝廷禮樂制度有乖故事專委餘慶參酌施行遂用爲詳定使餘慶復奏刑部侍郎韓愈禮部侍郎李程爲副使左司郎中崔郾吏部郎中陳珮刑部員外郎楊嗣復禮部員外郎庾敬休並充詳定判官朝廷儀制吉凶五禮咸有損益焉改鳳翔尹鳳翔隴節度使十四年兼太子少師檢校司空封滎陽郡公兼判國子祭酒事以太學荒毁日久生徒不振奏率文官俸給修兩京國子監及穆宗登極以師傅之舊進位檢校司徒優禮甚至元和十五年十一月卒詔曰故金紫光祿大夫檢校司徒兼太子少師上柱國滎陽郡開國公食邑二千戶鄭餘慶始以衣冠禮樂行於山東餘力文章遂成志學出入清近盈五十年再秉台衡屢分戎律凡所要職無不踐更貴而能貧卑以自牧謇諤聞於臺閣柔睦

化於閨門受命有考父之恭待士比公孫之廣焚書逸禮盡可口傳古史舊章如因心匠朕方咨稟庶罔昏踰神將祝予痛悼何及乞言既阻賵禮宜優可贈太保時年七十五諡曰貞餘慶砥名礪行不失儒者之道清儉率素終始不渝四朝居將相之任出入垂五十年祿賜所得分給親黨其家頗類寒素自至德已來方鎭除授必遣中使領旌節就第宣賜皆厚以金帛遺之求媚者唯恐其數不廣故王人一來有獲錢數百萬者餘慶每受方任天子必誡其使曰餘慶家貧不得妄有求取專欲振起儒教後生謁見者率以經學諷之而周其所急理家理身極其儉薄及修官政則喜開廣鎭岐下一歲戎事可觀又創立儒宮以來學者雖行己可學而往往近於沽激故當時議者不全德許之上以家素清貧不辦喪事宜令所司特給一月俸料以充賻贈用示哀榮有文集表疏碑誌詩賦共五十卷行於世兄承慶官不顯弟膺甫官至主客員外郎中楚懷鄭三州刺史次弟具瞻羽客時然皆官至縣令賓佐餘慶子瀚瀚本名涵以文宗藩邸時名同改名瀚貞元十年舉進士以父謫官累年不任自祕書省校書郎

遷洛陽尉充集賢院修撰改長安尉集賢校理轉太常寺主簿職仍故遷太常博士改右補闕獻疏切直人爲危之及餘慶入朝憲宗謂餘慶曰卿之令子朕之直臣可更相賀遂遷起居舍人改考功員外郎刺史有驅迫人吏上言政績請刊石紀政者瀚探得其情條責廉使巧跡遂露人服其敏識時餘慶爲僕射請改省郎乃換國子博士史館修撰丁母憂除喪拜考功郎中復丁內艱終制退居汜上長慶中徵爲司封郎中史館修撰累遷中書舍人文宗登極擢爲翰林侍講學士上命撰經史要錄二十卷書成上喜其精博因摘所上書語類上親自發問瀚應對無滯錫以金紫太和二年遷禮部侍郎典貢舉二年選拔造秀時號得人轉兵部侍郎改吏部出爲河南尹皆著能名入爲左丞旋拜刑部尙書兼判左丞事出爲山南西道節度觀察使檢校戶部尙書興元尹兼御史大夫餘慶之鎮興元創立儒宮開設學館至瀚之來復繼前美開成四年閏正月以戶部尙書徵詔下之日卒于興元年六十四贈右僕射謚曰宣有文集制誥共三十卷行于世瀚四子允謨茂諶處誨從讜允謨以蔭累官臺省歷蜀彭

濠晉四州刺史位終太子右庶子茂諶避國諱改茂休開成二年登進士第四遷太常博士兵部員外郎吏部郎中絳州刺史位終祕書監處誨字延美於昆仲間文章拔秀早爲士友所推太和八年登進士第釋褐祕府轉監察拾遺尚書郎給事中累遷工部刑部侍郎出爲越州刺史浙東觀察使檢校刑部尚書汴州刺史宣武軍節度觀察等使卒于汴處誨族父朗初朗爲定州節度使時處誨爲工部侍郎因早朝假寐於待漏院忽夢己爲浙東觀察使經過汴州而朗爲汴帥留連飲餞仰視屋棟飾以黃土賓從皆所識明年朗果自定州鎮宣武辟韋重掌書記重將行處誨告以所夢明年處誨轉刑部侍郎其年秋授浙東觀察使行及潼關朗遣從事迎勞仍致手書令先疏所夢比至汴宴于清暑亭賓佐悉符夢中朗仰視屋棟曰此亦黃土也四座感歎移時後五年朗卒處誨繼爲汴州節度使乃賦詩一章刻于廳事以盡思朗之悲處誨方雅好古且勤於著述撰集至多爲校書郎時撰次明皇雜錄三篇行於世從讜字正求會昌二年登進士第釋褐祕書省校書郎歷拾遺補闕尚書郎知制誥故相令狐

絢魏扶皆父貢舉門生爲之延譽尋遷中書舍人咸通三年知貢舉拜禮部侍郎轉刑部改吏部侍郎典選平允時無屈人垂將作輔以權臣請託不行改檢校刑部尚書太原尹北都留守河東節度觀察等使踰年乞還不允改檢校兵部尚書汴州刺史宣武軍節度觀察等使朞年報政美聲流聞當途者懼其大用改廣州刺史嶺南節度使五管爲南詔蠻所擾天下徵兵時有龐勛之亂不暇邊事從讜在鎮北兵寡弱夷獠棼然乃擇其土豪授之右職禦侮扞城皆得其効雖郡邑屢陷而交廣晏然俄而懿宗厭代從讜以久在番禺不樂風土思歸戀闕形於賦詠累上章求爲分司散秩僖宗徵還用爲刑部尚書尋以本官同平章事乾符中盜起河南天下騷動陰山府沙陁都督李國昌部族方強虎視北邊屬靈州防禦使段文楚軍儲不繼郡兵乏食乃密引沙陁部攻城殺文楚遂據振武軍雲朔等州又令其子克章克用大合諸部南侵忻代前帥竇瀚李侃李蔚相繼以重臣鎮幷部皆不能遏俄而康傳圭爲三軍所殺軍士益驕矜功責賞動爲譟聚加以河南河北七道兵帥雲合都下人不聊生沙陁連陷

城邑朝廷難於擇帥僖宗欲以宰臣臨制之詔曰開府儀同三司門下侍郎兼兵部尚書充太清宮使弘文館大學士延資庫使上柱國滎陽郡開國公食邑二千戶鄭從讜自處鈞衡屢承麟鳳才高應變動必研機朕以北門與王故地以爾嘗施惠化尙有去思方當用武之時暫輟調元之職佇殲兇醜副我憂勤可檢校司空同平章事太原尹北都留守河東節度兼行營招討等使制下許自擇參佐乃奏長安令王調爲副使兵部員外郎史館修撰劉崇龜爲節度判官前司勳員外郎史館修撰趙崇爲觀察判官前進士劉崇魯充推官前左拾遺李渥充掌書記前長安尉崔澤充支使開幕之盛冠於一時時中朝瞻望者目太原爲小朝廷言名人之多也時新承軍亂之後殺掠攻摽無日無之從讜貌温而氣勁沉機善斷奸無遁情凡兇謀盜發無不落其彀中以是羣豪惕息舊府城都虞候張彥球者前帥令率兵三千逐沙陁於百井中路而還縱兵破鑰殺故帥康傳圭及從讜至搜索其魁誅之知彥球意善有方略召之開喻坦然無疑悉以兵柄委之廣明初李鈞李涿繼率本道之師出鴈門爲沙陁所敗

十二月黃巢犯長安僖宗出幸傳詔謂從讜曰卿志安封域權總戎麾夷夏具瞻社稷全賴今月五日草賊黃巢奔衝十六日駐驆梁漢上慚九廟下媿萬方藩閫乍聞痛憤應切專差供奉官劉全及往彼慰喻卿宜差點本道兵士酌量多少付北面副招討使諸葛爽俾令入援從讜承詔雪涕團結戎伍遣牙將論安後院軍使朱玫率步騎五千從諸葛爽入關赴難時中和元年五月也論安軍次離石是月沙陁李克用軍奄至營于汾東稱奉詔赴難入關從讜具廩餼犒勞信宿不發克用傳城而呼曰本軍將南下欲與相公面言從讜登城謂之曰僕射父子咸通以來舊激忠義血戰爲國天下之人受賜老夫歷事累朝位忝將相今日羣盜擾攘輿駕奔播蕩覆神州不能荷戈討賊以酬聖獎老夫之罪也然多難圖勳是僕射立功立事之時也所恨受命守藩不敢辱命無以仰陪戎棨若僕射終以君親爲念破賊之後車駕還宮却得待罪闕庭是所願也唯僕射自愛克用拜謝而去然雜虜不戢肆掠近甸從讜遣大將王蟾薛威出師追擊之翌日契苾部救兵至沙陁大敗而還初論安率師入關至陰地以數

百卒擅歸從讜集諸部校斬之於鞠場並以兵衆付朱玫赴難時鄭畋亦以宰相鎮鳳翔與從讜宗人同年登進士畋亦舉兵岐下以遏賊巢廣明首唱仗義斷賊首尾逆徒名爲二鄭國威復振二儒帥之功也二年十一月代北監軍使陳景思奉詔赦沙陀部許討賊自贖繇是沙陀五部數萬人南下不敢蹈境乃自嵐石沿河而南唯李克用以數百騎臨城敘別從讜遺之名馬器幣而訣三年克用破賊立功授河東節度代從讜還至榆次遣使致禮謂從讜曰予家尊在鴈門且還覲省相公徐治行裝勿遽首途從讜承詔卽日牒監軍使周從寓請知兵馬留後事書記劉崇魯知觀察留後事戒之曰俟面李公按籍而還五月十五日從讜離太原時京城雖復車駕未還道途多寇行次絳州唐彥謙爲刺史留駐數月冬詔使追赴行在復輔政歷司空司徒正拜侍中光啓末固辭機務以疾還第卒有司謚曰文忠從讜知人善任性不驕矜故所至有聲績在太原時大將張彥球强傑難制前後帥守以疑間貽釁故軍旅不寧及從讜撫封四年知其才用可委開懷任遇得其死力故抗虜全城多彥球之効也累奏

爲行軍司馬及再秉政用爲金吾將軍累郡刺史在絳州時彥謙判官陸展嗜學有才思寓於郡齋日與之談宴無間先後乃稱之於朝位至清顯在汴時以兄處誨嘗爲鎭帥歿於是郡訖一政受代不於公署舉樂其友悌知禮操履如此國之名臣文忠有焉

韋貫之本名純以憲宗廟諱遂以字稱八代祖敻仕周號逍遙公父肇官至吏部侍郎有重名於時貫之卽其第二子少舉進士貞元初登賢良科授校書郎秩滿從調判入等再轉長安縣丞德宗末年京兆尹李實權移宰相言其可否必數日而詔行人有以貫之名薦於實者荅曰是其人居與吾同里亟聞其賢但吾得識其面而進於上舉笏示說者曰實已記其名氏矣說者喜驟以其語告於貫之且曰子今日詣實而明日受賀矣貫之唯唯數歲終不往然是後竟不遷永貞中始除監察御史上書舉季弟纁自代時議不以爲私轉右補闕而纁代爲監察元和元年杜從郁爲左補闕貫之與崔羣奏論尋降爲左拾遺又論遺補雖品不同皆是諫官父爲宰相子爲諫官若政有得失不可使子論父

改爲祕書丞後與中書舍人張弘靖考制策第其名者十八人其後多以文稱轉禮部員外郎新羅人金忠義以機巧進至少府監蔭其子爲兩館生貫之持其籍不與曰工商之子不當仕忠義以藝通權倖爲請者非一貫之持之愈堅既而疏陳忠義不宜污朝籍詞理懇切竟罷去之改吏部員外郎三年復策賢良之士又命貫之與戶部侍郎楊於陵左司郎中鄭敬都官郎中李益同爲考策官貫之奏居上第者三人言實指切時病不顧忌諱雖同考策者皆難其詞直貫之獨署其奏遂出爲果州刺史道中黜巴州刺史俄徵爲都官郎中知制誥踰年拜中書舍人改禮部侍郎凡二年所選士大抵抑浮華先行實由是趨競者稍息轉尚書右丞中謝日面賜金紫明年以本官同中書門下平章事淮西之役鎮州盜竊發輦下殺宰相武元衡傷御史中丞裴度及度爲相二寇並征議者以物力不可貫之請釋鎮以養威攻蔡以專力上方急於太平未可其奏貫之進言陛下豈不知建中之事乎天下之兵始於蔡急魏應齊趙同惡德宗率天下兵命李抱真馬燧急攻之物力用屈於是朱泚乘之爲亂朱滔隨而

向闕致使梁漢為府奉天有行皆陛下所聞見非他不能忍待次第速於撲滅故也陛下獨不能寬歲月俟拔蔡而圖鎮邪上深然之而業已下伐鎮詔後滅蔡而鎮自服如其策焉初王師征蔡以汴帥韓弘為都統又命汝帥烏重胤許帥李光顏合兵而進貫之以為諸將四面討賊各銳進取今若置統督復令二帥連營則持重養威未可以歲月下也貫之議不從四年而始剋蔡尋遷中書侍郎同列以張仲素段文昌進名為學士貫之阻之以行止未正不宜在內庭貫之為相嚴身律下以清流品為先故門無雜賓有張宿者有口辯得幸於憲宗擢為左補闕將使淄青宰臣裴度欲為請章服貫之曰此人得幸何要假其恩寵耶其事遂寢宿深銜之卒為所構誣以朋黨罷為吏部侍郎不涉旬出為湖南觀察使弟虢州刺史纁亦貶遠郡時兩河留兵國用不足命鹽鐵副使程异使諸道督課財賦异所至方鎮皆諷令掊拾進獻貫之謂兩稅外不忍橫賦加人所獻未滿异意遂率屬內六州留錢以繼獻由是罷為太子詹事分司東都上即位擢為河南尹徵拜工部尚書未行長慶元年卒於東都年六十二詔

贈尙書右僕射貫之自布衣至貴位居室無改易歷重位二十年苞苴寶玉不敢到門性沉厚寡言與人交終歲無款曲未曾僞詞以悅人身歿之後家無羨財有文集三十卷伯兄綬德宗朝爲翰林學士貞元之政多參決於內署綬所議論常合中道然畏愼致傷晩得心疾故不極其用纁有精識奧學爲士林所器閨門之內名教相樂故韋氏兄弟令稱推於一時纁累官至太常少卿貫之子澳濟澳字子斐太和六年擢進士第又以宏詞登科性貞退寡慾登第後十年不仕伯兄温與御史中丞高元裕友善温請用澳爲御史謂澳曰高二十九持憲綱欲與汝相面汝必得御史澳不答温曰高君端士汝不可輕澳曰然恐無呈身御史竟不詣元裕之門周墀鎭鄭滑辟爲從事墀輔政以澳爲考功員外郎史館修撰墀初作相私謂澳曰才小任重何以相救澳曰荷公重知願公無權足矣墀愕然不喩其旨澳曰爵賞刑罰非公共欲行者願不以喜怒憎愛行之但令百司羣官各舉其職則公斂衽於廟堂之上天下自理何要權耶墀深然之不周歲以本官知制誥尋召充翰林學士累遷戶部兵部侍郎學士承

旨與同寮蕭寘深為宣宗所遇每二人同直無不召見詢訪時事每有邦國刑
政大事中使傳宣草詞澳心欲論諫即曰此一事須降御札方敢施行遲留至
旦必論其可否上旨多從之出為京兆尹不避權豪京師讋憚會判戸部宰相
蕭鄴改判度支澳於延英對上曰戸部闕判使澳對以府事上言戸部闕判使
者三又曰卿意何如澳對曰臣近年心力減耗不奈繁劇累曾陳乞一小鎮聖
慈未垂矜允上默然不樂其奏澳甥柳玭知其對謂澳曰舅之獎遇特承聖知
延英奏對恐未得中澳曰吾不為時相所信忽自宸旨委以使務必以吾他岐
得之何以自明我意不錯爾須知時事漸不堪是吾徒貪爵位所致爾宜志之
大中十二年檢校工部尚書兼孟州刺史充河陽三城懷孟澤節度等使辭於
內殿上曰卿自求便我不去卿在河陽累年中使王居方使魏州令傳詔旨謂
澳曰久別無恙知卿奉道得何藥術可具居方口奏澳因中使上章陳謝又曰
方士殊不可聽金石有毒切不宜服食帝嘉其忠將召之而帝厭代懿宗即位
遷檢校戸部尚書兼青州刺史平盧節度觀察處置等使入為戸部侍郎轉吏

部銓綜平允不受請託爲執政所惡出爲邠州刺史邠寧節度使宰相杜審權素不悅於澳會吏部發澳時簿籍吏緣爲姧坐罷鎮以祕書監分司東都嘗戲吟云若將韋鑒同殷鑒錯認容身作保身此句聞於京師權幸尤怒之上表求致仕宰相疑其怨望拜河南尹制出累上章辭疾以松檟在秦川求歸樊川别業許之踰年復授戸部侍郎以疾不拜而卒贈戸部尚書諡曰貞潾亦登進士第無位而卒潾子庾庠序雍郊庾登進士第累佐使府入朝爲御史累遷兵部郎中諫議大夫從僖宗幸蜀改中書舍人累拜刑部侍郎判戸部事車駕還京充頓遞使至鳳翔病卒序雍郊皆登進士第序雍官至尚書郎郊文學尤高累歷清顯自禮部員外郎知制誥正拜中書舍人昭宗末召充翰林學士累官戸部侍郎學士承旨卒

史臣曰二武朗拔精裁爲時羽儀嫉惡太甚遭罹不幸傳刃喋血誠可哀哉令狐中傷爲惡滋甚君子之行其若是乎鄭貞公博雅好古一代儒宗文忠致君無忝乃祖衣冠之盛近代罕儔韋氏三宗世多才俊純纁忠懿爲時元龜作輔

論兵言皆體國溴之貞亮不替祖風三代諡貞考行無愧

贊曰后族崢嶸平一辭榮高風襲慶鍾在二衡猗與貞公繼以文忠純纁文雅綽有父風

舊唐書卷一百五十八

舊唐書卷一百五十九

後晉司空同中書門下平章事劉昫撰

列傳第一百九

衛次公　鄭絪子祗德　祗德子顥　韋處厚　崔羣　路隨

衛次公字從周，河東人。器韻和雅，弱冠舉進士。禮部侍郎潘炎目爲國器，擢居上第。參選調，禮部侍郎盧翰嘉其才，補崇文館校書郎，改渭南尉。次公善鼓琴，京兆尹李齊運使其子交歡，意欲次公授之琴，次公拒之，由是終身未嘗操絃。嚴震之鎮興元，辟爲從事，授監察，轉殿中侍御史。貞元八年，徵爲左補闕，尋兼翰林學士。二十一年正月，德宗昇遐，時東宮疾恙方甚，倉卒召學士鄭絪等至金鑾殿。中人或云：「內中商量，所立未定。」衆人未對。次公遽言曰：「皇太子雖有疾，地居冢嫡，內外繫心。必不得已，當立廣陵王。若有異圖，禍難未已。」絪等隨而唱之，衆議方定。及順宗在諒闇，外有王叔文輩操權樹黨，無復經制。次公與鄭絪同處內廷，多所匡正。轉司勳員外郎，久之，以本官知制誥，賜紫金魚袋，仍爲學士權知中書舍人尋知禮部貢舉斥浮華進貞實不爲時力所搖真拜中書舍人仍充史館修撰遷兵部侍郎知制誥復兼翰林學士與鄭絪善會鄭絪罷相次公左授太子賓客改尚書右丞兼判戶部事拜陝虢等州都防禦觀察處置等使請蠲錢三百萬人得蘇息政聞于朝徵爲兵部侍郎選人李勣徐有功之孫名在黜中次公召而謂之曰子之祖先勳在王府豈限常格並優秩而遣之改尚書左丞恩顧頗厚上方命爲相已命翰林學士王涯草詔時淮夷宿兵歲久次公累疏請罷會有捷書至相詔方出憲宗令追之遂出爲淮南節度使檢校工部尚書兼揚州大都督府長史御史大夫元和十三年十月受代歸朝道次病卒贈太子少保年六十六諡曰敬次公自少入仕歷大寮節操邈尚始終如一爲衆推重子洙登進士第尚憲宗女臨真公主累官至給事中駙馬都尉工部侍郎

鄭絪字文明父羨池州刺史絪少有奇志好學善屬文大曆中有儒學高名如張參蔣乂楊綰常袞皆相知重絪擢進士第登宏詞科授祕書省校書郎鄠縣

尉張延賞鎮西川辟爲書記入除補闕起居郎兼史職無幾擢爲翰林轉司勳員外郎知制誥德宗朝在內職十三年小心兢謙上遇之頗厚貞元末德宗晏駕順宗初卽位遺詔不時宣下絪與同列衞次公密申正論中人不敢違及王伾王叔文朋黨擅權之際絪又能守道中立憲宗監國遷中書舍人依前學士俄拜中書侍郎平章事加集賢殿大學士轉門下侍郎弘文館大學士憲宗初勵精求理絪與杜黃裳同當國柄黃裳多所關決首建議誅惠琳斬劉闢及他制置絪謙默多無所事由是貶秩爲太子賓客出爲嶺南節度觀察等使廣州刺史檢校禮部尚書以廉政稱爲工部尚書轉太常卿又爲同州刺史長春宮使改東都留守入歷兵部尚書旋爲河中節度使太和二年入爲御史大夫檢校左僕射兼太子少保絪以文學進恬澹踐歷華顯出入中外者踰四十年所居雖無赫弈之稱而守道敦篤耽悅墳典與當時博聞好古之士爲講論名理之游時人皆仰其耆德焉及文宗卽位以年力衰耄累表陳乞遂以太子太傅致仕三年十月卒年七十八贈司空謚曰宣子祇德祇德子顗登進士第結綬

弘文館校書遷右拾遺內供奉詔授銀青光祿大夫遷起居郎尚宣宗女萬壽

公主拜駙馬都尉歷尚書郎給事中禮部侍郎典貢士二年振拔滯才至今稱

之遷刑部吏部侍郎大中十三年檢校禮部尚書河南尹顥居戚里有器度大

中時恩澤無對及宣宗棄代追感恩遇嘗爲詩序曰去年壽昌節赴麟德殿上

壽迴憩于長興里第昏然晝寢夢與十數人納涼於別館館宇蕭灑相與聯句

予爲數聯同遊甚稱賞旣寤不全記諸聯唯省十字云石門霧露白玉殿莓苔

靑乃書之于楹私怪語不祥不敢言於人不數日宣宗不豫廢朝會及宮車上

僊方悟其事追惟顧遇續石門之句爲十韻云閶闔流虹節歸軒出禁扃奔波

陶畏景蕭灑夢殊庭境象非曾到崇嚴昔未經日車烏斂翼風動鶴飄翎異苑

人爭集涼臺筆不停石門霧露白玉殿莓苔靑若匪災先兆何當思入冥御爐

虛仗馬華蓋負云亭白日成千古金縢閟九齡小臣哀絕筆湖上泣靑萍未幾

顥亦卒

韋處厚字德載京兆人父萬監察御史爲荆南節度參謀處厚本名淳避憲宗

諱改名處厚幼有至性事繼母以孝聞居父母憂廬於墓次旣免喪遊長安通
五經博覽史籍而文思贍逸元和初登進士第應賢良方正擢居異等授祕書
省校書郎裴垍以宰相監修國史奏以本官充直館改咸陽縣尉遷右拾遺並
兼史職修德宗實錄五十卷上之時稱信史轉左補闕禮部考功二員外早爲
宰相韋貫之所重時貫之以議兵不合旨出官處厚坐友善出爲開州刺史入
拜戶部郎中俄以本官知制誥穆宗以其學有師法召入翰林爲侍講學士換
諫議大夫改中書舍人侍講如故時張平叔以便佞詼諧他門捷進自京兆少
尹爲鴻臚卿判度支不數月宣授戶部侍郎平叔以征利中穆宗意欲希大任
以權鹽舊法爲弊年深欲官自糶鹽可富國強兵勸農積貨疏利害十八條詔
下其奏令公卿議處厚抗論不可以平叔條奏不周經慮未盡以爲利者返害
爲筋者至煩乃取其條目尤不可者發十難以詰之時平叔傾巧有恩自謂言
無不允及處厚條件駁奏穆宗稱善令示平叔平叔詞屈無以答其事遂寢處
厚以幼主荒怠不親政務旣居納誨之地宜有以啓導性靈乃銓擇經義雅言

以類相從為二十卷謂之六經法言獻之錫以繒帛銀器仍賜金紫以憲宗實錄未成詔處厚與路隨兼充史館修撰實錄未成許二人分日入內仍放常參處厚俄又權兵部侍郎敬宗嗣位李逢吉用事素惡李紳乃構成其罪禍將不測處厚與紳皆以孤進同年進士心頗傷之乃上疏曰臣竊聞朋黨議論以李紳貶黜尚輕臣受恩至深職備顧問事關聖聽不合不言紳先朝獎用擢在翰林無過可書無罪可戮今羣黨得志讒嫉大興詢於人情皆甚歎駭詩云萋兮斐兮成是貝錦彼譖人者亦已太甚又曰讒言罔極交亂四國自古帝王未有遠君子近小人而致太平者古人云三年無改於父之道可謂孝矣李紳是前朝任使縱有罪愆猶宜洗釁滌瑕念舊忘過以成無改之美今逢吉門下故吏遍滿朝行侵毀加誣何詞不有所貶如此猶為太輕蓋曾參有投杼之疑先師有拾塵之戒伏望陛下斷自聖慮不惑奸邪則天下幸甚建中之初山東向化只緣宰相朋黨上負朝廷楊炎為元載復讎盧杞為劉晏報怨兵連禍結天下不平伏乞聖明察臣愚懇帝悟其事紳得減死貶端州司馬處厚正拜兵部侍

郎謝恩於思政殿時昭愍狂恣屢出畋遊每月坐朝不三四日處厚因謝從容奏曰臣有大罪伏乞面首帝曰何也處厚對曰臣前爲諫官不能先朝死諫縱先聖好畋及色以至不壽臣合當誅然所以不死諫者亦爲陛下此時在春宮年已十五今則陛下皇子始一歲矣臣安得更避死亡之誅上深感悟其意賜錦綵一百匹銀器四事寶曆元年四月羣臣上尊號御殿受冊肆赦李逢吉以李紳之故所撰赦文但云左降官已經量移者與量移不言未量移者蓋欲紳不受恩例處厚上疏曰伏見赦文節目中左降官有不該恩澤者在宥之體有所未弘臣聞物議皆言逢吉恐李紳量移故有此節若如此則應是近年流貶官因李紳一人皆不得量移事體至大豈敢不言李紳先朝獎任曾在內廷自經貶官未蒙恩宥古人云人君當記人之功忘人之過管仲拘囚齊桓舉爲國相冶長縲紲仲尼選爲密親有罪猶宜滌蕩無辜豈可終累況鴻名大號冊禮重儀天地百靈之所鑒臨億兆八紘之所瞻戴恩澤不廣實非所宜臣與逢吉素無讎嫌與李紳本非親黨所論者全大體所陳者在至公伏乞聖慈察臣肝

贍儻蒙允許仍望宣付宰臣應近年左降官並編入赦條令準舊例得量移近
處帝覽奏其事乃追改赦文紳方霑恩例處厚爲翰林承旨學士每立視草慨
會聖旨常奉急命於宣州徵鷹鷙及楊益兩浙索奇文綾錦皆抗疏不奉命且
引前時赦書爲證帝皆可其奏寶曆季年急變中起文宗底綏內難詔命將降
未有所定處厚聞難奔赴昌言曰春秋之法大義滅親內惡必書以明逆順正
名討罪於義何嫌安可依違有所避諱遂奉藩教行焉是夕詔命制置及踐祚
禮儀不暇責所司皆出於處厚之議及禮行之後皆協舊章以佐命功旋拜中
書侍郎同中書門下平章事監修國史加銀青光祿大夫進爵靈昌郡公處厚
在相位務在濟時不爲身計中外補授咸得其宜初貞元中宰相齊抗奏減冗
員罷諸州別駕其在京百司當入別駕者多處之朝列元和以來兩河用兵偏
裨立功者往往擢在周行率以儲案王官雜補之皆盛服趨朝朱紫塡擁久次
當進及受代閑居者常數十人趨中書及宰相私第摩肩候謁繁於辭語及處
厚秉政復奏置六雄十望十緊三十四州別駕以處之而清流不雜朝政清肅

文宗勤於聽政然浮於決斷宰相奏事得請往往中變處厚常獨論奏曰陛下不以臣等不肖用爲宰相參議大政凡有奏請初蒙聽納尋易聖懷若出自宸衷卽示臣等不信若出於横議臣等何名鼎司且裴度元勳宿德歷輔四朝孜孜竭誠人望所屬陛下固宜親重竇易直良厚忠事先朝陛下固當委信微臣才薄首蒙陛下擢用非出他門言旣不從臣宜先退卽趨下再拜陳乞上矍然曰何至此耶卿之志業朕素自知登庸作輔百職斯舉縱朕有所失安可遽辭以彰吾薄德處厚謝之而去出延英門復令召還謂曰凡卿所欲言並宜啓論處厚因對彰善癉惡歸之法制凡數百言又裴度勳高望重爲人盡心切直宜久任可壯國威帝皆聽納自是宰臣敷奏人不敢横議俄而滄州李同捷叛朝廷加兵魏博史憲誠中懷向背裴度以宿舊自任待憲誠於不疑嘗遣親吏請事至中書處厚謂曰晉公以百口於上前保爾使主處厚則不然但仰俟所爲自有朝典耳憲誠聞之大懼自此輸竭竟有功於滄州又嘗以理財制用爲國之本撰太和國計二十卷以獻李載義累破滄鎮兩軍兵士每有俘執多遣刳

剔處厚以書喻之載義深然其旨自此滄鎭所獲生口配隸遠地前後全活數百千人處厚居家循易如不克任至於廷諍敷啓及駁轄待胥吏勁確嶷然不可奪質狀非魁偉如甚懦者而庶僚請事畏惕相顧雖與語移晷不敢私謁急於用才酷嗜文學嘗病前古有以浮議坐廢者故推擇羣材往往棄瑕錄用亦爲時所譏雅信釋氏因果晚年尤甚聚書踰萬卷多手自刊校奉詔修元和實錄未絕筆其統例取捨皆處厚創起焉太和二年十二月因延英奏對造膝之際忽奏臣病作遽退文宗命中官扶出歸第一夕而卒年五十六贈司空處厚當國柄二周歲啓沃之謀頗協時譽咸共惜之

崔羣字敦詩淸河武城人山東著姓十九登進士第又制策登科授祕書省校書郎累遷右補闕元和初召爲翰林學士歷中書舍人羣在內職常以讜言正論聞於時憲宗嘉賞降宣旨云自今後學士進狀並取崔羣連署然後進來羣以禁密之司動爲故事自爾學士或惡直醜正則其下學士無由上言羣堅不奉詔三疏論奏方允元和七年惠昭太子薨穆宗時爲遂王憲宗以澧王居長

又多內助將建儲貳命羣與灃王作讓表羣上言曰大凡己合當之則有陳讓之儀己不合當因何遽有讓表今遂王嫡長所宜正位青宮竟從其奏時魏博節度使田季安進絹五千匹充助修開業寺羣以爲事實無名體尤不可請止其所進羣前後所論多愜旨無不聽納遷禮部侍郎選拔才行咸爲公當轉戶部侍郎二年七月拜中書侍郎同中書門下平章事十四年誅李師道上顧謂宰臣曰李師古雖自襲祖父然朝廷待之始終其妻於師道即嫂叔也雖云逆族若量罪輕重亦宜降等又李宗奭雖抵嚴憲其情比之大逆亦有不同其妻士族也今其子女俱在掖廷於法皆似稍深卿等留意否羣對曰聖情仁惻罪止元兇其妻近屬儻獲寬宥實合弘煦之道於是師古妻裴氏女宜娘詔出於鄧州安置宗奭妻韋氏及男女先沒掖廷並釋放其奴婢資貨皆復賜之又鹽鐵福建院官權長孺坐贓詔付京兆府決殺長孺母劉氏求哀於宰相羣因入對言之憲宗愍其母耄年乃曰朕將屈法赦長孺何如羣曰陛下仁惻即赦之當速令中使宣諭如待正勑即無及也長孺竟得免死長流羣之啓奏平恕多

此類也時憲宗急於盪寇頗獎聚斂之臣故藩府由是希旨往往捃拾目爲進奉處州刺史苗稷進羨餘錢七千貫羣議以爲違詔受之則失信於天下請却賜本州代貧下租稅時論美之度支使皇甫鎛陰結權倖以求宰相羣累疏其奸邪嘗因對面論語及天寶開元中事羣曰安危在出令存亡繫所任玄宗用姚崇宋璟張九齡韓休李元紘杜暹則理用林甫楊國忠則亂人皆以天寶十五年祿山自范陽起兵是理亂分時臣以爲開元二十年罷賢相張九齡專任奸臣李林甫理亂自此已分矣用人得失所繫非小詞意激切左右爲之感動鎛深恨之而憲宗終用鎛爲宰相無何羣臣議上尊號皇甫鎛欲加孝德兩字羣曰有睿聖則孝德在其中矣竟爲鎛所構憲宗不樂出爲湖南觀察都團練使穆宗卽位徵拜吏部侍郎召見別殿謂羣曰我昇儲位知卿爲羽翼羣曰先帝之意元在陛下頃者授陛下淮西節度使臣奉命草制且曰能辨南陽之牘允符東海之貴若不知先帝深旨臣豈敢輕言數日拜御史中丞浹旬授檢校兵部尚書兼徐州刺史武寧軍節度徐泗濠觀察等使初幽鎮逆命詔授沂州

刺史王智興爲武寧軍節度副使領徐州兵討伐羣以智興早得士心表請因授智興旄鉞竟寢不報智興自河北迴戈城內皆是父兄開關延入羣爲智興所逐朝廷坐其失守授祕書監分司東都未幾改華州刺史兼御史大夫復改宣州刺史歙池等州都團練觀察等使徵拜兵部尙書久之改檢校吏部尙書江陵尹荆南節度觀察使踰歲改檢校右僕射兼太常卿太和五年拜檢校左僕射兼吏部尙書六年八月卒年六十一册贈司空羣有沖識精裁爲時賢相清議以儉素之節其終不及厥初羣年未冠舉進士陸贄知舉訪於梁肅議其登第有才行者肅曰崔羣雖少年他日必至公輔果如其言羣弟于登進士官至郎署有令名子充亦以文學進歷三署終東都留守

路隨字南式其先陽平人高祖節高宗朝爲越王府東閤祭酒曾祖惟恕官至睦州刺史祖俊之仕終太子通事舍人父泌字安期少好學通五經尤嗜詩易左氏春秋能諷其章句皆究深旨博涉史傳工五言詩性端亮寡言以孝悌聞於宗族建中末以長安尉從調與李益韋綬等書判同居高第泌授城門郎屬

德宗違難奉天泌時在京師棄妻子潛詣行在所又從幸梁州排潰軍而出再爲流矢所中裂裳濡血以策說渾瑊瑊深重之辟爲從事瑊討懷光累奏爲副元帥判官檢校戶部郎中兼御史中丞河中平隨瑊與吐蕃會盟于平涼因刦盟陷蕃在絕域累年棲心於釋氏之教爲贊普所重待以賓禮卒於戎鹿貞元十九年吐蕃遺邊將書求和隨哀泣上疏願允其請表三上德宗命中使諭旨朝廷懲其宿詐俟更要於後信訖數歲不報元和中蕃使復款塞隨復五獻封章請修和好又上書於宰執哀訴裴垍李藩皆協力敷奏憲宗可之命祠部郎中徐復報聘乃特於詔中疏平涼陷蕃者名氏令歸中國吐蕃因復等還遣使來朝遂以泌及鄭叔矩之喪與銘及遺錄至朝野傷歎憲宗憫之贈絳州刺史賜絹二百匹至葬日委所在官給喪事泌累贈太子少保泌陷蕃之歲隨方在孩提後稍長成知父在蕃乃日夜啼號坐必西嚮饌不食肉母氏言其形貌肖先君遂終身不照鏡後以通經調授潤州參軍爲李錡所困使知市事隨翛然坐市中一不介意韋夏卿爲東都留守聞而辟之由是聲名日振元和五年邊

吏以訃至隨居喪益以孝聞服闋擢拜左補闕會李絳諷上納諫憲宗皇帝曰諫官路隨韋處厚章疏相繼朕常深用其言自是識者敬伏焉俄遷起居郎轉司勳員外郎自補闕至司勳員外皆充史館修撰穆宗卽位遷司勳郎中賜緋魚袋與韋處厚同入翰林爲侍講學士採三代皇王興衰著六經法言二十卷奏之拜諫議大夫依前侍講學士將脩憲宗實錄復命兼充史職敬宗登極拜中書舍人翰林學士仍賜紫有以金帛謝除制者必叱而却之曰吾以公事接私財耶終無所納文宗卽位韋處厚入相隨代爲承旨轉兵部侍郎知制誥太和二年處厚薨隨代爲相拜中書侍郎加監脩國史初韓愈撰順宗實錄說禁中事頗切直內官惡之往往於上前言其不實累朝有詔改修及隨進憲宗實錄後文宗復令改正永貞時事隨奏曰臣昨面奉聖旨以順宗實錄頗非詳實委臣等重加刊正畢日聞奏臣自奉宣命取史本欲加筆削近見衞尉卿周居巢諫議大夫王彥威給事中李固言史官蘇景胤等各上章疏具陳刊改非甚便宜又聞班行如此議論頗衆臣伏以史冊之作勸誡所存事有當書理宜歸

實匹夫美惡尚不可誣人君得失無容虛載聖旨以前件實錄記貞元末數事
稍非摭實蓋出傳聞審知差舛便令刊正頃因坐日屢形聖言通計前後至于
數四臣及宗閔僧孺亦以永貞已來歲月至近禁中行事在外固難詳知陛下
所言皆是接於耳目既聞乖謬因述古今引前史直不疑盜嫂之言及第五倫
撾公之說皆多此比類難盡信書所冀睿鑒詳於聽言深宮慎於行事持此比
類上開聽明特蒙降察稍恕前謬由是近垂宣命令有改脩臣等伏以貞觀已
來累朝實錄有經重撰不敢固辭但欲粗刪深悞亦固盡存諸說宗閔僧孺相
與商量緣此書成於韓愈今史官李漢蔣係皆愈之子壻若遣參撰或致私嫌
以臣既職監脩盍令詳正及經奏請事遂施行今者庶僚競言不知本起表章
交奏似有他疑臣雖至昧容非自請既迫羣議輒冒上聞縱臣果獲脩成必懼
終爲時累且韓愈所書亦非己出元和之後已是相循縱其密親豈害公理使
歸本職實謂正名其實錄伏望條示舊記最錯悞者宣付史官委之脩定則冀
聖祖垂休永無慚於傳信下臣非據獲滅戾於侵官彰清朝立政之方表公器

不私之義流言自弭時論攸宜詔曰其實錄中所書德宗順宗朝禁中事尋訪根柢蓋起謬傳諒非信史宜令史官詳正刊去其他不要更修餘依所奏四年轉門下侍郎加崇文館大學士七年兼太子太師備禮冊拜表上史官所修憲宗穆宗實錄八年辭疾不得謝會李德裕連貶至袁州長史隨不署奏狀始爲鄭注所忌九年四月拜檢校尚書右僕射同中書門下平章事兼潤州刺史鎮海軍節度浙江西道觀察等使太和九年七月遘疾于路薨于揚子江之中流年六十冊贈太保謚曰貞隨有學行大度爲諫官能直言在內庭匡益自寶曆初爲承旨學士即參大政以後十五年在相位宗閔德裕朋黨交興攘臂於其間李訓鄭注始終奸詐接武於其後而隨藏器韜光隆污一致可謂得君子中庸而常居之也

史臣曰衞次公鄭絪韋處厚崔羣路隨等皆以文學飾身致位崇極兼之忠讜垂名簡書茲實有足多也絪有其位有其時懷獨善之謀晦衆濟之道左遷非不幸也次公因獻捷之書激已成之詔命也夫處厚危言切議振士友之急稱

同列之善君子哉

贊曰衛鄭韋路兼之博陵文學政事爲時所稱

舊唐書卷一百五十九

舊唐書卷一百五十九考證

鄭絪傳爲河中節度使太和二年入爲御史大夫檢校左僕射兼太子少保○沈炳震曰按本紀長慶元年鄭絪自東都留守遷吏部尚書二年爲太子少傅四年自兵部尚書復爲吏部尚書太和二年以吏部尚書改太子少保其間無爲河中節度使文而傳云太和二年自河中入爲御史大夫則當是寶曆中出鎭然本紀太和二年固無拜御史大夫文而河中自寶曆元年至太和二年皆屬薛平又無遷代則絪未嘗爲河中也

舊唐書卷一百五十九考證

舊唐書卷一百六十

後晉司空同中書門下平章事劉昫撰

列傳卷第一百十

韓愈　張籍　孟郊　唐衢　李翺
宇文籍　劉禹錫　柳宗元　韋辭

韓愈字退之昌黎人父仲卿無名位愈生三歲而孤養於從父兄愈自以孤子幼刻苦學儒不俟獎勵大曆貞元之間文字多尚古學效揚雄董仲舒之述作而獨孤及梁肅最稱淵奧儒林推重愈從其徒遊銳意鑽仰欲自振於一代洎舉進士投文於公卿間故相鄭餘慶頗爲之延譽由是知名於時尋登進士第宰相董晉出鎮大梁辟爲巡官府除徐州張建封又請爲其賓佐愈發言真率無所畏避操行堅正拙於世務調授四門博士轉監察御史德宗晚年政出多門宰相不專機務宮市之弊諫官論之不聽愈嘗上章數千言極論之不聽怒貶爲連州山陽令量移江陵府掾曹元和初召爲國子博士遷都官員外郎時

華州刺史閻濟美以公事停華陰令柳澗縣務俾攝掾曹居數月濟美罷郡出居公館澗遂諷百姓遮道索前年軍頓役直後刺史趙昌按得澗罪以聞貶房州司馬愈因使過華知其事以爲刺史相黨上疏理澗留中不下詔監察御史李宗奭按驗得澗贓狀再貶澗封溪尉以愈妄論復爲國子博士愈自以才高累被擯黜作進學解以自喻曰國子先生晨入太學召諸生立館下誨之曰業精于勤荒于嬉行成于思毀于隨方今聖賢相逢治具畢張拔去兇邪登崇俊良占小善者率以錄名一藝者無不庸爬羅剔抉刮垢磨光蓋有幸而獲選孰云多而不揚諸生業患不能精無患有司之不明行患不能成無患有司之不公言未既有笑于列者曰先生欺予哉弟子事先生于茲有年矣先生口不絶吟於六藝之文手不停披於百家之編記事者必提其要纂言者必鉤其玄貪多務得細大不捐燒膏油以繼晷常矻矻以窮年先生之業可謂勤矣觝排異端攘斥佛老補苴罅漏張皇幽眇尋墜緒之茫茫獨旁搜而遠紹障百川而東之迴狂瀾於既倒先生之於儒可謂有勞矣沉浸醲郁含英咀華作爲文章其

書滿家上規姚姒渾渾無涯周誥殷盤佶屈聱牙春秋謹嚴左氏浮誇易奇而法詩正而葩下逮莊騷太史所錄子雲相如同工異曲先生之於文可謂閎其中而肆其外矣少始知學勇於敢爲長通於方左右具宜先生之於爲人可謂成矣然而公不見信於人私不見助於友跋前躓後動輒得咎暫爲御史遂竄南夷三爲博士冗不見治命與仇謀取敗幾時冬煖而兒號寒年豐而妻啼饑頭童齒豁竟死何裨不知慮此而反教人爲先生曰吁子來前夫大木爲杗細木爲桷欂櫨侏儒椳闑扂楔各得其宜施以成室者匠氏之工也玉札丹砂赤箭青芝牛溲馬勃敗鼓之皮俱收並蓄待用無遺者醫師之良也登明選公雜進巧拙紆餘爲妍卓犖爲傑校短量長唯器是適者宰相之方也昔者孟軻好辯孔道以明轍環天下卒老于行荀卿守正大論是弘逃讒于楚廢死蘭陵是二儒者吐辭爲經舉足爲法絕類離倫優入聖域其遇于世何如也今先生學雖勤不繇其統言雖多不要其中文雖奇不濟於用行雖修不顯於衆猶且月費俸錢歲靡廩粟子不知耕婦不知織乘馬從徒安坐而食踵常途之促促窺

陳編以盜竊然而聖主不加誅宰臣不見斥此非其幸哉動而得謗名亦隨之
投閑置散乃分之宜若夫商財賄之有無計班資之崇庳忘己量之所稱指前
人之瑕疵是所謂詰匠氏之不以杙爲楹而訾醫師以昌陽引年欲進其豨苓
也執政覽其文而憐之以其有史才改比部郎中史館修撰踰歲轉考功郎中
知制誥拜中書舍人俄有不悅愈者摭其舊事言愈前左降爲江陵掾曹荊南
節度使裴均館之頗厚均子鍔凡鄙近者鍔還省父愈爲序餞鍔仍呼其字此
論喧於朝列坐是改太子右庶子元和十二年八月宰臣裴度爲淮西宣慰處
置使兼彰義軍節度使請愈爲行軍司馬仍賜金紫淮蔡平十二月隨度還朝
以功授刑部侍郎仍詔愈撰平淮西碑其辭多敘裴度事時先入蔡州擒吳元
濟李愬功第一愬不平之愬妻出入禁中因訴碑辭不實詔令磨愈文憲宗命
翰林學士段文昌重撰文勒石鳳翔法門寺有護國真身塔塔內有釋迦文佛
指骨一節其書本傳法三十年一開開則歲豐人泰十四年正月上令中使杜
英奇押宮人三十人持香花赴臨皐驛迎佛骨自光順門入大內留禁中三日

乃送諸寺王公士庶奔走捨施唯恐在後百姓有廢業破產燒頂灼臂而求供養者愈素不喜佛上疏諫曰伏以佛者夷狄之一法耳自後漢時始流入中國上古未嘗有也昔黃帝在位百年年百一十歲少昊在位八十年年百歲顓頊在位七十九年年九十八歲帝嚳在位七十年年百五歲帝堯在位九十八年年百一十八歲帝舜及禹年皆百歲此時天下太平百姓安樂壽考然而中國未有佛也其後殷湯亦年百歲湯孫太戊在位七十五年武丁在位五十年書史不言其壽推其年數蓋亦俱不減百歲周文王年九十七歲武王年九十三歲穆王在位百年此時佛法亦未至中國非因事佛而致此也漢明帝時始有佛法明帝在位纔十八年耳其後亂亡相繼運祚不長宋齊梁陳元魏已下事佛漸謹年代尤促唯梁武帝在位四十八年前後三度捨身施佛宗廟之祭不用牲牢晝日一食止於菜果其後竟爲侯景所逼餓死臺城國亦尋滅事佛求福乃更得禍由此觀之佛不足信亦可知矣高祖始受隋禪則議除之當時羣臣識見不遠不能深究先王之道古今之宜推闡聖明以救斯弊其事遂止臣

嘗恨焉伏惟皇帝陛下神聖英武數千百年以來未有倫比卽位之初卽不許度人爲僧尼道士又不許別立寺觀臣當時以爲高祖之志必行於陛下之手今縱未能卽行豈可恣之轉令盛也今聞陛下令羣僧迎佛骨於鳳翔御樓以觀舁入大內令諸寺遞迎供養臣雖至愚必知陛下不惑於佛作此崇奉以祈福祥也直以年豐人樂徇人之心爲京都士庶設詭異之觀戲玩之具耳安有聖明若此而肯信此等事哉然百姓愚冥易惑難曉苟見陛下如此將謂真心信佛皆云天子大聖猶一心敬信百姓微賤於佛豈合惜身命所以灼頂燔指百十爲羣解衣散錢自朝至暮轉相倣效唯恐後時老幼奔波棄其生業若不卽加禁遏更歷諸寺必有斷臂臠身以爲供養者傷風敗俗傳笑四方非細事也佛本夷狄之人與中國言語不通衣服殊製口不道先王之法言身不服先王之法行不知君臣之義父子之情假如其身尚在奉其國命來朝京師陛下容而接之不過宣政一見禮賓一設賜衣一襲衛而出之於境不令惑於衆也況其身死已久枯朽之骨凶穢之餘豈宜以入宮禁孔子曰敬鬼神而遠之古

之諸侯行弔於國尙令巫祝先以桃茢祓除不祥然後進弔今無故取朽穢之物親臨觀之巫祝不先桃茢不用羣臣不言其非御史不舉其失臣實恥之乞以此骨付之水火永絕根本斷天下之疑絕後代之惑使天下之人知大聖人之所作爲出於尋常萬萬也豈不盛哉豈不快哉佛如有靈能作禍祟凡有殃咎宜加臣身上天鑒臨臣不怨悔疏奏憲宗怒甚間一日出疏以示宰臣將加極法裴度崔羣奏曰韓愈上忤尊聽誠宜得罪然而非內懷忠懇不避黜責豈能至此伏乞稍賜寬容以來諫者上曰愈言我奉佛太過我猶爲容之至謂東漢奉佛之後帝王咸致夭促何言之乖剌也愈爲人臣敢爾狂妄固不可赦于是人情驚惋乃至國戚諸貴亦以罪愈太重因事言之乃貶爲潮州刺史愈至潮陽上表曰臣今年正月十四日蒙恩授潮州刺史卽日馳驛就路經涉嶺海水陸萬里臣所領州在廣府極東去廣府雖云二千里然來往動皆踰月過海口下惡水濤瀧壯猛難計期程颶風鱷魚患禍不測州南近界漲海連天毒霧瘴氛日夕發作臣少多病年纔五十髮白齒落理不久長加以罪犯至重所處

又極遠惡憂惶慚悸死亡無日單立一身朝無親黨居蠻夷之地與魑魅同羣苟非陛下哀而念之誰肯爲臣言者臣受性愚陋人事多所不通唯酷好學問文章未嘗一日暫廢實爲時輩推許臣於當時之文亦未有過人者至於論述陛下功德與詩書相表裏作爲歌詩薦之郊廟紀太山之封鏤白玉之牒鋪張對天之宏休揚厲無前之偉蹟編於詩書之策而無愧措於天地之間而無虧雖使古人復生臣未肯多讓伏以大唐受命有天下四海之內莫不臣妾南北東西地各萬里自天寶之後政治少懈文致未優武剋不綱孽臣姦隸外順內悖父死子代以祖以孫如古諸侯自擅其地不朝不貢六七十年四聖傳序以至陛下躬親聽斷干戈所麾無不從順宜定樂章以告神明東巡泰山奏功皇天使永永萬年服我成烈當此之際所謂千載一時不可逢之嘉會而臣負罪嬰釁自拘海島戚戚嗟嗟日與死迫曾不得奏薄伎於從官之內隸御之間窮思畢精以贖前過懷痛窮天死不閉目瞻望宸極魂神飛去伏惟陛下天地父母哀而憐之憲宗謂宰臣曰昨得韓愈到潮州表因思其所諫佛骨事大是愛

我我豈不知然愈爲人臣不當言人主事佛乃年促也我以是惡其容易上欲復用愈故先語及觀宰臣之奏對而皇甫鎛惡愈狷直恐其復用率先對曰愈終大狂疎且可量移一郡乃授袁州刺史初愈至潮陽既視事詢吏民疾苦皆曰郡西湫水有鱷魚卵而化長數丈食民畜產將盡以是民貧居數日愈往視之令判官秦濟炮一豚一羊投之湫水祝之曰前代德薄之君棄楚越之地則鱷魚涵泳於此可也今天子神聖四海之外撫而有之況揚州之境刺史縣令之所治出貢賦以共天地宗廟之祀鱷魚豈可與刺史雜處此土哉刺史受天子命令守此土而鱷魚睅然不安谿潭食民畜熊鹿麞豕以肥其身以繁其卵與刺史爭爲長刺史雖駑弱安肯爲鱷魚低首而下哉今潮州大海在其南鯨鵬之大蝦蟹之細無不容鱷魚朝發而夕至今與鱷魚約三日乃至七日如頑而不徙須爲物害則刺史選材伎壯夫操勁弓毒矢與鱷魚從事矣祝之夕有暴風雷起於湫中數日湫水盡涸徙於舊湫西六十里自是潮人無鱷患袁州之俗男女隸於人者踰約則沒入出錢之家愈至設法贖其所沒男女歸其父

毋仍削其俗法不許隸人十五年徵爲國子祭酒轉兵部侍郎會鎭州殺田弘正立王廷湊令愈往鎭州宣諭愈既至集軍民諭以逆順辭情切至廷湊畏重之改吏部侍郎轉京兆尹兼御史大夫以不臺參爲御史中丞李紳所劾愈不伏言準勑仍不臺參紳愈性皆褊僻移刺往來紛然不止乃出紳爲浙西觀察使愈亦罷尹爲兵部侍郎及紳面辭赴鎭泣涕陳敘穆宗憐之乃追制以紳爲兵部侍郎愈復爲吏部侍郎長慶四年十二月卒時年五十七贈禮部尚書諡曰文愈性弘通與人交榮悴不易少時與洛陽人孟郊東郡人張籍友善二人名位未振愈不避寒暑稱薦於公卿間而籍終成科第榮於祿仕後雖通貴每退公之隙則相與談讌論文賦詩如平昔焉而觀諸權門豪士如僕隸焉瞪然不顧而頗能誘厲後進館之者十六七雖晨炊不給怡然不介意大抵以興起名教弘獎仁義爲事凡嫁內外及友朋孤女僅十人常以爲自魏晉已還爲文者多拘偶對而經誥之指歸遷雄之氣格不復振起矣故愈所爲文務反近體抒意立言自成一家新語後學之士取爲師法當時作者甚衆無以過之故世

稱韓文焉然時有恃才肆意亦有盭孔孟之旨若南人妄以柳宗元爲羅池神而愈譔碑以實之李賀父名晉不應進士而愈爲賀作諱辨令舉進士又爲毛穎傳譏戲不近人情此文章之甚紕繆者時謂愈有史筆及撰順宗實錄繁簡不當敍事拙於取捨頗爲當代所非穆宗文宗嘗詔史臣添改時愈壻李漢蔣係在顯位諸公難之而韋處厚竟別撰順宗實錄三卷有文集四十卷李漢爲之序子昶亦登進士第

張籍者貞元中登進士第性詭激能爲古體詩有警策之句傳於時調補太常寺太祝轉國子助教祕書郎以詩名當代公卿裴度令狐楚才名如白居易元稹皆與之遊而韓愈尤重之累授國子博士水部員外郎轉水部郎中卒世謂之張水部云

孟郊者少隱於嵩山稱處士李翺分司洛中與之遊薦於留守鄭餘慶辟爲賓佐性孤僻寡合韓愈一見以爲忘形之契常稱其字曰東野與之唱和於文酒之間鄭餘慶鎮興元又奏爲從事辟書下而卒餘慶給錢數萬葬送贍給其妻

子者累年
唐衢者應進士久而不第能爲歌詩意多感發見人文章有所傷歎者讀訖必哭涕泗不能已每與人言論既相別發聲一號音辭哀切聞之者莫不悽然泣下嘗客遊太原屬戎帥軍宴衢得預會酒酣言事抗音而哭一席不樂爲之罷會故世稱唐衢善哭左拾遺白居易遺之詩曰賈誼哭時事阮籍哭路岐唐生今亦哭異代同其悲唐生者何人五十寒且饑不悲口無食不悲身無衣所悲忠與義悲甚則哭之太尉擊賊日尚書叱盜時大夫死兇寇諫議謫蠻夷每見如此事聲發涕輒隨我亦君之徒鬱鬱何所爲不能發聲哭轉作樂府辭其爲名流稱重若此竟不登一命而卒
李翱字習之涼武昭王之後父楚金貝州司法參軍翱幼勤於儒學博雅好古爲文尚氣質貞元十四年登進士第授校書郎三遷至京兆府司錄參軍元和初轉國子博士史館修撰十四年太常丞王涇上疏請去太廟朔望上食詔百官議議者以開元禮太廟每歲祫禘蒸嘗臘凡五享天寶末玄宗令尚食每月

朔望具常饌令宮闈令上食於太廟後遂爲常由是朔望不視朝比之大祠翱
奏議曰國語曰王者日祭禮記曰王立七廟皆月祭之周禮時祭禴祠蒸嘗漢
氏皆雜而用之蓋遭秦火詩書禮經燼滅編殘簡缺漢乃求之先儒穿鑿各伸
己見皆託古聖賢之名以信其語故所記各不同也古者廟有寢而不墓祭秦
漢始建寢廟於園陵而上食焉國家因之而不改貞觀開元禮並無宗廟日祭
月祭之禮蓋以日祭月祭既已行於陵寢矣故太廟之中每歲五饗六告而已
不然者房玄齡魏徵輩皆一代名臣窮極經史豈不見國語禮記有日祭月祭
之詞乎斯足以明矣伏以太廟之饗籩豆牲牢三代之通禮是貴誠之義也園
陵之奠改用常饌秦漢之權制乃食味之道也今朔望上食於太廟豈非用常
褻味而貴多品乎且非禮所謂至敬不饗味而貴氣臭之義也傳稱屈到嗜芰
有疾召其宗老而屬之曰祭我必以芰及祭薦芰其子違命去芰而用羊饋籩
豆脯醢君子是之言事祖考之義當以禮爲重不以其生存所嗜爲獻蓋明非
食味也然則薦常饌於太廟無乃與芰爲比乎且非三代聖王之所行也況祭

器不陳俎豆祭官不命三公執事者唯宮闈令與宗正卿而已謂之上食也安得以爲祭乎且時享于太廟有司攝事祝文曰孝曾孫皇帝臣某謹遣太尉臣名敢昭告于高祖神堯皇帝祖妣太穆皇后竇氏時惟孟春永懷罔極謹以一元大武柔毛剛鬣明粢薌萁嘉蔬嘉薦醴齊敬脩時享以申追慕此祝辭也前享七日質明太尉誓百官於尚書省曰某月某日時享于太廟各揚其職不供其事國有常刑凡陪享之官散齋四日致齋三日然後可以爲祭也宗廟之禮非敢擅議雖有知者其誰敢言故六十餘年行之不廢今聖朝以弓矢既櫜禮樂爲大故下百寮可得詳議臣等以爲貞觀開元禮並無太廟上食之文以禮斷情罷之可也至若陵寢上食採國語禮記日祭月祭之詞因秦漢之制脩而存之以廣孝道可也如此則經義可據故事不遺大禮既明永息異論可以繼二帝三王而爲萬代法與其瀆禮越古貴因循而憚改作猶天地之相遠也知禮者是之事竟不行翺性剛急論議無所避執政雖重其學而惡其激訐故久次不遷翺以史官記事不實奏狀曰臣謬得秉筆史館以記注爲職夫勸善懲

惡正言直筆紀聖朝功德述忠賢事業載姦臣醜行以傳無窮者史官之任也凡人事跡非大善大惡則衆人無由得知舊例皆訪於人又取行狀謚議以爲依據今之作行狀者多是其門生故吏莫不虛加仁義禮智妄言忠肅惠和此不唯其處心不實苟欲虛美於受恩之地耳蓋爲文者又非游夏遷雄之列務於華而忘其實溺於文而棄其理故爲文則失六經之古風紀事則非史遷之實錄臣今請作行狀者但指事實直載事功假如作魏徵傳但記其諫諍之辭足以爲正直段秀實但記其倒用司農印以追逆兵以象笏擊朱泚足以爲忠烈若考功視行狀不依此者不得受依此則考功下太常牒史館然後定謚伏乞以臣此奏下考功從之尋權知職方員外郎十五年六月授考功員外郎並兼史職翺與李景儉友善初景儉拜諫議大夫舉翺自代至是景儉貶黜七月出翺爲朗州刺史俄而景儉復爲諫議大夫翺亦入爲禮部郎中翺自負辭藝以爲合知制誥以久未如志鬱鬱不樂因入中書謁宰相面數李逢吉之過失逢吉不之校翺心不自安乃請告滿百日有司準例停官逢吉奏授廬州刺史

太和初入朝爲諫議大夫尋以本官知制誥三年二月拜中書舍人初諫議大夫柏耆將使滄州軍前宣諭翺嘗贊成此行柏耆尋以擅入滄州得罪翺坐謬舉左授少府少監俄出爲鄭州刺史五年出爲桂州刺史御史中丞充桂管都防禦使七年改授潭州刺史湖南觀察使八年徵爲刑部侍郎九年轉戶部侍郎七月檢校戶部尚書襄州刺史充山南東道節度使會昌中卒於鎮謚曰文

宇文籍字夏龜父滔官卑少好學尤通春秋竇羣自處士徵爲右拾遺表籍自代由是知名登進士第宰相武元衡出鎮西蜀奏爲從事以咸陽尉直史館與韓愈同脩順宗實錄遷監察御史王承宗叛詔捕其弟駙馬都尉承系其賓客中有爲誤識者又蘇表以破淮西策干宰相武元衡元衡不用以籍舊從事令召表訊之籍因與表狎元衡怒坐貶江陵府戶曹參軍至任節度使孫簡知重之欲令兼幕府職事籍辭曰籍以君命譴黜亦當以君命升假榮偷獎非所願也後考滿連辟藩府入爲侍御史轉著作郎遷駕部員外郎史館修撰與韋處厚韋表微路隨沈傳師同脩憲宗實錄俄以本官知制誥轉庫部郎中太和中

遷諫議大夫專掌史筆罷知制誥籍性簡澹寡合耽玩經史精於著述而風望峻整爲時輩推重太和二年正月卒時年五十九贈工部侍郎子臨大中初登進士第

劉禹錫字夢得彭城人祖雲父漵仕歷州縣令佐世以儒學稱禹錫貞元九年擢進士第又登宏辭科禹錫精於古文善五言詩今體文章復多才麗從事淮南節度使杜佑幕典記室尤加禮異從佑入朝爲監察御史與吏部郎中韋執誼相善貞元末王叔文於東宮用事後輩務進多附麗之禹錫尤爲叔文知獎以宰相器待之順宗卽位久疾不任政事禁中文誥皆出於叔文引禹錫及柳宗元入禁中與之圖議言無不從轉屯田員外郎判度支鹽鐵案兼崇陵使判官頗怙威權中傷端士宗元素不悅武元衡時武元衡爲御史中丞乃左授右庶子侍御史竇羣奏禹錫挾邪亂政不宜在朝羣卽日罷官韓皐憑藉貴門不附叔文黨出爲湖南觀察使既任喜怒凌人京師人士不敢指名道路以目時號二王劉柳叔文敗坐貶連州刺史在道貶朗州司馬地居西南夷土風僻陋

舉目殊俗無可與言者禹錫在朗州十年唯以文章吟詠陶冶情性蠻俗好巫
每淫祠鼓舞必歌俚辭禹錫或從事於其間乃依騷人之作爲新辭以教巫祝
故武陵谿洞閒夷歌率多禹錫之辭也初禹錫宗元等八人犯衆怒憲宗亦怒
故再貶制有逢恩不原之令然執政惜其才欲洗滌痕累漸序用之會程异復
掌轉運有詔以韓皐及禹錫等爲遠郡刺史屬武元衡在中書諫官十餘人論
列言不可復用而止禹錫積歲在湘澧閒鬱悒不怡因讀張九齡文集乃敘其
意曰世稱曲江爲相建言放臣不宜於善地多徙五谿不毛之鄉今讀其文章
自內職牧始安有瘴癘之歎自退相守荊州有拘囚之思託諷禽鳥寄辭草樹
鬱然與騷人同風嗟夫身出於遐陬一失意而不能堪矧華人士族而必致醜
地然後快意哉議者以曲江爲良臣識胡雛有反相羞與凡器同列密啓廷諍
雖古哲人不及而燕翼無似終爲餒魂豈忮心失恕陰謫最大雖二美莫贖耶
不然何袁公一言明楚獄而鍾祉四葉以是相較神可誣乎元和十年自武陵
召還宰相復欲置之郎署時禹錫作遊玄都觀詠看花君子詩語涉譏刺執政

不悅復出爲播州刺史詔下御史中丞裴度奏曰劉禹錫有母年八十餘今播州西南極遠猿狖所居人迹罕至禹錫誠合得罪然其老母必去不得則與此子爲死別臣恐傷陛下孝理之風伏請屈法稍移近處憲宗曰夫爲人子每事尤須謹愼常恐貽親之憂今禹錫所坐更合重於他人卿豈可以此論之度無以對良久帝改容而言曰朕所言是責人子之事然終不欲傷其所親之心乃改授連州刺史去京師又十餘年連刺數郡太和二年自和州刺史徵還拜主客郎中禹錫銜前事未已復作遊玄都觀詩序曰予貞元二十一年爲尚書屯田員外郎時此觀中未有花木是歲出牧連州尋貶朗州司馬居十年召還京師人人皆言有道士手植紅桃滿觀如爍晨霞遂有詩以志一時之事旋又出牧于今十有四年得爲主客郎中重遊玆觀蕩然無復一樹唯兎葵燕麥動搖於春風因再題二十八字以俟後遊其前篇有玄都觀裏桃千樹總是劉郎去後栽之句後篇有種桃道士今何在前度劉郎又到來之句人嘉其才而薄其行禹錫甚怒武元衡李逢吉而裴度稍知之太和中度在中書欲令知制誥執

政又聞詩序滋不悅累轉禮部郎中集賢院學士度罷知政事禹錫求分司東都終以恃才褊心不得久處朝列六月授蘇州刺史就賜金紫秩滿入朝授汝州刺史遷太子賓客分司東都禹錫晚年與少傅白居易友善詩筆文章時無在其右者常與禹錫唱和往來因集其詩而序之曰彭城劉夢得詩豪者也其鋒森然少敢當者予不量力往往犯之夫合應者聲同交爭者力敵一往一復欲罷不能由是每制一篇先於視草視竟則興作興作則文成一二年來日尋筆硯同和贈答不覺滋多太和三年春以前紙墨所存者凡一百三十八首其餘乘興仗醉率然口號者不在此數因命小姪龜兒編勒成兩軸仍寫二本一付龜兒一授夢得小男崙郎各令收藏附兩家文集予頃與元微之唱和頗多或在人口嘗戲微之云僕與足下二十年來爲文友詩敵幸也亦不幸也吟詠情性播揚名聲其適遺形其樂忘老幸也然江南士女語才子者多云元白以子之故使僕不得獨步於吳越間此一不幸也今垂老復遇夢得非重不幸耶夢得夢得文之神妙莫先於詩若妙與神則吾豈敢如夢得雪裏高山頭白早

海中仙果子生遲沉舟側畔千帆過病樹前頭萬木春之句之類真謂神妙矣在在處處應有靈物護持豈止兩家子弟祕藏而已其爲名流許與如此夢得嘗爲西塞懷古金陵五題等詩江南文士稱爲佳作雖名位不達公卿大寮多與之交開成初復爲太子賓客分司俄授同州刺史秩滿檢校禮部尚書太子賓客分司會昌二年七月卒時年七十一贈戶部尚書子承雍登進士第亦有才藻

柳宗元字子厚河東人後魏侍中濟陰公之系孫曾伯祖奭高祖朝宰相父鎮太常博士終侍御史宗元少聰警絕衆尤精西漢詩騷下筆構思與古爲侔精裁密緻璨若珠貝當時流輩咸推之登進士第應舉宏辭授校書郎藍田尉貞元十九年爲監察御史順宗卽位王叔文韋執誼用事尤奇待宗元與監察呂温密引禁中與之圖事轉尚書禮部員外郎叔文欲大用之會居位不久叔文敗與同輩七人俱貶宗元爲邵州刺史在道再貶永州司馬既罹竄逐涉履蠻瘴崎嶇堙厄蘊騷人之鬱悼寫情敘事動必以文爲騷文十數篇覽之者爲之

悽惻元和十年例移爲柳州刺史時朗州司馬劉禹錫得播州刺史制書下宗元謂所親曰禹錫有母年高今爲郡蠻方西南絕域往復萬里如何與母偕行如母子異方便爲永訣吾於禹錫爲執友胡忍見其若是即草章奏請以柳州授禹錫自往播州會裴度亦奏其事禹錫終易連州柳州土俗以男女質錢過期則沒入錢主宗元革其鄉法其已沒者仍出私錢贖之歸其父母江嶺間爲進士者不遠數千里皆隨宗元師法凡經其門必爲名士著述之盛名動於時時號柳州云有文集四十卷元和十四年十月五日卒時年四十七子周六周七纔三四歲觀察使裴行立爲營護其喪及妻子還於京師時人義之

韋辭字踐之祖召卿洛陽丞父翃官至侍御史辭少以兩經擢第判入等爲祕書省校書郎貞元末東都留守韋夏卿辟爲從事後累佐使府皆以參畫稱職元和九年自藍田令入拜侍御史以事累出爲朗州刺史再貶江州司馬長慶初韋處厚路隨以公望居顯要素知辭有文學理行亟稱薦之擢爲戶部員外轉刑部郎中充京西北和糴使尋爲戶部郎中兼御史中丞充鹽鐵副使轉吏

部郎中文宗卽位韋處厚執政且以澄汰浮華登用藝實爲事乃以辭與李翺同拜中書舍人辭素無清藻文筆不過中才然處事端實游官無黨與李翺特相善俱擅文學高名疎達自用不事檢操處厚以激時用頗不厭公論辭亦倦於潤色苦求外任乃出爲潭州刺史御史中丞湖南觀察使在鎭二年吏民稱治太和四年卒時年五十八贈右散騎常侍

史臣曰貞元太和之間以文學聳動搢紳之伍者宗元禹錫而已其巧麗淵博屬辭比事誠一代之宏才如俾之詠歌帝載黼藻王言足以平揖古賢氣吞時輩而蹈道不謹昵比小人自致流離遂隳素業故君子羣而不黨戒懼愼獨正爲此也韓李二文公於陵遲之末遑遑仁義有志於持世範欲以人文化成而道未果也至若抑楊墨排釋老雖於道未弘亦端士之用心也

贊曰天地經綸無出斯文愈翺揮翰語切典墳犧雞斷尾害馬敗羣僻塗自噬劉柳諸君

舊唐書卷一百六十

舊唐書卷一百六十考證

韓愈傳韓愈字退之昌黎人○臣宗萬按退之自稱曰昌黎李白作愈父仲卿武昌去思碑云南陽人攷元和姓纂云南陽赭陽頹當元孫騫避王莽亂因居之新書宰相世系表云河南尹騫居堵陽〔堵音者〕後魏中郎穎子播徙昌黎棘城然則韓氏初徙南陽之堵陽後徙昌黎之棘城漢書地理志有兩南陽一曰河內修武卽左傳晉啓南陽是一曰南陽堵陽卽韓騫所徙南陽郡在唐屬鄧州故新書以爲鄧州南陽人此云昌黎人又李翺作愈行狀亦云昌黎蓋據韓氏自稱也

宮市之弊諫官論之不聽愈嘗上章數千言極論之不聽怒貶爲連州山陽令○臣宗萬按愈文集祭張署文有云我落陽山以尹鼯猱又連州無山陽顯屬傳寫之訛當從新書作陽山復按程敏道韓文公歷官記貞元十九年遷監察御史是年京師旱民飢詔蠲租半有司徵求反急愈與同列張署李方叔上疏言狀天子惻然卒爲幸臣所讒貶連州陽山令洪興祖曰公陽山之

貶寄贈三學士詩敘述甚詳而皇甫持正作公神道碑亦云因疏關中旱飢專政者惡之則其非爲宮市明矣今公集有御史臺論天旱人飢狀與詩正合況皇甫持正從公遊者不應公嘗疏宮市而不及之也据此則愈之貶陽山由言狀旱飢矣然兩書皆言論宮市而貶紀又闕愈貶官文而所上之疏亦復不傳無從質證或者宮市與旱飢兼論史止據其一事也

孟郊傳○新書云年五十得進士第調溧陽尉舊書不載

李翺傳不視朝○朝字誤朔今改正

會昌中卒于鎮○沈炳震曰案文宗紀開成元年殷侑拜山南東道自此至會昌又易數人非翺至會昌時猶爲山南東道也當作開成爲是

劉禹錫傳今垂老復遇夢得非重不幸耶夢得夢得文之神妙莫先于詩若妙與神則吾豈敢○原本于復遇夢得下重夢得二字於文之神妙上又脫夢得二字詩又誤作是今俱從長慶集本改正

柳宗元傳曾伯祖奭○臣宗萬按文安禮柳宗元年譜云子厚有先侍御史府

君神道表云曾伯祖諱奭字子燕則奭於侍御史爲曾伯祖於子厚爲高伯
祖矣新舊史子厚傳及韓退之子厚墓誌皆云曾伯祖恐誤又按新書宰相
世系表云奭字子燕與神道表同而列傳則云字子邵不知何所据也

舊唐書卷一百六十考證

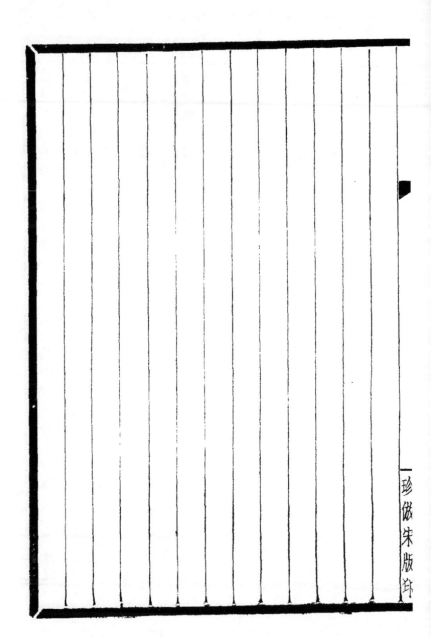

舊唐書卷一百六十一

後晉司空同中書門下平章事劉昫撰

列傳卷第一百十一

李光進弟光顏　烏重胤　王沛子逢　李珙

李祐　董重質　楊元卿子延宗　劉悟子從諫孫稹

劉沔　石雄

李光進本河曲部落稽阿跌之族也父良臣襲雞田州刺史隸朔方軍光進姊適舍利葛旃殺僕固瑒而事河東節度使辛雲京光進兄弟少依葛旃因家于太原光進勇毅果敢其武藝兵略次于葛旃肅宗自靈武觀兵光進從郭子儀破賊收兩京累有戰功至德中授代州刺史封范陽郡公食邑二百戶上元初郭子儀爲朔州節度以軍討大同橫野清夷范陽及河北殘寇用光進爲都知兵馬使尋遷渭北節度使永泰初進封武威郡王大曆四年檢校戶部尚書知省事未幾又轉檢校刑部尚書兼太子太保是歲冬十月葬母於京城之南原

將相致祭者凡四十四幄窮極奢靡城內士庶觀者如堵元和四年王承宗范希朝引師救易定表光進爲步都虞候戰於木刀溝光進有功六年拜銀青光祿大夫檢校工部尚書充單于大都護振武節度使詔以光進夙有誠節克著茂勳賜姓李氏其弟光顏除洺州刺史充本州團練使兄弟恩澤同時人皆歎異八年遷靈武節度使光進嘗從馬燧救臨洺戰洹水收河中皆有功前後軍中之職無所不歷中丞大夫悉曾兼帶先是救易定之師光進光顏皆在其行故軍中呼光進爲大大夫光顏爲小大夫十年七月卒光進兄弟少以孝睦推於軍中及居母喪三年不歸寢室光顏先娶妻其母委以家事母卒光進始娶光顏使其妻奉管籥家籍財物歸于其姒光進命反之且謂光顏曰新婦逮事母嘗命以主家不可改也因相持泣良久乃如初卒時年六十五贈尚書左僕射光顏與兄光進以葛旃善騎射兄弟自幼皆師之葛旃獨許光顏之勇健已不能逮及長從河東軍爲裨將討李懷光楊惠琳皆有功後隨高崇文平蜀搴旗斬將出入如神由是稍稍知名自憲宗元和已來歷授代洺二州刺史兼御

史大夫九年將討淮蔡九月遷陳州刺史充忠武軍都知兵馬使踰月遷忠武軍節度使檢校工部尚書會朝廷徵天下兵環申蔡而討吳元濟詔光顏以本軍獨當一面光顏於是引兵臨溵水抗洄曲明年五月破元濟之師於時曲初賊衆晨壓光顏之壘而陣光顏不得出乃自毀其柵之左右出騎以突之光顏將數騎冒堅而衝之出入者數四賊衆盡識矢集於身如蝟其子攬光顏馬鞅止其深入光顏舉刃叱之乃退於是人爭奮躍賊乃大潰死者數千人捷聲至京師人人相賀時伐蔡之師大小凡十餘鎮自裴度使還唯奏光顏勇而知義終不辱命至是果立功焉是歲十一月光顏又與懷汝節度烏重胤同破元濟之衆於小溵河平其柵初都統韓弘令諸軍齊攻賊城賊又徑攻烏重胤之壘重胤禦之中數槍馳請救於光顏光顏以小溵橋賊之堡也乘其無備使田穎宋朝隱襲而取之乃平其城塹由是克救重胤韓弘以光顏違令取穎及朝隱將戮之穎及朝隱勇而材軍中皆惋惜之光顏畏弘不敢留會中使景忠信至知其情乃矯詔令所在械繫之走馬入見具以本末聞憲宗赦忠信矯詔罪令

卽往釋穎及朝隱弘及光顏迭以表論憲宗謂弘使曰穎等違都統令固當處死但光顏以其襲賊有功亦可宥之軍有三令五申宜捨此以收來效及以詔諭弘弘不悅十一年光顏連敗元濟之衆拔賊凌雲柵憲宗大悅賜其告捷者奴婢銀錦進位檢校尙書左僕射十二年四月光顏敗元濟之衆三萬于郾城其將張伯良奔于蔡州殺其賊什二三獲馬千匹器甲三萬聯皆畫雷公符仍書云速破城北軍尋而郾城守將鄧懷金請以城降光顏許之而收郾城初鄧懷金以官軍圍青陵城絕其歸路懷金懼謀於郾城令董昌齡昌齡母素誡其子令降昌齡因此勸懷金歸款于光顏且曰城中之人父母妻子皆質于蔡州如不屈而降則家盡屠矣請來攻城我則舉烽求救救兵將至官軍逆擊之必敗此時當以城降光顏從之賊果敗走於是昌齡執印帥吏列于門外懷金與諸將素服倒戈列于門內光顏受降乃入羅城其城自壞五十餘步時韓弘爲汴帥驕矜倔強常倚賊勢索朝廷姑息惡光顏力戰陰圖撓屈計無所施遂舉大梁城求得一美婦人教以歌舞絃管六博之藝飾之以珠翠金玉衣服之具

計費數百萬命使者送遺光顏冀一見悅惑而怠於軍政也使者卽賫書先造光顏壘曰本使令公德公私愛憂公暴露欲進一妓以慰公征役之思謹以候命光顏曰今日已暮明旦納焉詰朝光顏乃大宴軍士三軍咸集命使者進妓妓至則容止端麗殆非人間所有一座皆驚光顏乃於座上謂來使曰令公憐光顏離家室久捨美妓見贈誠有以荷德也然光顏受國家恩深誓不與逆賊同生日月下今戰卒數萬皆背妻子蹈白刃光顏奈何以女色爲樂言訖涕泣嗚咽堂下兵士數萬皆感激流涕乃厚以縑帛酬其來使俾領其妓自席上而迴謂使者曰爲光顏多謝令公光顏事君許國之心死無貳矣自此兵衆之心彌加激勵及裴度至行營率賓從於方城湎口觀板築五溝賊遽至注弩挺刃勢將及度光顏決戰於前以却之時光顏預慮其來先使田布以二百騎伏於溝中出賊不意交擊之度方獲免布又先扼其溝中歸路賊多棄騎越溝相牽墜壓而死者千餘人是日微光顏之救度幾陷矣是月賊知光顏勇冠諸將乃悉其衆出當光顏之師時李愬乘其無備急引兵襲蔡州拔之獲元濟董重質

棄洄曲軍入城降愬光顏知之躍馬入賊營大呼以降賊衆萬餘人皆解甲投戈請命賊平加檢校司空十三年春命中官宴光顏於居第賜芻米二十餘車憲宗又御麟德殿召對賜金帶錦綵朝廷東討李師道授光顏義成軍節度使至鎮尋赴行營數旬之內再敗賊軍於濮陽殺戮數千人進軍深入十四年西蕃入寇移授邠寧節度使時鹽州爲吐蕃所毀命李文悅爲刺史令光顏充勾當修築鹽州城使仍許以陳許六千人隨赴邠寧是歲吐蕃侵涇原自田縉鎮夏州以貪猥侵撓党項羌乃引吐蕃入寇及蕃軍攻涇州邊將郝玼血戰始退初光顏聞賊攻涇州料兵赴救邠師喧然曰人給五十千而不識戰陣彼何人也常額衣資不得而前蹈白刃此何人也憤聲恟恟不可遏光顏素得士心曲爲陳說大義言發涕流三軍感之亦泣下乃忻然即路擊賊退之穆宗即位就加特進仍與一子四品正員官尋詔赴闕賜開化里第進加同中書門下平章事穆宗以光顏功冠諸將故召赴闕讌賜優給已而帶平章復鎮所以報勳臣也長慶初遷鳳翔節度使依前檢校司空同中書門下平章事歲末復授許州

節度使朝廷以光顏昔鎮陳許頗得士心將討鎮冀故有此拜赴鎮日宰相百寮以故事送別於章敬寺穆宗御通化門臨送之賜錦綵銀器良馬玉帶等物二年討王廷湊命光顏兼深州行營諸軍節度使光顏既受命而行懸軍討賊艱於饋運朝廷又以滄景德棣等州俾之兼管以其鄰賊之郡可便飛輓光顏以朝廷制置乖方賊帥連結未可朝夕平定事若差跌即前功悉棄乃懇辭兼鎮尋以疾作表祈歸鎮朝廷果討賊無功而赦廷湊四年敬宗即位正拜司徒汴州李岕逐其帥叛詔光顏率陳許之師討之營于尉氏俄而誅岕遷太原尹北京留守河東節度使進階開府儀同三司仍於正衙受冊司徒兼侍中二年九月卒年六十六廢朝三日贈太尉謚曰忠

烏重胤潞州牙將也元和中王承宗叛王師加討潞帥盧從史雖出軍而密與賊通時神策行營吐突承璀與從史軍相近承璀與重胤謀縛從史於帳下是日重胤戒嚴潞軍無敢動者憲宗賞其功授潞府左司馬遷懷州刺史兼充河陽三城節度使會討淮蔡用重胤壓境仍割汝州隸河陽自王師討淮西三年

重胤與李光顏掎角相應大小百餘戰以至元濟誅就加檢校尚書右僕射轉
司空蔡將有李端者過溵河降重胤其妻爲賊束縛於樹臠食至死將絶猶呼
其夫曰善事烏僕射其得人心如此元和十三年代鄭權爲横海軍節度使旣
至鎮上言曰臣以河朔能拒朝命者其大略可見蓋刺史失其職反使鎮將領
兵事若刺史各得職分又有鎮兵則節將雖有祿山思明之姦豈能據一州爲
叛哉所以河朔六十年能拒朝命者秖以奪刺史縣令之職自作威福故也臣
所管德棣景三州已舉公牒各還刺史職事訖應在州兵並令刺史收管又景
州本是弓高縣請却廢爲縣歸化縣本是草市請廢縣依舊屬德州詔並從之
由是法制修立各歸名分及屯軍深州重胤以朝廷制置失宜賊方憑凌未可
輕進觀望累月穆宗急於誅叛遂以杜叔良代之以重胤檢校司徒兼興元尹
充山南西道節度使召至京師復以本官爲天平軍節度鄆曹濮等州觀察等
使李同捷據滄州請襲父位朝廷不從議者慮狡童拒命欲以重臣代乃移鎮
兗海加太子太師平章事俾兼領滄景節度仍舊割齊州隸之蓋望不勞師而

底定制出旬日重胤卒贈太尉重胤出自行間及爲長帥赤心奉上能與下同甘苦所至立功未嘗矜伐而善待賓僚禮分同至當時名士咸願依之身歿之日軍士二十餘人皆割股肉以爲祭酹雖古之名將無以加焉子漢弘嗣起復授左領軍衞將軍漢弘上表乞終服紀文宗嘉詔從之服闋方授官

王沛許州人年十八有勇決許州節度使上官涚奇其才以女妻之署爲牙門將及涚卒子塣田儞迫脅涚子欲邀襲位懼監軍使不順其事將結謀伏兵以圖之沛竊知其謀密告監軍因盡擒其黨於伏匿之所監軍范日用以其事聞德宗乃以陳許行軍司馬劉昌裔總統其軍賜沛手詔令護涚之子赴上都既至召見德宗謂之曰據卿忠義寵宜加等但昌裔所奏秪請加監察御史朕意殊爲不足卿速歸便宣付昌裔更令奏來遂馹騎而還未至許州拜開府儀同三司兼御史中丞依前本職吳元濟反李光顏受命攻討奇沛節槪署行營兵馬使別統勁兵屯于近郊及軍合連破蔡寇頻詔進軍諸將觀望無敢先渡溵河沛率兵五千夜渡溵河合流口徑扼賊喉而成城自是河陽宣武太原魏博

等軍繼渡掎角進攻郾城沛先結壘與賊對賊將鄧懷金率衆面縛而降蔡賊平沛隨李光顏入朝光顏具陳沛功加御史大夫旣還鎮光顏受詔討鄆寇及李師道誅詔分許州兵戍于邠以沛爲都將救鹽州擊退吐蕃以功加寧州刺史還陳州李岕反詔沛兼忠武節度副使率師討岕岕平加檢校右散騎常侍遷兗海沂密節度觀察等使此邦新造人情獷驁沛明申法令選蒐軍政朞年大理明年改檢校工部尚書充忠武軍節度陳許蔡觀察等使卒于鎮贈右僕射子逢逢少沉勇從父征伐有功爲忠武都知兵馬使太和中入宿衞歷諸衞將軍從石雄劉沔破迴紇于天德性果決用法嚴其時有二千人不上陣官賜賞給逢皆不與或非之逢曰健兒向前冒白刃若無功而賞其如冒刃者何王宰攻劉稹逢領陳許七千人屯翼城代田令昭賊平檢校左散騎常侍累遷至忠武軍節度陳許觀察等使

李珙山東甲姓代修婚姻至珙不好讀書唯以弓馬爲務長六尺餘氣貌魁岸嘗詣澤潞謁李抱真異之將選爲衙門將旋以酒酣使氣復欲棄之都將王虔

休謂抱真曰李珙奇士也若不能用不如殺之無為他人所得抱真死虔休為帥乃依虔休累為昭義大將吐突承璀之擒盧從史烏重胤實預其謀珙初不知將救從史聞重胤受朝旨乃觀望不進重胤以此德之後領河陽乃置於麾下然朝廷以與從史厚善竟出為北邊一校元和十年征淮西重胤懇表為諸道行營都虞候詔特從之俄以母憂去職服闋除右武衞上將軍長慶四年八月卒年六十四廢朝一日

李祐本蔡州牙將事吳元濟驍勇善戰自王師討淮西祐為行營將每抗官軍皆憚之元和十二年為李愬所擒愬知祐有膽略釋其死厚遇之推誠定分與同寢食往往帳中密語達曙不寐人有耳屬於外者但屢聞祐感泣聲而軍中以前時為祐殺傷者多營壘諸卒會議皆恨不殺祐愬以衆情歸怨慮不能全因送祐於京師乃上表救之憲宗特恕遂遣祐賜愬愬大喜即以三千精兵付之祐所言無有所疑竟以祐破蔡擒元濟以功授神武將軍遷金吾將軍檢校左散騎常侍夏州刺史御史大夫夏綏銀宥節度使寶曆初入為右金吾大將

軍尋以吐蕃入寇出爲涇州刺史涇原節度使太和初討李同捷遷檢校戶部
尚書滄州刺史滄德景節度使太和三年五月卒
董重質本淮西牙將吳少誠之子壻也性勇悍識軍機善用兵及元濟拒命重
質又爲謀主領大軍當王師連歲不拔皆重質之謀也元和十二年宰相裴度
督兵淮西至郾城元濟乃悉發左右及守城之卒委重質而拒度時李愬乘虛
入蔡既擒元濟重質之家在蔡愬乃安卹之仍使其子持書禮以召重質重質
見其子知城已陷及元濟因窘之狀乃慨然以單騎歸愬白衣叩伏愬揖登堦
以賓禮與之食憲宗欲殺之愬奏許以不死而來降請免之且乞於本軍驅使
於是貶春州司戶參軍明年轉太子少詹事委武寧軍收管驅使仍加金紫十
五年徵入授左神武軍將軍知軍事兼御史中丞仍賜金帛與有功者等尋授
鹽州刺史又遷左右神策及諸道劍南西川行營節度使檢校左散騎常侍太
和四年又轉夏綏銀宥節度使五年就加檢校工部尚書重質訓兵立法羌戎
畏服八年八月卒贈尚書右僕射

楊元卿祖子華德州安陵縣丞父寓申州鍾山縣令元卿少孤慷慨有才略及冠尚漂蕩江嶺之表縱遊放言人謂之狂生時吳少誠專蔡州朝廷姑息之元卿白衣謁見署以劇縣旋辟爲從事奏授試大理評事亦事少陽後奏轉監察裏行因上奏宰相李吉甫深加慰納自是一歲或再隨奏至京師元卿每與少陽言諭以大義乃爲兇黨所構賴節度判官蘇肇保持故免元卿潛奏朝廷內耗少陽之事及少陽死其子元濟繼立元卿說曰先尚書性忝諸將皆飢寒今須布惠以自固也府中有無元卿熟知之曷若散聘諸道卑辭厚禮以丈人行呼羣帥庶幾一助而諸將大獲矣元卿願將留後表上聞朝廷安得不從哉元濟許之元卿卽日離蔡以賊勢盈虛條奏潛請詔諸道拘留使者及元濟覺元卿妻陳氏幷四男並爲元濟所殺同坆一射垜蘇肇以保持元卿亦同日被害詔授元卿岳王府司馬尋遷太子僕射元和十三年授蔡州刺史兼御史中丞未行改授光祿少卿初朝廷比令元卿與李愬會議於唐州東境選要便處權置行蔡州如百姓官健有歸順者便準勑優恤必令全活既而召見元卿遽奏

請借度支錢及言事頗多不合旨宰相裴度亦以諸將討賊三年功成在旦暮如更分土地與元卿卽恐相侵生事故罷前命而改授焉是歲旣平淮西元卿奏曰淮西甚有寶貨及犀帶臣知之往取必得上曰朕本討賊爲人除害今賊平人安則我求之得矣寶貨犀帶非所求也勿復此言是月詔授左金吾衞將軍未幾改汾州刺史復徵爲左金吾衞將軍長慶初易置鎭魏守臣元卿詣宰相深陳利害幷見表其事後穆宗感悟賜白玉帶旋授檢校左散騎常侍涇州刺史涇原渭節度觀察等使兼充四鎭北庭行軍元卿乃奏置屯田五千頃每屯築牆高數仞鍵閉牢密卒然寇至盡可保守加檢校工部尚書營田成復加使號居六年涇人論奏爲立德政碑移授懷州刺史充河陽三城節度觀察等使大和五年就加檢校司空進階光祿大夫以其營田納粟二十萬石以裨經費故也是歲改授汴宋亳觀察等使凡所廢置皆有弘益詔並從之年七十寢疾歸洛陽詔授太子太保是歲八月卒廢朝三日贈司徒元卿始以毀家効順累授方鎭然性險巧所至好聚斂善結交涇人得情亦由此也子延宗開成中

爲磁州刺史坐謀逐河陽節度使以自立爲其黨所告臺司推鞫得實誅之

劉悟正臣之孫也正臣本名客奴天寶末祿山叛平盧軍節度使柳知晦受賊僞署客奴時職居牙門襲殺知晦馳章以聞授平盧軍節度使賜名正臣悟少有勇力叔逸准爲汴帥積緡錢數百萬於洛中悟輒破扃鐍悉盜用之旣而懼亡歸李師古始亦未甚知後因擊毬馳突衝師古馬仆師古怒將斬之悟猛以氣語押觸師古師古奇而免之因令管壯士將後軍累署衙門右職奏授淄青節度都知兵馬使兼監察御史元和末憲宗旣平淮西下詔誅師道遣悟將兵拒魏博軍而數促悟戰悟未及進馳使召之悟度使來必殺己乃僞疾不出令都虞候往迎之使者亦果以誠告其人云奉命殺悟以代悟都虞候卽時先還悟劾之得其實乃召諸將與謀曰魏博田弘正兵強出戰必敗不出則死今天子所誅者司空一人而已悟與公等皆爲所驅迫使就其死何如殺其來使整戈以取鄆立大功轉危亡爲富貴耶衆咸曰善唯都將所命悟於是立斬其使以兵取鄆圍其內城兼以火攻其門不數刻擒師道幷男二人並斬其首以獻

擢拜悟檢校工部尚書兼御史大夫義成軍節度使封彭城郡王仍賜實封五百戶錢二萬貫莊宅各一區十五年正月入覲又加檢校兵部尚書餘如故穆宗即位以恩例遷檢校尚書右僕射是歲十月移鎮澤潞旋以本官兼平章事長慶元年幽州大將朱克融叛囚其帥張弘靖朝廷求名將以鎮漁陽乃加悟檢校司空平章事充盧龍軍節度使悟以幽州方亂未克進討請授之節鉞徐圖之乃復以悟為澤潞節度拜檢校司徒兼太子太傅依前平章事時監軍劉承偕頗恃恩權常對衆辱悟又縱其下亂法悟不能平異日有中使至承偕宴之請悟悟欲往左右皆曰往則必為其困辱矣軍衆因亂悟不止之乃擒承偕至牙門殺其二僕欲并害承偕悟救之獲免朝廷不獲已貶承偕自是悟頗縱恣欲効河朔三鎮朝廷失意不逞之徒多投寄潞州以求援往往奏章論事辭旨不遜寶曆元年九月病卒贈太尉遺表請以其子從諫繼纘戎事敬宗下大臣議僕射李絳以澤潞內地與三鎮事理不同不可許宰相李逢吉中尉王守澄受其賂曲為奏請從諫自將作監主簿起復雲麾將軍守金吾衛大將軍同

正檢校左散騎常侍兼御史大夫充昭義節度副大使知節度觀察等留後二年加金吾上將軍檢校工部尚書充昭義節度等使文宗卽位進檢校司空六年十二月入覲七年春歸藩加同中書門下平章事九年李訓事敗宰相王涯等四人被禍時涯兼掌邦計雖不與李訓同謀然不自異於其間既死非其罪悟素德涯之私恩心頗不平四上章請涯等罪名仇士良輩深憚之是時中官頗橫天子不能制朝臣日憂陷族賴從諫論列而鄭覃李石方能粗秉朝政先是有蕭洪者詐稱太后弟因仇士良保任許之厚賂及洪累授方鎭納賂不滿士良之志士良怒遣人上書論洪非太后之親又以蕭本者爲太后弟從諫深知內官之故乃自潞府飛章論之曰臣聞造僞以亂眞者匹夫知之尚不可況天下皆知乎執疏以爲親者在匹夫之家尚不可況處大國之朝乎臣受國恩深奉公心切知有此失安敢不言伏唯皇帝陛下仁及萬方孝敦九族而推心無黨唯理是求微臣所以不避直言切論深事伏見金吾將軍蕭本稱是太后親弟受此官榮今喧然國都迨聞藩府自上及下異口同音皆言蕭弘是眞蕭

本是僞臣傍聽衆論遍察羣情感思發明以正名分今年二月其蕭弘投臣當道求臣上聞自言比者福建觀察使唐扶及監軍劉行立具審根源已曾論奏其時屬蕭本得爲外戚來自左軍臺司旣不敢研窮聖意遂勒還鄉里自茲議論轉益沸騰臣亦令潛問左軍權論大體而士良推至公之道發不黨之言蓋蕭本自度孤危妄有憑恃伏以名居國舅位列朝班而眞僞不分中外所恥切慮皇太后受此罔惑已有恩情若含垢於一時終取笑於千古伏乞追蕭弘赴闕與蕭本對推細詰根源必辨眞僞詔令三司使推按帝以二蕭雖詐託名太后之宗不欲誅之俱流嶺表從諫進位檢校司徒會昌三年卒大將郭誼等匿喪用其姪稹權領軍務時宰相李德裕用事素惡從諫之姦回奏請劉稹護喪歸洛以聽朝旨稹竟叛德裕用中丞李回奉使河朔說令三鎭加兵討稹乃削奪稹官命徐許滑孟魏鎭幽幷八鎭之師四面進攻四年郭誼斬稹傳首京師從諫妻裴氏初稹拒命裴氏召集大將妻同宴以酒爲壽泣下不能已諸婦請命裴曰新婦各與汝夫文字勿忘先相公之拔擢莫効李不背恩走投國家子

母爲託故悲不能已也諸婦亦泣下故潞將叛志益堅積死裴亦以此極刑積族屬昆仲九人皆誅

劉沔許州牙將也少事李光顏爲帳中親將元和末光顏討吳元濟常用沔爲前鋒蔡將有董重質者守洄曲其部下乘騾卽戰號騾子軍最爲勁悍官軍常警備之沔驍銳善騎射每與騾軍接戰必冒刃陷堅俘馘而還故忠武一軍破賊第一淮蔡平隨光顏入朝憲宗留宿衞歷三將軍歷鹽州刺史天德軍防禦使在西北邊累立奇効太和末河西党項羌叛沔以天德之師屢誅其酋渠移授振武節度使檢校右散騎常侍單于大都護開成中党項雜虜大擾河西沔率吐渾契苾沙陁三部落等諸族萬人馬三千騎徑至銀夏討襲大破之俘獲萬計告捷而還以功加檢校戸部尚書會昌初迴紇部飢烏介可汗奉太和公主至漢南求食過杷頭峯犯雲朔北川朝廷以太原重地控扼諸戎乃移沔河東節度使檢校尚書左僕射太原尹北京留守詔與幽州張仲武協力招撫迴鶻竟破虜寇迎公主還宮以功進位檢校司空尋改滑州刺史義成軍節度使

四年潞帥劉從諫卒子稹匿喪擅主留務要求旌鉞武宗怒命忠武節度使王宰徐州節度李彥佐等充潞府西南面招撫使遂復授沔太原節度充潞府北面招討使沔與張仲武不協方徵兵幽州乃移沔爲鄭滑節度使進位檢校司徒既而以疾求歸洛陽授太子太保卒初沔爲忠武小校從李光顏討淮西爲捉生將前後遇賊血戰鋒刃所傷幾死者數四嘗傷重臥草中月黑不知歸路昏然而睡夢人授之雙燭曰子方大貴此行無患可持此而還既行炯然有雙光在前自後破虜危難每行常有此光及罷鎭後雙光息五年李德裕出鎭罷沔爲太子太保明年以太子太保致仕卒

石雄徐州牙校也王智興之討李同捷以雄爲右廂捉生兵馬使勇敢善戰氣凌三軍自智興以兵臨賊境率先收棣州雄先驅渡河前無堅陣徐人伏雄之撫待惡智興之虐欲逐之而立雄智興以軍在賊境懼其變生因其立功請授一郡刺史朝廷徵赴京師授壁州刺史智興尋殺雄之素相善諸將士百餘人仍奏雄搖動軍情請行誅戮文宗雅知其能惜之乃長流白州太和中河西党

項擾亂選求武士乃召還隸振武劉沔軍爲裨將累立破羌之功文宗以智興
故未甚提擢而李紳李德裕以崔羣舊將素嘉之會昌初迴鶻寇天德詔命劉
沔爲招撫迴鶻使三年迴鶻大掠雲朔北邊牙於五原沔以太原之師屯於雲
州沔謂雄曰黠虜離散不足驅除國家以公主之故不欲急攻今觀其所爲氣
凌我輩若稟朝旨或恐依違我輩捍邊但能除患專之可也公可選驍健乘其
不意徑趨虜帳彼以疾雷之勢不暇枝梧必棄公主亡竄事苟不捷吾自繼進
亦無患也雄受教自選勁騎得沙陁李國昌三部落兼契苾拓拔雜虜三千騎
月暗夜發馬邑徑趨烏介之牙時虜帳逼振武雄旣入城登堞視其衆寡見氈
車數十從者皆衣朱碧類華人服飾雄令諜者訊之此何大人虜曰此公主帳
也雄喻其人曰國家兵馬欲取可汗公主至此家國也須謀歸路俟兵合時不
得動帳幕雄乃大率城內牛馬雜畜及大鼓夜穴城爲十餘門遲明城上立旗
幟炬火乃於諸門縱其牛畜鼓譟從之直犯烏介牙帳炬火燭天鼓譟動地可
汗惶駭莫測率騎而奔雄率勁騎追至殺胡山急擊之斬首萬級生擒五千羊

馬車帳皆委之而去遂迎公主還太原以功加檢校左散騎常侍豐州刺史兼御史大夫天德防禦等使雄沉勇徇義臨財甚廉每破賊立功朝廷特有賜與皆不入私室置於軍門首取一分餘並分給以此軍士感義皆思奮發累遷檢校左僕射河中尹河中晉絳節度使俄而昭義劉從諫卒其子稹擅主軍務朝議問罪令徐帥李彥佐爲潞府西南面招撫使以晉州刺史李丕爲副時王宰在萬善柵劉沔在石會相顧未進雄受代之翌日越烏嶺破賊五砦斬獲千計武宗聞捷大悅謂侍臣曰今之義而有勇罕有雄之比者雄旣率先破賊不旬日王宰收天井關何弘敬王元逵亦收磁洺等郡先是潞州狂人折腰於市謂人曰雄七千人至矣劉從諫捕而誅之及稹危蹙大將郭誼密款請斬稹歸朝軍中疑其詐雄倡言曰賊稹之叛郭誼爲謀主今請斬稹卽誼自謀又何疑焉武宗亦以狂人之言詔雄以七千兵受降雄卽徑馳潞州降誼盡擒其黨與賊平進加檢校司空王宰智與之子於雄不足雄以轅門子弟善禮之然討潞之役雄有始卒之功宰心惡之及李德裕罷相宰黨排擯雄罷鎮旣而聞德裕貶

發疾而卒

史臣曰古所謂名將者不必蒙輪拔拒之材拉虎批熊之力要當以義終始好謀而成而阿跌昆仲稟氣陰山率多令範讓家權於主婦拒美妓於姦臣章武恢復之功義師之効也重胤忠於事上仁於撫下淮蔡之役勳亞光顏殿邦之臣也不可多得王沛之擒僚壻李祐之執賊渠皆因事立功轉禍爲福智則智矣仁者不爲而劉悟自恃太尤世邀纘襲至於赤族報亦晚耶雄沔負羽邊城聲馳沙漠奉迎貴主摧破昆戎不亦壯乎雄能感於己知不爲無義美哉

贊曰淮鄆砥平義將輸誠二凶受縛亦其同惡毀義棄忠必殄爾宗孰稱善將劉沔石雄

舊唐書卷一百六十一

舊唐書卷一百六十一考證

李光進傳肅宗自靈武觀兵至觀者如堵○臣西按肅宗去憲宗閱世者五光進薨于元和七年其不及從郭子儀破賊也明矣此乃光弼弟光進事錯簡於此

石雄傳遷河中尹河中晉絳節度○沈炳震曰按紀雄拜河中在劉稹既平之後非從諫未死之前當從新書在下

舊唐書卷一百六十一考證

舊唐書卷一百六十二

後晉司空同中書門下平章事劉昫撰

列傳卷第一百十二

潘孟陽　李鄘　王遂　曹華
韋綬　鄭權　盧士玫　韓全義
高霞寓　高瑀　崔戎　陸亘
張正甫子毅夫　毅夫子禕

潘孟陽禮部侍郎炎之子也孟陽以父蔭進登博學宏辭科累遷殿中侍御史降爲司議郎孟陽母劉晏女也公卿多父友及外祖賓從故得薦用累至兵部郎中德宗末王紹以恩倖數稱孟陽之材因擢授權知戶部侍郎年未四十順宗即位永貞內禪王叔文誅杜佑始專判度支請孟陽代叔文爲副時憲宗新即位乃命孟陽巡江淮省財賦仍加鹽鐵轉運副使且察東南鎮之政理時孟陽以氣豪權重領行從三四百人所歷鎮府但務遊賞與婦女爲夜飲至鹽鐵

轉運院廣納財賄補吏職而已及歸大失人望罷爲大理卿三年出爲華州刺史還梓州刺史劍南東川節度使與武元衡有舊元衡作相復召爲戶部侍郎判度支兼京北五城營田使以和糴使韓重華爲副太府卿王遂與孟陽不協議以營田非便持之不下孟陽忿憾形於言二人俱請對上怒不許乃罷孟陽爲左散騎常侍明年復拜戶部侍郎孟陽氣尚豪俊不拘小節居第頗極華峻憲宗微行至樂遊原見其宏敞工猶未已問之左右以孟陽對孟陽懼而罷工作性喜宴公卿朝士多與之遊時指怒者不一俄以風緩不能行改左散騎常侍元和十年八月卒贈兵部尚書憲宗每事求理常發江淮宣慰使左司郎中鄭敬奉使辭上誡之曰朕宮中用度一匹已上皆有簿籍唯賑卹貧民無所計算卿經明行修今登車傳命宜體吾懷勿學潘孟陽奉使所至但務酣飲遊山寺而已其爲人主所薄如此

李脩不知何許人起於寒賤以莊憲皇后妹壻元和已來驟階仕進以恩澤至坊州絳州刺史無他才性纖巧承迎常飾廚傳以奉往來中使及禁軍中尉賓

客以求善譽治民苛事粗有政能上以爲才召拜司農卿遷京兆尹十年莊憲太后崩脩爲山陵橋道置頓使特能惜費每事減損靈駕至灞橋頓從官多不得食及至渭城北門門壞先是橋道司請改造渭城北門計錢三萬脩以勞費不從令深鑿軌道以通靈駕掘土既深旁柱皆懸因而頓壞所不及轀輬車者數步而已初欲壞城之東北墉以出靈駕中人皆不可乃停駕徹去壞門土木而後行脩懼誣奏轀輬軸折山陵使李逢吉令御史封其車軸自陵還奏請免脩官上以用兵務集財賦以脩前後進奉不之責但罰俸而已逢吉極言其罪乃削銀青階翌日復賜金紫自此朝廷端士多遭譖毀義士爲之側目時宿師於野饋運不集浙西重鎮號爲殷阜乃以脩爲潤州刺史浙西觀察使令設法鳩聚財貨淮西用兵頗賴其賦十四年以病求還京師未朝謁而卒

王遂宰相方慶之孫也以吏能聞於時尤長於興利銳於操下法頗嚴酷累遷至鄧州刺史以曉達錢穀入爲太府卿潘孟陽判度支與遂私憾互有爭論遂爲西北供軍使言營田非便與孟陽會議相非各求請對上怒俱不見出遂爲

柳州刺史遂親吏韋行素柳季常請課料於兩池務屬遂罷務季常等爲吏所誣各笞四十遂柳州制出左丞呂元膺執奏曰遂以補吏犯贓法當從坐其除官制云清能業官據遂犯狀不宜有清字柳州大郡出守爲優謹封還制書上令喻之方行數年用兵淮西天子籍錢穀吏以集財賦知遂強幹乃用爲宣州刺史宣歙觀察使淮蔡平王師東討召拜光祿卿充淄青行營諸軍糧料使以光祿職當祠祭改檢校左散騎常侍兼御史大夫初師之出也歲計兵食三百萬石及鄆賊誅遂進羨餘一百萬上以爲能時分師道所據十二州爲三鎮乃以遂爲沂州刺史沂兗海等州觀察使遂性狷忿不存大體而軍州民吏久染汙俗率多獷戾而遂數因公事詈罵將卒曰反虜將卒不勝其忿牙將王弁乘人心怨怒十四年七月遂方宴集弁譟集其徒害遂於席判官張實李甫等同遇害及曹華代遂至鎮盡擒亂黨王弁等誅之遂器用不弘僻於聚斂而非兼撫之才但峻威刑以繩亂俗其所製笞杖率踰常制遂既死監軍使封其杖進呈上令出示於朝以誡廉使

曹華宋州楚丘人仕宣武軍爲牙校貞元末吳少誠叛本軍以華驍果有智算用爲襄城戍將蔡賊攻襄城華屢敗之德宗特賜旗甲元和九年以功授寧州刺史未行而吳元濟叛朝廷命河陽帥烏重胤討賊重胤請華爲懷汝節度行營副使前後數十戰大破賊於青陵城賊平授棣州刺史封陳留郡王棣隣於鄆賊屢侵逼華招募羣盜之勁者補之軍卒分據要路其後賊至皆擊敗之鄆人不敢北顧及李師道誅分所管十二州爲三鎮王遂爲沂兗海觀察使褊刻不能馭衆爲牙將王弁所害朝廷遂授華左散騎常侍沂州刺史沂海兗觀察使華至鎮視事三日宴將吏伏甲士千人於幕下羣校既集華喻之曰吾受命廉問奉聖旨以鄆州將士分割三處有道途轉徙之勞今有頒給此州兵稍厚鄆州士卒處右州兵處左冀易以區別分定並令州兵出外既出闔門乃謂鄆卒曰天子深知鄆人之勞然前害主帥者不能免罪甲士自幕中出周環之凡鄆一千二百人立斬于庭血流成渠是日門屏之間有赤霧高丈餘久之方散自是海沂之人重足股慄無敢爲盜者華惡沂之地褊請移理於兗許之初李

正己盜有青鄆十二州傳襲四世垂五十年人俗頑驁不知禮教華令將吏曰鄒魯儒者之鄉不宜忘於禮義乃躬禮儒士習俎豆之容春秋釋奠於孔子廟立學講經儒冠四集出家財贍給俾成名入仕其往者如歸及鎮州軍亂殺田弘正華表請以本軍進討就加檢校工部尚書昇兗海爲武寧節度賜之節鉞李㝏叛於大梁華不俟命赴討㝏方遣兵三千人取宋州華逆擊敗之由是宋亳不從㝏亂㝏平以功加檢校尚書右僕射以河朔拒命移華爲滑州刺史義成軍節度使長慶三年七月卒於鎮時年六十九華雖出自戎行而動必由禮尤重士大夫未嘗以富貴驕人下逮僕隸走使之徒必待之以誠信人以爲難

贈司空

韋綬字子章京兆人少有至性喪父刺血寫佛經初爲長安縣尉遭朱泚之亂變服乘驢赴奉天于頔鎮襄陽辟爲賓佐嘗因言政面刺頔之縱恣入朝爲工部員外轉屯田郎中元和十年改職方郎中充太子諸王侍讀再遷諫議大夫時穆宗在東宮方幼好戲綬講書之隙頗以嘲誚悅之嘗密齎家所造食入宮

餉太子憲宗嘗召對綬奏曰太子學書至依字輒去旁人臣問之太子云君父以此字可天下奏事臣子不合全書上益嘉太子之賢賜綬錦綵綬無威儀時以人間鄙說戲言以取悅太子太子因入侍道綬語憲宗不悅謂侍臣曰凡侍讀者當以經義輔導太子納之軌物而綬語及此予何望耶乃罷侍讀出爲虔州刺史穆宗卽位以師友之恩召爲尚書右丞兼集賢院學士甚承恩顧出入禁中綬以七月六日是穆宗載誕節請以是日百官詣光順門賀太后然後上皇帝壽時政道頗僻勅出人不敢議久之宰臣奏古無生日稱賀之儀其事終寢綬在集賢遇重陽賜宰臣百官曲江宴綬請與集賢學士別爲一會從之長慶元年三月轉禮部尚書判集賢院事帝嘗問禳災祈福其可必乎綬對曰昔宋景公以一善言而法星退之三舍此禳災以德也漢文帝除祕祝每於祠祭盡敬而已言無所祈以明福不可以求致也而二君卒能變已變之災享自致之福著於史傳其理甚明如失德以祈災消媚神以祈福至神苟有知當因以致譴非祈禳之道也時人主失德綬因以諷之二年十月檢校戶部尚書與元

尹山南西道節度使辭曰請門戟十二自將赴鎮又訴家貧請賜錢二百萬又
面乞授子元弼官上皆可之綬御事無術洎臨戎鎮庶政隳紊二年八月卒贈
尚書右僕射博士劉端夫請謚爲通殿中侍御史孟琯上言以爲非當博士權
安請謚爲繆竟不施行
鄭權滎陽開封人也登進士第釋褐涇原從事節度使劉昌符病亟請入覲度
軍情必變以權寬厚容衆俾主留務及昌符上路兵果亂權挺身入白刃中抗
辭喻以逆順因殺其首亂者數人三軍畏伏德宗聞而嘉之時天子猒兵藩鎮
將吏得軍情者多超授官爵自試衛佐擢授行軍司馬御史中丞入朝爲倉部
郎中累遷至河南尹十一年代李遜爲襄州刺史山南東道節度使十二年轉
華州刺史潼關防禦鎮國軍使十三年遷德州刺史德棣滄景節度使時朝廷
用兵討李師道權以德棣之兵臨境奏於平原安德二縣之間置歸化縣以集
降民滄州刺史李宗奭與權不協每事多違不稟節制權奏之上令中使追之
宗奭諷州兵留己上言懼亂未敢離郡乃以烏重胤鎮橫海代權歸朝滄洲將

吏懼共逐宗奭宗奭方奔歸京師詔以悖慢之罪斬於獨柳之下其弟宗爽長流汀州授權邠寧節度會天德軍使上章論宗奭之冤爲權誣奏權降授原王傅尋遷右金吾衞大將軍充左街使穆宗卽位改左散騎常侍充入迴鶻告哀使憚其遠役辭以足疾不獲免肩輿而行權器度魁偉有辭辯旣至虜廷與虜主爭論曲直言辭激壯可汗深敬異之長慶元年使還出爲河南尹入拜工部侍郎遷本曹尚書以家人數多俸入不足求爲鎭守旬月檢校右僕射廣州刺史嶺南節度使初權出鎭有中人之助南海多珍貨權頗積聚以遺之大爲朝士所嗤二年十月卒

盧士玫山東右族以文儒進性端厚與物雅有令聞始爲吏部員外郎稱職轉郎中京兆少尹奉憲宗園寢刑餙事集時論推其有才權知京兆尹事會幽州劉總願釋兵柄入朝請用張弘靖代己復請析瀛漠兩州用士玫爲帥朝廷一皆從之士玫遂授檢校右常侍充瀛漠兩州都防禦觀察使無何幽州亂害賓佐縶弘靖取裨將朱克融領軍務遣兵襲瀛漠朝廷慮防禦之名不足抗凶逆

卽日除士玫檢校工部尙書充瀛漠節度使士玫亦罄家財助軍用堅拒叛徒者累月竟以官軍救之不至又瀛漠之卒親愛多在幽州遂爲其下陰導克融之兵以潰士玫及從事皆被拘執送幽州囚於賓館及朝廷宥克融之罪士玫方得歸東洛尋拜太子賓客留司洛中旋除虢州刺史復爲賓客寶曆元年七月卒贈工部尙書

韓全義出自行閒少從禁軍事竇文場及文場爲中尉用全義爲帳中偏將典禁兵在長武城貞元十三年爲神策行營節度長武城使代韓潭爲夏綏銀宥節度詔以長武兵赴鎭全義貪而無勇短於撫御制未下軍中知之相與謀曰夏州沙磧之地無耕蠶生業盛夏移徙吾所不能是夜戍卒鼓譟爲亂全義踰城而免殺其親將王栖巖趙虔曜等賴都虞候高崇文誅其亂首而止之全義方獲赴鎭明年吳少誠拒命詔徵十七鎭之師討之時軍無統帥兵無多少皆以內官監之師之進退不由主將十五年冬王師爲賊所敗于少溵河德宗以文場素待全義乃用爲蔡州四面行營招討使仍以陳許節度使上官涚副之

諸鎮之師皆取全義節度全義將略非所長能以巧佞財賄結中貴人以被薦用及師臨賊境又制在監軍每議兵出一帳之中中人十數紛然爭論莫決蔡賊聞之屢求決戰十六年五月遇賊於溵水南廣利城旗鼓未交諸軍大潰爲賊所乘全義退保五樓賊對壘相望潰兵未集乃與監軍賈英秀賈國良等保溵水縣賊距溵水五六里而軍全義懼其淩突退保陳州其汴宋河北之軍皆亡歸本鎮唯陳許將孟元陽神策將蘇光榮等數千人守溵水全義誘潞州大將夏侯仲宣滑將時昂河陽將權文度河中將郭湘等誅之繇是軍情稍固少誠知王師無能爲致書幣以告監軍願求昭洗德宗召大臣議宰相賈耽曰昨全義五樓退軍賊不追襲者應望國家恩貸臣伏恐須開生路上然之又得監軍等奏即下制洗滌加其爵秩十七年全義自陳州班師而中人掩其敗迹上待之如初全義武臣不達朝儀託以足疾不任謁見全義司馬崔放入對德宗勞問放引過言招撫無功德宗曰全義爲招討使招得吳少誠歸國其功大矣何必殺人乃爲功耶旋命還鎮令中使就第賜宴錫賚頗厚自還至辭都不謁

見而去議者以隳敗法制從古已還未如貞元之甚憲宗在藩常惡其事及卽
位全義懼求入覲詔以太子太保致仕其年七月卒

高霞寓范陽人祖仙父栖鶴皆以孝聞凡五代同爨德宗朝採訪使洪經綸奏旌表其門閭鄉里稱美其事霞寓少讀左氏春秋及孫吳兵法好大言頗以節概自許貞元中徒步造長武城使高崇文待以猶子之分擢授軍職累奏憲宗甚見委信元和初詔授兼御史大夫從崇文將兵擊劉闢連戰皆克下鹿頭城降李文悅仇良輔蜀平以功拜彭州刺史尋繼崇文爲長武城使封感義郡王元和五年以左威衛將軍隨吐突承璀擊王承宗又加左散騎常侍明年改豐州刺史三城都團練防禦使六遷至檢校工部尚書元和十年朝廷討吳元濟以霞寓宿將乃析山南東道爲兩鎮以霞寓爲唐鄧隋節度使霞寓雖稱勇敢素昧機略至於統制尤非所長及達所部乃率兵趣蕭陂與賊決戰既小勝又進至文城柵賊軍僞敗而退霞寓逐之不已因爲伏兵所掩王師大衂霞寓僅以身免坐貶歸州刺史後以恩例徵爲右衛大將軍十三年出爲振武節度使

入爲左武衞大將軍長慶元年授邠寧節度使三年就加檢校右僕射四年加
檢校司空又加司徒寶曆二年疽發首不能理事求歸闕下其夏授右金吾衞
大將軍檢校司徒途次奉天而卒年五十五贈太保霞寓卒伍常材始因宦官
進用遂階節將位望既高言多不遜朝廷知之欲議移罷霞寓頗懷憂恐捨私
第爲佛寺上言請額爲懷恩用資聖福大率姦妄兇狡如此又非斥朝列侮慢
僚屬鄙辭俚語日聞於時
高瑀渤海蓨人少好論兵釋褐右金吾冑曹累辟諸府從事歷陳蔡二郡刺史
入爲太僕卿太和初忠武節度使王沛卒物議以陳許軍四征有功必自擇帥
或以禁軍之將得之宰相裴度韋處厚議瑀深沉方雅曾刺陳蔡人懷其政又
熟忠武軍情欲請用瑀事未聞陳許表至果請瑀爲帥乃授檢校左散騎常侍
許州刺史忠武節度使自大曆已來節制之除拜多出禁軍中尉凡命一帥必
廣輸重賂禁軍將校當爲帥者自無家財必取資於人得鎮之後則膏血疲民
以償之及瑀之拜以內外公議搢紳相慶曰韋公作相債帥鮮矣三年就加檢

校工部尚書比年水旱人民薦饑瑀召集州民繞郭立堤塘一百八十里蓄洩
既均人無饑年加檢校右僕射六年移授徐州刺史武寧軍節度等使議者以
徐泗王智興之後軍士驕恣宜得雄帥鎮之乃以太府卿崔珙代瑀徵爲刑部
尚書以疾求分司拜太子少傅其月復授檢校右僕射陳許蔡節度使八年六
月卒贈司空瑀性寬和有體量爲官雖無赫赫之譽所至皆理尤得士心論者
美之
崔戎字可大高伯祖玄暐神龍初有大功封博陵郡王祖嬰鄧州刺史父貞固
太原榆次尉戎舉兩經登科授太子校書調判入等授藍田主簿爲藩鎮名公
交辟裴度領太原署爲參謀時王承宗據鎮州叛度請戎單車往諭之承宗感
泣受教入爲殿中侍御史累拜吏部郎中遷諫議大夫尋爲劍南東西兩川宣
慰使西州承蠻寇之後戎既宣撫兼再定征稅廢置得所公私便之還拜給事
中駮奏爲當時所稱改華州刺史遷兗海沂密都團練觀察等使將行州人戀
惜遮道至有解韡斷鐙者理兗一年太和八年五月卒贈禮部尚書

陸亘字景山吳郡人祖元明睦州司馬父持詮惠陵臺令亘以書判授集賢殿正字華原縣尉應制舉授萬年縣丞自京兆府兵曹參軍拜太常博士寺有禮生孟真久於其事凡吉凶大儀禮官不能達率訪真真亦賴是須要姑息元和七年冊皇太子將撰儀注真亦欲參預亘答之由是禮儀不專於胥吏自虞部員外郎出爲鄧州刺史其後入爲戶部郎中祕書少監太常少卿歷刺兗蔡虢蘇四郡遷越州刺史浙東團練觀察等使移宣歙觀察使加御史大夫太和八年九月卒年七十一贈禮部尚書亘強明嚴毅所至稱理初赴兗州延英面奏曰凡節度使握兵分屯屬郡者刺史不能制遂爲一州之弊宜有處分因詔天下兵分屯屬郡者隸于刺史越之永嘉郡城于海壖常陷寇境集官吏廪祿之半以代常賦因循相踵吏返爲倖亘按舉贓罪表請郡守以降增給其俸人皆賴之

張正甫字踐方南陽人曾祖大禮坊州刺史祖紹貞尚書右丞父沘蘇州司馬正甫登進士第從樊澤爲襄陽從事累轉監察御史于頔代澤辟留正甫正甫

堅辭之遂誣奏貶郴州長史後由邕府徵拜殿中侍御史遷戶部員外郎轉司封員外兼侍御史知雜事遷戶部郎中改河南尹由尚書右丞爲同州刺史入拜左散騎常侍集賢殿學士判院事轉工部尚書五年檢校兵部尚書太子詹事明年以吏部尚書致仕正甫仁而端亮涖官清強居外任所至稱理太和八年九月卒年八十三累贈太師子毅夫毅夫登進士第初正甫兄式大曆中進士登第繼之以正甫式子元夫傑夫徵夫又相次登科太和中文章之盛世共稱之元夫太和初兵部郎中知制誥遷中書舍人出爲汝州刺史毅夫位至戶部侍郎弘文館學士判院事諸羣從登第者數人而毅夫子禕最知名禕字冠章釋褐汴州從事戶部判官入爲藍田尉集賢校理趙隱鎮浙西劉鄴鎮淮南皆辟爲賓佐入爲監察御史遷左補闕乾符中詔入翰林爲學士累官至中書舍人黃巢犯京師從僖宗幸蜀拜工部侍郎判戶部事奉使江淮還爲當塗者不協改太子賓客左散騎常侍轉吏部侍郎歷刑部兵部尚書從昭宗在華爲韓建所構貶衡州司馬昭宗還京徵拜禮部尚書太常卿充禮儀使遷兵部尚

書禕苦心爲文老而益壯爲刑部時劉鄴子覃當巢寇時避禍於金吾將軍張直方之第被害僖宗還京而惡覃者以託附逆黨死不以義下三司詳罪禕上章申理言覃父子併命於賊廷豈附逆耶其家竟獲洗雪覃亦贈官其行義始終皆如此類

史臣曰孟陽王遂儒雅之曹才有可稱竟以財媚時君陷爲俗吏蹈道之論可不懼耶全義官由妄進霞寓位以卒升勇毅不足以啓行謀慮不足以應變敗亡之辱不亦宜乎朝無責帥之刑蓋自恥也權璩長者末塗喪真雖牽於食貧純則僞矣

贊曰蘊仁則哲蘊利則狂搢紳之胤勿效潘王全義逃責貞元失策霞寓薄刑元和復興

舊唐書卷一百六十二

舊唐書卷一百六十二考證

李翛傳翌日復賜金紫○沈炳震曰新書翌日復賜黃金按翛方以宰相言削銀青階不應翌日反賜金紫當從新書

舊唐書卷一百六十二考證

舊唐書卷一百六十三

後晉司空同中書門下平章事劉昫撰

列傳卷第一百十三

孟簡　胡証　崔元略子鉉 鉉子沆 元略弟元受 元式 元儒

杜元穎　崔弘禮　李虞仲　王質

盧簡辭兄簡能 弟弘正 簡求 簡能子知猷 簡求子嗣業 汝弼

孟簡字幾道平昌人天后時同州刺史詵之孫工詩有名擢進士第登宏辭科累官至倉部員外郎戶部侍郎王叔文竊政簡爲子司多不附之叔文惡之雖甚亦不至擯斥尋遷司封郎中元和四年超拜諫議大夫知匭事簡明於內典六年詔與給事中劉伯芻工部侍郎歸登右補闕蕭俛等同就醴泉佛寺翻譯大乘本生心地觀經簡最擅其理王承宗叛詔以吐突承璀爲招討使簡抗疏論之坐語訐出爲常州刺史八年就加金紫光祿大夫簡始到郡開古孟瀆長四十一里灌溉沃壤四千餘頃爲廉使舉其課績是有就加之命是歲徵拜爲

給事中九年出爲越州刺史兼御史中丞浙東觀察使承李遜抑遏士族恣縱編戶之後及儆爲政一皆反之而農估多受其弊當時以爲兩未可也十二年入爲戶部侍郎十三年代崔元略爲御史中丞仍兼戶部侍郎是歲出爲襄州刺史山南東道節度使十四年勑於穀城縣置羣牧命曰臨漢監令儆充使儆奏請均州鄖鄉縣鎮遏使趙潔充本縣令臺司奏有虧刑典罰一月俸是歲改授太子賓客分司東都十五年穆宗卽位貶吉州司馬員外置同正員初儆在襄陽以腹心吏陸翰知上都進奏委以關通中貴翰持儆陰事漸不可制儆怒追至州以土囊殺之且欲滅口翰子弟詣闕進狀訴寃且告儆贓狀御史臺按驗獲儆賂吐突承璀錢帛等共計七千餘貫匹事狀明白故再貶之長慶元年大赦量移睦州刺史二年移常州刺史三年入爲太子賓客分司東都其年十二月卒儆性俊拔尚義早歲交友先歿者視其孤每厚於周卹議者以爲有前輩風然溺於浮圖之教爲儒曹所誚

胡証字啓中河東人父瑱伯父玫登進士第証貞元中繼登科咸寧王渾瑊辟

爲河中從事自殿中侍御史拜韶州刺史以母年高不可適遠改授太子舍人
襄陽節度使于頔請爲掌書記檢校祠部員外郎元和四年由侍御史歷左司
員外郎長安縣令戶部郎中田弘正以魏博內屬請除副貳乃兼御史中丞充
魏博節度副使仍兼左庶子入遷左諫議大夫九年以党項寇邊以證有安邊
才略乃授單于都護御史大夫振武軍節度使前任將帥非統馭之才邊事曠
廢朝廷故特用證以鎮十三年徵爲金吾大將軍依前兼御史大夫十四年充
京西京北巡邊使訪其利害以聞長慶元年太和公主出降迴紇詔以本官檢
校工部尚書充和親使舊制以使車出境有行人私覿之禮官不能給召富家
子納貲於使者而命之官及證將行首請釐革儉受省費以絕鬻官之門行及
漢南虜騎繼至狠心犬態一日千狀欲以戎服變革華服又欲以王姬疾驅徑
路證抗志不拔守漢儀黜夷法竟不辱君命使還拜工部侍郎敬宗即位之初
檢校戶部尚書守京兆尹數月遷左散騎常侍寶曆初拜戶部尚書判度支上
表乞免願効藩服二年檢校兵部尚書廣州刺史充嶺南節度使太和二年以

疾上表求還京師是歲十月卒于嶺南時年七十一廢朝一日贈左僕射廣州有海之利貨貝狎至證善蓄積務華侈厚自奉養童奴數百於京城脩行里起第連亙閭巷嶺表奇貨道途不絕京邑推爲富家證素與賈餗善及李訓事敗禁軍利其財稱證子溵匿餗乃破其家一日之內家財並盡軍人執溵入左軍仇士良命斬之以徇時溵弟湘爲太原從事忽白晝見綠衣人無首血流被地入于室湘惡之翌日溵凶問至而湘獲免

崔元略博陵人祖渾之父儆貞元中官至尚書左丞元略舉進士歷佐使府元和八年拜殿中侍御史十二年遷刑部郎中知臺雜事擢拜御史中丞元和十三年以李夷簡自西川徵拜御史大夫乃命元略留司東臺尋除京兆少尹知府事仍加金紫數月真拜京兆尹明年改左散騎常侍穆宗卽位命元略使党項宣撫辭疾不行出爲黔南觀察使兼御史中丞初元略受命使党項意宰臣以私憾排斥頗出怨言宰相崔植奏曰比以聖意切在安撫党項乃差元略往使受命之後苦不樂行言辭之間頗乖去就豈有身忝重恩不思報效苟非便

己卽不肯行須有薄懲以肅在位請出爲黔中觀察使初崔植任吏部郎中元略任刑部郎中知雜時中丞改京兆尹物議以植有風憲之望元略因入閤妄稱植失儀命御史彈之時二人皆進擬爲中丞中旨果授元略植深銜之及植爲相元略以左散騎常侍使於党項元略意植之見排辭疾不行被譴出踰年轉鄂州刺史鄂岳都團練觀察使長慶四年入爲大理卿敬宗卽位復爲京兆尹尋兼御史大夫以誤徵畿甸經赦免放緡錢萬七千貫爲侍御史蕭澈彈劾有詔刑部郎中趙元亮大理正元從質侍御史温造充三司覆理元略有中助止於削兼大夫初元略有宰相望及是事望益減寶曆元年遷戶部侍郎議者以元略版圖之拜出於宣授時諫官有疏指言內常侍崔潭峻方有權寵元略以諸父事之故雖被彈劾而遽遷顯要元略亦上章自辨且曰一昨府縣條疏臺司舉劾孤立無黨謗言益彰不謂詔出宸衷恩延望外處南宮之重位列左戶之清班豈臣庸虛敢自干冒天心所擇雖驚特進之恩衆口相非乃致因緣之說詔答之曰朕所命官豈非公選卿能稱職奚恤人言然元略終不能逃父

事潭峻之名寶曆二年四月京兆府以元略前任尹日爲橋道使造東渭橋時
被本典鄭位判官鄭復虛長物價擡估給用不還人工價直率斂工匠破用計
贓二萬一千七百九貫勑云元略不能檢下有涉慢官罰一月俸料時劉栖楚
自爲京兆尹有覬覦相位之意元略方在次對又多遊裴度門栖楚恐礙己以
計摧之乃按舉山陵時錢物以污之太和三年轉戸部尙書四年判度支五年
檢校吏部尙書出爲東都留守畿汝等防禦使是歲又遷滑州刺史義成軍節
度使十二月卒廢朝三日贈尙書左僕射子鉉鉉字台碩登進士第三辟諸侯
府荆南西蜀掌書記會昌初入爲左拾遺再遷員外郞知制誥召入翰林充學
士累遷戸部侍郞承旨會昌末以本官同平章事爲同列李德裕所嫉罷相爲
陝虢觀察使檢校刑部尙書宣宗卽位遷檢校兵部尙書河中尹博陵縣開國
子食邑五百戸大中三年召拜御史大夫尋加正議大夫中書侍郞同平章事
累遷金紫光祿大夫守左僕射門下侍郞太清宮使弘文館大學士博陵縣開
國公食邑至二千戸七年以館中學士崔瑑薛逢等撰續會要四十卷獻之九

年檢校司徒揚州大都督長史進封魏國公淮南節度使宣宗於太液亭賦詩宴餞有七載秉鈞調四序之句儒者榮之咸通初移鎮襄州咸通八年徐州戍將龐勛自桂管擅還道途剽掠鉉時爲荆南節度聞徐州軍至湖南盡率州兵點募丁壯分扼江湘要害欲盡擒之徐寇聞之踰嶺自江西淮右北渡朝議壯之卒於江陵子沆汀潭沂沆登進士第官至員外郎知制誥拜中書舍人坐事貶循州司戶乾符初復拜舍人尋遷禮部侍郎典貢舉選名士十數人多至卿相乾符末本官同平章事遇京國盜據從駕不及而卒沂後官亦隆顯元略弟元受元式元儒元受登進士第高陵尉直史館元和初于皐謨爲河北行營糧料使元受與韋岵薛巽王湘等皆爲皐謨判官分督供饋既罷兵或以皐謨隱沒贓罪除名賜死元受從坐皆逐嶺表竟坎壈不達而卒子鈞鉶銖相繼登進士第辟諸侯府元式會昌三年檢校左散騎常侍河中尹河中晉絳觀察使四年檢校禮部尚書太原尹北都留守河東節度使六年入爲刑部尚書宣宗朝領度支以本官同平章事元儒元和五年登進士第元式子鍇仕至京兆尹

杜元穎萊公如晦裔孫也父佐官卑元穎貞元末進士登第再辟使府元和中爲左拾遺右補闕召入翰林充學士手筆敏速憲宗稱之吳元濟平以書詔之勤賜緋魚袋轉司勳員外郎知制誥穆宗卽位召對思政殿賜金紫超拜中書舍人其年冬拜戶部侍郎承旨長慶元年三月以本官同平章事加上柱國建安男元穎自穆宗登極自補闕至侍郎不周歲居輔相之地辭臣速達未有如元穎之比也三年冬帶平章事出鎭蜀州穆宗御安福門臨餞昭愍卽位童心多僻務爲奢侈而元穎求蜀中珍異玩好之具貢奉相繼以固恩寵以故箕斂刻削工作無虛日軍民嗟怨流聞于朝太和三年南詔蠻攻陷戎巂等州徑犯成都兵及城下一無備擬方率左右固牙城而已蠻兵大掠蜀城玉帛子女工巧之具而去是時蠻三道而來東道攻梓州郭釗禦之而退時元穎幾陷賴郭釗擊敗其衆方還蠻驅蜀人至大渡河謂之曰此南吾境放爾哭別鄉國數萬士女一時慟哭風日爲之慘悽哭已赴水而死者千餘怨毒之聲累年不息蠻首領嵯顚遣人上表曰蠻軍比修職貢豈敢侵邊但杜元穎不恤三軍令入蠻

彊作賊移文報彼都不見信故蜀部軍人繼爲鄉導蓋蜀人怨苦之深祈我此行誅虐帥也誅之不遂無以慰蜀士之心願陛下誅之監軍小使張士謙至備言元穎之咎坐貶循州司馬判官崔璜連州司馬紇干臬郢州長史盧弁唐州司馬皆以佐元穎無狀也六年卒於貶所臨終上表乞贈官贈湖州刺史元穎弟元絳位終太子賓客絳子審權位至宰相自有傳

崔弘禮字從周博陵人北齊懷遠之七代孫祖育常州江陰令父孚湖州長城令弘禮風貌魁偉磊落有大志舉進士累佐藩府官至侍御史元和中呂元膺爲東都留守以弘禮爲從事時淮西吳少陽初死吳元濟阻兵拒命山東反側之徒爲之影援東結李師道謀襲東洛以脅朝廷弘禮爲元膺籌畫部分兵衆以固東都卒亦無患累除汾州棣州刺史會田弘正請入覲請副使乃授弘禮衞州刺史充魏博節度副使歷鄭州刺史長慶元年劉總入覲張弘靖移鎮范陽復加弘禮檢校左散騎常侍充幽州盧龍軍節度副使未及境幽鎮兵亂改爲絳州刺史明年汴州李㝏反急詔追弘禮爲河南尹兼御史大夫東都畿汝

都防禦副使夼平還河陽節度使整練戈矛頗壯戎備又上言請於秦渠下闢
荒田三百頃歲收粟二萬斛詔皆從之以疾連表請代數歲拜檢校戶部尚書
華州刺史會天平軍節度使烏重胤卒朝廷難其人復以弘禮爲天平軍節度
使仍詔即日乘遞赴鎮文宗即位就加檢校左僕射理鄆三載改授東都留守
仍還刑部尚書詔赴闕以疾未至太和四年十月復除留守是歲十二月卒年
六十四贈司空弘禮少時專以倜儻意氣自任通涉兵書留心軍旅之要用此
累更選用歷踐藩鎮所居無可尚之績雖繕完有素然善治生蓄積物議少之
李虞仲字見之趙郡人祖震大理丞父端登進士第工詩大曆中與韓翃錢起
盧綸等文詠唱和馳名都下號大曆十才子時郭尚父少子曖尚代宗女昇平
公主賢明有才思尤喜詩人而端等十人多在曖之門下每宴集賦詩公主坐
視簾中詩之美者賞百縑曖因拜官會十子曰詩先成者賞時端先獻警句云
薰香荀令偏憐小傳粉何郎不解愁主即以百縑賞之錢起曰李校書誠有才
此篇宿構也願賦一韻正之請以起姓爲韻端即襞牋而獻曰方塘似鏡草芊

芋初月如鉤未上弦新開金埒教調馬舊賜銅山許鑄錢曖曰此愈工也起等
始服端自校書郎移疾江南授杭州司馬而卒虞仲亦工詩元和初登進士第
又以制策登科授弘文校書從事荆南入爲太常博士遷兵部員外司勳郎中
寶曆中考制策甚精轉兵部郎中知制誥拜中書舍人太和四年出爲華州刺
史兼御史大夫入拜左散騎常侍兼祕書監八年轉尚書右丞九年爲兵部侍
郎尋改吏部開成元年四月卒時年六十五虞仲簡澹寡欲立性方雅奕代文
學達而不矜士友重之

王質字華卿太原祁人五代祖通字仲淹隋末大儒號文中子通生福祚終上
蔡主簿福祚生勉登進士第制策登科位終寶鼎令勉生怡終渝州司戶怡生
潛揚州天長丞質則潛之第五子少負志操以家世官卑思立名於世以大其
門寓居壽春躬耕以養母專以講學爲事門人受業者大集其門年甫強仕不
求聞達親友規之曰以華卿之才取名位如俯拾地芥耳安自苦於闒茸者乎
揚名顯親非耕稼可致也質乃白於母請赴鄉舉元和六年登進士甲科釋褐

嶺南管記歷佐淮蔡許昌梓潼興元四府累奏兼監察御史入朝爲殿中遷侍
御史戶部員外郎爲舊府延薦檢校司封郎中賜金紫充興元節度副使入爲
戶部郎中遷諫議大夫太和中王守澄構陷宰相宋申錫文宗怒欲加極法質
與常侍崔玄亮兩泣切諫請付外推申錫方從輕典質爲中人側目執政出爲
虢州刺史質射策時深爲李吉甫所器及德裕爲相甚禮之事必咨決尋召爲
給事中河南尹八年爲宣州刺史兼御史中丞宣歙團練觀察使在政三年開
成元年十二月無疾暴卒時年六十八贈左散騎常侍謚曰定質清廉方雅爲
政有聲雖權臣待之厚而行己有素不涉朋比之議在宣城辟崔珦劉蕡裴夷
直趙晳爲從事皆一代名流視其所與人士重之子曰慶存

盧簡辭字子策范陽人後徙家于蒲祖翰父綸天寶末舉進士遇亂不第奉親
避地於鄱陽與郡人吉中孚爲林泉之友大曆初還京師宰相王縉奏爲集賢
學士祕書省校書郎王縉兄弟有詩名於世縉既官重凡所延辟皆辭人名士
以綸能詩禮待逾厚會縉得罪坐累久之調陝府戶曹河南密縣令建中初爲

昭應令朱泚之亂咸寧王渾瑊充京城西面副元帥乃拔綸爲元帥判官檢校金部郎中貞元中吉中孚爲翰林學士戶部侍郎典邦賦薦綸于朝會丁家艱而中孚卒大府卿韋渠牟得幸於德宗綸即渠牟之甥也數稱綸之才德宗召之內殿令和御製詩超拜戶部郎中方欲委之掌誥居無何卒初大曆中詩人李端錢起韓翃輩能爲五言詩而辭情捷麗綸作尤工至貞元末錢李諸公凋落綸嘗爲懷舊詩五十韻敘其事曰吾與吉侍郎中孚司空郎中曙苗員外發崔補闕峒耿拾遺湋李校書端風塵追遊向三十載數公皆負當時盛稱榮耀未幾俱沉下泉傷悼之際常暢博士追感前事賦詩五十韻見寄輒有所酬以申悲舊兼寄夏侯審侍御其歷言諸子云侍郎文章宗傑出淮楚靈掌賦若吹籟司言如建瓴郎中善慶餘雅韻與琴清鬱鬱松帶雪蕭蕭鴻入冥員外貞貴儒弱冠被華纓月香飄桂實乳溜瀝瓊英補闕思冲融巾拂藝亦精彩蝶戲芳圃瑞雲滋翠屏拾遺興難侔逸調曠無程九醞貯彌潔三花寒轉馨校書才智雄舉世一娉婷賭墅鬼神變屬辭鸞鳳驚差肩曳長裾總轡奉和鈴共賦瑤臺

雪同觀金谷笙倚天方比劍沉水忽如瓶君持玉盤珠寫我懷袖盈讀罷涕交頤願言躋百齡綸之才思皆此類也文宗好文尤重綸詩嘗問侍臣曰盧綸集幾卷有子弟否李德裕對曰綸有四男皆登進士第今員外郎簡能侍御史簡辭是也卽遣中使詣其家令進文集簡能盡以所集五百篇上獻優詔嘉之簡辭元和六年登第三辟諸侯府長慶末入朝爲監察轉侍御史文雅之餘尤精法律歷朝簿籍靡不經懷寶曆中故京兆尹黎幹男煟詣臺治父葉縣舊業臺司莫知本末簡辭曰幹坐魚朝恩黨誅田產籍沒大曆已來多少赦令豈有雪朝恩黎幹節文況其田產分給百姓將及百年而煟恃中助而冒論耶乃移汝州刺史裴通準大曆元年勑給百姓又福建鹽鐵院官盧昂坐贓三十萬簡辭按之於其家得金牀瑟瑟枕大如斗昭愍見之曰此宮中所無而盧昂爲吏可知也尋轉考功員外郎轉郎中太和中坐事自太僕卿出爲衢州刺史會昌中入爲刑部侍郎轉戶部大中初轉兵部侍郎檢校工部尚書許州刺史御史大夫忠武軍節度使遷檢校刑部尚書襄州刺史山南東道節度使卒簡辭兄簡

能簡能字子拙登第後再辟藩府入爲監察御史太和九年由駕部員外檢校司封郎中充鳳翔節度判官時鄭注得幸李訓與之謀誅宦官俾注鎮鳳翔仍妙選當時才俊以爲賓佐簡能與蕭俛弟傑錢起子可復皆爲訓所選從注及訓敗注誅簡能蕭傑等四人皆爲監軍使所害簡辭弟弘正簡求弘正字子強元和末登進士第累辟使府掌書記入朝爲監察御史侍御史太和中華州刺史宇文鼎戸部員外盧允中坐贓弘正按之文宗怒將殺鼎弘正奏曰鼎歷持綱憲繩糺之官今爲近輔刺史以贓汚聞死固常典但取受之首罪在允中監司之責鼎當連坐文宗釋之鼎方減等三遷兵部郎中給事中會昌末王師討劉稹時詔河北三帥收山東州郡俄而何弘敬王元逵得邢洺磁三郡宰臣奏議曰山東三郡以賊稹未誅宜且立留後如弘敬元逵有所陳請則朝廷難以依違上曰然誰可任者李德裕曰給事中盧弘正嘗爲昭義判官性又通敏推擇攸宜即命爲邢洺磁團練觀察留後未行而稹誅乃令弘正銜命宣喻河北三鎮使還拜工部侍郎大中初轉戸部侍郎充鹽鐵轉運使前是安邑解縣兩

池鹽法積弊課入不充弘正令判官司空輿至池務檢察特立新法仍奏輿爲
兩池使三年課入加倍其法至今賴之檢校戶部尚書出爲徐州刺史武寧軍
節度使徐泗濠觀察等使徐方自智興之後軍士驕怠有銀刀都尤勞姑息前
後屢逐主帥弘正在鎮朞年皆去其首惡喻之忠義訖於受代軍旅無譁鎮徐
四年遷檢校兵部尚書汴州刺史宣武軍節度宋亳潁觀察等使卒于鎮簡求
字子臧長慶元年登進士第釋褐江西王仲舒從事又從元稹爲浙東江夏二
府掌書記裴度鎮襄陽保釐洛都皆辟爲賓佐奏殿中侍御史入朝拜監察裴
度鎮太原復奏爲記室入爲殿中賜緋牛僧孺鎮襄漢辟爲觀察判官入爲水
部戶部二員外郎會昌末討劉稹詔以許帥李彥佐爲招討使朝廷以簡求累
佐使府達於機略乃以簡求爲忠武節度副使知節度事本道供軍使入爲吏
部員外轉本司郎中求爲蘇州刺史時簡辭鎮漢南弘正爲侍郎領使務昆仲
皆居顯列時人榮之既而宰執不協弘正出鎮罷簡求爲左庶子分司數年出
爲壽州刺史九年党項叛以簡求爲四鎮北庭行軍涇州刺史涇原渭武節度

押蕃落等使檢校左散騎常侍上柱國范陽縣男食邑三百戶十一年遷檢校工部尚書定州刺史御史大夫義武軍節度北平軍等使十三年檢校刑部尚書鳳翔尹鳳翔隴西節度觀察等使十四年八月代裴休爲太原尹北都留守充河東節度觀察等使簡求辭翰縱橫長於應變所歷四鎮皆控邊陲屬雜虜寇邊因之移授所至撫御邊鄙晏然太原軍素管退渾契苾沙陀三部落或撫納不至多爲邊患前政或要之詛盟質之子弟然爲盜不息簡求開懷撫待接以恩信所質子弟一切遣之故五部之人忻然聽命咸通初以疾辭表章瀝懇制以太子太師致仕還於東都都城有園林別墅歲時行樂子弟侍側公卿在席詩酒賞詠竟日忘歸如是者累年五年十月卒時年七十六贈尚書左僕射

簡能子知猷知猷登進士第釋褐祕書省正字宰臣蕭鄴鎮江陵成都辟爲兩府記室入拜左拾遺改右補闕史館脩撰轉員外郎出爲饒州刺史入拜兵部郎中賜緋魚改吏部郎中太常少卿出爲商州刺史徵拜給事中轉中書舍人僖宗幸山東襄王僭署乃避地金州駕還徵拜工部侍郎轉戶部判史館遷尚

書右丞兵部侍郎歷太常卿工部戸部尚書復領太常卿昭宗在華下加檢校
右僕射守太子少師進位太子太師檢校司空卒於華下知猷器度長厚文辭
美麗尤工書落簡措翰人爭模倣子文度位亦至丞郎簡辭無子以簡求子貽
殷玄禧入繼貽殷終光祿少卿玄禧登進士第終國子博士弘正子虔灌有俊
才進士登第所著文筆爲時所稱位終祕書監簡求十子而嗣業汝弼最知名
嗣業進士登第累辟使府廣明初以長安尉直昭文館左拾遺右補闕王鐸徵
兵收兩京辟爲都統判官檢校禮部郎中卒汝弼登進士第累遷至祠部員外
郎知制誥從昭宗還洛屬柳璨黨附賊臣誣陷士族汝弼懼移疾退居客遊上
黨遇潞府爲太原所攻節度使丁會歸降從會至太原李克用奏爲節度副使
累奏戸部侍郎太原使府有龍泉亭簡求節制時手書詩一章在亭之西壁汝
弼復爲亞帥每亭中讌集未嘗居賓位西向俛首而已人士嘉之盧氏兩世貴
盛六卿方鎭相繼而未有居輔相者至中興嗣業子文紀仕至尚書中書侍郎
平章事

史臣曰孟襄陽之清節胡廣州之堅正卒以結權倖而敗積貨賄而亡人如面焉固難知也二崔以綱憲相傾元藾以獻奇取媚雖遭時多僻位至鼎司言之正人亦孔之醜而父事宦者何所逃譏以端綸之才任不踰元士而盧簡辭之昆仲雲摶水擊鬱爲鼎門非德積慶鍾安能及此辭人之後不亦休哉

贊曰君子喻義小人近利孟譴胡亡家財掃地聲勢相傾崔杜醜名端綸諸子奕葉光榮

舊唐書卷一百六十三

舊唐書卷一百六十四

後晉司空同中書門下平章事劉昫撰

列傳卷第一百十四

王播子式 弟炎起 起子龜 龜子蕘 炎子鐸 李絳 楊於陵

王播字明敭曾祖璡嘉州司馬祖昇咸陽令父恕揚府參軍播擢進士第登賢良方正制科授集賢校理再遷監察御史轉殿中歷侍御史貞元末佞臣李實爲京兆尹恃恩頗橫嘗遇播於途不避故事尹避臺官播移文詆之實怒後奏播爲三原令欲挫之播受命趨府謁謝盡府縣之儀及臨所部政理脩明恃勢豪門未嘗貸法歲終考課爲畿邑之最實以其人有政術甚禮重之頻薦之于上德宗奇之將不次拔用會母喪順宗卽位除駕部郎中改長安令歲中遷工部郎中知臺雜刺舉綱憲爲人所稱轉考功郎中出爲虢州刺史李巽領鹽鐵奏爲副使兵部郎中元和五年代李夷簡爲御史中丞振舉朝章百職脩舉十月代許孟容爲京兆尹時禁軍諸鎮布列畿內軍人出入屬鞬佩劍往往盜發

難以擒姦而播奏請畿內軍鎮將卒出入不得持戎具諸王駙馬權豪之家不得於畿內按試鷹犬畋獵之具詔從之自是姦盜弭息六年三月轉刑部侍郎充諸道鹽鐵轉運使播長於吏術雖案牘鞅掌剖析如流黠吏詆欺無不彰敗時天下多故法寺議讞科條繁雜播備舉前後格條置之座右凡有詳決疾速如神當時屬僚歎服不暇十年四月改禮部尚書領使如故先是李巽以程异爲江淮院官异又通泉貨及播領使奏之爲副當王師討吳元濟令异乘傳往江淮賦輿大集以至賊平深有力焉及皇甫鎛用事恐播大用乃請以使務命程异領之播守本官而已十三年檢校戶部尚書成都尹劍南西川節度使穆宗卽位皇甫鎛貶播累表求還京師長慶元年七月徵還拜刑部尚書復領鹽鐵轉運等使十月兼中書侍郎平章事領使如故長慶中內外權臣率多假借播因銅鹽擢居輔弼專以承迎爲事而安危啓沃不措一言時河北復叛朝廷用兵會裴度自太原入覲朝野物論言度不宜居外明年三月留度復知政事以播代度爲淮南節度使檢校右僕射領使如故仍請攜鹽鐵印赴鎮上都院

印請別給賜從之播至淮南屬歲旱儉人相啖食課最不充設法掊斂比屋嗟
怨敬宗即位就加銀青光祿大夫檢校司空罷鹽鐵轉運使時中尉王守澄用
事播自落利權廣求珍異令腹心吏內結守澄以爲之助守澄乘閒啓奏言播
有才上於延英言之諫議大夫獨孤朗張仲方起居郎孔敏行柳公權宋申錫
補闕韋仁實劉敦儒拾遺李景讓薛廷老等請開延英面奏播之姦邪交結寵
倖復求大用天子沖幼不能用其言自是物議紛然不息明年正月播復領鹽
鐵轉運使播既得舊職乃於銅鹽之內巧爲賦斂以事月進名爲羨餘其實正
額務希擬擢不恤人言時揚州城內官河水淺遇旱即滯漕船乃奏自城南閶
門西七里港開河向東屈曲取禪智寺橋通舊官河開鑿稍深舟航易濟所開
長一十九里其工役料度不破省錢當使方圓自備而漕運不阻後政賴之文
宗即位就加檢校司徒太和元年五月自淮南入覲進大小銀盌三千四百枚
綾絹二十萬匹六月拜尚書左僕射同平章事領使如故二年進封太原公太
清宮使四年正月患喉腫暴卒時年七十二廢朝三日贈太尉播出自單門以

文辭自立踐昇華顯鬱有能名而隨勢沉浮不存士行姦邪進取君子恥之然天性勤於吏事使務填委胥吏盈廷取決簿書堆案盈几他人若不堪勝而播用此爲適播子式弟炎起炎貞元十五年登進士第累官至太常博士早世子鐸鐐起字舉之貞元十四年擢進士第釋褐集賢校理登制策直言極諫科授藍田尉宰相李吉甫鎮淮南以監察充掌書記入朝爲殿中遷起居郎司勳員外郎直史館元和十四年以比部郎中知制誥穆宗即位拜中書舍人長慶元年遷禮部侍郎其年錢徽掌貢士爲朝臣請託人以爲濫詔起與同職白居易覆試覆落者多徽貶官起遂代徽爲禮部侍郎掌貢二年得士尤精先是貢舉猥濫勢門子弟交相酬酢寒門俊造十棄六七及元稹李紳在翰林深怒其事故有覆試之科及起考貢士奏當司所選進士據所考雜文先送中書令宰臣閱視可否然後下當司放牓從之議者以爲起雖避是非失貢職也故出爲河南尹入爲吏部侍郎文宗即位加集賢學士判院事以兄播爲僕射輔政不欲典選部改兵部侍郎太和二年出爲陝虢觀察使兼御史大夫四年入拜尚書

左丞居播之喪號毀過禮友悌尤至遷戶部尚書判度支以西北邊備歲有和
市以給軍勞人饋輓奏於靈武邠寧起營田六年檢校吏部尚書河中尹河中
晉絳節度使時屬蝗旱粟價暴踊豪門閉糴以邀善價起嚴誡儲蓄之家出粟
於市隱者致之於法繇是民獲濟焉七年入爲兵部尚書八年檢校右僕射襄
州刺史充山南東道節度江漢水田前政撓法塘堰缺壞起下車命從事李業
行屬郡檢視而補繕特爲水法民無凶年九年就加銀青光祿大夫時李訓用
事訓即起貢舉門生也欲援起爲相八月詔拜兵部侍郎判戶部事其冬訓敗
起以儒素長者人不以爲累但罷判戶部事文宗好文尤尚古學鄭覃長於經
義起長於博洽俱引翰林講論經史起僻於嗜學雖官位崇重耽玩無斁夙夜
孜孜殆忘寢食書無不覽經目靡遺轉兵部尚書以莊恪太子登儲欲令儒者
授經乃兼太子侍讀判太常卿充禮儀詳定使創造禮神九玉奏議曰邦國之
禮祀爲大事珪璧之議經有前規謹按周禮天地四方以蒼璧禮天黃琮禮地
青珪禮東方赤璋禮南方白琥禮西方黑璜禮北方又云四圭有邸以祀天兩

圭有邸以祀地圭璧以祀日月星辰凡此九器皆祀神之玉也又云以禋祀祀昊天上帝鄭玄云禋煙也爲玉幣祭訖燔之而升煙以報陽也今與開元禮義同此則焚玉之驗也又周禮掌國之玉鎮大寶器若大祭既事而藏之此則收玉之證也梁代崔靈恩撰三禮義宗云凡祭天神各有二玉一以禮神一則燔之禮神者訖事却收祀神者與牲俱燎則靈恩之義合于禮經今國家郊天祀地祀神之玉常用守經據古禮神之玉則無臣等請下有司精求良玉創造蒼璧黃琮等九器祭訖則藏之其燎玉卽依常制從之爲太子廣五運圖及文場秀句等獻之三年以本官充翰林侍講學士莊恪太子薨詔起爲哀冊文辭情婉麗四年遷太子少師判兵部事侍講如故以其家貧特詔每月割仙韶院月料錢三百千添給起富於文學而理家無法俸料入門卽爲僕妾所有帝以師友之恩特加周給議者以與伶官分給可爲恥之武宗卽位八月充山陵鹵簿使樞密使劉弘逸薛季稜懼誅欲因山陵兵士謀廢立起與山陵使知其謀密奏皆伏誅尋檢校左僕射東都留守判東都尚書省事會昌元年徵拜吏部尚

書判太常卿事三年權知禮部貢舉明年正拜左僕射復知貢舉起前後四典貢部所選皆當代辭藝之士有名於時人皆賞其精鑒徇公也其年秋出爲興元尹兼同平章事充山南東道節度使赴鎮日延英辭帝謂之曰卿國之耆老宰相無內外朕有闕政飛表以聞宴賜頗厚在鎮二年以老疾求代不許大中元年卒于鎮時年八十八廢朝三日贈太尉諡曰文懿文集一百二十卷五緯圖十卷寫宣十卷起侍講時或僻字疑事令中使口宣即以牓子對故名曰寫宣子龜嗣龜字大年性簡澹蕭灑不樂仕進少以詩酒琴書自適不從科試京城光福里第起兄弟同居斯爲宏敞龜意在人外倦接朋游乃於永達里園林深僻處創書齋吟嘯其閒目爲半隱亭及從父起在河中於中條山谷中起草堂與山人道士遊朔望一還府第後人目爲郎君谷及起保釐東周龜於龍門西谷構松齋棲息往來放懷事外起鎮興元又於漢陽之龍山立隱舍每浮舟而往其閑逸如此武宗知之以左拾遺徵久之方至殿廷一謝陳請曰臣才疏散無用於時加以疾病所嬰不任祿仕臣父年將九十作鎮遠藩喜懼之年闕

於供侍乞罷今職以奉晨昏上優詔許之明年丁父憂服闋以右補闕徵還侍御史尚書郎大中末出為宣歙團練觀察副使賜緋入為祠部郎中史館修撰前從崔璵貳宣歙及璵鎮河中又奏為副使入為兵部郎中賜金紫尋知制誥咸通末以弟鐸在中書不欲在禁掖改太常少卿尋檢校右散騎常侍同州刺史牙將白約者甚狡蠹前後防禦使不能制龜因事發笞死以徇人皆畏威自效十四年轉越州刺史御史大夫浙東團練觀察使先是龜兄式撫臨此郡有惠政聞龜復至舞抃迎之屬徐泗之亂江淮盜起山越亂攻郡為賊所害贈工部尚書子蕘蕘苦學善屬文以季父作相避嫌不就科試乾符初崔瑾廉察湖南崔涓鎮江陵皆辟為從事蕭遘作相奏授藍田尉直史館遷左拾遺右補闕中丞盧渥奏為侍御史從僖宗幸山南拜右司員外郎卒子權中與仕至兵部尚書式以門蔭累遷監察御史轉殿中亦巧宦太和中依倚鄭注謁王守澄為中丞歸融所劾出為江陵少尹大中後踐更省署咸通初為浙東觀察使草賊仇甫據明州叛來攻會稽式討平之式有威略三年徐州銀刀軍叛以式為徐

州節度使式至鎮盡誅銀刀等七軍徐方平定天子嘉之後累歷方任卒鐸字
昭範會昌初進士第兩辟使府大中初入爲監察御史咸通初由駕部郎中知
制誥拜中書舍人五年轉禮部侍郎典貢士兩歲時稱得人七年以戶部侍郎
判度支遷禮部尚書十二年以本官同平章事時宰相韋保衡以拔擢之恩事
鐸尤謹累兼刑部吏部尚書僖宗卽位加右僕射保衡得罪以鐸檢校右僕射
出爲汴州刺史宣武軍節度使鐸有經世大志以安邦爲己任士友推之乾符
二年河南江左相繼寇盜結集內官田令孜素聞鐸名乃復召鐸拜右僕射門
下侍郎同平章事四年賊陷江陵楊知溫失守宋威破賊失策朝議統率宰相
盧攜稱高駢累立戰功宜付軍柄物議未允鐸廷奏曰臣忝宰執之長在朝不
足分陛下之憂臣願自率諸軍盪滌羣盜朝議然之五年以鐸守司徒門下侍
郎同平章事兼江陵尹荊南節度使充諸道行營兵馬都統鐸至鎮綏懷流散
完葺軍戎朞年之閒武備嚴整時兗州節度使李係者西平王晟之孫以其家
世將才奏用爲都統都押衙兼湘南團練使時黃巢在嶺南鐸悉以精甲付係

令分兵扼嶺路係無將略徽有口才軍政不理廣明初賊自嶺南寇湖南諸郡係守城自固不敢出戰賊編木爲栰沿湘而下急攻潭州陷之係甲兵五萬皆爲賊所殺投屍於江鐸聞係敗令部將董漢宏守江陵自率兵萬餘會襄陽之師江陵竟陷於賊天子不之責罷相守太子太師宰相盧攜用事竟以淮南高駢代鐸爲都統其年秋賊焚剽淮南高駢挫敗及賊陷兩京盧攜得罪天子用鄭畋爲兵馬都統明年畋病歸行在朝議復以鐸爲侍中滑州刺史義武軍節度使充諸道行營都統率禁軍山南東蜀之師三萬營於盩厔東進屯靈感寺明年春兗鄆徐許鄭滑邠寧鳳翔十鎮之師大集關內時賊已僭名號以前浙東觀察使崔璆尙讓爲宰相傳僞命天下藩帥多持兩端既聞鐸傳檄四方諸侯翻然景附賊之號令東西不過岐華南北止及山河而勁卒驍將日馳突於國門羣賊由是離心其年秋賊將朱温降收同州十一月賊華州戍卒七千來奔三年二月沙陁軍至收華州四月敗賊於良田坡遂收京城封鐸晉國公鐸加中書令以收城諸將量其功伐高下承制爵賞以聞是時國命危若綴旒天

子播越鑾陬大事去矣若非鄭畋之奮發鐸之忠義則土運之隆替未可知也

自巢讓之亂關東方鎮牙將皆逐主帥自號藩臣時溥據徐州朱瑄據鄆州朱瑾據兗州王敬武據青州周岌據許州王重榮據河中諸葛爽據河陽皆自擅一藩職貢不入賞罰由己既逐賊出關尤恃功伐朝廷姑息不暇巢賊出關東與蔡帥秦宗權合縱時溥舉兵徐方請身先討賊乃授溥都統之命十軍軍容使田令孜以內官楊復光有監護用師之功尤忌儒臣立事故有時溥之授初鐸出軍兼鄭滑節度使以便供饋至是罷鐸都統之權令仗節歸藩鐸以朱全忠於己有恩倚爲藩蔽初全忠辭禮恭順既而全忠軍旅稍集其意漸倨鐸知不可依表求還朝其年冬僖宗自蜀將還乃以鐸爲滄景節度使時楊全玫在滄州聞鐸之來訴於魏州樂彥貞鐸受命赴鎮至魏州旬日彥貞迎謁宴勞甚至鐸以上台元老功蓋羣后行則肩輿妓女夾侍賓僚服御盡美一時彥貞子從訓兇戾無行竊所慕之令甘陵州卒數百人伏於漳南之高雞泊及鐸行李至皆爲所掠鐸與賓客十餘人皆遇害時光啓四年十二月也鐸弟鐐累官至

汝州刺史王仙芝陷郡城被害

李絳字深之趙郡贊皇人也曾祖貞簡祖剛官終宰邑父元善襄州錄事參軍絳舉進士登宏辭科授祕書省校書郎秩滿補渭南尉貞元末拜監察御史元和二年以本官充翰林學士未幾改尚書主客員外郎踰年轉司勳員外郎五年還本司郎中知制誥皆不離內職孜孜以匡諫爲己任憲宗卽位叛臣李錡阻兵於浙右錡既誅朝廷將輦其所沒家財絳上言曰李錡兇狡叛戾僭侈誅求刻剝六州之人積成一道之苦聖恩本以叛亂致討蘇息一方今輦運錢帛播聞四海非所謂式遏亂略惠綏困窮伏望天慈並賜本道代貧下戶今年租稅則萬姓欣戴四海歌詠矣憲宗嘉之時中官吐突承璀自藩邸承恩寵爲神策護軍中尉乃於安國佛寺建立聖政碑大興功作仍請翰林爲其文絳上言曰陛下布惟新之政剗積習之弊四海延頸日望德音今忽立聖政碑示天下以不廣易稱大人者與天地合德與日月合明執契垂拱勵精求理豈可以文字而盡聖德碑表而贊皇猷若可敘述是有分限虧損盛德豈謂敷揚至道哉

故自堯舜禹湯文武並無建碑之事至秦始皇荒逸之君煩酷之政然後有罘嶧之碑揚誅伐之功紀巡幸之跡適足為百王所笑萬代所譏至今稱為失道亡國之主豈可擬議於此陛下嗣高祖太宗之業舉貞觀開元之政思理不遑食從諫如順流固可與堯舜禹湯文武方駕而行又安得追秦皇暴虐不經之事而自損聖政近者閻巨源請立紀聖功碑陛下詳盡事宜皆不允許今忽令立此與前事頗乖況此碑既在安國寺不得不敘載遊觀崇飾之事述遊觀且乖理要敘崇飾又匪政經固非哲王所宜行也其碑伏乞聖恩特令寢罷憲宗深然之其碑遂止絳後因浴堂北廊奏對極論中官縱恣方鎮進獻之事憲宗怒厲聲曰卿所論奏何太過耶絳前論不已曰臣所諫論於臣無利是國家之利陛下不以臣愚使處腹心之地豈可見事虧聖德致損清時而惜身不言仰屋竊歎是臣負陛下也若不顧患禍盡誠奏論旁忤倖臣上犯聖旨以此獲罪是陛下負臣也且臣與中官素不相識又無嫌隙秪是威福太盛上損聖朝臣所以不敢不論耳使臣緘默非社稷之福也憲宗見其誠切改容慰喻之曰卿

盡節於朕人所難言者卿悉言之使朕聞所不聞真忠正誠節之臣也他日南
面亦須如此絳拜恩而退遽宣宰臣令與改官乃授中書舍人依前翰林學士
翌日面賜金紫帝親爲絳擇良笏賜之前後朝臣裴武柳公綽白居易等或爲
姦人所排陷特加貶黜絳每以密疏申論皆獲寬宥及鎮州節度使王士真死
朝廷將用兵討除絳深陳以爲未可絳既盡心匡益帝每有詢訪多協事機六
年猶以中人之故罷學士守戶部侍郎判本司事嘗因次對憲宗曰戶部比有
進獻至卿獨無何也絳曰將戶部錢獻入內藏是用物以結私恩上聳然益嘉
其直吐突承璀恩寵莫二是歲將用絳爲宰相前一日出承璀爲淮南監軍翌
日降制以絳爲中書侍郎同中書門下平章事同列李吉甫便僻善逢迎上意
絳梗直多所規諫故與吉甫不協時議者以吉甫通於承璀故絳尤惡之絳性
剛訐每與吉甫爭論人多直絳憲宗察絳忠正自立故絳論奏多所允從上嘗
謂絳曰卜筮之事習者罕精或中或否近日風俗尤更崇尙何也對曰臣聞古
先哲王畏天命示不敢專邦有大事可疑者故先謀於卿士庶人次決於卜筮

俱協則行之末俗浮僞幸以徼福正行慮危邪謀覬安遅疑昏惑謂小數能決之而愚夫愚婦假時日鬼神者欲利欺詐參之見聞用以刺射小近之事神而異之近者風俗近巫此誠弊俗聖旨所及實辨邪源但存而不論弊斯息矣他日延英上曰朕讀玄宗實錄見開元致理天寶兆亂事出一朝治亂相反何也絳對曰臣聞理生於危心亂生於肆志玄宗自天后朝出居藩邸嘗莅官守接時賢於外知人事之艱難臨御之初任姚崇宋璟二人皆忠鯁上才動以致主爲心明皇乘思理之初亦勵精聽納故當時名賢在位左右前後皆尙忠正是以君臣交泰內外寧謐開元二十年以後李林甫楊國忠相繼用事專引柔佞之人分居要劇苟媚于上不聞直言嗜慾轉熾國用不足姦臣說以興利武夫說以開邊天下騷動姦盜乘隙遂至兩都覆敗四海沸騰乘輿播遷幾至難復蓋小人啓導縱逸生驕之致也至今兵宿兩河西疆削盡甿戸凋耗府藏空虛皆因天寶喪亂以至於此安危理亂實繫時主所行陛下思廣天聰親覽國史垂意精蹟覽于化源實天下幸甚上又曰凡人行事常患不通於理已然之失

追悔誠難古人處此復有道否絳對曰行事過差聖哲皆所不免故天子致諍臣以匡其失故主心理於中臣論正於外制理於未亂銷患於未萌主或過舉則諫以正之故上下同體猶手足之於心膂交相爲用以致康寧此亦常理非難遵之事但矜得護失常情所蔽古人貴改過不悋從善如流良爲此也臣等備位無所發明但陛下不廢芻言則端士賢臣必當自效帝曰朕擢用卿等所冀直言各宜盡心無隱以匡不逮無以護失爲慮也其秋魏博節度使田季安死其子懷諫幼弱軍中立其大將田興使主軍事興卒以六州之地歸命其經始營創皆絳之謀也時教坊忽稱密旨取良家士女及衣冠別第妓人京師囂然絳謂同列曰此事大虧損聖德須有論諫或曰此嗜欲閒事自有諫官論列絳曰相公居常病諫官論事此難事即推與諫官可乎乃極言論奏翌日延英憲宗舉手謂絳曰昨見卿狀所論採擇事非卿盡忠於朕何以及此朕都不知向外事此是教坊罪過不諭朕意以至於此朕緣丹王已下四人院中都無侍者朕令於樂工中及閭里有情願者厚其錢帛秪取四人四王各與一人伊不

會朕意便如此生事朕已令科罰其所取人並已放歸若非卿言朕寧知此過八年封高邑縣男絳以足疾拜章求免九年罷知政事授禮部尚書十年檢校戶部尚書出爲華州刺史未幾入爲兵部尚書丁母憂十四年檢校吏部尚書出爲河中觀察使河中舊爲節制皇甫鎛惡絳秖以觀察命之十五年鎛得罪絳復爲兵部尚書穆宗卽位改御史大夫穆宗亟於畋遊行幸絳於延英切諫帝不能用絳以疾辭復爲兵部尚書長慶元年轉吏部尚書是歲加檢校尚書右僕射判東都尚書省事充東都留守二年正月檢校本官兗州刺史兗海節度觀察等使三年復爲東都留守四年就加檢校司空寶曆初入爲尚書左僕射二年九月昭義節度使劉悟卒遺表請以子從諫嗣襲將吏詣闕論請絳密奏請速除近澤潞四面將帥一人以充節度令倍程赴鎮使從諫未及拒命新使已到所謂疾雷不及掩耳潞州軍心自有所繫從諫無位何名主張時宰相李逢吉王守澄已受從諫賂俱請以從諫留後不能用絳言絳以直道進退聞望傾於一時然剛腸嫉惡賢不肖太分以此爲非正之徒所忌又嘗與御史中

丞王播相遇於道播不爲之避絳奏論事體勑令兩省詳議咸以絳論奏是李
逢吉佑播惡絳乃罷絳僕射改授太子少師分司東都文宗即位徵爲太常卿
二年檢校司空出爲與元尹山南西道節度使三年冬南蠻寇西蜀詔徵赴援
絳於本道募兵千人赴蜀及中路蠻軍已退所募皆還與元兵額素定募卒悉
令罷歸四年二月十日絳晨興視事召募卒以詔旨喻而遣之仍給以廩麥皆
怏怏而退監軍使楊叔元貪財怙寵怨絳不奉己乃因募卒賞薄衆辭之際以
言激之欲其爲亂以逞私憾募卒因監軍之言怒氣益甚乃譟聚趨府劫庫兵
以入使衙絳方與賓僚會宴不及設備聞亂北走登陴衙將王景延力戰以禦
之兵折矢窮景延死絳乃爲亂兵所害時年六十七絳初登陴左右請絳縋城
可以避免絳不從乃并從事趙存約薛齊俱死焉文宗聞奏震悼下制曰朝有
正人時稱令德入參廟算出總師千方當寵任之臣橫罹不幸之酷殄瘁興歎
搢紳所同故山南西道節度管內觀察處置等使銀青光祿大夫檢校司空兼
與元尹御史大夫上柱國趙郡開國公食邑二千戶李絳神授聰明天賦清直

抱仁義以希前哲立標準以程後來抑揚時情坐致台輔佐我烈祖格于皇天
仗鉞宣風聯居樂土乘軒鳴玉嘗極清班先聲而物議皆歸不約而羣情自許
漢中名部俾遂便安而變起不圖禍生無兆殲良之慟聞訃增傷是極哀榮用
優典禮三公正秩品數甚崇式表異恩以攄沉痛可贈司徒仍令所司擇日備
禮冊命賻布帛三千段米粟二百碩子璋瑱璋登進士第盧鈞鎮太原辟爲從
事大中末入朝爲監察轉侍御史出刺兩郡宣歙觀察使子德林
楊於陵字達夫弘農人漢太尉震之第五子奉之後曾祖珪爲辰州掾曹祖冠
俗奉先尉父太清宋州單父尉於陵天寶末家寄河朔祿山亂其父歿於賊於
陵始六歲及長客於江南好學有奇志弱冠舉進士釋褐爲潤州句容主簿時
韓滉節制金陵滉性剛嚴少所接與及於陵以屬吏謁謝滉甚奇之謂其妻柳
氏曰夫人常擇佳壻吾閱人多矣無如楊主簿者後竟以女妻之秩滿爲鄂岳
江南二府從事累官至侍御史韓滉自江南入朝總將相財賦之任頗承顧遇
權傾中外於陵自江西府罷以婦翁權幸方熾不欲進取乃卜築於建昌以讀

書山水爲樂滉歿貞元八年始入朝爲膳部員外郎歷考功吏部三員外判南曹時宰相有密親調集文書不如式於陵駁之大協物論遷右司郎中復轉吏部郎中改京兆少尹出爲絳州刺史德宗雅聞其名將辭赴郡詔留之拜中書舍人時李實爲京兆尹恃承恩寵於陵與給事中許孟容俱不附協爲實媒孽孟容改太常少卿於陵爲祕書少監貞元末實輩敗遷於陵爲華州刺史充潼關防禦鎮國軍等使未幾遷浙江東道都團練觀察等使政聲流聞入拜戸部侍郎復改京兆尹先是禁軍影占編戸無以區別自於陵請致挾名每五丁者得兩丁入軍四丁三丁者各以條限由是京師豪強復知所長再遷戸部侍郎元和初以考策昇直言極諫牛僧孺等爲執政所怒出爲嶺南節度使會監軍使許遂振悍戾貪恣干撓軍政於陵奉公潔己遂振無能奈何乃以飛語上聞憲宗驚惑賴宰相裴垍爲於陵申理憲宗感悟五年入爲吏部侍郎遂振終自得罪於陵爲吏部凡四周歲監察姦吏調補平允當時稱之初吏部試判別差考判官三人校能否元和初罷之七年吏部尚書鄭餘慶以疾請告乃復置考

判官以兵部員外郎韋顗屯田員外張仲素太學博士陸亘等爲之於陵自東
都來言曰本司考判自當公心非次置官不知曹內公事考官秪論判之能否
不計闕員本司秪計員闕幾何定其留放置官不便宰執以已置顗等秪令考
科目選人其餘常調委本司自考於陵又以甲曆年深朽斷吏緣爲姦奏換大
曆七年至貞元二十年甲庫曆令本司郎官監換九年妖人楊叔高自廣州來
干於陵請爲己輔於陵執奏殺之改兵部侍郎判度支時淮西用兵於陵用所
親爲唐鄧供軍使節度使高霞寓以供軍有闕移牒度支於陵不爲之易其闕
如舊霞寓軍屢有摧敗詔書督責之乃奏以度支饋運不繼憲宗怒十一年貶
於陵爲桂陽郡守量移原王傅復還戶部侍郎知吏部選事會誅李師道分其
地爲三鎭朝廷思有所制置以於陵兼御史大夫充淄青十二州宣慰使還奏
合旨穆宗卽位遷戶部尚書長慶初拜太常卿充東都留守年高拜章辭位寶
曆二年授檢校右僕射兼太子太傅旋以左僕射致仕詔給全俸懇讓不受於
陵器度弘雅進止有常居朝三十餘年踐更中外始終不失其正居官奉職亦

善操守時人皆仰其風德太和四年十月卒年七十八册贈司空諡貞孝子四人景復嗣復紹復師復嗣復自有傳景復位終同州刺史紹復進士擢第宏辭登科位終中書舍人師復位終大理卿大中後楊氏諸子登進士第者十人嗣復子授技拭攜紹復子擢拯據揆師復子拙振等擢終給事中拯司封員外郎據右補闕揆左諫議大夫拙左庶子振左拾遺

史臣曰王氏二英播起位崇將相善始令終而炎薄祐短齡矣鍾於鐸而能驤首矯翼淩厲亨衢仗鉞秉衡扶持衰運天胡罰善遇盜而殂悲哉李趙公頡頏禁林訏謨相府嘉言啓沃不以身爲糜軀將壇沒有餘裕楊僕射避婦翁之當軸疏驕尹之怙權守道居貞壽考終吉行己始卒人以爲難矣哉

贊曰王氏儒宗一門三相趙公排擯言猶鯁亮干將雖折不改其剛楊君之德韶夏洋洋

舊唐書卷一百六十四

舊唐書卷一百六十五

後晉司空同中書門下平章事劉昫撰

列傳第一百一十五

韋夏卿　王正雅族孫凝　柳公綽子仲郢孫璧玭弟公權伯父子華子華子公度

崔玄亮　温造子璋　郭承嘏　殷侑孫盈孫

徐晦

韋夏卿字雲客杜陵人父迢檢校都官郎中嶺南節度行軍司馬夏卿苦學大曆中與弟正卿俱應制舉同時策入高等授高陵主簿累遷刑部員外郎時久旱蝗詔於郎官中選赤畿令改奉天縣令以課最第一轉長安令改吏部員外郎轉本司郎中拜給事中出爲常州刺史夏卿深於儒術所至招禮通經之士時處士竇群寓於郡界夏卿以其所著史論薦之于朝遂爲門人改蘇州刺史貞元末徐州張建封卒初授夏卿徐州行軍司馬尋授徐泗濠節度使夏卿未至建封子愔爲軍人立爲留後因授旄鉞徵夏卿爲吏部侍郎轉京兆尹太子

賓客檢校工部尚書東都留守遷太子少保卒時年六十四贈左僕射夏卿有風韻善談讌與人同處終年而喜慍不形於色撫孤侄恩踰己子早有時稱其所與游辟之賓佐皆一時名士爲政務通適不喜改作始在東都傾心辟士頗得才彥其後多至卿相世謂之知人

王正雅字光謙其先太原尹東都留守翃之子伯父翊代宗朝御史大夫以貞亮鯁直名於當代卒諡曰忠惠正雅少時以孝行修謹聞元和初舉進士登甲科禮部侍郎崔邠甚知之累從職使府元和十一年拜監察御史三遷爲萬年縣令當穆宗時京邑號爲難理正雅抑強扶弱政甚有聲會柳公綽爲京兆尹上前褒稱穆宗命以緋衣銀章就縣宣賜遷戶部郎中尋加知臺雜事再遷太常少卿出爲汝州刺史充本州防禦使有中人爲監軍怙權干政正雅不能堪乃謝病免入爲大理卿會宋申錫事起獄自內出卒無證驗是時王守澄之威權鄭注之寵勢雖宰相重臣無敢顯言其事者唯正雅與京兆尹崔綰上疏請出造事者付外考驗其事別具狀聞由是獄情稍緩申錫止於貶官中外翕然

推重之太和五年十一月卒贈左散騎常侍正雅從弟重翊之子也位止河東令重子衆仲登進士第累官衡州刺史衆仲子凝凝字致平少孤宰相鄭肅之甥少依舅氏年十五兩經擢第常著京城六崗銘爲文士所稱再登進士甲科崔璪領鹽鐵辟爲巡官歷佐梓潼宣歙使幕宰相崔龜從奏爲鄠縣尉集賢校理遷監察御史轉殿中宰相崔鉉出鎮揚州奏爲節度副使入爲起居郎歷禮部兵部考功三員外遷司封郎中長安令中丞鄭處誨奏知臺雜換考功郎中遷中書舍人時政不協出爲同州刺史賜金紫暮年移疾華州敷水別墅踰年以禮部侍郎徵凝性堅正貢闈取士拔其寒俊而權豪請託不行爲其所怒出爲商州刺史明年檢校右散騎常侍潭州刺史湖南團練觀察使入爲兵部侍郎領鹽鐵轉運使又以不奉權倖改祕書監出爲河南尹檢校禮部尚書宣州刺史宣歙觀察使凝咸通中兩佐宣城使幕備究人之利病滌除積弊民俗阜康踰歲黃巢自嶺表北歸大掠淮南攻圍和州凝令牙將樊儔率師據采石以援之儔犯令凝卽斬之以徇命別將烏穎代儔赴援竟解歷陽之圍賊怒引衆

攻宣城大將王涓請出軍逆戰凝曰賊忿恚而來宜持重待之彼衆我寡萬一不捷則州城危矣涓銳意請行凝即閱集丁壯分守要害登陴設備涓果戰死賊乘勝而來則守有備矣賊爲梯衝之具急攻數月禦備力殫吏民請曰賊之兇勢不可當願尚書歸款退之懼覆尚書家族凝曰人皆有族予豈獨全誓與此城同存亡也既而賊退去時乾符五年也其年夏疾甚有大星墜於正寢八月卒于郡時年五十八無子以弟子鑣爲嗣鑣兄鉅位終兵部侍郎

柳公綽字起之京兆華原人也祖正禮邠州士曹參軍父子温丹州刺史公綽幼聰敏年十八應制舉登賢良方正直言極諫科授祕書省校書郎貞元元年也貞元四年復應制舉再登賢良方正科時年二十一制出授渭南尉公綽性謹重動循禮法屬歲飢其家雖給而每飯不過一器歲稔復初家甚貧有書千卷不讀非聖之書爲文不尚浮靡慈隰觀察使姚齊梧奏爲判官得殿中侍御史冬薦授開州刺史入爲侍御史再遷吏部員外郎武元衡罷相鎮西蜀與裴度俱爲元衡判官尤相善先度入爲吏部郎中度以詩餞別有兩人同日事征

西今日君先捧紫泥之句元和初憲宗頗出遊畋銳意用兵公綽欲因事諷諫
五年十一月獻太醫箴一篇其辭曰天布寒暑不私於人品類既一崇高以均
惟謹好愛能保其身清淨無瑕輝光以新寒暑滿天地之閒浹肌膚於外好愛
溢耳目之前誘心知於內清潔爲隄奔射猶敗氣行無間隙不在大睿聖之姿
清明絕俗心正無邪志高寡欲謂天高矣氣蒙晦之謂地厚矣橫流潰之聖德
超邁萬方賴之飲食所以資身也過則生患衣服所以稱德也侈則生慢唯過
與侈心必隨之氣與心流疾亦伺之聖心不惑孰能移之畋遊恣樂流情蕩志
馳騁勞形叱咤傷氣惟天之重從禽爲累不養其外前脩所忌聖心非之孰敢
違之人乘氣生嗜欲以萌氣離有患氣凝則成巧必喪真智必誘情去彼煩慮
在此誠明醫之上者理於未然患居慮後防處事先心靜樂行體和道全然後
能德施萬物以享億年聖人在上各有攸處庶政有官羣藝有署臣司太醫敢
告諸御憲宗深嘉之翊日降中使獎勞之曰卿所獻之文云氣行無間隙不在
大何憂朕之深也踰月拜御史中丞公綽素與裴垍厚李吉甫出鎮淮南深怨

洎六年吉甫復輔政以公綽爲潭州刺史兼御史中丞充湖南觀察使湖南地氣卑濕公綽以母在京師不可迎侍致書宰相乞分司洛陽以便奉養久不許八年移爲鄂州刺史鄂岳觀察使乃迎母至江夏九年吳元濟據蔡州叛王師討伐詔公綽以鄂岳兵五千隸安州刺史李聽率赴行營公綽曰朝廷以吾儒生不知兵耶即日上奏願自征行許之公綽自鄂濟湘江直抵安州李聽以廉使之禮事之公綽謂之曰公所以屬鞬負弩者豈非爲兵事耶若去戎容被公服兩郡守耳何所統攝乎以公名家曉兵若吾不足以指麾則當赴闕不然吾且署職名以兵法從事矣聽曰唯公所命即署聽爲鄂岳都知兵馬使中軍先鋒行營兵馬都虞候三牒授之乃選卒六千屬聽戒其部校曰行營之事一決都將聽感恩畏威如出麾下其知權制變甚爲當時所稱鄂軍既在行營公綽時令左右省問其家如疾病養生送死必厚廩給之軍士之妻冶容不謹者沉之于江行卒相感曰中丞爲我輩知家事何以報効故鄂人戰每剋捷十一年入爲給事中李師道歸朝遣公綽往鄆州宣諭使還拜京兆尹以母憂免十四

年起爲刑部侍郎領鹽鐵轉運使轉兵部侍郎兼御史大夫領使如故長慶元年罷使爲京兆尹兼御史大夫時河朔復叛朝廷用兵補授行營諸將朝令夕改驛騎相望公綽奏曰自幽鎭用兵使命繁併館遞匱乏鞍馬多闕又勅使行李人數都無限約其衣緋紫乘馬者二十三十匹衣黃綠者不下十匹五匹驛吏不得視券牒隨口卽供驛馬旣盡遂奪路人鞍馬衣冠士庶驚擾怨嗟遠近喧騰行李將絕伏望聖慈聊爲定限乃下中書條疏人數自是吏不告勞以言直爲北司所惡尋轉吏部侍郎二年九月遷御史大夫韓弘病自河中入朝以弘守司徒中書令詔百寮問疾弘遣其子達情言不能接見公綽謂其子曰聖上以公官重令百司省問異禮也如拜君賜宜力疾公見安有臥令子弟傳言耶弘懼挾扶而出人皆聳然三年改尚書左丞又拜檢校戶部尚書襄州刺史山南東道節度使行部至鄧縣縣二吏犯法一贓賄一舞文縣令以公綽守法必殺贓吏獄具判之曰贓吏犯法法在姦吏壞法法亡誅舞文者公綽馬害圉人命斬之賓客進言曰可惜良馬圉人自防不至公綽曰安有良馬害人乎亟

命殺之牛僧孺罷相鎮江夏公綽具戎容於郵舍候之軍吏自以漢上地高於鄂禮太過公綽曰奇章纔離台席方鎮重宰相是尊朝廷也竟以戎容見有道士獻丹藥試之有驗問所從來曰鍊此丹於薊門時朱克融方叛公綽遽謂之曰惜哉至藥來於賊臣之境雖驗何益乃沉之于江而逐道士鄧縣人鄭懷政病狂妄稱天子公綽捕而殺之敬宗卽位加檢校左僕射寶曆元年入爲刑部尚書二年授邠州刺史邠寧慶節度使所部有神策諸鎮屯列要地承前不受節度使制置遂致北虜深入公綽上疏論之因詔諸鎮皆稟邠寧節度使制置三年入爲刑部尚書京兆人有姑鞭婦致死者府斷以償死公綽議曰尊毆卑非鬬且其子在以妻而戮其母非教也竟減死太和四年復檢校左僕射太原尹北都留守河南節度觀察等使是歲北虜遣梅祿將軍李暢以馬萬匹來市託云入貢所經州府守帥假之禮分嚴其兵備留館則戒卒於外懼其襲奪太原故事出兵送之暢及界上公綽使牙將祖考恭單馬勞問待以修好之意暢感義出涕徐驅道中不妄馳獵及至闢牙門令譯引謁宴以常禮及市馬而還

不敢侵犯陘北有沙陁部落自九姓六州皆畏避之公綽至鎮召其酋朱耶執宜直抵雲朔塞下治廢柵十一所募兵三千付之留屯塞上以禦匈奴其妻母來太原者請梁國夫人對酒食問遺之沙陁感之深得其効六年以病求代三月授兵部尚書徵還京師四月卒贈太子太保諡曰成公綽天資仁孝初丁母崔夫人之喪三年不沐浴事繼親薛氏三十年姻戚不知公綽非薛氏所生外兄薛宮早卒一女孤配張毅夫資遺甚於己子性端介寡合與錢徽蔣乂杜元穎薛存誠文雅相知交情款密凡六開府幕得人尤盛錢徽掌貢之年鄭朗覆落公綽將赴襄陽首辟之朗竟爲名相盧簡辭崔璵夏侯孜韋長李續李拭皆至公卿爲吏部侍郎與舅左丞崔從同省人士榮之子仲郢弟公權公諒仲郢字諭蒙元和十三年進士擢第釋褐祕書省校書郎牛僧孺鎮江夏辟爲從事仲郢有父風動修禮法僧孺歎曰非積習名教安能及此入爲監察御史五年遷侍御史富平縣人李秀才籍在禁軍誣鄉人斫父墓柏射殺之法司以專殺論文宗以中官所庇決杖配流右補闕蔣係上疏論之不省仲郢執奏曰聖王

作憲殺人有必死之令聖明在上當官無壞法之臣今秀才犯殺人之科愚臣備監決之任此賊不死是亂典章臣雖至微豈敢曠職其秀才未敢行決望別降勅處分乃詔御史蕭傑監之傑又執奏帝遂詔京兆府行決不用監之然朝廷嘉其守法會昌中三遷吏部郎中李德裕頗知之武宗有詔減冗官吏部條疏欲牒天下州府取額外官員仲郢曰諸州每冬申闕何煩牒耶倖門頓塞仲郢條理旬日減一千二百員時議爲愜遷諫議大夫五年淮南奏吳湘獄御史崔元藻覆按得罪仲郢上疏理之人皆危懼德裕知其無私益重之武宗築望仙臺仲郢累疏切諫帝召諭之曰聊因舊趾增葺愧卿忠言德裕奏爲京兆尹謝曰言曰下官不期太尉恩獎及此仰報厚德敢不如奇章門館德裕不以爲嫌時廢浮圖法以銅像鑄錢仲郢爲京畿鑄錢使錢工欲於模加新字仲郢止之唯淮南加新字後竟爲僧人取之爲像設鐘磬紇干臮訴表甥劉詡毆母詡爲禁軍小校仲郢不俟奏下杖殺爲北司所譖改右散騎常侍權知吏部尚書銓事宣宗即位德裕罷相出仲郢爲鄭州刺史周墀自江西移鎮滑臺過鄭觀

其境內大理甚獎之俄而墀入輔政遷爲河南尹涖事踰月召拜戶部侍郎居無何墀罷知政事同列有疑仲郢與墀善左授祕書監數月復出爲河南尹以寬惠爲政言事者以爲不類京兆之政仲郢曰輦轂之下彈壓爲先郡邑之治惠養爲本何取類耶大中年轉梓州刺史劍南東川節度使孔目吏邊章簡者以貨交近倖前後廉使無如之何仲郢因事決殺部內肅然不俟行法而自理在鎮五年美績流聞徵爲吏部侍郎入朝未謝改兵部侍郎充諸道鹽鐵轉運使大中十二年罷使守刑部尚書咸通初轉兵部加金紫光祿大夫河東男食邑三百戶俄出爲興元尹山南西道節度使鳳州刺史盧方乂以輕罪決部民數日而斃其妻列訴又旁引他吏械繫滿獄仲郢召其妻謂之曰刺史科小罪誡人但本非死刑雖未出辜其實病死罰方乂百直繫者皆釋郡人深感之因決贓吏過當以太子賓客分司東都踰年爲虢州刺史數月檢校尚書左僕射東都留守盜發先人墓棄官歸華原除華州刺史不拜數月以本官爲鄆州刺史天平軍節度觀察等使授節鉞於華原別墅卒於鎮初仲郢自拜諫議後每

遷官羣烏大集於昇平里第廷樹戟架皆滿凡五日而散詔下不復集家人以爲候唯除天平烏不集仲郢嚴禮法重氣義嘗感李德裕之知大中朝李氏無祿仕者仲郢領鹽鐵時取德裕兄子從質爲推官知蘇州院事令以祿利贍南宅令狐綯爲宰相頗不悅仲郢與綯書自明其要云任安不去常自愧於昔人吳詠自裁亦何施於今日李太尉受責既久其家已空遂絕蒸嘗誠增痛惻綯深感歎尋與從質正員官仲郢以禮法自持私居未嘗不拱手內齋未嘗不束帶三爲大鎮廄無名馬衣不薰香退公布卷不捨晝夜九經三史一鈔魏晉已來南北史再鈔手鈔分門三十卷號柳氏自備又精釋典瑜伽智度大論皆再鈔自餘佛書多手記要義小楷精謹無一字肆筆撰尚書二十四司箴韓愈柳宗元深賞之有文集二十卷子珪璧玭珪字鎮方大中五年登進士第累辟使府早卒璧大中九年登進士第文格高雅嘗爲馬嵬詩詩人韓琮李商隱嘉之馬植鎮陳許辟爲掌書記又從植汴州李瓚鎮桂管奏爲觀察判官軍政不愜璧極言不納拂衣而去桂府尋亂入爲右補闕僖宗幸蜀召充翰林學士累遷

諫議大夫充職玭應兩經舉釋褐祕書正字又書判拔萃高湜辟爲度支推官踰年拜右補闕湜出鎮澤潞奏爲節度副使入爲殿中侍御史李蔚鎮襄陽辟爲掌書記湜再鎮澤潞復爲副使入爲刑部員外湜爲亂將所逐貶高要尉玭三上疏申理湜見疏本歎曰我自辨析亦不及此尋出廣州節度副使明年黃巢陷廣州郡人鄧承勳以小舟載玭脫禍召爲起居郎賊陷長安爲刃所傷出奔行在歷諫議給事中位至御史大夫玭嘗著書誡其子弟曰夫門地高者可畏不可恃可畏者立身行己一事有墜先訓則罪大於他人雖生可以苟取名位死何以見祖先於地下不可恃者門高則自驕族盛則人之所嫉實藝懿行人未必信纖瑕微累十手爭指矣所以承世冑者修己不得不懇爲學不得不堅夫人生世以無能望他人用以無善望他人愛用愛無狀則曰我不遇時時不急賢亦由農夫鹵莽而種而怨天澤之不潤雖欲弗餒其可得乎予幼聞先訓講論家法立身以孝悌爲基以恭默爲本以畏怯爲務以勤儉爲法以交結爲末事以氣義爲凶人肥家以忍順保交以簡敬百行備疑身之未周三緘密

慮言之或失廣記如不及求名如儻來去忝與驕庶幾減過蒞官則潔己省事
而後可以言守法守法而後可以言養人直不近禍廉不沽名廩祿雖微不可
易黎甿之膏血榎楚雖用不可恣褊狹之胸襟憂與福不偕潔與富不並比見
門家子孫其先正直當官耿介特立不畏強禦及其衰也唯好犯上更無他能
如其先遜順處己和柔保身以遠悔尤及其衰也但有暗劣莫知所宗此際幾
微非賢不達夫壞名災己辱先喪家其失尤大者五宜深誌之其一自求安逸
靡甘澹泊苟利於己不恤人言其二不知儒術不悅古道懵前經而不恥論當
世而解頤身既寡知惡人有學其三勝己者厭之佞己者悅之唯樂戲譚莫思
古道聞人之善嫉之聞人之惡揚之浸漬頗僻銷刻德義簪裾徒在廝養何殊
其四崇好慢遊躭嗜麴蘖以銜杯爲高致以勤事爲俗流習之易荒覺已難悔
其五急於名宦匿近權要一資半級雖或得之衆怒羣猜鮮有存者茲五不是
甚於痤疽痤疽則砭石可瘳五失則巫醫莫及前賢炯誡方冊具存近代覆車
聞見相接夫中人已下修辭力學者則躁進患失思展其用審命知退者則業

荒文蕪一不足採唯上智則研其慮博其聞堅其習精其業用之則行捨之則藏苟異於斯豈爲君子初公綽理家甚嚴子弟克禀誡訓言家法者世稱柳氏云公權字誠懸幼嗜學十二能爲辭賦元和初進士擢第釋褐祕書省校書郎李聽鎮夏州辟爲掌書記穆宗卽位入奏事帝召見謂公權曰我於佛寺見卿筆蹟思之久矣卽日拜右拾遺充翰林侍書學士遷右補闕司封員外郎穆宗政僻嘗問公權筆何盡善對曰用筆在心心正則筆正上改容知其筆諫也歷穆敬文三朝侍書中禁公綽在太原致書于宰相李宗閔云家弟苦心辭藝先朝以侍書見用頗偕工祝心實恥之乞換一散秩乃遷右司郎中累換司封兵部二郎中弘文館學士文宗思之復召侍書遷諫議大夫俄改中書舍人充翰林書詔學士每浴堂召對繼燭見跋語猶未盡不欲取燭宮人以蠟淚揉紙繼之從幸未央宮苑中駐輦謂公權曰我有一喜事邊上衣賜久不及時今年二月給春衣訖公權前奏賀上曰單賀未了卿可賀我以詩宮人迫其口進公權應聲曰去歲雖無戰今年未得歸皇恩何以報春日得春衣上悅激賞久之便

殿對六學士上語及漢文恭儉帝舉袂曰此澣濯者三矣學士皆贊詠帝之儉德唯公權無言帝留而問之對曰人主當進賢良退不肖納諫諍明賞罰服澣濯之衣乃小節耳時周墀同對爲之股慄公權辭氣不可奪帝謂之曰極知舍人不合作諫議以卿言事有諍臣風彩却授卿諫議大夫翌日降制以諫議知制誥學士如故開成三年轉工部侍郎充職嘗入對上謂曰近日外議如何公權對曰自郭旼除授邠寧物議頗有臧否帝曰旼是尚父之從子太皇太后之季父在官無過自金吾大將授邠寧小鎮何事議論耶公權曰以旼勳德除鎮攸宜人情論議者言旼進二女入宮致此除拜此信乎帝曰二女入宮參太后非獻也公權曰瓜李之嫌何以戶曉因引王珪諫太宗出廬江王妃故事帝即令南內使張日華送二女還旼公權忠言匡益皆此類也累遷學士承旨武宗即位罷內職授右散騎常侍宰相崔珙用爲集賢學士判院事李德裕素待公權厚及爲珙奏薦頗不悅左授太子詹事改賓客累遷金紫光祿大夫上柱國河東郡開國公食邑二千戶復爲左常侍國子祭酒歷工部尚書咸通初改太

子少傅改少師居三品二品班三十年六年卒贈太子太師時年八十八公權初學王書遍閱近代筆法體勢勁媚自成一家當時公卿大臣家碑板不得公權手筆者人以爲不孝外夷入貢皆別署貨貝曰此購柳書上都西明寺金剛經碑備有鍾王歐虞褚陸之體尤爲得意文宗夏日與學士聯句帝曰人皆苦炎熱我愛夏日長公權續曰薰風自南來殿閣生微涼時丁袁五學士皆屬繼帝獨諷公權兩句曰辭清意足不可多得乃令公權題於殿壁字方圓五寸帝視之歎曰鍾王復生無以加焉大中初轉少師中謝宣宗召昇殿御前書三紙軍容使西門季玄捧硯樞密使崔巨源過筆一紙真書十字曰衛夫人傳筆法於王右軍一紙行書十一字曰永禪師真草千字文得家法一紙草書八字曰謂語助者焉哉乎也賜錦綵缾盤等銀器仍令自書謝狀勿拘真行帝尤奇惜之公權志耽書學不能治生爲勳戚家碑板問遺歲時鉅萬多爲主藏豎海鷗龍安所竊別貯酒器杯盂一笥緘縢如故其器皆亡訊海鷗乃曰不測其亡公權哂曰銀杯羽化耳不復更言所寶唯筆硯圖畫自扃鐍之常評硯以青州石

末爲第一言墨易冷絳州黑硯次之尤精左氏傳國語尙書毛詩莊子每說一義必誦數紙性曉音律不好奏樂常云聞樂令人驕怠故也公綽伯父子華承泰初爲嚴武西蜀判官奏爲成都令累遷池州刺史入爲昭應令知府東十三縣捕賊尋檢校金部郎中修葺華清宮使元載欲用爲京兆尹未拜而卒自知死日預爲墓誌有知人之明公綽生三日視之謂其弟子温曰保惜此兒福祚吾兄弟不能及與吾門者此兒也因以起之爲公綽字子華二子公器公度公度善攝生年八十餘步履輕便或祈其術曰吾初無術但未嘗以元氣佐喜怒氣海嘗温耳位止光祿少卿公器子遵遵子璨璨仕至宰相自有傳

崔玄亮字晦叔山東磁州人也玄亮貞元十一年登進士第從事諸侯府性雅澹好道術不樂趨競久遊江湖至元和初因知己薦達入朝再遷監察御史轉侍御史出爲密湖曹三郡刺史每一遷秩謙讓輒形於色太和初入爲太常少卿四年拜諫議大夫中謝日面賜金紫朝廷推其名望遷右散騎常侍來年宰相宋申錫爲鄭注所搆獄自內起京師震懼玄亮首率諫官十四人詣延英請

對與文宗往復數百言文宗初不省其諫欲寘申錫於法玄亮泣奏曰孟軻有言衆人皆曰殺之未可也卿大夫皆曰殺之未可也天下皆曰殺之然後察之方寘於法今至聖之代殺一凡庶尚須合於典法況無辜殺一宰相乎臣爲陛下惜天下法實不爲申錫也言訖俯伏嗚咽文宗爲之感悟玄亮繇此名重於朝七年以疾求爲外任宰相以弘農便其所請乃授檢校左散騎常侍虢州刺史是歲七月卒於郡所中外無不歎惜始玄亮登第純亮寅亮相次昇進士科藩府辟召而玄亮最達玄亮孫貽孫位至侍郎

温造字簡輿河内人祖景倩南鄭令父輔國太常丞造幼嗜學不喜試吏自負節概少所降志隱居王屋以漁釣逍遙爲事壽州刺史張建封聞風致書幣招延造欣然謂所親曰此可人也徙家從之建封動靜咨詢而不敢縻以職任及建封授節彭門造歸下邳有高天下之心建封恐一旦失造乃以兄女妻之時李希烈方悖侵寇藩隣屢陷郡邑天下城鎮恃兵者從而動搖多逐主帥自立留後邀求節鉞德宗患之以范陽劉濟方輸忠款但未能盡達朝廷倚賴之意

乃密詔建封選特達識略之士往喻之建封乃強署造節度參謀使于幽州造與語未訖濟俯伏流涕曰濟僻在遐裔不知天子神聖大臣忠盡願得率先諸侯效以死節造還建封以其名上聞德宗愛其才召至京師謂之曰卿誰家子年復幾何造對曰臣五代祖大雅外五代祖李勣臣犬馬之年三十有二德宗奇之欲用爲諫官以語泄事寢長慶元年授京兆府司錄參軍奉使河朔稱旨還殿中侍御史既而幽州劉總請以所部九州聽朝旨穆宗選可使者或薦造帝召而謂之曰朕以劉總輸忠雖書詔使蕃未盡朕之深意以卿素能辦事爲朕此行造對曰臣府縣走吏初受憲職望輕事重恐辱國命無能諭旨帝曰我在東宮時聞劉總請覲及我即位比年上書不絕及約以行期即瘖默不報卿識機知變往喻我懷無多讓也乃拜起居舍人賜緋魚袋充太原鎮州幽州宣諭使造初至范陽劉總具櫜鞬郊迎乃宣聖言示以禍福總俯伏流汗若兵加於頸矣及造使還總遂移家入覲朝廷遂以張弘靖代之及朱克融逐弘靖鎮州殺田弘正朝廷用兵乃先令造銜命河東魏博澤潞橫海深冀易定等道喻

以軍期事皆稱旨俄而坐與諫議大夫李景儉史館飲酒景儉醉謁丞相出造爲朗州刺史在任開後鄉渠九十七里溉田二千頃郡人獲利乃名爲右史渠居四年召拜侍御史請復置彈事朱衣豸冠於外廊大臣阻而不行李祐自夏州入拜金吾違制進馬一百五十匹造正衙彈奏祐股戰汗流祐私謂人曰吾夜踰蔡州城擒吳元濟未嘗心動今日膽落于温御史吁可畏哉遷左司郎中再知雜事尋拜御史中丞太和二年十一月宮中昭德寺火寺在宣政殿東隔垣火勢將及宰臣兩省京兆尹中尉樞密皆環立於日華門外令神策兵士救之晡後稍息是日唯臺官不到造奏曰昨宮中遺火緣臺有繫囚恐緣爲姦追集人吏隄防所以至朝堂在後臣請自罰三十直其兩巡使崔蠡姚合火滅方到請別議責罰勅曰事出非常臺有囚繫官曹警備亦爲周慮卽合待罪朝堂候取進止量罰自許事涉乖儀温造姚合崔蠡各罰一月俸料造性剛褊人或激觸不顧貴勢以氣凌籍嘗遇左補闕李虞於街怒其不避捕祗承人決脊十下左拾遺舒元褒等上疏論之曰國朝故事供奉官街中除宰相外無所迴避

溫造蔑朝廷典禮凌陛下侍臣恣行胸臆曾無畏忌凡事有小而關分理者不可失也分理一失亂由之生遺補官秩雖卑陛下侍臣也中丞雖高法吏也侍臣見凌是不廣敬法吏壞法何以持繩前時中書舍人李虞仲與造相逢造乃曳去引馬知制誥崔咸與造相逢造又捉其從人當時緣不上聞所以暴犯益甚臣聞元和長慶中中丞行李不過半坊今乃遠至兩坊謂之籠街喝道但以崇高自大不思僭擬之嫌若不糺繩實虧彝典勅曰憲官之職在指佞觸邪不在行李自大侍臣之職在獻可替否不在道路相高並列通班合知名分如聞喧競亦已再三既招人言甚損朝體其臺官與供奉官同道聽先後而行道途即祗揖而過其參從人則各隨本官之後少相辟避勿言衝突又聞近日已來應合導從官事力多者街衢之中行李太過自今後傳呼前後不得過三百步然造之舉奏無所吐茹朝廷有喪不以禮配不以類者悉劾之獲僞官王果等九十餘人杖殺南曹吏李賓等六人刑於都市遷尚書右丞加大中大夫封祁縣開國子賜金紫四年興元軍亂殺節度使李絳文宗以造氣豪嫉惡乃授檢

校右散騎常侍興元尹山南西道節度使造辭赴鎮以興元兆亂之狀奏之文宗盡悟其根本許以便宜從事帝慮用兵勞費造奏曰臣計諸道征蠻之兵已迴俟臣行程至褒縣望賜臣密詔使受約束比臣及興元諸軍相續而至臣用此足矣乃授造手詔四通神策行營將董重質河中都將温德彝郃陽都將劉士和等咸令稟造之命造行至褒城會興元都將衛志忠征蠻迴謁見造卽留以自衞密與志忠謀又召亞將張丕李少直各諭其旨暨發褒城以八百人爲衙隊五百人爲前軍入府分守諸門造下車置宴所司供帳於廳事造曰此隘狹不足以饗士卒移之牙門坐定將卒羅拜志忠兵周環之造曰吾欲問新軍去住之意可悉前舊軍無得錯雜勞問既畢傳言令坐有未至者因令昇酒巡行及酒匝未至者皆至牙兵圍之亦合坐卒未悟席上有先覺者揮令起造傳言叱之因帖息不敢動卽召坐卒詰以殺絳之狀志忠張丕夾階立拔劍呼曰殺圍兵齊奮其賊首教練使丘鑄等幷官健千人皆斬首於地血流四注監軍楊叔元在座遽起求哀擁造靴以請命遣兵衞出之以俟朝旨勑旨配流康州

其親刃絳者斬一百斷號令者斬三斷餘並斬首內一百首祭李絳三十首祭
王景延趙存約等並投屍於江以功就加檢校禮部尚書五年四月入爲兵部
侍郎以耳疾求退七月檢校戶部尚書東都留守判東都尚書省事東畿汝防
禦使造至洛中九月制改授河陽懷節度觀察等使造以河內膏腴民戶凋瘵
奏開浚懷州古秦渠枋口堰役工四萬溉濟源河內溫武陟四縣田五千餘頃
七年十一月入爲御史大夫造初赴鎮漢中遇大雨平地水深尺餘乃禱雞翁
山祈晴俄而疾風驅雲卽時開霽文宗嘗聞其事會造入對言之乃詔封雞翁
山爲侯九年五月轉禮部尚書其年六月病卒時年七十贈右僕射有文集八
十卷造於晚年積聚財貨一無散施時頗譏之子璋嗣璋以廕入仕累佐使府
歷三郡刺史咸通末爲徐泗節度使徐州牙卒曰銀刀軍頗驕橫璋至誅其惡
者五百餘人自是軍中畏法入爲京兆尹持法太深豪右一皆屏迹會同昌公
主薨懿宗怒殺醫官其家屬宗枝下獄者三百人璋上疏切諫以爲刑法太深
帝怒貶璋振州司馬制出璋歎曰生不逢時死何足惜是夜自縊而卒

郭承嘏字復卿曾祖尚父汾陽王祖晞諸衛將軍父鈞承嘏生而秀異乳保之年即好筆硯比及成童能通五經元和四年禮部侍郎弘靖知其才擢升進士第累辟使幕歷渭南尉入朝爲監察御史遷起居舍人丁内艱以孝聞終喪爲侍御史職方兵部二員外兵部郎中太和六年拜諫議大夫頻上疏言時政得失文宗以鄭注爲太僕卿承嘏論諫激切注甚懼之本官知匭院事九年轉給事中開成元年出爲華州刺史兼御史中丞詔下兩省迭詣中書求承嘏出麾之由給事中盧載封還詔書奏曰承嘏自居此官繼有封駁能奉其職宜在鎖闥牧守之才易爲推擇文宗謂宰臣曰承嘏久在黄扉欲優其祿俸暫令廉問近關而諫列拜章惜其稱職甚美事也乃復爲給事中文宗以淮南諸道累歲大旱租賦不登國用多闕及是以度支戶部分命宰臣鎮之承嘏論之曰宰相者上調陰陽下安黎庶致君堯舜致時清平俾之閱簿書算緡帛非所宜也帝深嘉之遷刑部侍郎時因朔望以刑法官得對文宗從容顧問恩禮甚厚未及大用以二年二月卒承嘏身歿之後家無餘財喪祭所費皆親友共給而後具

縉紳之流無不痛惜贈吏部尚書
殷侑陳郡人父懌侑爲兒童時勵志力學不問家人資產及長通經以講習自娛貞元末以五經登第精於歷代沿革禮元和中累爲太常博士時迴紇請和親朝廷計費五百萬緡朝廷方用兵伐叛費用百端欲緩其期乃命宗正少卿李孝誠奉使宣諭以侑爲副侑謹重有節概臨事俊辯既至虜庭可汗初待漢使威陳兵甲欲臣漢使而不答拜侑堅立不動宣諭畢可汗責其倨宣言欲留而不遣行者皆懼侑謂虜使曰可汗是漢家子壻欲坐受使臣拜是可汗失禮非使臣之倨也可汗憚其言卒不敢逼使還拜虞部員外郎王承宗拒命遣侑銜命招諭之承宗尋稟朝旨獻德棣二州遣二子入朝還侑諫議大夫凡朝廷之得失悉以陳論前後上八十四章以言激切出爲桂管觀察使寶曆元年檢校右散騎常侍洪州刺史轉江西觀察使所至以潔廉著稱入爲衞尉卿文宗初卽位滄州李同捷叛而王廷湊助逆欲加兵鎭州詔五品已上都省集議時上銳於破賊宰臣莫敢異議獨侑以廷湊再亂河朔方徇招懷雖附兇徒未甚

彰露宜且含容專討同捷其疏末云伏願以宗社安危爲大計以善師攻心爲神武以含垢安人爲遠圖以網漏吞舟爲至誠文宗雖不納深所嘉之滄景平以侑嘗爲滄州行軍司馬太和四年加檢校工部尚書滄齊德觀察使時大兵之後滿目荆榛遺骸蔽野寂無人煙侑不以妻子之官始至空城而已侑攻苦食淡與士卒同勞苦周歲之後流民襁負而歸侑上表請借耕牛三萬以給流民乃詔度支賜綾絹五萬匹買牛以給之數年之後戶口滋饒倉廩盈積人皆忘亡初州兵三萬悉取給於度支侑一歲而賦入自贍其半二歲而給用悉周請罷度支給賜而勸課多方民吏胥悅上表請立德政碑以功加檢校吏部尚書侑以郭下清池縣在子城北非便奏移於南郭之內六年入爲刑部尚書尋復檢校吏部尚書鄆州刺史兼御史大夫充天平軍節度鄆曹濮觀察等使自元和末收復師道十二州爲三鎮朝廷務安反側征賦所入盡留贍軍貫緡尺帛不入王府侑以軍賦有餘賦不上供非法也乃上表起太和七年請歲供兩稅榷酒等錢十五萬貫粟五萬碩詔曰鄆曹濮等州元和已來地本殷實自分

三道十五餘年雖頒詔書竟未入賦殷侑承兵戈之後當歉旱之餘勤力奉公
謹身守法纔及周歲已致阜安而又體國輸忠率先入貢成三軍奉上之志陳
一境樂輸之心尋有表章良用嘉歎尋就加檢校右僕射九年御史大夫溫造
劾侑不由制旨增監軍俸入賦斂於人上不問以庾承宣代還其年濮州錄事
參軍崔元武於五縣人吏率斂及縣官料錢以私馬擡估納官計絹一百二十
匹大理寺斷三犯俱發以重者論祇以中私馬爲重止令削三任官而刑部覆
奏令決杖配流獄未決侑奏曰法官不習法律三犯不同即坐其所重元武所
犯皆枉法取受準律枉法十五匹已上絞律疏云即以贓致罪頻犯者並累科
據元武所犯令當入處絞刑疏奏元武依刑部奏決六十流賀州乃授侑刑部
尚書八月檢校右僕射復爲天平軍節度使上以溫造所奏深文故也開成元
年復召爲刑部尚書時初經李訓之亂上問侑治安之術侑極言委任責成宜
在朝之耆德新進小生無宜輕用帝深嘉之賜錦綵三百匹及中謝又令中使
就第賜金十斤其年七月檢校左僕射出爲襄州刺史山南東道節度使二年

三月以病求代以太子賓客分司東都十一月復檢校右僕射出爲忠武節度陳許蔡觀察等使三年七月卒于鎮時年七十二贈司空侑以通經入仕觀風撫俗所莅有聲而晚年急於大用稍通權倖物望減於往時子羽羽太和五年登進士第藩府辟召不至通顯子盈孫盈孫乾符末爲成都掾駕在西川用爲太常博士禮學有祖風光啓二年冬隨駕自成都還三年二月駐蹕鳳翔時宗廟爲賊所焚車駕至京告享無所四月盈孫謂宰執曰太廟十一室幷祧廟八室及三太后三室因光啓元年十二月二十五日車駕出宮其緣室法物神主本司載行至鄠縣並被盜剽奪皇帝還宮合先製造宰相鄭延昌奏曰太廟大殿二十二間功績至大計料支費不少兼宗廟制度損益重難今未審依元料修奉爲復別有商量勅付禮院詳議時博士四人杜用勵在利州崔澄在河中封舜卿在巴南獨盈孫獻議曰太廟制度歷代參詳皆符典經難議損益謹按舊制十一室二十三間十一架垣墉廣袤之度堂室淺深之規階陛等級之差棟宇崇低之則前古所謂奢不能侈儉不能踰者也今以朝廷務藏方虛費用

稍廣須資變禮將務從宜固不可易前聖之規模狹大朝之制度當憑典實別有參詳謹按至德二年以太廟方修新作神主於長安殿安置便行饗告之禮如同宗廟之儀以俟廟成方爲遷祔當時議論無所是非竊知今者京城除大內正衙外別無殿宇伏聞先有詔旨且以少府監大廳權充太廟伏緣十一室於五間之中陳設隘狹伏請接續廳之兩頭成一十室薦饗之三太后廟卽於監內西南別取屋宇三間且充廟室候太廟修奉畢日別議遷祔勅旨依奏其神主法物樂懸皆盈孫奏重修製知禮者稱爲博洽龍紀元年十一月昭宗郊祀圜丘兩中尉楊復恭及兩樞密皆請朝服盈孫上疏曰臣昨赴齋宮見中尉樞密內臣皆具朝服臣尋前代及國朝典令無內官朝服製度伏以皇帝陛下承天御曆聖祚中興祗見宗祧克陳大禮皆稟高祖太宗之成制必循虞夏商周之舊經軒冕服章式遵彝憲若內官要衣朝服令依所守官本品之服事雖無據粗可行之臣忝禮司合具陳奏時中貴皆如宰相大臣朝服故盈孫論之帝雖不從嘉其所守轉祕書少監卒

徐晦進士擢第登直言極諫制科授櫟陽尉皆自楊憑所薦及憑得罪貶臨賀尉交親無敢祖送者獨晦送至藍田與憑言別時故相權德輿與憑交分最深知晦之行因謂晦曰今日送臨賀誠爲厚矣無乃爲累乎晦曰晦自布衣受楊公之眷方茲流播爭忍無言而別如他日相公爲姦邪所譖失意於外晦安得與相公輕別德輿嘉其真懇大稱之於朝不數日御史中丞李夷簡請爲監察晦白夷簡曰生平不踐公門公何取信而見獎拔夷簡曰聞君送楊臨賀不顧犯難肯負國乎由是知名歷殿中侍御史尚書郎出爲晉州刺史入拜中書舍人寶曆元年出爲福建觀察使二年入爲工部侍郎出爲同州刺史兼御史中丞太和四年徵拜兵部侍郎五年爲太子賓客分司東都晦性強直不隨世態當官守正唯嗜酒太過晚年喪明乃至沉廢以禮部尚書致仕開成三年三月卒贈兵部尚書

史臣曰温柳二公以文行飾躬砥礪名節當官守法偘偘有大臣之節而竟不登三事位止正卿所以知公輔之量以和爲貴漢武帝畏汲黯而相孫弘太宗

重魏徵而委玄齡其旨遠也韋崔名士薦賢致主綽有古風殷司空治民斯爲
循吏而忠規壯節至晚不衰徐郭讜言鬱爲佳士如數君者實爲令人
贊曰柳氏禮法公忠節概搏擊爲優彌綸則隘夏卿獎拔晦叔匡將徐郭之議
金玉鏘鏘

舊唐書卷一百六十五

舊唐書卷一百六十五考證

柳公綽傳馬害圉人命斬之○臣酉按韓愈與公綽書此事在元和用兵時今敘在長慶三年爲山南東道節度時似誤

舊唐書卷一百六十五考證

西元二〇二〇年十一月一日重製一版

舊唐書（附考證）冊八（晉劉昫撰）

平裝十冊基本定價捌仟元正
（郵運匯費另加）

發行人　張敏君
發行處　中華書局
臺北市內湖區舊宗路二段一八一巷
八號五樓（5FL., No. 8, Lane 181,
JIOU-TZUNG Rd., Sec 2, NEI HU,
TAIPEI, 11494, TAIWAN)
客服電話：886-2-8797-8396
公司傳真：886-2-8797-8909
匯款帳戶：華南商業銀行西湖分行
179100026931
印　刷：維中科技有限公司
海瑞印刷品有限公司

No. N1053-8

國家圖書館出版品預行編目(CIP)資料

舊唐書/(晉)劉昫撰. -- 重製一版. -- 臺北市 :
中華書局, 2020.11
冊 ; 公分
ISBN 978-986-5512-33-0(全套 : 平裝)

1.唐史

624.101 109016731